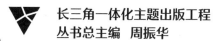
长三角一体化主题出版工程

丛书总主编 周振华

智库观察
长三角产业园区
转型发展创新实践

A Think Tank Observation
on the Innovation and
Development of Industrial
Park Transformation
in the Yangtze River Delta

杨亚琴 等

著

中国出版集团 东方出版中心

图书在版编目（CIP）数据

智库观察：长三角产业园区转型发展创新实践 / 杨
亚琴等著. —上海：东方出版中心，2024.5
（长三角一体化主题出版工程 / 周振华总主编）
ISBN 978-7-5473-2411-0

Ⅰ.①智… Ⅱ.①杨… Ⅲ.①长江三角洲—工业园区
—经济发展—研究 Ⅳ.①F427.5

中国国家版本馆 CIP 数据核字（2024）第 097890 号

智库观察：长三角产业园区转型发展创新实践

著　　者　杨亚琴　等
丛书策划　刘佩英　肖春茂
责任编辑　肖春茂
装帧设计　丫　头

出 版 人　陈义望
出版发行　东方出版中心
地　　址　上海市仙霞路 345 号
邮政编码　200336
电　　话　021-62417400
印 刷 者　山东韵杰文化科技有限公司

开　　本　710mm×1000mm　1/16
印　　张　25
字　　数　368 千字
版　　次　2024 年 6 月第 1 版
印　　次　2024 年 6 月第 1 次印刷
定　　价　99.80 元

本书编委会

主　　编：杨亚琴

副 主 编：刘　亮　　宗传宏　　张鹏飞

主要人员：陈　炜　　傅　晓　　方国安　　张腾飞

　　　　　姜　红　　范　华　　胡　蓉　　高世超

　　　　　张永奇　　谢瑜宇　　张来春　　刘　昕

　　　　　兰红梅　　宋　瑜　　王松柏　　倪　璇

　　　　　张安然　　张然宇　　朱笑茜

总　序

　　中国出版集团东方出版中心策划并组织实施《长三角一体化主题出版工程》是一项有重要意义和重大影响力的出版举措。承蒙出版社的赏识和抬举，让我担任这套丛书的总主编，有点诚惶诚恐，生怕难担此大任，但又感到这是一件非常值得做、必须要去做的事情。为此，欣然作序。

　　长三角一体化发展上升为国家战略后，不仅国家层面及三省一市的各级政府部门积极行动起来，从战略与空间规划、行动方案及专项举措等方面，组织实施和推进长三角更高质量一体化发展，而且学术界、智库及咨询机构的一大批专家学者高度关注和聚焦长三角一体化发展的理论与现实问题，从不同的视角，采用各种现代分析方法和工具开展了全景式、结构性的深入研究。不管是前瞻性的趋势分析、国际比较及其经验借鉴、历史性的发展轨迹描述，还是专题性的深入分析、解剖"麻雀"的案例研究、历史资料的梳理及总结等，都会对我们推进长三角一体化发展有思路性的启发，为决策提供理论依据，有现实指导意义。

　　现在是过去的延续，总有着某种路径依赖。推进长三角更高质量一体化发展，其历史基因、文化传统、发展轨迹、基础条件等构成了这一进程的初始条件及基本出发点。更早的不用说，自改革开放以来，长三角的地区合作就一直在市场作用和政府推动下不断往前发展。

　　20 世纪 80 年代，跨地区的联营企业兴起，这些企业规模不大，并带有一定行政性色彩。例如，沪皖纺织联合开发公司是全国纺织工业第一家跨省市的联营企业。以后，上海和江苏、浙江两省的 10 家纺织厂联合成立了上海康达纺织联合公司（又称"卡其集团"），成为第一个实行统一经营、独立核算、共负盈亏的紧密型经济联合体。长江计算机（集团）联合公司成为推进跨地区、跨行业的科研与生产、应用与服务相结合的高技术经济联合体。另外，通过地区合作，加强商品出口和扩大国际市场，上海发挥口岸的枢纽功能，为长三角提供进出口方便。各地也纷纷在上海投资建造了

III 智库观察：长三角产业园区转型发展创新实践

一批贸易中心、办公楼等设施，设立了相应机构，到上海举办各种洽谈会、商品展览会、技术交流会，在统一对外、联合对外的原则下，开展对外经济贸易。当时，国务院还确定建立上海经济区，使之成为国内第一个跨省市的综合性经济区。20 世纪 90 年代，长三角兄弟省市的企业共同参与浦东开发开放。截至 2000 年底，全国各地在浦东设立内联企业 6 175 家，注册资金 284.19 亿元，其中大部分是长三角地区的。而浦东开发开放，特别是招商引资方面，则对周边地区形成强大的溢出效应。进入 21 世纪后，随着我国加入 WTO，长三角在融入经济全球化过程中，相互之间的经济联系更加紧密，特别是跨国公司地区总部与生产工厂之间的产业链关联、基于出口导向的大进大出的贸易与航运方面形成内在的一体化联系。2010 年前后，以举办中国（上海）世博会为契机，长三角地区合作向更广泛的领域发展，在交通、旅游、文化、科技、教育、医疗、生态环境等方面开展了全方位合作。例如，加快推进长三角协同创新网络建设，大型科学仪器设施实现共建共享；产业园区共建，促进"飞地经济"发展；推进区域社会信用体系建设，营造统一市场发展环境；区域环境治理着力联防联控；推进公共服务联动保障和便利化。随着交通网络发达，长三角同城化半径不断趋于扩展，为区域一体化提供了良好基础。这一系列区域合作的成效，不仅促进了当时各地经济社会发展，而且不断产生放大和延续效应。在此过程中，长三角逐步形成了合作与协同的长效性机制。三省一市建立了以主要领导为决策层、常务副省（市）长为协调层、联席会议办公室和重点专题合作组为执行层的"三级运作、统分结合"区域合作机制，并从三省一市抽调工作人员组建了长三角区域合作办公室，在上海联合集中办公，积极开展新一轮的务实合作。

总之，对长三角过去及现在的审视，我们可以得出一个基本判断：长三角一体化发展有着深厚的基础及良好势头。长三角地区已进入后工业化阶段，经济总量达 3.1 万亿美元，占全国 20%，人均 GDP 1.4 万美元，三产比重超过 50%，城镇化率超过 65%，而且区域内市场化程度较高、产业配套能力较强、同城化程度较高、城市结构合理、差异化特色明显、互补性较好等。长三角在国内区域一体化程度是最高的，并具有典型意义；在国际上具有较大的影响力，跻身世界第六大城市群。

在此基础上，长三角一体化发展上升为国家战略，顺应了世界百年之大变局的发展潮流。在当代全球化条件下，随着全球化领域的拓展，经济、科技、文化的融合发展，合作与竞争的多元化等，巨型城市区域越来越成为参与全球合作与竞争的基本单元，改变了过去以企业、城市或国家为基本单元的格局。这种巨型城市区域主要是由两个或两个以上的城市系统结合成一个更大的、单一的城市系统，从而基本特征之一是有若干核心节点城市存在。例如，在世界上最大的 40 个巨型城市区域中，有 24 个是通过两大城市联合命名来标志一个巨型区域的。巨型城市区域作为更大、更具竞争力的经济单元，正在取代城市成为全球经济的真正引擎。世界上最大的 40 个巨型城市区域，只覆盖了地球表面居住的小部分及不到 18% 的世界人口，却承担了 66% 的全球经济活动及近 85% 的技术和科学创新。因此，巨型城市区域作为人类发展的关键性空间组织，在一国的政治经济生活中发挥着日益巨大的作用。为此，这已引起各国政府及学界的高度重视，他们开始研究和促进这一关键性空间组织的发展。例如，欧盟专门立项研究 9 个欧洲巨型城市区域，美国在"美国 2050"规划研究中确定了 11 个新兴巨型城市区域。长三角一体化发展，包括粤港澳大湾区发展、京津冀协同发展等，正是这种巨型城市区域的空间组织构建，旨在打造对外开放新格局的新型空间载体，以更高效率、更具竞争力地参与全球合作与竞争，在中国崛起及走向世界舞台中心过程中发挥重要作用。

与此同时，长三角一体化发展是我国进入高质量发展新时代的必然要求。出口导向发展模式的转换，基于创新驱动的高质量发展的科技引领、文化融合、国家治理及社会治理能力增强、生态环境优化等，意味着外生的经济空间发散性转向内生的经济空间集中收敛性。构建现代化经济体系，在增强自主核心关键技术和完善强基工程（基础零部件、基础材料、基础工艺、技术基础）的基础上实现产业链升级，增强产业链韧性和提高产业链水平，打造具有战略性和全面性的产业链，意味着各自为战的空间分割转向合作协同的空间集约。这些新的变化势必带来区域政策重大调整和空间布局重构，即从一般区域发展转向以城市群为主体的区域发展，从忽视效率的区域均衡发展转向人口、资源、要素向高效率地区集中和优化配置，从宽泛的区域发展转向重点区域发展。最终，形成以城市群为主要形态的增长动力源，让经济发展优势区域成为带动全国高质量发展的新动力源。长三角是城市群密集、经济发展优势明显和配置效率较高的区域，推进长三角一体化发展势必能带来人口、资源、要素的集中和优化配置，成为带动全国高质量发展新动力源之一。

长三角一体化发展是一个巨大的系统工程，涉及众多领域、各个层面、诸多方面内容。在实际工作中，这很容易引起一体化发展的泛化，不分轻重缓急，"胡子眉毛一把抓"，甚至"捡了芝麻，丢了西瓜"；也很容易把一体化发展扩大化，似乎什么都要一体化，什么都可以一体化。更有甚者，把一体化等同于一样化、同质化。因此，要牢牢把握区域一体化发展的本质，抓住一体化发展的核心问题，才能纲举目张。

长三角一体化发展的本质是市场化，是区域统一市场的问题。区域一体化发展的内在动力在于市场，核心主体是企业，政府的职责主要在于提供公共产品，打造基础设施和载体平台。长三角一体化发展的核心问题有：第一，促进资源要素在区域内的充分流动与合理配置。这是一体化发展的基本前提条件。这要求克服资源要素流动的物理性障碍（如交通等基础设施）、削弱行政性边界障碍（如各地不同政策、管制、执法等）、消除市场准入障碍（国民待遇、竞争中性、权益保护等）。第二，这种资源要素流动的主要空间载体是城市，所以区域内城市之间要形成基于网络连接的合理功能分工。这是一体化发展的显著标志。巨型城市区域呈现出来的强大生命力和活力，关键在于城市间全球生产（价值）网络的高度功能连接与集成，形成所引领的全球范围内"产业都市集中"的扩张和扩散，而不是邻近距离。例如，伦敦通过在英国、欧洲和全球的生产者服务业务流动显示出高度功能连接，在英格兰东南部地区呈现一种功能多中心的城市间关系。相反的案例是，英国的利物浦和曼彻斯特相隔不到 50 千米，但它们没有群聚效应来形成城市区域。这种城市间高度功能连接与集成的基础，在于区位功能专业化分工。第三，形成有效的区域治理结构，特别是利益协调机制，这是一体化发展的根本保障。行政边界对物理运输模式、基础设施管理、融资的有效性和环境可持续等形成高度挑战性。因此，需要一种区域层面的战略与规划、政策集成以及利益协调机制。第四，促进落后地区平衡发展，促进发达地区充分发展，增强区域整体实力和竞争力。这是一体化发展的目标。区域一体化发展更多地是差异化发展，发挥各自优势和所长，充分放大"借用规模"效应、溢出效应以及网络效应，形成各自功能特色，实现互补共赢。

区域一体化发展的本质及核心问题是共性的，但区域一体化发展的战略定位及模式则不同，具有明显的个性色彩。这需要我们结合时代特征、中国特色、长三角特点进行深入研究，特别是从国家战略的角度，明确长三角一体化发展的战略定位及模式。我个人初步看法是：第一，长三角一体化发展要面向全球，以全球化为导向，成为我国对外开放的新高地，代表国家参与全球合作与竞争。也就是，长三角一体化发展并不限于以区域内联系或国内联系为主导的区域发展，也不仅仅是成为国内高质量发展的一个重要增长极或带动全国高质量发展的动力源，而是要深度融入经济全球化，成为跨国公司全球产业链离岸或近岸布局的理想地区，成为世界经济空间版图中的一个重要发展区域。因此，上海全球城市发展的四大功能（全球资源配置功能、科技创新策源功能、高端产业引领功能、对外开放枢纽门户功能）应该延伸和覆盖到长三角一体化发展之中。第二，长三角一体化发展要有国际高标准的制度创新，营造有利于全球资源要素集聚、流动和配置的良好营商环境，创造能使创新创业活力强劲迸发的各种条件。也就是，长三角一体化发展不仅要有打通区域内资源要素流动与合理配置的制度创新，而且更要有打通区域与全球之间资源要素双向流动与有效配置的制度创新；不仅要营造区域内协调一致的良好营商环境，而且更要营造适应全球化资源配置的良好营商环境。因此，长三角一体化发展的制度创新要有统一的与国际惯例接轨的高标准，以及营造良好营商环境的集体性行动。第三，长三角一体化发展在重点领域、重点部门、重要方面要有高度的系统集成，尽快形成具有重大国际影响力的区域核心竞争力，打造长三角世界品牌。

这种区域一体化发展的战略定位及其模式，意味着长三角不只是三省一市区域，也不只是中国的长三角，而且还是全球的长三角。因此，在我们推进长三角一体化发展进程中必须引入新理念、抱以新胸怀，具有不同于传统做法的落笔手势和手法。

（1）过去，我们只着眼于行政区划内的发展规划，依据自身的自然禀赋和比较优势，在行政边界"一亩三分地"上配置资源，谋求各自发展。区域之间的合作与协同只是作为地方发展的一种外生性补充。这已在我们日常工作中形成了根深蒂固的内向化观念。在长三角一体化发展背景下，我们必须树立起外向化发展的新理念，将地方发展寓于区域一体化之中，将区域一体化发展寓于全球化进程之中。在此过程中，寻求自身发展机遇，发挥各自独特优势，在增强长三角区域的全球竞争力的总体要求下来规划自身发展蓝图，并形成地方发展的内生性需求。

（2）过去，我们都立足于资源要素与大规模投资驱动，从而对资源要素与投资的争夺成为地方政府的一个主题，地方之间的政策竞争成为区域发展的主要动力之一。因此，形成了区域内竞争大于合作的基本格局，合作只有在不影响既有资源要素分配格局的情况下才得以开展。在长三角一体化发展背景下，我们必须树立起以创新发展作为区域一体化发展基本动力的新理念，形成"合作大于竞争"的新格局。区域内的竞争，主要是创新发展方面的竞争。这种竞争将促进更广泛的创新扩散，形成更多的创新集群。而在创新发展中，则可以寻找到更多的合作机会，构筑更多的合作平台，打造更多的合作载体，促进更多的合作项目，形成更多的合作成果，从而也促进区域一体化发展。

（3）过去，我们是在"零和博弈"中追求地方利益最大化，造福一方，保一方平安，"各扫门前雪"已成为一种潜意识。尽管在基于地方利益最大化的目标追求中，一些正的外部性对区域发展有积极作用，但作用相当有限；而更多负的外部性，甚至往往以邻为壑对区域发展产生消极影响。在长三角一体化发展背景下，必须树立起"非零和博弈"的地方利益最大化的新理念，在区域共享收益最大化中获得更多地方利益。这就要求我们服从和服务国家战略，顾全长三角一体化发展的大局，更好地协调发展和做大"蛋糕"，从而在分享更多共赢成果中实现自身发展。

在上述新的发展理念指导下，我们在推进长三角一体化发展的实际操作中，要着手打破传统格局，力争塑造新的发展格局。

首先，要打破沿袭已久的传统中心—外围的区域发展格局。长期以来，上海作为首位城市，在长三角处于中心位置，而周边城市及地区则作为外围。在这样一种等级制的空间结构中，外围的资源大量向中心集聚，而中心对外围的扩散和辐射则相对有限。推进长三角一体化发展，必须构建基于网络连接的区域一体化发展格局，即以城市为载体的各种各样节点相互连接的网络体系。这些节点之间是一种平等关系，只不过是因连通性程度不同而有主要节点与次要节点之分，各自在网络中发挥着不同的作用。而且，节点之间有着多层次的网络连接，存在不同类型的子网络，并非都向首位城市进行连接。因此，在长三角区域中，除上海之外，还应该有以杭州、南京、合肥等为核心的子网络发展。

其次，要打破三省接轨、融入上海的单向关联格局。在这种单向关联格局中，所谓的接轨、融入上海只是单方面、被动地承接上海的溢出效应、产业梯度转移等,同时这也不利于上海有效疏解非核心功能和提升核心功能等级。推进长三角一体化发展,必须构建双向连通的关联格局,特别是上海也必须主动接轨、融入其他城市和地区。这样,才能增强长三角网络连通性并发挥网络化效应,才能促进区域内更多的资源要素流动和合理配置,呈现出区域一体化发展的强大生命力和活力。

最后,要打破长期以来形成的功能单中心和垂直分工的空间格局。以上海独大、独强的功能单中心以及与周边城市及地区的垂直分工体系,不仅不利于增强区域整体竞争力,而且也不利于上海自身发展,因为世界上没有一个城市是全能、超能的。推进长三角一体化发展,必须重构功能多中心及水平协同分工的空间格局,即核心城市发挥龙头带动作用,各地扬其所长,形成专业化功能分工。这就要求上海按照建设卓越全球城市的要求,集中力量提升城市能级和核心竞争力,充分发挥全球资源配置的核心功能,南京、杭州、合肥、苏州等城市依据比较优势和特长发展某些特定功能及产业,形成各具特色功能的中心,甚至在某些功能的发展水平上超过核心城市,从而形成不同城市间的功能互补及相互之间功能水平分工,包括诸如航运、贸易、金融功能的区域水平分工,科技创新功能的区域水平分工以及区域产业链的水平分工等。这样,才能有效整合城市群的资源,形成城市间高度功能连接,从而充分提升长三角地区的国际竞争力和影响力。

为构建长三角一体化发展的新格局,首先需要打造相应的基础设施。这种区域一体化发展的基础设施,既是推进各项长三角一体化发展措施及其工作的基石,又是对长三角一体化发展产生深远影响的硬核。然而,人们通常关注的是交通、能源、信息等硬件的基础设施,这固然是非常重要的,但对于推进区域一体化发展来说是不够的;推进区域一体化发展,还应打造商务的基础设施、政策平台的基础设施。从长三角的现实情况看,在交通、信息等硬件基础设施方面已经有了较好的基础,目前的建设力度也很大,关键是后两个基础设施,目前还比较薄弱。

(1) 健全互联互通的交通、信息基础设施网络。围绕建设畅行快捷长三角、安全高效长三角的目标,组织编制和实施各专项规划,以全面提升长三角交通、信息设施互联互通水平和能源互济互保能力。组织编制《长三角区域城际铁路网规划》,统筹都市圈城际铁路规划布局,着力加强地县级主要城镇间快捷交通联系,推进技术制式和运营管理一体化,实现运营管理"一张网"。组织编制《长三角民航协同发展战略规划》，统筹指导区域民航协同发展，科学配置各类资源，全面提升长三角世界级机场群的国际竞争力。率先建设高速泛在信息网络，重点推进5G、数据中心、量子通信等新一代信息基础设施协同建设。实施长三角打通省界断头路专项行动，尽快形成跨省交通网络化，更好发挥同城效应。按照开工一批、竣工一批、储备一批的要求，加快推进建设高铁、高速公路、国省道、天然气管网、电力等基础设施项目。

（2）完善统一高效的商务基础设施。以构建统一开放有序透明的市场环境为目标，重点从促进商务活动互联互通、优化营商环境等方面入手，以重点领域供应链体系、标准体系建设为重点，实现规则对接，进一步消除市场壁垒和体制机制障碍。进一步加强各地信息系统、征信系统建设以及相互衔接和连通，推进实施跨区域联合奖惩，率先在国内形成"失信行为标准互认、信用信息共享互动、惩戒措施路径互通"的跨区域信用联合奖惩模式。打造信用长三角一体化平台，实现三省一市信用信息的按需共享、深度加工、动态更新和广泛应用。在市场监管的基本信息、数据内容互联互通的基础上，共建监管标准衔接、监管数据共享、监管力度协同的合作机制，强化日常监管工作联动，健全市场监管合作体系，提升区域综合监管执法水平。建立长三角城市群间互联互通的工业互联网平台，促进基于数据的跨区域、分布式生产和运营，深入推动长三角智慧应用。建设一批跨区域的技术研发和转化平台，构建区域性的紧密互动的技术转移联盟。

（3）构建政策平台的基础设施。尽管目前长三角已形成了合作与协同的机制，三省一市的相关机构也逐步建立了情况通报机制，比如加强各地方立法的相互沟通，商议立法新增项目、立法的标准等，但这方面的基础设施总体上是薄弱的，甚至某些方面是欠缺的。要在已经形成的决策层、协调层和执行层"三级运作"机制的基础上，进一步深化完善常态长效体制机制，构建协调推进区域合作中的重大事项和重大项目等政策平台，加强跨区域部门间信息沟通、工作联动和资源统筹，推动人才资源互认共享、社会保障互联互通、食品安全监管联动等方面的合作。要构建公众参与区域政策的新型平台，形成公众参与政策制定与实施的作用机制，增强区域合作政策协调机制的有效性。

在构建三大基础设施的基础上，推进长三角一体化朝着四大集成的方向发展。一是经济集成。区域内各类城市之间具有潜在差异化的产业分工，形成开放型的区域产业链，特别是全球城市中的现代服务业与二级城市中其他类型服务活动的分工。二是关系集成。区域内不同城市之间信息、思想、人员、资本的强烈流动，包括由现代服务业日常活动引起的有形和无形流动。三是组织（网络）集成。通过现代服务业网络、产业价值链网络、创新及技术服务网络、交通网络、信息网络、政府网络、非政府组织网络、社会网络等，以不同方向、不同尺度连接区域内城市，并实现其互补性。四是政策集成。在区域层面存在着战略与规划、政策，乃至协调机制。

　　除了一体化的基础设施外，推进长三角一体化发展还需要有相应的载体。因为在区域一体化过程中，这种资源要素流动与配置并不是随机、无序、发散性的，而是基于相对稳定、固定的组织载体，从而是持续、有序、收敛性的。但这种资源要素流动的组织载体并不仅仅是我们过去通常所说并所做的具体项目，例如周边城市和地区承接上海外移或溢出的具体项目，或跨地区共建的合作项目，包括产业项目、科技项目、文化创意项目、部分社会项目（养老）、教育培训项目、医疗保健项目等。如果把项目比喻为水池子里的鱼，以项目为载体无非就是把这一水池子里的鱼放到另一个水池子里，或者把两个水池子合并为一个水池子来养鱼。这是有一定局限性的。一是从一个水池子放到另一个水池子，并没有增加鱼的数量，反而造成大家"抢鱼"的过度竞争现象；二是强行把鱼换到另一个水池子，有一个能否存活和良好生存的水土服不服的问题；三是鱼换水池子只是"一锤子买卖"，有一个合作可否持续问题。我认为，长三角一体化发展的主要载体是连接各大小水池子的接口（管道及龙头），首先是水的流动，然后是鱼的流动。这一接口越大，水池间有越多的活水，水池里的鱼就越多，鱼也就越能找到自己最理想的栖息地，鱼在水池间的流动也就越可持续。因此，关键在于构建这种基于网络的接口，作为长三角一体化发展的主要空间组织载体。具体来说，有以下主要类型。

　　（1）大都市区。这是长三角一体化发展的基础性空间组织载体。区域一体化发展的逻辑顺序通常是从大都市区走向城市群，而不是倒过来。这种大都市区由于地理上的毗邻，具有同城化程度高、联系较紧密、经济社会等方面联系的综合性较强、借用规模效应较明显、功能互补性较强等特点。因此，长三角地区各大都市区建设是当前一体化发展的重中之重。长三角一体化示范区建设在某种程度上是缩小版的大都市区建设，主要为大都市区建设提供可借鉴的经验及示范。大都市区建设主要解决城际轨交、不同城市功能定位、资源统筹使用、人员流动自由便利化、大都市区管理机构等问题。

（2）各种类型的廊道。这是长三角一体化发展的专业性空间组织载体。这种专业性的廊道，通常既源于大都市区，又超越大都市区向外延伸，作为一种城市群的中介，诸如目前的 G60 科技走廊，以及今后需要发展的专业化产业走廊、贸易走廊、生态廊道等。这种空间组织载体的特点是专业性强、以水平分工为主导、集聚密度高、关联紧密、具有品牌形象等。专业性廊道建设重点在于构建共享平台、标准化平台、交易平台，推进联盟化集聚和网络化运作。

（3）双向飞地。这是长三角一体化发展的重要空间组织载体。这种双向飞地主要基于产业链构造的基本逻辑，母地与飞地之间存在较强的产业关联，诸如在母地进行成果孵化，到飞地进行产业化，或者在飞地进行初级加工，到母地进行深加工等。这种空间组织载体的特点是上下游关联性强、共同参与度较高、经济联系紧密、运作管理较统一等，通常采取不同类型的园区形式。双向飞地建设的重点在于建立产业链分工、发挥园区集聚效应、形成合理的财税分享机制、实行园区统一管理体制等。

最后，特别要指出的是，如何形成有效的区域治理结构，特别是利益协调机制。这是推进长三角一体化发展的重要制度保障。在区域治理中，国内外都共同面临一个重大难题，就是如何处理好地点空间与流动空间之间的关系。因为在区域发展中，同时存在着地点空间与流动空间，除非在一个行政管辖区内。作为地点空间，有明确的各自行政管辖区边界和物理边界；作为流动空间，则是无边界的，是交集的、渗透的。这两个并存的空间具有天生结构性的"精神分裂症"。特别是在我国目前分税制的条件下，难以实行一些跨地区的基本统筹，更加凸显了这一"分裂症"，严重影响资源要素的充分流动和合理配置。因此，这关系到长三角一体化发展能否有实质性推进、能否达到战略定位的目标以及能否取得预期成效。

从国外经验来看，区域治理越来越趋向于既不是一种没有政府的纯粹"民间"治理，也不是政治性地构建一个单一区域空间的政府治理，而是一种国家、地方政府、企业等共同参与的混合治理结构。在这一混合治理结构中，根据各国和各地不同情况，又有所侧重，呈现不同协调模式。

一是以英国英格兰城市群、日本太平洋沿岸城市群为代表的中央政府特设机构主导协调模式。政府主导规划法案的制定和实施，并运用产业政策、区域功能分工、大交通、自然环境等许多专项规划与政策进行协调。二是以欧洲西北部城市群的市（镇）联合体为代表的地方联合组织主导协调模式。其明确了政府不干预规划的具体内容，市（镇）联合体可以对基础设施、产业发展、城镇规划、环境保护以及科教文卫等一系列活动进行一体化协调。三是以美国东北部城市群和北美五大湖城市群为代表的民间组织为主、政府为辅的联合协调模式。其由半官方性质的地方政府联合组织"纽约区域规划协会"（RPA）、跨区域政府机构"纽约新泽西港务局"等和功能单一的特别区共同协调。随着市场化趋势加速，民间组织在区域协调中的地位和作用越来越突出。长三角一体化发展的区域治理结构及其协调模式，可借鉴国际经验，并结合中国特色及长三角特点进行探索和实践。目前，主要是地方政府主导协调模式，成立长三角联合办公室是这方面的一个重要尝试。在保持现有行政区划的条件下，也可构想设立跨地区专业管理局，统筹管理区域某些如港口运输、环境治理等特殊专业事项，类似于跨区域政府机构"纽约新泽西港务局"。另一方面，要积极推进长三角行业协会、智库、企业家联合会、金融公会、教育联盟等跨地区民间组织发展，搭建区域内各种平等对话的平台，让更多的企业和民间组织参与到区域治理中来，形成多种利益集团、多元力量参与、政府组织与非政府组织相结合、体现社会各阶层意志的新公共管理模式。

在区域治理中，规划引导是一种重要的协调机制。除了国家层面的长三角一体化发展战略和国土空间方面的规划，解决区域的发展定位、城市体系、轴带模式等宏观问题外，区域协调更为关注城市生态发展、环境保护、技术手段等实际的细节问题，更多发挥专业技术的沟通与协调角色，以专项规划研究和引导为重点。这种方式更容易促成不同利益主体达成共识。这些专项规划研究通常采取大型化策略，即兼顾多种管辖性、考虑多个目的性和强调多种相关问题的综合性（包括环境、经济、生物群落等）、引入多方利益相关者、注重多尺度操作性（在不同的地理尺度采用不同的管制措施和政策）。因此，特别要指出的是，不能单纯由政府部门来研究这些专项规划，而要由利益相关者成立一个多部门的联合机构，包括协会、专业委员会等民间力量，关键是聚焦各方关注的问题，重在建立一个对话和信息交换的有效平台，能够用先进的科学和技术辅助决策，找准各方利益结合点和平衡点，协调多方面利益，就相关问题达成共识。这些专项规划研究要有十分严谨细致的科学方法，保证基础数据的准确性和翔实性，提高研究的细致和深入程度，得出应该如何治理，应该如何进行资源集成的结论，从而具有很强的权威性。但这不是政府权力的权威性，而是技术的权威性。这些专项规划研究的数据和结论都要真实详尽地在网上公布，对全社会开放，供政府、企业和公众随时取用。

在区域一体化发展中，地方利益最大化是客观存在的，地方政府"屁股指挥脑袋"也是一种常态。我们不能忽视这一现实，更不能刻意淡化这种利益存在，而是要建立起一个有效的利益协调机制。其前提是，在各项区域合作中，必须把涉及的不同利益诉求摆到桌面上来，使各地利益及其相关者利益显性化、明晰化、格式化，运用科学的评判标准及方法对利益链进行合理切割，对各方利益诉求进行评估，形成利益识别机制。在此基础上，寻求利益共享和共赢的最大公约数，形成利益分配机制。对于一些可交换的利益，例如水务、碳排放权、排污权、用地指标等，探索建立事权交易制度。对于一些明显受损的利益，建立相应利益补偿机制，诸如生态保护补偿等。为保证合作中的各方正当权益不受侵犯，要探索建立权益保护及解决利益争端机制。目前，这方面工作是比较薄弱的，但也是难度很大的，不仅是硬件建设的问题，而且更是制度、软件建设的问题，甚至会触及深层次的体制机制改革。

长三角一体化发展，是时代的要求，国家战略的需要。它既要有深入的理论研究，找出规律性的东西；又要有创新的实践，走出自己的道路。但愿这套丛书能在理论指导与实践总结中发挥应有的作用。

周振华

上海市经济学会会长

上海全球城市研究院院长

首届长三角一体化发展专家咨询委员会委员

2020 年 5 月

前　言

　　长三角地区是我国经济发展最活跃、开发程度最高、创新能力最强的重要区域，产业集中、企业集聚、园区星如棋布。改革开放以来，长三角产业园呈蓬勃发展态势，区域内80%制造业产值来自园区。当前全球政治科技经贸格局发生急剧变化，国内国际双循环新发展格局也在加快形成，特别是伴随着长三角区域一体化国家战略的推进实施，长三角产业园进入转型升级、创新发展新阶段，面临新的发展机遇和挑战。本书通过把长三角产业园区发展置于一个全新的发展环境中考量，梳理总结了近年来长三角产业园发展的成效和经验做法，探讨了长三角产业园发展面临的新形势、新要求，以把握新一轮长三角产业园创新实践的新特点、新趋势，发挥其在我国现代经济体系建设中的引领示范作用，为我国产业园区如何更好地在全球创新链、产业链、供应链布局重构中确立未来战略新优势、抢占发展先机提供新思路。

　　全书主要分为四个部分内容。**第一部分为总报告**，分析国内外产业园区发展的最新趋势，当前长三角产业园区发展总体状况，长三角产业园区高质量发展面临的新形势新任务、新挑战与新思路，长三角产业园区高质量发展的基本原则、实施路径与对策建议以及政策保障，总结提炼了长三角产业园区发展的特点和趋势，为优化长三角地区产业布局结构、促进产业链供应链创新链之间对接、形成区域内创新资源开放共享和产业联动发展的模式提供可行思路。**第二部分为分报告**，聚焦长三角产业园区转型升级发展的创新实践，选取沪苏浙皖"一市三省"中发展成效良好、专业特色明显、体制机制创新的案例，深入分析其如何通过优化营商环境、加强组织管理、开展市场化运作等方式手段，提升园区产业能级、带动地区经济发展，发挥其在长三角区域一体化高质量发展中的积极作用。**第三部分为专题研究**，针对科技创新和产业联动跨区域合作、开发区土地节约集约利用实践、长三角生物医药产业园区、长三角汽车产业集群、上海文旅产业园高质量发展、苏州文化产业园发展思路以及上海新能源汽车产业园布局与发展前瞻等方面，从发展现状、内在机理、主要瓶颈等角度展开分析，从"产业+科技+金融"创新联动模式，寻找先进产业园发展演变的内在规律，前瞻性预判其在全球产业变革中的意义。**第四部分为案例研究，**以沪苏大丰产业联动集聚区、张江科学城产业集群、上海市北高新区、苏州工业园以及中国睡谷为研究对象，为跨区域合作园区产业能级提升、张江科学城建设和功能深化、新工业革命浪潮下科创园如何构建开放式创新生态系统以及高质量发展睡眠全产业链、强化创新制度要素供给等问题提供专题性解答。

　　本书的创新之处在于将长三角产业园区发展置于全球创新链、产业链和供应链布局重构背景下来考察，回顾历史、展望未来，既有宏观分析，也有案例剖析，既立足实践发展，又强调理论创新。当然，需要指出的是，本书对长三角产业园发展的探索尚属初步，还需要根据发展实践来作进一步的理论提炼和深化研究。同时，由于国内外发展形势急剧变化，全国统一大市场建设稳步推进，长三角产业园区发展也出现了许多新情况、新变化，其在全球产业链重构和中国式现代化建设中的地位和作用需要得到更多关注。

目　录

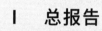

Ⅰ　总报告

新格局下长三角产业园区
高质量发展探索

　　本报告分析国内外产业园区发展的最新趋势，当前长三角产业园区发展的总体状况，长三角产业园区高质量发展面临的新形势、新任务、新挑战与新思路，长三角产业园区高质量发展的基本原则、实施路径与对策建议以及政策保障，总结提炼了长三角产业园区发展的特点和趋势，为优化长三角地区产业布局结构、促进产业链供应链创新链之间对接、形成区域园创新资源开放共享和产业联动发展模式提供可行思路。

一、 国内外产业园区发展现状与最新趋势

（一） 产业园区的内涵、类型与特点

1. 产业园区的内涵

　　早在 19 世纪末期，马歇尔（Marshall）采用"产业集聚区"概念来描述汇集众多种类和大小的企业的一块特定区域。在此之后，贝卡蒂尼（Becattini）通过将"产业集聚区"与"专业化区域"相比较，首次指出产业集聚区是指拥有相似背景和人群或企业集聚在一起所形成的综合性社会群体，这成了后来产业园区的最初概念。截至目前，产业园区的概念已经基本清晰，并逐步规范化。联合国工业发展组织把产业园区定位为"一块经过详细规划和开发的地块，集中提供道路、交通、公共设施等公共服务，供一类制造商使用"。综上所述，产业园区，更多是一个标准化、现代化的生产区域，是政府为了优化公共服务、促进产业协同，引导产业高度集聚的独立空间。目前，国际上的主要产业园区包括了自由贸易区、出口加工区、经济特区、高新区、自由港等。

表1-1 国际主流产业园区

类 型	界 定	案 例
生态产业园	主要是循环经济在区域层面的实践模式，主要是各个企业主体通过网络衔接、环境协调、资源共享和功能互补等，在不同企业之间形成资源共享、副产品互换的产业共生组合，使得上游的生产废物成为下游的生产原料，实现资源的最优配置，达成生态与经济的良性循环	韩国的 Myeonggy、Noksan 等，阿联酋的马斯达尔绿城，中国天津生态城
经济特区	是指一国政府允许外国企业或个人进行投资活动并实行特殊政策的地区。在特区内，对企业设备、原材料、元器件等进出口，进行所得税减免，并提供外汇结算和跨境资金流动等便利，还在土地使用等方面提供优惠	中国深圳和厦门，巴拿马的 Panama Pacifico 等
跨境经济合作区	是指在两国边境附近划定特定特殊区域，赋予该区域特殊的财政税收、投资贸易以及配套产业政策，并进行跨境海关特殊监管，来吸引各种要素集聚	泰国和马来西亚的边境经济区，墨西哥加工区等
出口加工区	是指一国为了利用外资、引进技术、赚取外汇等，专门建立的一块接受海关监管、发展出口加工业的特殊封闭区域	肯尼亚阿西河出口加工区，中国台湾高雄出口加工区，孟加拉国出口加工区
自由贸易区	是指两个或两个以上国家通过协定或条约取消相互之间的关税和与关税具有同等效力的其他措施的国际经济一体化组织	爱尔兰的香农，波兰的卡托维兹，阿联酋迪拜的杰贝尔阿里等
高科技园区	主要是指通过人才、资金等政策支持，来培育和孵化创新型企业的园区	日本三重高科技园区，韩国江原道科技园等
现代农业园区	是指由多家投资主体和企业运作的，融合产业化、集约化、科技化、生态化于一体，以农业可持续发展为目标，涵盖整个农业产业链的示范基地	埃塞俄比亚的综合农业工业园区等

资料来源：根据有关材料整理。

　　从产业园区演进历程来看，具体分为五代：第一代是出口加工区，与当地经济几乎没有联系，更侧重于外国直接投资和出口行业。第二代是多功能经济特区，规模更广，与当地经济的联系更好。第三代是生态产业园，以更综合的方法优先考虑经济竞争力和环境可持续性发展。第四代是现代自由贸易区，强调高附加值、现代服务业，并采取更有利于营商环境的改革措施。目前，第五代是数字园区，把数字技术嵌入到生产和服务中，环保概念已经融入产业园区的结构中。

2. 产业园区的管理模式

　　我国产业园区根据组织管理模式，还可分为政府主导型、企业主导型和政企合作型等。其中政府主导型是指以政府作为投资开发主体，也是我国最早的产业园区开发模式。在这种模式下，一般是政府通过成立相应的领导小组来主导全局性工作，同时在开发区内设立管委会等作为当地政府派出机构，通过授权方式来行使职权，对园区进行开发管理，具体负责园区规划、项目审批、产业招商以及后续的行政服务等。此外，管委会也会成立相应的投资开发公司，负责园区的基础设施建设。

　　企业主导型园区是指企业通过招、拍、挂等形式获取土地项目后，作为投资开发主体进行园区的项目规划、建设招商等，进而获取项目收益。但是由于产业园区投资项目投资规模大、项目耗时长、管理难度大等，对参与投资开发的企业要求较高。整体来看，参与该园区模式建设的企业主要为两大类：一类是地产企业，主要是专业的地产开发企业，这种企业具备较强的项目融资能力、较为丰富的项目管理经验以及丰富的客户资源。第二类是当地龙头企业，具有对产业链上下游企业极强的带动能力，可以结合自身产业发展需求来设计园区，并吸引上下游企业入驻，来完善自己的供应链。

　　政企合作型园区是指地方政府与企业通过签订战略协议或者共同出资设立开发公司等方式，来进行园区开发建设，并按照约定进行后续项目收益分配。在运营结束后由政府进行产业园区的回购，仍由管委会负责园区的日常行政管理。

（二） 我国产业园区的发展现状及趋势

1. 我国产业园区的发展历程

　　我国产业园区发展经历了五个发展阶段。1978 — 1984 年为产业园区的初级发展阶段。1978 年中共十一届三中全会的召开，标志着中国进入了改革开放时代。1979 年，深圳蛇口工业园作为我国第一个对外开放的产业园区正式成立，是我国第一个真正意义上的产业园区。1984 年，大连经济技术开发区启动建设，到 1990 年底，已有 14 个国家和地区的客商到这里投资办起 170 多家企业，经济开发区带来了良好的发展效应。1984—2003 年为我国产业园区发展的第二阶段，我国先后成立了 14 个沿海经济开发区、张江高科等，这些园区主要是以国家投入为主，辅以政策和园区自主权等支持，园区产业以低端制造业为核心。2003—2006 年为第三阶段，随着《国务院办公厅关于暂停审批各类开发的紧急通知》发布，在开发区和高新区迎来爆发期的当口，通过国家的整治清理，宣布园区迈入规范化经营阶段。2006—2017 年为第四阶段，民营资本在产业地产领域大展身手，市场化园区出现 PPP 等模式，并提出了产城融合等新概念。2017 年到现在为第五阶段，产业园区向城区转型，园区内企业面临升级改造等问题。

表 1-2　发展阶段

阶　段	标　志	概　述
第一阶段 （1979— 1984）	蛇口工业区建立（1979）、四个沿海经济特区的成立（1980）	这一阶段处于改革开放初期，落后的现状也形成巨大的优势：极其低廉的生产资料价格、人力成本和土地成本，与巨大的进出口贸易需求一起构成园区发展的主要动力；此时还没有明确的"园区"概念出现
第二阶段 （1984— 2003）	"前十年"国务院批准设立 14 个沿海经济技术开发区（1984）、科技部火炬计划发布（1988）、大连经开区（1984）、东湖高新区（1988）等"一代园区"的成立	在国家"三个现代化"战略背景下，国家开始在扩大外贸、吸引外资、引进技术等方面下大力气；火炬计划的提出更将我国园区推向了正轨；一代园区的重要特征是以政策为主导，国家投入为主，依托国家产业的迁移带动整体发展；在这一阶段，中央对开发区的政策支持，主要不是体现在直接给予资金的资助，而是给政策、给自主权

续　表

阶　段	标　志	概　述
第二阶段 （1984— 2003）	"后十年"：邓小平南方谈话（1992）、我国加入 WTO（2001）、张江高科（1992）、苏州工业园区（1994）、上海临港（2003）等"二代园区"建立	前有南方谈话，后有加入 WTO，刺激了我国经济快速发展，在这样的背景下，国务院提出了"三为主，一致力"，强调"资金结构以外商投资为主"，二代园区随之诞生；这类二代园区的主导产业为低端制造业，由于低端制造业的特征是以人口为驱动，因此此类园区呈现向一二线城市市郊集中的趋势
第三阶段 （2003— 2006）	《国务院办公厅关于暂停审批各类开发区的紧急通知》发布（2003）	开发区与高新区迎来爆发期，引发国家清理整治行动，宣告产业地产迈入规范经营阶段
第四阶段 （2006— 2017）	"前五年"：工业用地全面实行招拍挂的公开出让方式（2006）	该阶段是国家整治后的发展新时期，工业用地全面实行招拍挂，民营资本得以在产业地产领域一展身手；民营资本的大举进入，助力我国产业地产完成了从姓"地"到姓"企"的转变；市场化园区的开发力量出现了两类重要趋势：一类是 PPP 雏形的探索：华夏幸福、宏泰、成都置信等；另一类由粗放经营向规范经营升级；如以联东、天安为代表的市场力量
	"后五年"：十二五规划发布（2011）、《国务院关于印发工业转型升级规划（2011—2015年）的通知》发布、十八届三中全会提出"产城融合"概念（2013）	高新区发展遇到了瓶颈，因此加快"二次创业"、实现转型升级已成为重要战略选择；开发区的"孤岛经济"问题也逐渐显现，"产城融合"概念应运而生；如何盘活园区存量资产成为所有园区面临的关键问题；经过十年磨砺，很多市场化产业地产商步入成熟阶段，并开始了异地的扩张和登陆资本市场，产业地产作为一个独立行业开始被重新认知与重视

续　表

阶　段	标　志	概　述
第五阶段 （2017 至今）	2017 年开始，产业地产领域迎来了大量的传统房地产企业玩家、张江科学城规划出台意味着"城区"概念的提出	未来的产业地产，将向四个重要方向转型升级： （1）政府端：① 行业趋势：传统的政府园区经历园区向城区的转型；② 政策端：行业发展重心将会从"房"转移到"地"。 （2）企业端：① 民营园区：迎来春天，但面临的问题是升级改造；② 传统房企端：大量房企涌入产城的终极目的是多元化转型的道路。 我们认为，产业地产并不是房企转型的终极目的，而是企业实现多元化布局的道路

资料来源：根据相关政策整理。

2. 我国产业园区存在的主要问题

结合对长三角、珠三角等地区产业园区的调研结果，我国产业园区发展面临如下问题：

一是企业关联度较低，难以形成产业链。当前我国的产业园区大多刚刚摆脱了大杂烩式的粗放发展过程，但企业间各自为战，产业链效应尚未形成，处于有产业无集群的状态。根本原因是许多园区在吸引产业方面盲目追求数量，忽视了它们之间的关联性和相互渗透性，即没有适当引进上下游产生企业集聚带来的规模效应和集聚效应，使得园区难以形成产业集群和持续发展的动力。

二是企业结构层次和技术水平参差不齐，高端化不够。目前，我国产业园区的产业构成仍以传统产业、低附加值生产活动为主。主要依靠劳动力低廉来获取竞争优势，除珠三角和长三角等东部沿海发达地区外，高技术产业集群和资本与技术结合型产业集群的发展还显得滞后和不足。此外，从产业组织结构看，我国的产业集群几乎全部是中小企业群生型，没有形成像美国和日本那样的许多大中小企业共生型产业集群。

三是园区管理体制滞后，服务能力较弱。目前园区运营主要采取行政手段运营模式，加之在金融服务、科技研发、市场营销等方面的专项配套措施还不够完善，仍然存在"以地引资、以地养园区"为主的粗放发展模式，各部门从政策、资金、制度上聚焦园区发展的局面还未形成。行政审批、服务效率相对滞后，现代信用体系和管理制度尚未建立起来。

（三） 全球产业园区演进与最新趋势

目前，随着全球工业格局的新变革，尤其是发展中国家的快速工业化，产业园区也正在发生新的变化，仅园区数量已经从 1975 年 29 个国家的 79 个产业园区增加到 147 个国家的 5 000 多个园区。亚洲仍然是全球产业园区数量最多、份额最大的区域，仅中国就有 2 500 多个。

1. 全球产业园区的最新趋势

结合美国、欧盟、日本等地区的产业园区转型的最新趋势，第五代产业园区具有如下特征：一是强化绿色转型。对环境外部性的关注正成为国际主流产业园区运营和决策制定中越来越重要的因素，其中重点是将绿色转型与空间规划结合起来。此外，为了减少环境影响并确保资源要素的生产率，政府和企业都在寻求提高资源效率并实施清洁生产的办法。因此，环境考虑已成为建立新工业园区过程中的一个重要问题，也是改造和升级现有工业园区以提高其环境绩效的动力。这些趋势及其创建的工业区的环境保障措施在未来几年可能会变得越来越重要。二是深化数字化转型。近年来，数字化转型已渗透到工业生产的各个方面，通过积极采用新技术，如基于网络的应用程序、ERP、机器人技术和人工智能可以带来的生产力提升，并进一步推动全球价值链的持续重组，特别是通过 FDI 的回流和交叉流向当地知识密集型区域。在此背景下，通过利用信息技术优势，采用大数据等建立智慧园区，成为新的趋势。具体包括利用信息物理系统、大数据和人工智能技术，为智慧产业园区整合园区内外部资源提供解决方案。也包括通过算法等技术来识别园区企业的真实需求，优化园区管理和服务，如智慧办公服务、智慧人事服务、智慧交通服务、智慧楼宇、智慧物业、智慧能源等。三是促进新兴循环经济。总体来说，传统制造业涉及"线性"生产过程，原材料用于制造产品，由此产生的副产品和废物被排放到环境中。在这种生产系统下，会导致生产企业的处置费用或气候污染。近年来，与越来越多的"循环经济"相关的概念和实践已成为一种创新的商业模式，强调需要尽可能多地重复使用、回收或再利用能源。在此总体背景下，生态工业园区开始纷纷创建。

2. 对我国未来产业园区发展的启示与借鉴

对标全球产业园区的最新发展趋势，结合我国产业园区的发展现状，对我国产业园区发展具有如下启示：

第一，强化国家战略指引。应建立相关法律、监管框架和有效的制度，并作出强有力的长期政府承诺，在这些领域内营造更好的营商环境。此外，水电和电力等基础设施应能够满足企业发展需求。同时，强化在技能培训和技术转让等方面的服务能力。最后，应注重产业园区和当地经济之间保持良好的经济联系。

第二，注重产业化、研发型企业集聚。根据目前国际通行的做法，园区优惠政策应逐步从区域倾斜转向技术倾斜和产业倾斜。此外，园区功能应逐步走向以研发中心、研发型参与、科技服务业为主体的研发型高新技术园区转型。

第三，顺应数字化、低碳循环等发展新趋势。需要加速推进园区的数字化转型发展，重点支持园区利用大数据、人工智能等数字技术提升园区的服务能级，注重与金融、保险、物流等相关数字平台合作，提供一站式配套服务。此外，还需要注重园区的绿色低碳发展，以及构建循环产业结构，注重园区内的资源共享、副产品互换等，提升资源利用效率。

二、 当前长三角产业园区发展的总体状况

自 1984 年设立首批国家级经济技术开发区以来，我国各类产业园区发展迅速。2018 年 3 月，国家发展改革委等六部委联合发布了《中国开发区审核公告目录》（2018 版），《目录》共包括 2 543 家开发区，其中国家级开发区 552 家和省级开发区 1 991 家。根据中国开发区网最新统计数据显示，截至 2021 年 8 月，我国国家级开发区和省级开发区共有 2 782 家（见图 1-1）。

其中，江苏省、浙江省、安徽省和上海市的各类产业园区数量分别占全国总量的 11.11%、9.06%、3.69% 和 4.17%，长三角三省一市产业园区总量已占全国的 28.03%（见图 1-2）。

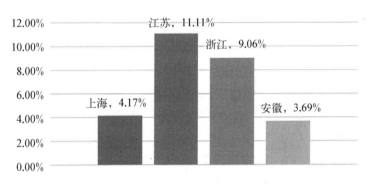

全国开发区总数 2782↑

国家级 经开区	**230**	国家级 高新区	**172**	海关特殊 监管区	**167**
边/跨境 合作区	**19**	国家级 自贸区	**21**	国家级 新区	**19**
国家级 自创区	**23**	其他 国家级	**24**	省级 开发区	**2107**

基础数据来源：《中国开发区审核公告目录》(2018版)

图 1-1 全国开发区数量图

图 1-2 三省一市园区数量占全国比例

目前，长三角产业园区作为区域经济发展、产业调整升级的重要空间聚集形式，担负着创新发展的主引擎、转型升级的风向标、区域协同的先锋队、对外开放的稳定器等一系列的重要使命，正在迈向"标杆引领"的高质量发展新阶段。

（一）长三角产业园区分布情况

长三角地区作为我国经济最为活跃、开放程度最高、创新能力最强的区域，目前集聚着 148 家国家级的各类园区（包括国家级经济技术开发区、国家级高新技术产业开发区、海关特殊监管区等），其中，长三角地区国家级经济技术开发区数量达到 67 家，占全国比重近 1/3①。国家级高新区 33 家，省级开发区 354 家。同时，长三角地区拥有 350 多家省级各类园区，地市级及以下各类园区的数量更是庞大，这三省一市所有园区数量超过 25 000 家（见表 1-3）。

---

① 截至 2018 年末，我国高新区数量达 169 家，2019—2021 年经济结构变速以来，整体高新区数量保持不变。

表1-3 长三角三省一市开发区数量分布

地　　区	国家级经开区/家	国家级高新区/家	省级开发区/家
全　国	230	172	2 107
长三角	67	33	354
上　海	6	2	39
江　苏	26	17	120
浙　江	22	8	100
安　徽	13	6	95

1. 上海市产业园区分布情况

上海是我国的经济中心、金融中心、贸易中心、航运中心、科创中心，是我国最早进行开发区建设的城市，最早的14家国家级经济技术开发区中，上海独占3家（虹桥、闵行、漕河泾），上海在园区建设方面积累的大量经验，为我国经济建设作出了巨大的贡献。目前，上海市开发区总数为63个，其中国家级经开区6个、国家级高新区2个、海关特殊监管区11个、国家自贸区1个、国家级新区1个、国家级自创区1个、其他国家级2个、省级开发区39个，市县级及以下园区近3 700家。各类园区的质量都很高（见图1-3）。

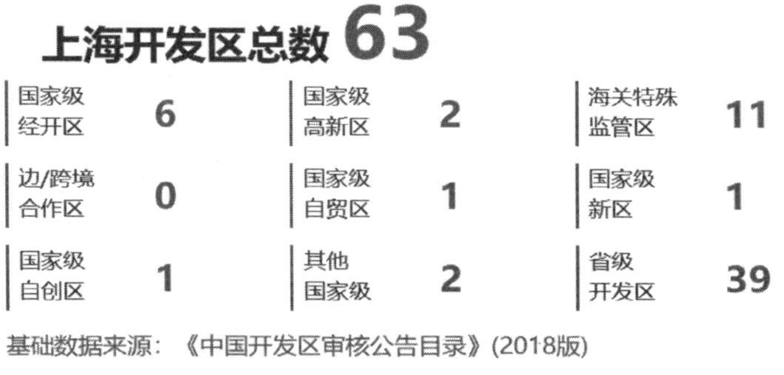

上海开发区总数 63

国家级经开区	6	国家级高新区	2	海关特殊监管区	11
边/跨境合作区	0	国家级自贸区	1	国家级新区	1
国家级自创区	1	其他国家级	2	省级开发区	39

基础数据来源：《中国开发区审核公告目录》（2018版）

图1-3 上海开发区数量

目前，上海各级产业园区服务全市"3+6"重点产业需求，全面落实集成电路、生物医药、人工智能三个"上海方案"，聚焦融合性数字产业、战略性新兴产业布局，发展电子信息、生命健康、汽车、高端装备、先进材料、时尚消费品六大重点产业，提升产业引领功能，增强未来发展动力，打造区域产业品牌，叠加各类要素、政策资源，形成特色产业"高地"和综合政策"洼地"。

2. 江苏省产业园区分布情况

江苏省的国家级园区数量位居全国第一位。目前，江苏省开发区总数为 190 个，其中国家级经开区 27 个、国家级高新区 17 个、海关特殊监管区 21 个、国家自贸区 1 个、国家级新区 1 个、国家级自创区 1 个、其他国家级 3 个、省级开发区 119 个，市县级及以下园区数量近 9 800 个。如图 1–4 所示。

江苏开发区总数 190

国家级经开区	**27**	国家级高新区	**17**	海关特殊监管区	**21**
边/跨境合作区	**0**	国家级自贸区	**1**	国家级新区	**1**
国家级自创区	**1**	其他国家级	**3**	省级开发区	**119**

基础数据来源：《中国开发区审核公告目录》(2018版)

图 1–4　江苏开发区数量

江苏省园区数量众多，各城市的分层现象明显，苏州市不管是国家级、省级还是市县级及以下园区，其数量都遥遥领先省内其他城市。而从空间分布来看，江苏园区分布不均匀，一多半的园区都集中在苏南地区，其中苏州、无锡、常州、南京这四个城市集聚了整个江苏 56% 的园区，其余苏北、苏中的 9 个市的园区数量仅为 44%。

江苏省聚力打造制造强省，目前已依托各类产业园区形成产业发展集群，积极构建自主可控、安全高效的现代产业体系，大力发展电子等 10 大支柱产业，培育新一代信息技术等 5 大战略性新兴产业，打造优质稻米、绿色蔬菜等 8 个千亿元级优势特色产业，加快发展生活性服务业和生产性服务业。

3. 浙江省产业园区分布情况

浙江是我国的经济强省，各类产业园区极为丰富。目前，浙江省开发区总数为 147 个，其中国家级经开区 22 个、国家级高新区 8 个、海关特殊监管区 12 个、国家自贸区 1 个、国家级新区 1 个、国家级自创区 2 个、其他国家级 1 个、省级开发区 100 个，市县级及以下各类园区约 8 000 个，98% 以上的园区都是市县级及以下园区，国家级与省级各类园区加起来不超过 2%。如图 1-5 所示。

浙江开发区总数 **147**

国家级 经开区	**22**	国家级 高新区	**8**	海关特殊 监管区	**12**
边/跨境 合作区	**0**	国家级 自贸区	**1**	国家级 新区	**1**
国家级 自创区	**2**	其他 国家级	**1**	省级 开发区	**100**

基础数据来源：《中国开发区审核公告目录》(2018版)

图 1-5　浙江开发区数量

　　浙江的各市园区数量在空间上有着巨大的差异，与江苏的分布恰恰相反，浙江的园区，特别是市县级及以下的园区主要分布在杭州、宁波、嘉兴、绍兴，沿海城市中只有温州的园区数量能排进第二梯队。

　　浙江省以工业、制造业为主的各类园区数量最多。目前，浙江省各类产业园区的主导产业为：互联网、电子计算机、数字安防、集成电路、化工、机械、生物医疗等。当前，浙江省正依托各类产业园区全面优化升级产业结构，打好产业基础高级化和产业链现代化攻坚战，加快建设全球先进制造业基地，做优做强战略性新兴产业和未来产业，加快现代服务业发展，形成更高效率和更高质量的投入产出关系，不断提升现代产业体系整体竞争力。

4. 安徽省产业园区分布情况

　　安徽省是长三角地区的重要组成部分，安徽省经济的发展离不开省内各级园区的贡献。目前安徽省开发区总数为 121 个，其中国家级经开区 13 个、国家级高新区 8 个、海关特殊监管区 5 个、国家自贸区 1 个、国家级自创区 1 个、省级开发区 93 个。如图 1-6 所示。

　　安徽省国家级和省级园区不论是从体量还是经济发展速度方面都要好于其他级别的园区，但就安徽省而言，市县级及以下各类园区虽然单个的体量并不大，但是数量众多，因而总体的贡献还是非常大的。

安徽开发区总数 121

国家级 经开区	13	国家级 高新区	8	海关特殊 监管区	5
边/跨境 合作区	0	国家级 自贸区	1	国家级 新区	0
国家级 自创区	1	其他 国家级	0	省级 开发区	93

基础数据来源：《中国开发区审核公告目录》(2018版)

图1-6 安徽省开发区数量

目前，安徽省正以"制造强省"为方针，以各类产业园区为依托，通过快速增长的体量、高新产业的引领、科技创新的底蕴，壮大战略性新兴产业，积极融入长三角一体化，承接长三角产业链延伸与转移，打造具有重要影响力的科技创新策源地、新兴产业聚集地、改革开放新高地、经济社会发展全面绿色转型区。安徽省目前主导产业为：新一代信息技术、智能网联汽车、人工智能、新能源、新材料和绿色食品制造等。

（二） 区域经济发展的重要引擎

根据2021年2月各省公布的2020年度GDP情况，我们发现长三角三省一市的GDP排名与园区的数量有着很大的相关性。经计算，这三省一市的GDP排名与园区数量排名的相关系数约为0.95，即两者呈现高度相关性，坊间更是出现不少"一个园区成就一座经济强市"的经典案例。

近年来，长三角江浙沪皖三省一市的产业园区对当地经济发展的增长拉动作用更是十分明显，且从产业园区对当地经济贡献程度看，江浙沪皖三省一市各重要城市的产业园区呈现出了自身的特色（见表1-4）。

上海市第三产业发展迅猛，同时上海市开发区注重筑牢"上海制造"的第二产业基础，这使得上海市开发区内的企业营业总收入相较于GDP并不高。

苏州市的开发区作为苏州市经济发展的中流砥柱，集聚了苏州的绝大多数企业，使得苏州市开发区内的企业营业总收入相较于苏州市GDP非常高，说明了苏州市开发区作为经济发展主阵地的作用。与此同时，苏州市开发区一般公共预算收入占苏州市一般公共预算收入近七成，进一步说明了苏州市开发区作为苏州市主要税源地的地位。

表1-4　2019年长三角重要城市国家级和省级开发区对城市经济发展的贡献情况

城市	开发区分类	2019年开发区企业营业总收入/万元	当地2019年GDP/万元	开发区总收入在当地GDP中占比/%	2019年一般公共预算收入/万元	当地2019年一般公共预算收入/万元	一般公共预算收入占比/%
上海	国家级开发区	122 468 200	381 553 200	32.10	—	71 561 000	—
	国家级开发区和省级开发区	219 928 200		57.64	—		—
苏州	国家级开发区	546 516 160	192 358 000	284.11	14 174 146	22 218 000	63.80
	国家级开发区和省级开发区	591 848 745		307.68	15 531 900		69.91
杭州	国家级开发区	200 306 900	153 730 000	130.30	9 756 500	19 660 000	49.63
	国家级开发区和省级开发区	—		—	—		—
合肥	国家级开发区	71 932 746	94 094 000	76.45	3 124 490	7 459 934	41.88
	国家级开发区和省级开发区	138 480 610		147.17	5 677 139		76.10

注：① 上海市各开发区一般不具有一级财政管理权限，故此处不统计一般公共预算收入。
② 由于统计年鉴数据原因，杭州市相关数据不含杭州市经开区数据。本表中杭州市的数据以税收收入代替一般公共预算收入。
③ 本表中以合肥市各开发区的税收收入代替一般公共预算收入。

杭州市国家级开发区相较于苏州市国家级开发区，能级并不十分突出，但是其税收收入仍然占杭州全市一般公共预算收入的一半，可见开发区对杭州市经济的巨大支撑作用。

合肥市开发区内企业的能级和税收的能级相较于沪、苏、杭等长三角重要城市仍然有待提高，但合肥市开发区为合肥市贡献了四分之三的一般公共预算收入，也突显出其对地方经济发展的重要性。长三角重点城市发展中，开发区已经成为支撑城市发展的重要力量，为城市的经济发展和财政筑牢了基础。

长三角地区是我国经济发展先行区，改革开放的最前沿，同时也是产业最集中、企业最集聚、园区布局最多的地区。近年，随着长三角一体化及国家双循环战略的不断深入推进，长三角产业园区也迈向了发展的快车道。根据《2021 园区高质量发展百强》，长三角三省一市共有 36 个园区上榜，占比近四成。其中，江苏入围百强园区数量独占 18 席、接近总数的五分之一，其后依次为浙江 9 席、上海 5 席、安徽 4 席(见图 1-7)。

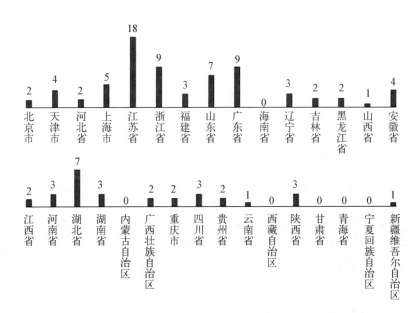

图 1-7　中国园区高质量发展百强榜（2021 年）

（三）　国家双循环战略的重要载体

党的十九届五中全会明确提出要构建以国内大循环为主体、国内国际双循环相互促进的新发展格局。通过发挥内需潜力，使国内市场和国际市场更好联通，更好利用国际国内两个市场、两种资源，实现更加强劲、可持续的发展。产业园区作为经济发展的主力军，在国内大循环中是重要的平台和载体，在国内国际相互促进的双循环中是对外的窗口和桥梁，这种特殊属性使之成为构建新发展格局的战略节点、重要支撑。从长三角产业园区对城市吸引外资的重要性来看，除上海外，其他重要城市的开发区对城市吸引外资起到了绝对主力作用。具体见表1-5。

表1-5   2019年长三角重要城市国家级和省级开发区实际利用外资情况

城市	开发区分类	2019年开发区实际利用外资/万美元	当地2019年实际利用外资/万美元	实际利用外资占比/%
上海	国家级开发区	846 521	1 904 800	44.44
	国家级开发区和省级开发区	1 116 541		58.62
苏州	国家级开发区	421 275	462 000	91.19
	国家级开发区和省级开发区	428 146		92.67
杭州	国家级开发区	378 819	612 818	61.82
	国家级开发区和省级开发区	—		—
合肥	国家级开发区	116 000	339 200	34.20
	国家级开发区和省级开发区	246 830		72.77

注：杭州市2020年统计年鉴不统计省级开发区数据，由于杭州市管理体制调整，2020年统计年鉴中杭州市将杭州经开区从国家开发区数据中剔除，转而以钱塘新区口径统计，在本表中将钱塘新区数据视作为杭州经开区数据加入国家级经开区进行比较分析。

目前，上海市对外开放的主力正逐渐从传统意义上的开发区调整为自贸区，尤其是上海自贸试验区临港新片区并不在省市两级开发区的统计口径中，这使得上海开发区对上海的外资吸引贡献程度略显不足，然而上海城市定位也使得上海开发区在外资吸引能力上，远超长三角其他重要城市，是长三角地区名副其实的对外开放的重要窗口和国际国内双循环的战略连接点。

"十三五"时期，江苏省开发区外资外贸"压舱石"作用十分凸显。2020年，全省开发区实际使用外资239亿美元，占全省的84%；外资企业占全省的78%，跨国公司总部及功能性机构占全省的86%。全省开发区实现进出口总额、出口额和进口额分别达5 100亿美元、3 043亿美元和2 057亿美元，分别占全省的80%、78%和83%。其中，苏州市的开发区是苏州市吸引外资的绝对主力，体现了苏州市开发区在苏州市经济发展中的主导地位。

浙江省杭州市的国家级经开区实际利用外资占到了杭州市全市的近62%，粗略估计杭州市全市各类开发区吸引外资至少应当占全市的七成以上，也证明了杭州市各开发区在杭州市吸引外资中的主导作用。

2021年，安徽省国家级经开区完成外贸进出口总额389.6亿美元、实际使用外资39.6亿美元，分别同比增长43.9%、22.2%，分别占全省比重为36.4%和20.5%，吸引了一批跨国公司和世界五百强企业。其中，合肥市国家级和省级开发区在实际利用外资方面平分秋色，共占到合肥市实际利用外资的七成以上。

总之，从长三角重要城市总体情况看，开发区是吸引外资的中流砥柱和实践国家双循环战略的重要载体。

（四） 创新转型发展的重要平台

长三角三省一市开发区自主创新能力持续增强，在创新要素集聚、创新载体建设、创新企业培育等方面取得较大进步。

到2020年末，上海产业园区经认定的高新技术企业7 220家，市级以上各类研发机构1 185个，累计企业有效发明专利授权数近11万个；累计引进跨国公司地区总部771家，外资研发中心481家；创建国家大学科技园14家，众创空间500余家，科创板上市企业37家。张江、临港、漕河泾、紫竹、市北等产业创新重要承载区发展各具特色，区域辐射带动作用持续提升，一批细分领域创新主体和"隐形冠军"加快涌现。

截至2020年，江苏省开发区R&D经费投入达到3 200亿元，占全省开发区地区生产总值的6%。开发区内设有高新技术孵化器1 200家、众创空间 4.7 万家，较"十三五"初期分别增长 10%、3%。全省开发区现有高新技术企业 25 400 家，完成工业产值 5 万亿元。开发区新增授权发明专利、PCT 专利申请量分别占全省总量的 50% 和 65%，创新能力不断增强。

截至 2020 年，安徽省开发区拥有高新技术企业和战略性新兴产业企业分别超 7 000 家和 5 000 家，占全省 90% 左右。以开发区为载体，大力推进"三重一创"建设，形成一批国家级战略性新兴产业集群，战略性新兴产业产值占规上工业比重达 43%，比全省高 3 个百分点。目前，安徽省国家级经开区已成为全省科技创新的重要平台与高新技术成果转化的重要基地，如长鑫存储、蔚来汽车、奇瑞智能网联"未来工厂"、惠科光电等一批重大项目在安徽省国家级经开区落户或投产。

（五）转型发展效果显著

1. 机制创新活跃

长三角三省一市产业园区发展的最大优势、最大动力在于体制机制创新。在推动高质量发展的新时代背景下，越来越多宝贵的改革经验孕育而生，汇聚成一批批园区体制机制改革新模式，形成园区之间相互借鉴学习的良好氛围，充分发挥园区在区域经济发展中的引领、示范和辐射带动作用。

众所周知，土地资源是经济建设和产业发展的基础和保障。提高产业用地利用效率，关键还是要进一步创新体制机制、进一步发挥市场在用地资源配置中的决定性作用。上海市一直以来是土地集约利用的优秀样板，其产业用地可谓"寸土寸金"，上海面对建设用地"天花板"的硬约束，明确了"高质、集约、创新、持续"的基本导向，并采取了一系列有效措施，相继颁布了《关于加强容积率管理全面推进土地资源高质量利用的实施细则（2020 版）》《关于上海市推进产业用地高质量利用的实施细则（2020 版）》，提出了"1+2+3"的实施框架。上海市提高产业用地利用效率的有效举措和有益经验值得各开发区广泛借鉴。

2. 绿色转型显著

在绿色安全发展方面，长三角三省一市产业园区坚决守住生态环境底线，聚焦重点、标本兼治、源头治理、综合监管、严格执法，加快产业结构调整，加大资源节约和生态环境建设力度，完善体制、机制、法制保障，走绿色、安全、可持续的发展道路。

近年来，上海产业园区节能降耗成效十分显著。2020 年，上海市国家示范基地平均单位工业增加值能耗 0.41 吨标煤/万元，平均单位工业增加值用水量 7.35 立方米/万元。在示范基地工业总产值保持增长的同时，能源消费总量继续得到有效控制，资源利用效率进一步提高。例如嘉定汽车产业示范基地采取通过加强对重点耗能企业监督和管理，调整节能降碳绩效考核，提高节能技术推广和试点示范工作内容，实现了基地单位增加值能耗下降 2.5%。

安徽产业园区绿色发展成效也十分突出，各级产业区绿色生态环保理念明显增强，污染防治攻坚战阶段性目标顺利实现，生态环境质量大幅改善。如安徽沿江"1515"岸线分级管控有序实施，水清岸绿产业优美丽长江（安徽）经济带建设深入推进。能源供给结构大幅优化，年度节能减排任务顺利完成。工业固体废弃物综合利用率达 96.8% 以上。成功创建国家级绿色园区 11 个。

3. 跨区域合作深入

近年来，长三角产业园区合作共建持续推进，助力提升区域产业竞争优势。如长三角 G60 科创走廊以头部企业为引领推动产业链跨区域协同合作，以"1+7+N"产业联盟体系为支撑推动区域要素对接，统筹布局和推进一批重大科技项目、功能型平台在科创走廊落地，实现长三角区域 9 城市 89 个区（县）"一网通办"专窗全覆盖。2020 年 11 月科技部会同国家发展改革委、工业和信息化部、人民银行、银保监会、证监会联合印发《长三角 G60 科创走廊建设方案》，着力打造协同创新共同体，建设科技和制度创新双轮驱动、产业和城市一体化发展的先行先试走廊。长三角开发区协同发展联盟着力打造各省市开发区合作联动交流平台，第三届长三角开发区协同发展论坛暨长三角开发区合作共建与联动创新高峰论坛召开，沪苏大丰产业联动集聚区、中新苏滁高新区、上海漕河泾新兴技术开发区海宁分区、上海市北高新（南通）科技城在园区合作共建方面取得明显成效，获评"长三角共建省际产业合作示范园"。高端装备、航空航天、新材料、绿色化工等重点产业集群相关园区加强对接合作，探索建设各类产业合作载体，提升产业集群支撑服务能力。

4. 数字化转型迅速

长三角产业园区主动拥抱数字时代，紧抓全面推进城市数字化转型契机，坚持整体性转变、全方位赋能、革命性重塑，以"数字底座、数字运营、数字经济、数字示范"为重点，将园区打造成为以全面感知和泛在联接为基础，具备主动服务、智能进化等能力特征的有机生命体和可持续发展空间。如上海张江数字生态园，打造产业数字底座，建设数字产业集聚区，依托丰富的国家大科学装置和先进的硬核科技，实现产业赋能，打造上海在线新经济的产业首选地、人才蓄水池、业态创新炉、集成应用场、制度先行区，形成在线技术、模式、业态、制度集成创新。上海松江 G60 数字经济创新产业示范区以"数字+生态"为核心、"基地+基金"为着力点、"供给+需求"为切入点，推进产业数字化和数字产业化，率先建成国家工业互联网产业创新先导区和国家级数字产业创新集群区，打造"创新平台引领、应用场景示范、产业集群汇聚"的研用产一体化数字经济新格局。

三、 长三角产业园区高质量发展面临新形势新任务

（一） 新产业革命带来产业园区向智慧型大平台转变

随着第三次产业革命带来的以物联网、5G、云计算、大数据等新技术手段的运用，产业园区向智慧型大平台转型升级已经成为大势所趋。2021年 7 月，上海出台了《关于促进上海市高新技术产业开发区高质量发展的实施意见》，进一步明确了"推进园区数字化转型"的建设重点就是要推进数字技术赋能园区建设，通过场景再造、业务再造、管理再造、服务再造，建设智慧园区。园区建设也从基础设施、运营管理、产业服务等方面向智慧化大平台转型。

一是园区基础设施建设越来越多地使用智能化设备。以 iABCDE（物联网 IOT、人工智能 AI、区块链 Block Chain、云计算 Cloud、大数据 Big Data、边缘计算 Edge Computing）为代表的新兴技术在科技创新中扮演重要角色，这些新技术进行产业赋能和数据打通（如数据信息、业务信息、场景信息等），使产品服务更加智能、场景结合更加紧密、数据价值更加凸显，不断催生新产品、新业态、新模式，为产业发展提供源源不断的创新活力。特别是在疫情剧烈冲击下，传统行业应声下落，新经济力量悄然生长。"云端经济"、数字经济、无接触零售、共享员工……这些新业态、新模式在提升经济免疫力的同时，有望在疫情结束后产生持续增长动力。智慧园区一改传统园区建设中单纯地以水电气、交通、建筑等"三通一平"的基础设施建设的模式，而是将更依赖物联网、人工智能、大数

据、云计算等数字"新基建"。大量使用信息化设施建设,包括基础通信网络建设,如计算资源、存储资源、IT设备、网络设施等,软件中间件如终端服务、应用APP、感知设备、综合服务门户网站建设、定制服务业务等各个模块系统的有机集成,通过"云"技术架构,以"云—管—端"的方式,将多种行业终端、家庭终端、个人终端整合起来,实现园区业务的整体规划,既避免了信息重复建设、信息孤岛、服务缺位和资源浪费等问题,也能够实施统一管理、统一存储、统一处置。

二是推动园区功能向综合性服务平台转型升级。随着云计算、工业互联网和自动化等信息技术逐步成熟并投入商用,未来制造业将逐步向智能化、分布式方向发展,其在迎合了风险分散需求的同时,也使产业链变短变平,增强本土化、区域化趋势,产品最终配置或集成的环节一定会靠近市场。全球会形成虚拟链接的产业链、供应链、服务链和价值链,其以客户为中心,以数据为核心要素,将上游供应商、下游经销商(客户)、物流运输商及服务商、零售商以及相关金融机构进行垂直一体化整合,构成一个可视化、透明化的供应链网络,实现供应链上下游企业间、供应链相关企业与政府部门间的数据共享,以及产业与产业之间的整合、优化和协同,消除了整个供应链网络上不必要的运作和消耗,促进了供应链高效运转。有研究表明,有效的数字化供应链整体能够推动企业收入增长10%,采购成本下降20%,供应链成本降低50%。许多世界500强企业开始使用区块链技术来打造更高效的采购合约系统。产业园区正在向智慧化的综合型服务大平台转型升级。以前功能单一的产业园区已经很难满足市场和产业发展的需求,一方面需要对园区的服务内容作更多拓展,如商业服务、金融投资、运营管理、医疗服务、休息娱乐等功能服务,以解决园区招商引资、入驻企业的产品与服务的展示和产品营销等问题,进而形成智慧楼宇、智能企业、智能商超、智能生活、智能会议等成套系统解决方案。另一方面,园区还需要进一步与城市化管理相结合,以平台实现产业规模效应、人才和知识聚集效应、生产力和供应链效率提升效应,将智慧园区与"创新、协调、绿色、开放、共享"的社会发展理念和智慧城市管理体系结合起来,实现智慧园区管理与城市化管理的高度融合,打造区域影响力的"智慧化"城市管理体系,进而实现智慧园区建设的社会价值。

　　三是推动园区管理向综合型智能化园区转型升级。 传统的园区建设往往基于单点功能进行建设，缺乏系统性规划，这就导致园区在管理中出现系统孤立、管理粗放、服务不足等问题，难以满足园区多样化需求。智慧园区建设将基础设施建设与周边的资源环境建设、社会民生建设、经济与产业整合以及市政管理建设等进行充分整合，充分考虑到园区内的人、事、物的各方面需求，并通过智慧感知、系统互联、数据分析和个性化处理，从而做到对园区各项数据的集中存储和实时统计分析，动态掌握园区运行状况，做到事前预防和事后及时反应，推动园区运营模式创新和服务创新，形成一个科学、高效、便捷、美好、可持续发展的园区环境，同时带来园区管理上的安防运营、能耗监测、政务、经济监测、产业分析、招商引资等各种管理职能和服务手段的集成，形成园区在管理、社会、经济、品牌、服务上的综合竞争力。

（二）　全球产业链重构带来产业园区的变化

　　目前，随着全球贸易格局的变化，全球产业链发展格局正在发生一系列新的变化，这也推动我国园区建设出现了一系列新的变化。

　　一是全球产业链布局重构导致中国产业园区由嵌入全球分工向主导分工转变。 2008 年世界金融危机爆发后，欧美等发达国家开始认识到强大的实体经济对于稳定经济和就业至关重要。面对自身制造业地位持续下降、工业品在全球市场上竞争力相对减弱的状况，它们纷纷提出再工业化战略，以重夺国际制造业竞争的主导权。如，美国积极发展智能制造、新能源、生物技术等高附加值制造业；英国重点发展超低碳汽车、生命科学医药以及尖端制造业；法国政府建立战略投资基金，用于发展能源、汽车、航空等战略性产业。这些举措在一定程度上影响了全球产业链的空间布局，改变了原有的国际分工体系。全球产业链布局的安全在逐渐取代成本核算全球产业链布局。如法国总统马克龙就强调，"我们今天的当务之急，就是在法国更多地生产"。为减轻对外依赖，每个国家都需要自主制造，以减少对外国特别是中国的依赖。从产业链安全的视角出发，核心技术、关键产业和关键资源的本土化成为未来产业布局优先考虑的问题，产业自主发展，加强科技研发，保护核心技术，巩固关键产业链，在疫情后将成为很多国家的战略选择。为此，技术创新、消费方式改变推动生产接近市场的产业链重新布局。

　　与此同时，经过 40 年的发展，我国实际上已成为东亚生产网络的核心。东亚经济体间的生产分工较早可以追溯到 20 世纪 60 年代形成的具有垂直型分工特征的雁阵模式。20 世纪 90 年代，随着日本经济陷入长期低迷，原有的技术和投资优势的下降以及其他东亚经济体的快速发展，促使新的东亚经济分工格局的形成。伴随着全球金融危机的爆发以及中国技术进步和经济的快速发展，中国逐渐打破"新三角贸易"模式下为中国提供的单一角色和身份。除参与原有的加工组装环节外，在东亚价值链分工领域，中国开始参与到核心技术的研发、设计等价值链中高端环节，并最终形成当前以中国为主导的发展格局。基于上述变化，我国的出口贸易结构也出现了明显变化，一般贸易占比从 2010 年的 50.1% 上升到 2021 年的 60.9%，并继续呈上升趋势，这意味着未来我国的各类以对外贸易为主要特征的产业园区需要在未来全球产业发展中发挥更重要的主导作用。

　　二是中国内外双循环的新发展格局要求我国园区生产服务对象需要"由外转内"转型。 近年来一些国家和地方出现了"逆全球化"思潮，这一方面是因为以往的全球化弊端愈增，难免衰颓，需要更新，另一方面是因为一些国家在原有的"全球化"体系中获益不多，希望重构全球产业链新格局，即以"再全球化"来重构全球产业链。全球范围内的贸易萎缩已成趋势，全球贸易占 GDP 的比重已从 2008 年的历史高点 26.5% 下降到 2019 年的 21%，下降了 5.5 个百分点。2020 年，由于受全球疫情的影响，按名义美元计算的全球商品和服务贸易价值进一步下降 9.6%，在全球经济中的占比进一步下降。与此同时，外贸在我国国民经济发展中的地位也在进一步下降，2007 年，我国进出口总额占 GDP 的比重达到 61.7%，而 2021 年，我国进出口总额占 GDP 的比重已经下降到 34.5%，净出口对 GDP 的贡献率从 8.7% 下降到仅有 2.5%，这意味着我国园区"由外转内"的压力进一步增大。

　　三是产业园区在未来科技创新中的作用日益凸显。 目前，各国在科技创新型产业方面的竞争趋于白热化，新产业新技术成为投资新旋律，技术、数据、标准成为竞争的新核心。某种程度上，谁掌握先进信息技术、拥有数据优势，谁就控制了国际产业竞争的制高点，谁就将主导全球新科技革命和产业变革。因此，技术之争、数据之争、标准之争、知识产权之争预计将日益成为左右国际经贸争端乃至地缘政治的重要因素。围绕科技创新型高端人才的争夺将更加惨烈。由于科学技术成为目前全球竞争的核心，高新技术产业的发展离不开高端人才，如目前 AI 产业的专家主要集中在美国（46%）、中国（11%）、英国（7%）、德国、加拿大和日本（各 4%）等国家，占全球 AI 专家的 76%，他们将成为未来产业的主导国。人才的重要性更加显现，有统计表明，全球仅 3.4% 的移民就创造了世界 10% 的 GDP，且随着科技的不断发展，国际人才的需求会越来越旺盛。因此，全球人才流动已成为一个新的趋势。为了争夺人才，一些国家不仅在移民政策上予以开放，还设立最高层级的人才办公室（如英国成立由首相直接负责的人才办公室）等，并且通过加大本国高校在重要学科领域对外国留学生的限制打压对手，限制对方人才。因此，未来产业园区发展的竞争将在于比技术创新能力和技术转化效率，向以研发中心、研发型产业、科技服务业为主体的研发型高新技术园区转型升级，前端性产业链（研发、设计、中试等）的打造，营造更加适合人才创业和创新的环境将成为未来园区竞争的重点。

四是重点国家或区域产业集聚带来的特色园区成为新特征。中国园区最早的雏形实际上就带上了较为浓厚的国别色彩，如国内颇具影响力的苏州工业园区，就是于 1994 年 2 月经国务院批准设立的由中国和新加坡共同合作建立的经济技术开发区，该园区也由于带动了苏州和周边经济的快速转型和发展而成为"中国改革开放的重要窗口"和"国际合作的成功范例"。目前，随着中国对外开放步伐的进一步加快，中外合作共建园区的情况也日益增加，如中新天津生态城、青岛中德生态园、中奥苏通生态园和中瑞镇江生态产业园、中马钦州产业园等。2018 年，上海以《中以创新合作行动计划（2018 — 2021）》为基础打造了中以（上海）创新园，将上海和以色列在医疗健康与生命科学、人工智能和机器人、互联网与信息技术等领域的优势互动起来，通过"联合创新研发+双向技术转移+创业企业孵化"等方式，加强合作交流，实现共赢发展。目前，随着全球贸易呈现出区域化特征，区域内贸易合作将更加频繁，中国与东盟的合作也日趋紧密，园区作为跨区域合作平台的功能将日益凸显。

（三）产业园区自身功能向多元化、个性化服务平台的转变

随着新产业革命和全球贸易格局的变化，产业园区的功能发生了一系

列新的变化，这主要体现在以下几个方面。

一是由"园"到"城"的功能转变。 园区建设将逐渐由产业发展向产城学研和社会民生建设结合起来，园区与产业转型升级、城市品质提升和城市发展空间拓展结合起来，不仅是产业综合体，而且是创新综合体和服务商业发展综合体，从而越来越多地体现出"城"的发展概念。特别是随着城市作为新的功能载体的作用凸显，全球经济网络越来越多地通过城市这种功能载体体现出来，大量功能性机构或者平台如跨国公司总部、全球性研发中心、全球性学术或文化交流机构等都通过城市链接，并成为影响全球资源配置的关键性主体，这些都推动园区由单纯的产业"园"向生活"城"转变。

二是由生产"产品"的园区向生产"服务"的园区转变。 全球技术、数字贸易等快速发展，服务贸易在全球贸易中占比将越来越高，2019年已经占全球贸易总额的1/4，其中在欧洲和美国的贸易结构中，服务贸易占比已经将近30%，2020年由于受疫情影响虽然有所回落，但占比仍然达到22.5%，较为乐观的估计是，随着疫情的缓解，至2050年左右，全球服务贸易预计将超过50%，成为全球贸易中的主体。在服务贸易中，数字贸易规模不降反升，从2008年的18 379.92亿美元上升到2018年的29 314.0亿美元，年平均增长率约5.8%。全球数字贸易已经成为全球贸易中最具活力的贸易形式，成为推动传统贸易转型升级的核心力量和未来发展方向。它几乎渗透到国际贸易中的所有行业，从简单的服务业务逐步拓展到农业、制造业和服务业的几乎所有行业，甚至在一些领域，全球数字贸易平台已经完全替代了手工为主的商业模式，并基于全球数字贸易平台形成了新的全球资源整合优势。国际上一些大型的数字贸易平台从单纯的交易平台转向交易和开发平台相结合的研发和销售平台，他们通过硬件和软件优势以及以亿计的客户资源优势，形成了以数字产品为形式的从开发到销售的交易体系，并形成数据飞轮效应，成为决定货物流向和流量并由此影响全球资源配置的新平台。全球服务贸易的发展带来全球服务业快速扩大，园区逐渐由生产"产品"的平台向提供全方位服务的平台转变。这在我国产业结构发展过程中体现明显，如第三产业已经成为我国利用外资的主力，2021年实际使用外资达到1 381亿美元，相当于第二产业的3.26倍，占比76.3%；第三产业新设企业数达到4.16万家，是第二产业的 7.4 倍，占比 87.3%。

三是园区正在由政策高地向综合型制度改革集聚区转变。 从全球技术发展和产业发展趋势来看，基本上经历了从"单个企业—同类企业集群—产业链—产业集群"的发展过程，随着产业创新导致的产业系统化、交叉性的增大，科技研发与转化的复杂性日益加大，大规模研发的系统性风险大大增加，研发与产业之间的互动日益频繁，进而推动园区由单纯的加工型集聚区向研发型集聚区转变，园区也将逐步走向以研发中心、研发型产业、科技服务业为主体的研发型高新技术园区。这种变化决定了产业园区必须具有智力资源密集、规模较小、信息网络化等综合性功能；并对与此相关的投资自由化、数据流动、电子商务、数字经济、金融开放、服务贸易、政府采购、劳动者权益保护、生态保护、知识产权保护、营商环境或宜商环境等提出一系列新的要求，从片面的环境建设走向全方位的氛围培育，在打造一流的硬环境的同时，加强区域文化氛围、创新机制、管理服务等软环境的建设，并带动相关规则、规制、管理、标准等制度的创新发展。因此，园区将成为我国高水平制度型开放和创新的最前沿。

四是产业园区的品牌化、专业化成为未来重要趋势之一。 随着发展层次和发展水平不断提高，产业园区愈加重视品牌建设。园区品牌作为一个园区区别于其他园区的标志，代表了园区内企业的一种潜在竞争力与获利能力，作为一种溢价增值的手段，园区品牌经营必将成为新一轮区域经济竞争的重点。培育、优化、提升园区的品牌内涵和价值，不仅可以激发园区的产业集聚力和核心竞争力，还可以加深企业对园区的认知度，增强园区的发展活力，同时，作为一种无形资产，园区品牌也将与企业品牌、产业品牌、城市品牌形成有效互动。走品牌化道路，也是未来产业园区发展的主要趋势之一。此外，随着产业集群发展带来的产业集聚，围绕相同产业链形成的专业化产业园区将越来越凸显。

四、 长三角产业园区高质量发展的新挑战与新思路

（一） 新挑战

1. 产业同质化现象仍然较为普遍

（1） 园区过度集聚热点产业。长三角区域产业的同质化现象是长期存在的问题，区域同质化的重要体现首先就是园区产业的同质化。目前，长

三角园区主要在装备制造、电子信息装备、汽车及汽车零件、新材料等热点产业集聚较多，造成产能过剩的情况。经过近十年的快速发展，这些产业已经从新型产业逐步转变为成熟产业，产品附加值走低，不可避免造成园区对人才、技术、资金等要素的恶性竞争。生物医药、数字产业、新一代信息技术、高端装备与新能源等产业还处于初始阶段，而且受到地方不同条件限制，发展状况不统一。因此，目前长三角传统产业园区普遍面临传统产业或者第一代高科技产业成熟后的转型升级，或者跨区域转移以及产业链的跨区域配置的问题；新兴产业园区则面临必须集聚更加优质，甚至国内外顶端要素资源建立新兴产业的状况。

（2）产业过度集中于产业链的个别环节。与园区过度集聚热点产业相匹配，园区产业链的重点仍然集中在生产环节，科技创新水平仍然较低。长三角国家级高新技术开发区技术收入占营业收入比过低，平均只有14.56%（见表 1‐6），省级高新技术开发区及产业园区更低。过度依赖生产端，随着产品附加值的下降，往往对园区的发展带来影响。

2. 产业整合水平亟须提升

（1）内部产业链架构不完善。运营得好的园区都是内部产业链架构较为完善的园区。围绕主导产业集聚上下游企业，配置产业链，才能将交易成本大大降低，将服务能级大大提升。长期以来，园区的规划建设是以招商引资为导向的，引进的项目和企业相对较为混杂，往往很难清晰地体现园区的总体战略，也就难以形成完善的产业链。近年来，园区战略规划与招商引资相匹配度逐步趋好，但在具体实施过程中，"计划引进的项目难以寻找，相对好的项目又与园区规划不十分匹配"成为各园区普遍存在的现象，往往又陷入盲目引进的怪圈。主导产业不明确也就很难构建完善的内部产业链架构。

（2）全产业链的配置能力不足。总体上，长三角制造业几乎覆盖上中下游全产业链的区域性全产业链配置体系。园区要纳入长三角区域全产业链配置，需要根据区域和市场的特点，配置优质资源，园区产业位于产业链的哪一端，在规模体量、行业关联性、技术产品先进性、市场容量、产业要素互补性和流动性等方面需要专业化的规划和专业化的团队来运作。目前，大多数园区仍然以一般服务为主，在配置资源和专业团队以及专业化服务方面存在较大的差距，在全产业链配置能力方面明显不足。

表 1–6 2020 年长三角国家级高新技术开发区基本情况

开 发 区	入统企业数/个	工业总产值/千元	营业收入/千元	技术收入/千元	技术收入占营业收入比
上海张江高科技园区	11 645	1 348 131 255	3 496 015 676	811 296 801	0.232 063
上海紫竹高新技术产业开发区	309	38 893 704	91 976 603	22 717 211	0.246 989
南京高新技术产业开发区	8 004	669 556 050	1 043 282 292	175 381 798	0.168 106
无锡高新技术产业开发区	1 412	413 580 320	480 026 641	13 837 197	0.028 826
江阴高新技术产业开发区	525	194 274 039	200 750 908	3 631 048	0.018 087
徐州高新技术产业开发区	273	109 512 861	139 475 850	709 238	0.005 085
常州高新技术产业开发区	1 712	268 300 107	310 737 731	30 195 434	0.097 173
武进高新技术产业开发区	614	132 282 589	223 851 319	4 843 221	0.021 636
昆山高新技术产业开发区	1 088	190 284 564	207 203 247	3 074 763	0.014 839
苏州高新技术产业开发区	3 492	501 496 116	605 806 662	61 722 012	0.101 884
常熟高新技术产业开发区	635	123 978 577	127 731 309	2 237 394	0.017 516
南通高新技术产业开发区	510	140 131 585	259 937 826	6 528 848	0.025 117

续　表

开　发　区	入统企业数/个	工业总产值/千元	营业收入/千元	技术收入/千元	技术收入占营业收入比
连云港高新技术产业开发区	204	78 103 851	76 507 795	1 222 074	0.015 973
淮安高新技术产业开发区	174	16 412 789	17 415 624	176 137	0.010 114
盐城高新技术产业开发区	419	31 356 224	71 801 154	2 603 065	0.036 254
扬州高新技术产业开发区	315	41 758 215	42 257 716	1 470 840	0.034 806
镇江高新技术产业开发区	392	43 467 737	55 569 868	1 310 212	0.023 578
泰州高新技术产业开发区	544	122 700 079	118 455 594	2 481 830	0.020 952
宿迁高新技术产业开发区	210	37 456 427	38 415 224	1 069 295	0.027 835
杭州高新技术产业开发区	2 589	399 430 823	785 108 418	238 762 897	0.304 115
萧山临江高新技术产业开发区	1 195	290 323 601	350 782 123	6 522 145	0.018 593
宁波高新技术产业开发区	1 690	394 841 904	550 039 787	49 582 709	0.090 144
温州高新技术产业开发区	714	118 759 462	120 957 218	2 716 575	0.022 459
嘉兴高新技术产业开发区	192	65 722 704	89 587 249	491 640	0.005 488

续　表

开 发 区	入统企业数/个	工业总产值/千元	营业收入/千元	技术收入/千元	技术收入占营业收入比
莫干山高新技术产业开发区	346	57 781 818	66 707 943	1 374 419	0.020 604
绍兴高新技术产业开发区	583	90 087 334	100 991 964	1 894 114	0.018 755
衢州高新技术产业开发区	331	101 568 769	109 391 198	214 140	0.001 958
合肥高新技术产业开发区	2 689	485 962 427	730 321 501	150 010 690	0.205 404
芜湖高新技术产业开发区	315	135 187 570	155 278 011	2 608 016	0.016 796
蚌埠高新技术产业开发区	421	75 927 167	139 810 681	2 875 367	0.020 566
淮南高新技术产业开发区	139	8 816 703	19 615 425	392 250	0.019 997
马鞍山慈湖高新技术产业开发区	231	105 295 532	144 300 098	19 206 061	0.133 098
铜陵狮子山高新技术产业开发区	117	33 651 915	39 021 583	413 638	0.010 6
合　计	45 735	7 172 360 745	11 409 890 235	1 661 064 886	0.145 581

资料来源：《2021 中国火炬统计年鉴》。

（3）全价值链体系不完整。当前，产业导向已经从传统的单一产业链发展模式转向价值链发展模式。在价值链背景下，基于制造业价值链，逐步细化分工，引入第三方、第四方，形成不同于传统价值链的价值增值体系，并逐步形成网络化的全价值链体系。全价值链体系带来附加值节点的增多和平衡，保障了产业发展的可持续和动态稳定性。总体上，长三角在局部形成了一系列价值链体系，特别是靠近上海、杭州、南京、合肥等中心城市的区域，但全域性的价值链体系仍然没有建立起来，这对园区的战略定位和价值链取向带来挑战。

3. 不平衡性仍然突出

（1）不同区域国家级园区的规模差距明显。总体上看，发达地区国家级园区数量众多，欠发达地区较少。同时，规模方面也存在明显差异，如表1-6所示。其中，上海张江高科技园区入统企业11 645家，工业总产值1.35万亿元；南京高新技术产业开发区入统企业数8 004家，工业总产值0.67万亿元；苏州高新技术产业开发区入统企业数3 492家，工业总产值0.50万亿元，大大领先于其他园区。

（2）园区科技含量的差异化明显。目前，长三角园区科技创新水平不断提升，但区域性、地域性不平衡性仍然比较明显。一般而言，靠近城市中心的园区科技资源较为丰富，产学研体系更加完善，产业导向更加趋向于研发+、专业化服务+等环节。欠发达地区由于要素资源基础不足，其园区在承接发达地区产业转移方面，真正能够承接优质创新资源的能力不足。从长三角各地国家级高新技术开发区来看，各城市的数量、规模、产值和创新能力非常不均衡，最高的杭州高新技术产业开发区技术收入占总收入的比重达到30%，而另外一些开发区中最低的不到0.2%，相差150倍左右。这表明，发达地区创新资源对外辐射的过程中，由于不发达地区承接能力落差大，无法实现资源的优化转移，也会加剧地区不平衡的现象。

4. 资源配置水平亟待提升

（1）要素流动的畅通性不够。目前，在国家统一大市场的规划建设下，长三角已经开始率先建立各类要素自由流动的统一市场规则和制度体系，实现资源更大范围共享、更高效率配置，但长三角园区之间竞争的成分仍然占据主导，分工合作的程度不够，造成信息共享的程度不足，无法用好、用足长三角一体化的政策优势，限制了优质要素资源的流动。

（2）专业人才团队的供给不足。近年来，长三角园区一直存在专业人才结构性不足问题。长三角园区企业招聘技术工人的渠道主要有三种：第一，本企业培养。这种一般只适用于实力较强的跨国、跨区域大型企业，通过异地培养、人才派遣和流动满足本企业的人才需求。第二，社会招聘。一般到高校、社会、设计院等地方招聘。第三，从同行业中引进。这种模式比较容易引起区域和园区内相关产业内的人才竞争，从总体上无法解决人才紧缺问题。从整体上看，单一种路径往往无法满足企业的人才需求，园区必须同时实施三种路径，才能为企业提供差异化、专业化的人才供给服务。

（3）专业服务人才不足。国内外实践经验表明，园区发展的能级与专业服务水平息息相关。目前，长三角园区为企业提供专业化服务的人才相对不足，其中不仅包括与产业链相关的专业服务人才，而且包括与生活服务相关的专业服务人才（见表1-7）。2020年，长三角社会组织数量占全国的24.65%，大学本科及以上人数占全国的18.93%，滞后于经济发展。入驻园区的社会组织数量更少，也逐步成为长三角园区整体迈向全球顶级园区的主要问题。目前，长三角发达地区园区对吸纳社会组织日益重视，例如，苏州工业园区、上海青浦、浦东新区、虹桥国际性开放枢纽等在积极吸引境外社会组织入驻，但距离国际先进园区仍有较大差距。

5. 园区品牌特色不明显

（1）产城融合水平亟待提升。长三角已经进入新一轮产城融合发展的阶段，但仍然存在园区与城区两张皮的情况，园区的选址不科学与城区基础设施的不配套仍然并行，园区与城市相互无法借力，以形成区域性园区品牌。

（2）配套设施品质亟待提升。目前，全球园区普遍在配套设施品质和服务方面进行全面提升。例如，北欧很多科创园设有高端休闲娱乐设施，对园内企业和员工的相互交流、沟通信息、资源共享创造出良好的环境，形成独特的园区文化，甚至成为文旅的网红打卡点。良好的氛围也成为企业发现机遇、自发形成价值链的良好平台。目前，长三角诸多园区配套设施的品质仍然停留在以使用为主的阶段，其平台功能有待进一步发挥。

表1-7 2020年长三角社会组织基本情况

	单位数	年末职工数	受教育程度		职业资格水平		志愿服务	当年新登记数	当年年检单位数	被认定的慈善组织
			大学专科人数	大学本科及以上人数	助理社会工作师人数	社会工作师人数	志愿者服务注册志愿者			
全 国	894 162	10 618 599	2 152 321	1 943 744	95 198	81 285	19 347.4	63 021	424 481	9 480
国家级	2 292	46 872	1 830	39 144	—	7 561	—	4	2 194	189
上 海	17 048	265 215	94 745	33 190	506	7 807	522.3	619	9 776	430
江 苏	97 930	815 093	112 798	110 199	6 265	4 251	1 629.5	4 623	37 351	338
浙 江	71 299	657 879	136 085	122 480	12 425	6 294	951.8	4 681	25 734	975
安 徽	34 130	439 925	123 408	102 056	3 670	2 005	1 113.4	2 630	17 904	296
长三角	220 407	2 178 112	467 036	367 925	22 866	20 357	4 217	12 553	90 765	2 039
占全国比例	24.65	20.51	21.70	18.93	24.02	25.04	21.80	19.92	21.38	21.51

资料来源：《中国民政统计年鉴2021》。

（3）品牌运作能力亟待提升。国外一些园区经过多年的品牌运作，逐步形成园区方案的提供商。例如法国索菲亚-安蒂波利斯科技城是欧洲最负盛名的产教研协调发展的高科技园区，拥有"尼斯大学""计算机科学研究所""欧洲技术研究所"等多学科、高水平、国际性的科学技术中心，有1 300多家高科技厂商。近年来，索菲亚不断向全球复制推广索菲亚模式，打造全球性品牌。目前，长三角园区整体上仍处于品牌运营的初始阶段，尚未形成清晰的品牌发展路径。

6. 园区之间合作机制不完善

（1）园区之间合作机制滞后。近年来，长三角逐步开展园区之间的合作，园区联盟、"飞地经济"、"双向飞地"等园区合作模式不断创新，但顶层设计不完善、利益共享机制不健全、市场化运作不足等一系列问题仍然长期存在，大格局下的园区合作框架亟待确立。

（2）园区合作平台建设水平亟待提升。目前，园区合作平台的功能主要以单纯集聚园区为主，为园区提供国内外前沿信息，组织开展联合技术攻关，组织联合争取项目等的能力仍然不强。

（二）新思路

1. 提升资源配置水平

提升资源配置水平分为三个层面：一是提升市场配置资源的能力。利用园区内企业，特别是龙头企业的导向作用，使优质资源进一步集聚，并合理布局到整个园区。二是积极导入政策资源。加强与政府合作，用好、用足政策，集聚优质资源，提高辐射能力。三是积极利用社会资源。积极参与社会活动，加强与社会的融入，形成经济社会一体化发展的模式，打造园区发展新品牌。

2. 创新园区发展新赛道

要以建设特色园区为目标，创新园区发展新赛道。在具体规划过程中，要依据所处的区位、自身禀赋、产业基础、科技水平、文化特色等各链条上的优势，通过拉"长板"，努力打造独具特色的核心竞争力，进而形成园区发展的新赛道。

3. 提升数字化水平

数字化水平是园区发展的底座，也是实现园区不断创新的基石。园区要根据数字化的基础条件进行规划，除了数字化园区外，制造业园区要拓展两大路径：一是通过数字化为园区企业提供技术支撑。二是通过企业发展，形成专业化数字产业。

4. 推进园区联动

进一步推进"双向飞地"、园中园、园区联盟等柔性合作模式，完善合作机制，充分利用行业协会和中介组织，为园区企业提供专业化的产业研究、政策研究、规划咨询、市场拓展等服务，形成"多园区＋主导产业＋机构"的整体规划体系。鼓励合作园区干部之间相互挂职。

五、 长三角产业园区高质量发展的基本原则、实施路径与对策建议

面临全球产业链、供应链重构和国际国内经济"双循环"新发展格局，如何适应当前国际国内新形势、新要求，把握新一轮长三角产业园创新实践的新趋势、新特点，突破制约长三角产业园区高质量发展的体制机制瓶颈和各类干扰因素，更好地发挥长三角产业园区在我国现代经济体系建设中的引领示范作用，确立长三角地区在未来我国乃至全球的战略竞争新优势，是现阶段长三角产业园区高质量发展迫切需要解决的重要任务。围绕新格局下长三角产业园区高质量发展面临的机遇和挑战，在比较分析国内外产业园区发展的新趋势，形成新格局下，研究和提出长三角产业园区高质量发展的路径选择、对策举措及政策建议，具有重要意义。

（一） 长三角产业园区高质量发展的基本原则

长三角产业园区高质量发展既是我国经济高质量发展的重要内容，也是我国新发展格局下新旧动能转换的重要平台。新发展格局下长三角园区高质量发展需要顺应国际国内产业园区发展特点、规律和趋势，遵循创新引领、智造集聚、产业高效和"双碳"绿色的基本原则，做好顶层设计，发挥政府和市场的各自优势，协同社会各方力量，形成良好、高质量、高效率的园区发展生态。

长三角产业园区高质量发展主要应遵循以下基本原则：

（1） **创新引领**。创新发展是园区高质量发展的核心支撑，是构建高质量发展园区的主线，通过创新要素集聚长三角园区，形成长三角园区创新策源地和孵化基地，促进长三角园区技术含量提升，促进长三角园区成为区域性引领、国内一流、具有重要国际影响力的创新示范高地。

（2）**智造集聚**。长三角园区既是创新链和价值链融合的重要平台，也是创新成果转化的产业辐射地，未来发展的重点应围绕数字经济和智造产业链，聚焦人工智能、数据产业等战略性智造产业高地，促进长三角园区智造要素集聚、科技成果孵化、智造产品转化和应用，将长三角园区打造成为我国乃至全球智能产业链集聚发展新高地。

（3）**产业高效**。以制造业数字化、服务化为牵引，加快长三角园区传统产业重组、购并和二三次产业融合发展，促进长三角园区产业转型升级，提升长三角园区产业协同发展效率，促进长三角园区成为我国园区产业集约发展的核心示范区。

（4）**集约绿色**。绿色产业和绿色发展是长三角园区发展的重要方向。长三角园区高质量发展必须遵循"双碳"和园区生态发展要求，促进长三角园区内涵式集约发展，形成区域性乃至国际性园区绿色发展引领区。

（5）**共享融合**。适应国际国内双循环新格局发展要求，形成对外开放度高、国际竞争力强、具有区域性乃至国际性园区资源一体化共享的承载建设区。

（二）　长三角产业园区高质量发展的实施路径

（1）**集聚创新要素资源形成高质量发展园区**。长三角园区高质量发展的核心动力是促进创新要素资源集聚，形成以高科技元素为主导、多种业态协同的高质量发展园区。提升园区的科技含量、实现创新发展应成为长三角园区高质量发展的基本要素。具体实施路径主要包括：

一是汇集国内外高等级创新要素，提升园区科技含量及其规模效应。随着全球科技和新技术革命的不断发展，未来高技术含量的广泛运用将成为影响各国园区高质量发展的核心因素。必须通过高水平扩大开放和国际国内两种市场的正向循环，引入全球高端要素资源，运用高技术要素资源带动长三角园区产业良性发展和规模效益提升，促进园区转型升级发展。

二是进一步扩大开放，形成外向型经济和总部经济的新高地。善于运用市场机制力量，遵循国际规制和国际惯例，是新发展阶段我国适应全球价值链重构"区域化、本土化、边境内"新特点新趋势，稳步推进我国以"规则、规制、标准和管理"等为核心内容制度型开放的重要内容。面对国际规制从全球化向区域化的新发展要求，可运用上海自由贸易试验区等先行先试的优势，加大引入和利用外资力度，加快促进长三角园区与发达国家主导的高标准国际区域规制链接和对接,运用长三角开放型产业园区和外向型经济形成的溢出优势,扩展外部市场开放向国内统一大市场的延伸,通过扩大内外双向开放,进一步加快外向型经济与总部经济的融合发展、链接,探索和稳步促进我国"双循环"经济的有序发展。

三是加大和完善知识产权保护,将长三角产业园区建设成为科技成果转化和应用与集成创新的核心示范区。随着"WTO 规制"的逐步边缘化,当前以知识产权、营商环境、竞争中性、政府采购、劳工标准等高标准国际区域贸易规制,日益成为全球贸易经济发展的新规制。长三角产业园区应发挥园区企业知识产权保护意识强、科技成果转化率较高的特点,运用长三角园区知识产权保护机制较为完善的有利条件,积极主动顺应高标准国际区域贸易规制要求,加大知识产权保护推动力度,营造高标准开放发展的外部环境,聚焦知识产权保护和自主创新、科技成果转化的生态链建设,努力将长三角产业园区建设成为我国知识产权保护和成果转化应用的核心示范区。

(2) 加强园区品牌建设,促进长三角区域品牌、园区品牌和企业品牌联动和互动,提升长三角产业园区要素资源整体凝聚力和辐射力。近年来,长三角产业园区依托长三角区域发展,已成为我国三大经济区域发展的领跑者,是支撑我国经济转型发展的重要力量。目前长三角部分园区在国内科技园区的发展进程中,通过运营管理和服务企业方式的不断创新,已经形成了一套较为完善的标准化运营管理服务支撑体系,构建了形式更为多样化、管理服务更加专业性、以服务品牌和客户满意为宗旨,具有国际影响力的特色园区品牌,例如上海张江科学城、漕河泾开发园区、苏州工业园区和长三角 G60 科创走廊等,上述园区品牌已经成为引领长三角园区转型发展的重要引领者。当前应整合并发挥好现有园区品牌资源叠加优势,带动和促进园区产业转型升级。具体实施路径主要包括:

一是强化品牌引领转型的发展理念。通过形成和规范园区品牌发展战略,实施园区品牌优化转型,具体内容主要包括三个环节:第一,构建品牌建设标准,品牌建设必须从各自园区的发展实际出发,形成各自发展特色,同时也要形成相对统一的园区品牌模式,长三角园区应在品牌建设中形成自己的主动权和话语权;第二,探索园区特色品牌模式,即通过注重园区产业不同发展阶段和发展路径,包括比较优势,形成自主创新的品牌发展模式；第三，瞄准品牌的国际标准，形成高水平的园区品牌发展模式。

二是依托现有园区品牌优势，提升园区要素资源集聚力和辐射力。新发展格局下我国产业园区高质量发展的一个重要特点与趋势就是"去房地产化"，重品牌发展。未来园区业务发展的重点应从重产值、重土地规模，向重园区生态、"品牌培育"转变，促进园区业务重心从对接企业向对接资源转变，通过加快园区品牌为重点的名园分园和"飞地"园区建设，完善以品牌输出为管理模式创新的园区新业态，不断增强园区的凝聚力和辐射力。

三是培育新兴产业集群和园区业态创新，形成园区新品牌，有序推进园区品牌升级。运用品牌无形资产，形成园区资源要素集聚和园区产业链与价值链、供应链汇集的重要平台。例如可通过园区品牌引入和建设一批产业协同创新中心、共性技术平台、检验检测实验室和中试基地等公共服务平台，增强园区产业链配套的服务能力，形成园区要素资源、企业和产业集聚规模效应。

四是促进区域品牌、园区品牌和企业品牌联动和互动，培育形成具有国际和全球影响力的园区品牌。例如加强企业、产业和园区品牌之间的链接，形成品牌之间的叠加和联动效应，提升园区品牌的整体影响力，逐步培育形成世界级园区品牌。

（3）促进园区产业错位、有序竞争和提质增效，形成以园区效率提升为导向的内涵式发展路径。具体实施路径主要包括：

一是围绕国家战略和长三角 2035 年发展规划，引导园区形成有效的功能定位。全球价值链、供应链格局和地缘政治等多因素变化将导致世界各国产业竞争日益激烈，增加了未来园区产业发展的不确定性。要形成园区之间的错位竞争和有序竞争、合作依存与共同发展的新格局。

二是引入市场机制，加大特色园区发展力度。加快园区功能业态转型发展，形成研发型、总部型和服务提升型要素与企业的引进和集聚发展的多业态园区。改变传统的园区政府主导管理模式，将政府部门统筹产业布局、提供政策支撑、管理行政审批、影响和决定各类园区功能和发展趋势，逐步转变为政府与市场共同服务园区发展的新格局，使政府成为园区发展的"重要伙伴"而不是实际操控者。根据市场选择，形成园区产业功能定位和相关园区企业发展。例如依据特色产业园区产业方向，形成产业链地图，通过引入产业链关键项目，拉深、拉长产业链条等。

三是运用金融杠杆和投贷联动机制，加快园区功能转型和管理模式转变。金融资本是园区发展的重要推动力量，长三角产业园区的创新发展、园区功能的多样化以及业态的转型升级，不仅需要引入更多的资金尤其是风险投资协同推进，也是园区作为产业发展的中介服务机构拓展自身功能的内在需要，园区与银行和风投等金融机构建立良好的合作关系，以完善金融服务变得愈发重要，实际上，园区金融力量的大小也是市场选择的结果。园区发展经验表明，随着园区品质的提升，从传统的贷款引入到投贷联动就将成为连接园区和金融要素的重要方式。通过市场机制和园区环境优化，引入以天使资金和风投等金融资本，形成园区风险投资对冲机制，形成资本投入产出的良性循环，既有利于激发企业创新投入、促进科技成果转化运用，又可以通过企业孵化和创新链与产业链的对接，培育壮大新兴产业规模，形成园区功能特色鲜明的个性化、多样化的功能型和服务型园区。

（4）加快数字化转型和智慧园区建设，促进园区产业功能优化和结构升级。数字化转型是全球未来产业发展的重要趋势，也是推进我国包括长三角园区功能结构优化和产业转型升级的重要方式，不仅是长三角园区高质量发展的核心内容之一，也是促进传统园区向智慧园区转型发展的重要技术支撑。长三角园区数字化转型和智慧园区建设主要实施路径包括：

一是加大数字化技术投入力度，形成数据资源要素的集聚与规模化发展效应。数字经济不仅是互联网经济的重要支撑和创新发展，也是影响和提升未来园区发展功能和产业集聚业态的重要载体。随着大数据和云计算技术的广泛应用，长三角产业园区运营也将进入智慧化园区时代。应加快长三角园区数字资源向数据资产的转化运用，加快数字技术在园区空间管理、园区实时管理等领域的运用（例如，基于5G和机器人的安防巡逻和楼宇监测，基于云边协同和传感监控的应急管理；借助物联网和大数据技术实时感知园区能源消耗的能源控制管理；依托设备运行、人流密度等分析诊断模型以及人工智能实现智能自控和精准管理，等等），不断提高园区管理效率和水平。

二是以数字化技术改造传统产业，促进制造业服务化和全产业链融合发展。数据是数字经济的核心生产要素，加快数字资源要素以及关联产业引进形成数字产业集聚和规模化，运用数字技术改造传统产业，通过数字技术与新兴产业业态的融合，形成数字产业规模化集聚和集群式发展，可以有效地促进园区产业结构转型升级。

三是集聚智能制造、智能服务业，培育形成支撑未来产业发展的智慧型园区新业态。未来产业是长三角园区实现高质量发展必须预留的重要发展空间。根据全球科技与产业发展趋势以及我国"十四五"规划、上海有关未来产业的预测，未来产业主要布局在类脑智能、量子信息、基因技术、未来网络、新能源等领域，长三角区域产业园区在制造业和服务业领域已经具有良好的发展基础，布局以智能制造业和智能服务业为核心的未来产业集群，应成为长三角产业园区未来产业重点发展方向。

（5）**高标准推进"双碳"生态发展，促进园区整体转型升级和可持续发展。**绿色全要素生产率（GTFP）是衡量绿色发展的重要指标。应对全球气候变化，聚焦"双碳"目标，核心是提高园区绿色全要素生产率，实现生产要素和资源配置的高效、清洁、低耗的多方式组合，促进产业技术和产业结构的升级或跨越发展，这也是园区产业高质量发展的应有之意。按照国际规制高标准和"双碳"目标，当前主要实施路径包括：一是规划引领和政策激励并行，形成"双碳"发展目标的正向激励效应。园区产业碳排放是双碳目标的重点区域，目前我国70%左右的工业排放集中在各产业园区，长三角园区虽然在绿色发展方面取得明显进展，仍然需要进一步强化落实，通过完善园区共同规划和实施节能减排方案，促进园区产业实现"碳达峰、碳中和"的绿色低碳发展目标。二是优先布局和加快园区清洁能源和可再生能源利用等基础配套设施建设，在建筑设计、道路交通、环境保护等方面植入绿色基因，打造和形成绿色低碳生态环境示范园区。三是通过腾笼换鸟、淘汰高能耗和落后产能产业，提升园区产业发展品质，发展氢能等更加清洁的新能源、新基建、数字化、智能技术产业等高新技术产业，促进产业低碳化和生态化发展。

（三）长三角产业园区高质量发展的对策建议

从国内外园区发展态势和新发展格局下长三角园区面临的任务要求看，当前长三角产业园区高质量发展应聚焦发展进程中面临的突出问题，重点采取以下对策。

（1）**落实长三角区域发展国家战略，优化长三角产业园区规划布局和战略协同。**"2020—2035 长三角区域发展规划"是国家战略，也是长三角园区高质量发展必须遵循的基本框架。优化和完善长三角产业园区规划布局，一定意义上也是长三角园区落实国家战略的重要举措，是长三角园区发展主动与国家发展战略的协同。未来长三角园区高质量发展应按照国家战略规划布局确定区域共建的边界，对符合国家区域规划和长三角区域规划要求的重点产业，试行正面清单目录，对区域共建的重点和核心区域园区，例如目前已经明确的三省市的生态共建区，统一布局规划并落实共建的共享机制，落实并形成产业规划优先保护机制。重点是加快完善园区未来产业规划布局，为园区未来产业集群化和高质量发展预留新赛道、奠定新基础、形成新框架。集聚数据资产要素，运用数字技术改造传统经济业态、促进制造业服务化、制造业转型升级和智能产业发展。

（2）**优化和完善体制机制，促进长三角园区管理模式创新。**长三角"园区共建"模式作为引导园区共同发展的一种方式，在长三角一体化进程中发挥了重要作用，然而由于"园区共建"模式存在先天性的体制机制功能性缺陷，导致园区开发建设和主动转型升级的动力明显不足，突出体现为园区利益分享体制难以建立。具体体现为园区共建多，共赢少，既有园区内部体制机制上的自我阻断（同一园区存在不同利益主体），更多的是不同园区之间跨区域体制机制缺乏利益分享链接机制，**导致开发主体动力不足。市场化分享机制难以落实，引发园区资源浪费，导致各地共建园区主体产业缺乏明确的功能定位，产业交叉和重复性较大，共建多数停留在产业协作浅层面，共建园区之间比拼优惠政策的竞争格局仍然明显。需要长三角更高质量发展阶段"迭代"更新进行一体化升级。建议：加大园区一体化体制机制创新，对符合区域发展规划要求的重点产业或新兴产业区域，通过综合评估后，可赋予功能性园区或开发建设主体更多的共建自主权，**相关政府主管部门应进一步扩大园区在区域共建上的权限，使园区可以获得政府更大尺度的行政授权，例如在主要园区内设置政府主管部门审批或授权的直接通道，或通过政府委托第三方行使代理权限，创新政府与园区共赢的联动合作机制，形成"园区共建"模式的升级版，以提高政府的行政决策效率（通过试点取得示范效应后逐步推广运用）。

（3）**充分发挥上海在长三角园区龙头带动作用，形成苏浙皖各园区产业错位有效竞争和协同创新的基本格局。**当前上海在长三角地区的龙头带动作用主要体现在围绕新发展格局下的双循环发展和"一带一路"倡议，顺应全球产业分工和价值链、供应链重构新变化，聚焦未来产业布局、生产性服务业和制造业协调发展，按照长三角区域"十四五规划"布局，"建设一批资源共享、办理聚合，出人才、出成果的产学研用合作共同体"，加快布局区块链、人工智能、大数据产业、5G 等互联网产业以及集成电路、人工智能、先进材料、生物医药等高端制造业，提高产业链根植性、稳定性和竞争力，与此同时，在未来产业布局上继续发挥各自的功能和比较优势形成产业协同发展，例如上海应发挥在生物医药、芯片信息技术等领域比较优势并形成区域产业布局的引领作用，苏浙应发挥在智能制造、软件信息、元宇宙等领域比较优势，降低长三角区域内部各产业园区之间要素集聚和产业集群发展的交易成本和制造成本，通过优势互补、扬长避短，形成区域内科技创新、制造成本和交易成本等综合商务成本较低的合理布局，更好地促进长三角区域各园区之间的协调发展。

（4）**加强园区土地空间规划和高效利用，提升区域产业园区协同发展能级和水平。**园区土地是稀缺性要素资源，也是制约园区发展空间的重要因素。我国虽进行了多轮土地市场改革，但土地资源的流通仍存在诸多障碍。在加强园区土地变性规范管理的同时，建议可根据园区和区域未来发展要求，以及土地的社会属性和资产属性，加快区域内的土地开发、转让、流通的力度，提高土地要素和土地资源的高效流通，进一步释放经济活力。建议可通过深化土地要素市场改革，逐步放开农村集体建设用地入市流转，通过建立长三角区域统一土地市场，形成区域园区之间灵活运用的跨省补充耕地国家统筹机制，完善长三角区域土地指标统筹制度，推动土地要素资源在跨区域园区有效整合与利用，为区域园区未来产业发展形成有效的要素资源支撑。与此同时，形成园区内涵式发展路径，一方面通过建立长三角园区土地等产业发展资源交易平台，促进土地等稀缺资源要素的有效供给和高效配置，另一方面充分利用 5G、工业互联网、人工智能、物联网等新技术形成园区管理的智慧生态，统筹建立完善智慧管理平台，实现园区精细化发展，减少土地等稀缺资源配置的低效率，提升内部地域发展空间。例如，通过园区管理系统化和信息化、数字化、智能化，全面提升园区智慧化运营管理能力和园区精细化管理水平。

（5）提升园区创新能力，强化园区品牌建设，形成高端要素集聚和产业链式发展。 以上海张江国家自主创新示范区、安徽合肥综合性国家科学中心、苏州高新园区和各高校资源为依托，由各地政府、科研院所、高校和企业联合建立一批研发平台，并赋予该平台特殊政策和灵活机制，形成创新科技协同改革模式。加快科创中心、孵化基地、加速器的建设，并培养出一批精通管理和技术的职业技术经理人，搭建起创新与产业之间的桥梁，同时以长三角区域四个技术交易市场为枢纽，搭建长三角技术交易市场网络，实现技术交易市场互联互通，促进从研发到技术应用的转化过程和产业化。加快长三角地区户籍制度改革，建立并完善长三角人力资源共享市场，进一步发挥市场在人力资源配置过程中的决定作用，搭建长三角区域统一开放的人才交流和供需平台，实现园区产业和人力资源共赢发展。

（6）发挥市场功能作用，优化政府服务，培育形成优质的园区营商环境。 以技术和金融等要素赋能园区建设、激发园区各类主体内生动力，应建立园区投资、运营、管理的市场化机制，实现信贷资源在区域内自由流通，不断探索长三角区域内部的跨省市联合授信机制，以及科技创新型企业的新型信用机制，保证信贷资源有效服务于创新，促进技术成果转化为大规模产业生产。与此同时，充分利用长三角资本市场服务基地，通过搭建高效的股权类融资服务平台，积极探索区域创新收益共享机制，建立起各类科技创新引导基金；进一步发挥科创板对创新型企业的支持功能，为长三角企业提供多层次的融资服务。此外，通过长三角产业园区尤其是上海园区在促进总部经济发展的经验，通过改进完善政府营商服务环境，增强政府在园区服务赋能和溢出效应，包括注重多方式扶持和培育本土的龙头企业，促进园区内总部经济的培育和成长，引进、吸引大型企业母公司入驻园区等，形成园区新的服务特色和产业增长点，摆脱过多依赖园区财政补贴和税收返点的传统发展模式，促进园区功能转型发展。

（7）促进新格局下园区产业生态化发展。 进入新发展格局后，我国原有的以吸引利用外资为主的外循环发展模式发生重要转变，以国内大循环为主、注重产业发展的质量和效率，形成园区产业良好发展生态将成为园区发展的新基调，也带来新发展格局下产城融合、"双碳"发展要求下园区发展业态的新变化，园区生态化发展将可能成为新赛道、新模式。园区生态化发展，应注重通过园区功能平台的打造和优化，构建特色产业生态体系，例如紧紧围绕产业链部署创新链、围绕创新链布局产业链，构建全体系功能平台，并提供全方位服务，构建完善的特色产业生态系统。与此同时，加强产业链上的企业合作，增强产业生态吸引力。例如发挥上海园区在生物医药、集成电路和人工智能以及未来数字经济发展趋势和产业先发优势，促进园区创新链、产业链、供应链集群化发展；通过同类型的企业在同一地区集聚，促进企业之间原材料供应上的相互协同，形成供应商原材料的有效供给，通过产业链上下游之间的合作共赢，形成产业发展的利益共享空间，有利于形成产业创新的投入效应以及协同，等等。

六、 长三角产业园区高质量发展的政策与保障

（一） 加强宏观政策的制度供给，进一步推进区域一体化制度创新和改革放权试点，优化区域协同发展以及创新政策

国际经验表明，未来产业布局的启动资金和要素资源的预留空间发展方面，一方面需要国家层面的政策引导和资金扶持，继续加强和优化政府有关产业园区的财政税收扶持政策，聚焦国家在数字经济、智能制造和新能源产业等领域的重大扶持政策，形成长三角区域产业政策分解，积极争取国家政策在各园区的扶持项目化，推进具体政策实施落地；另一方面要打破各省市之间的产业结构雷同，破除同质化竞争格局，将纵向的国家产业政策与区域横向的产业政策对接，形成国家与区域政策、区域园区内部的一体化发展协同，通过国家层面产业政策指导下的区域政策创新，以及激发长三角区域地方政府积极性，形成协同创新的园区发展政策与横向性、功能性和竞争性产业竞争协调政策机制。建议可在长三角区域合作办公室协调下，开展长三角未来产业及创新发展规划，通过长三角区域整体层面的产业体系布局，规划创新体系建设，构建"长三角园区产业创新资源标识图""长三角开发区产业项目流动数据库""长三角开发区科技成果

转化网络"等，发挥长三角三省一市的科技创新资源和环境优势，释放创新潜能，构建以创新项目筛选、储备、孵化及落地为核心的长三角产业创新创业服务平台以及科技成果在长三角开发区的转化落地，促进区域园区之间各自产业特色发展，形成区域园区创新资源开放共享和产业联动发展。与此同时，促进产业链、供应链、创新链之间的对接，优化引导产业链条聚集和延伸方向，深入落实制度型开放与国内统一大市场建设，争取国家对长三角区域提供新的政策供应支持，优化完善长三角区域管理政策，形成园区创新协同发展的体制机制，促进园区开放创新发展。继续探索园区主体管理体制机制创新，例如可对国有投资运营机构给予更多自主权，深入探索园区国有开发主体的市场化、企业化发展路径，为园区民营运营主体提供更多的公平发展机遇等。

（二）发挥市场机制功能作用，为园区各类投资运营主体提供可预期的发展空间

国内外园区发展表明，市场化机制是园区效率提升和高质量发展的重要推手。应进一步释放市场主体活力和创造力。应依据未来长三角区域规划引导，进一步发挥市场机制在创新价值发现、产业遴选的信号价格优势，加强企业间供应链信息平台建设，推动零部件供应、消费品生产、市场营销体系的构建，畅通产业链条信息快速传导机制，构建完善长三角各园区统一的市场机制和市场环境预期，各地区以特色产业链龙头企业所在城市或平台，建立市场多元主体协同联动机制，以协同各园区开发主体利益为核心，创新和完善各园区主体管理体制机制，探索互利共赢的跨区域投资、税收和征管协调机制。在区域间合理分工的基础上，各地区以特色产业链龙头企业所在城市或平台组建长三角区域产业联盟等，促进各园区开发主体和功能主体之间的利益协同，推进国资国企深化改革，激发民营企业的发展活力，推进长三角内部的跨区域产业转移和产业园区的"飞地"模式，形成既能够发挥政府的统筹作用，又形成在具体事项上鼓励商会、行业组织、产学研联盟等开展跨区域多领域的合作格局。

（三）优化区域政府服务，以减税降费为重点提供优质高效服务环境，为园区企业增值赋能

进一步优化营商环境、用技术和服务赋能**提高监管水平**。园区服务环

境是软实力，也是高质量发展的核心要素。优化提升政府服务功能，当前应运用好近年来国家层级有关减税降费的重点扶持政策，赋能园区服务功能，在继续做好、做实减税降费为重点吸引企业集聚、促进企业发展的同时，进一步深化和创新政府服务方式。例如，在政府层面应该着力发挥规划引导作用，协调园区产业及创新资源的跨区域布局，可按照构建世界级城市群和全球产业集群发展园区为目标，上海地区应聚集全球城市和全球科技创新中心建设，打造面向国内和国际市场的总部经济、研发中心和金融中心；苏浙皖等其他要素聚集度较高的地区，大力发展创新经济，推动传统制造业转型，建立起高科技产业聚集区；中小城市根据产业基础以及发展条件，发展绿色经济、轻工业以及相关配套产业等。在行业层面加快建立、完善长三角各园区产业领域或行业协会联盟等第三方机构，构建长三角园区创新协同发展网络平台，促进各园区之间的横向协调和行业自律监督，避免恶性竞争；在园区层面加强园区品牌化培育和优势产业集群发展，拓展园区经营开发主体与功能主体之间的创新发展和产业延伸集聚功能，优化完善园区营商环境，提升为园区企业服务能力，强化园区企业孵化成长与自我发展能力，避免对园区政策形成过度依赖。此外，关注和优化园区创新发展的社会生态，根据新发展格局下内循环发展的要求，激活城市与乡村的消费需求，基于中低收入群体更高的边际消费倾向，通过继续加大居民内部收入再分配的力度，使得更多的收入流向中低收入群体，以及持续推进乡村振兴战略，加快农业农村现代化建设，进一步释放国民需求潜力，带动企业深化专业分工和生产效率提升。另一方面，应在消费环节发力，继续减轻涉及民生和制约居民消费能力的有关公共社会服务领域的预期负担，例如通过推进长三角区域户籍制度、教育体制及社会保险改革，"减负"住房、教育与医疗等民生"刚性"支出，以此提升居民消费信心，增强区域园区产业发展的虹吸效应；通过推动长三角区域城乡基本公共服务均等化，促使长三角地区的社会保险跨区域便利转移接续、教育资源公平配置，不断提升人民的获得感和幸福感，使社会福利规模化效应溢出和传递到园区内资源配置和产业发展，进一步激发和带动园区的"双创"活力，将有利于实现区域园区产业发展生态的良性循环，促进园区创新链与产业链、价值链、供应链连接以及区域产业内外生态链的协同。

（四） 加强园区品牌、标准与文化建设，培育形成区域园区产业协同发展的标准和规制

未来国际规制和国内标准国际化是引导园区高质量发展的重要力量。长三角园区高质量发展，一方面应顺应全球科技产业发展和全球创新链、产业链、供应链的特点和趋势，加强内生性发展能力建设，改变过度依赖国外的产业发展模式，加强园区品牌为重点的项目建设，例如通过第三方权威机构评审认定，形成一批有实力的品牌园区开发主体，形成长三角园区品牌化开发建设，通过出台有关品牌园区的松绑投资限制、完善考核制度、形成优先市场准入和资源匹配机制等，支持品牌园区主体开展跨区域、跨园区合作开发，整合区域内低效园区资源，促进长三角产业和创新的协同，推动长三角园区全产业链垂直布局，增强产业链和供应链的自主可控能力。通过长三角区域内部的协同创新，增强其创新策源能力，突破"卡脖子"的关键核心技术，提高知识技术溢出效应，以新科技驱动长三角传统产业转型升级。另一方面，聚焦国际规制和标准，通过国际规制国内化和国内规制国际化，形成国际国内双重规制的对接融合，形成较好的园区产业发展韧性和企业适应能力，规范区域内市场竞争规则。例如，率先探索形成交通、环保、旅游、认证等领域的一体化政策和统一的规则，协同长三角各园区之间的 GDP 统计和上缴税收的分成机制，形成土地、资金、人才、项目等资源的跨省统筹和流动机制；打通部分关键领域协同创新全链条，提升全球产业链价值，构筑国际竞争新优势。

（执笔：上海社会科学院杨亚琴、刘亮、宗传宏、张鹏飞、张来春）

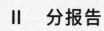

II　分报告

上海市特色产业园区发展
布局与思路探讨

上海市经济和信息化委员会 2022 年 10 月 26 日发布《上海市特色产业园区公告目录（2022 年版）》，汇总 53 个特色产业园区的产业类别、名称、规划占地面积及四至范围，勾勒出上海市特色产业园区的全景图。目的是为实现具有全球资源配置能力、较强国际竞争力和影响力的全球城市和社会主义现代化发展目标，聚焦特定产业方向、特强园区主体、特优产业生态，全力打造优势更优、强项更强、特色更特的特色产业园区发展模式。

一、 上海特色产业园区的产业布局与政策导向

作为促进产业发展而规划的特殊空间聚集，特色产业园区承载着集聚生产要素、推动区域经济发展的使命，并通过带动关联产业促进产业集群发展。近年来全国各地都推出实施特色产业园发展规划和相关政策。如始于 2018 年的江苏省特色创新（产业)示范园区，旨在紧紧围绕特色产业链，加大力度打造具有较强国际竞争力的特色创新产业集群，提高核心技术自主研发能力和产业化应用水平。

（一） 产业园区产业布局

上海市特色产业园区发展大约分三批推进：2020 年 3 月底，上海市发布了首批 26 个特色产业园区，聚焦集成电路、人工智能、生物医药、航空航天、新材料、智能制造六大产业领域。2021 年 4 月，上海市发布第二批共 14 个特色产业园区，新增在线经济产业领域，同时将智能制造细分为高端装备和汽车两大产业板块。2022 年 6 月，上海市发布第三批共 13

个特色产业园区，主要涵盖时尚消费品以及侧重国际热点研发类的新兴领域产业。

当前 53 个特色产业园区产业规划不仅服务于上海市"3+6"新型产业体系，同时还为创新型产业留出空间，其包含 10 类产业类别，分别是**集成电路、生物医药、人工智能、先进材料、电子信息、汽车、高端装备、在线经济、时尚消费品和新兴领域**，如表 2-1 所示。

表 2-1 上海 53 个产业园区产业类别

产业类别	产业园区名称
集成电路	集成电路设计产业园、临港新片区东方芯港、智能传感器产业园、浦江创芯之城
生物医药	张江创芯药产业基地、临港新片区生命蓝湾、东方美谷·医药、湾区生物医药港、北上海生物医药产业园、青浦生命科学院、G60 生物医药产业基地
人工智能	张江人工智能岛、西岸智慧谷、马桥 AI 试验区、临港新片区信息飞鱼
先进材料	超能新材料科创园、碳谷绿湾产业园、奉贤化工新材料产业园、上海电子化学品专区、Innogreen 创新绿洲
电子信息	G60 电子信息国际创新产业园、新型显示产业园、临港松江科技城、金桥 5G 产业生态园、G60 松江信创产业园
汽车	临港南桥智行生态谷、汽车新能港
高端装备	临港新片区大飞机园、北斗西虹桥基地、华东无人机基地、机器人产业园、外高桥智能制造服务产业园、闵行开发区智能制造产业基地、张江机器人谷、长兴海洋装备产业园、临港新片区海洋创新园、中以（上海）创新园、动力之源、虹桥数字物流装备港
在线经济	张江在线、长阳秀带、"虹桥之源"在线新经济生态园
时尚消费品	东方美谷·美妆、新食尚都市产业园、江南智造国际设计港
新兴领域	嘉定氢能港、国际氢能谷、宝武（上海）碳中和产业园、市北数智生态园、数智南大、漕河泾元创未来、张江数链、上海金谷智能终端制造基地

资料来源：根据有关材料整理。

上海市特色产业园区规划占地面积约 200 平方公里，规划产业用地约 100 平方公里，可供物业面积约 2 900 万平方米。从空间分布位置看，中心城区（包含浦东新区外环内）产业园区约占总数量的不到四分之一，其余特色产业园区均分布在远郊，尤其以临港新城、奉贤、金山、松江、嘉定规划园区较多。

（二） 产业园区政策导向

2020 年 5 月《关于加快特色产业园区建设促进投资的若干政策》正式实施，上海特色产业园发展按下加速键，之后各区跟进发布相关文件，详见表 2-2。

表 2-2　上海市发布关于特色产业园区文件

级别	公布日期	政　策　名　称
市级	2020.05.14	《关于加快特色产业园区建设促进产业投资的若干政策措施》
	2020.10.22	《关于推动生物医药产业园区特色化发展的实施方案》
	2022.09.20	《上海市特色产业园区管理办法（征求意见稿）》
区级	2020.09.25	《嘉定区关于加快特色产业园区建设的实施意见》
	2020.10.30	《金山区特色产业发展指引》
	2021.10.01	《闵行区关于加快特色产业园区建设的实施意见》
	2021.10.21	《青浦区特色产业园区（平台）创建认定及发展扶持管理办法》
	2022.07.20	《嘉定区特色产业园区资金管理办法》
	2022.08.12	《宝山区区级特色产业园区认定管理办法》
	2022.10.15	《浦东新区推进特色产业园区高质量发展若干规定》

资料来源：根据有关材料整理。

对文件进行梳理，市级行政对特色产业园区发展的支撑主要表现在为确定发展方向、招商激励、补贴标准、要素保障、减少审批障碍等方面提供总体思路。区级则在其基础上结合各自情况进一步落地产业园区认定标准、政策扶持标准。

1. 如何认定特色产业园区

尽管各区有所不同，但基本从开发规模、运营主体、产出成果方面作了规定。**开发规模方面**，比如闵行区要求园区用地面积不少于 30 亩（培育型园区不少于 15 亩），地上建筑面积不少于 3 万平方米；青浦区则要求用地面积不少于 50 亩，地上建筑面积不少于 1 万平方米。各园区需要安排公共食堂、商业、停车库等基本配套，一般配套用面积不超过建筑面积的 15%。**运营方面**，一般规定要求独立运营主体，具备专门的招商运营及企业服务能力，一个园区内具备 1—2 个主导符合本区重点产业领域的特色主导产业，拥有 2—3 家主导产业门类下龙头骨干企业，青浦区还要求该运营主体在本区依法注册登记纳税，要求园区企业入驻率达 50% 以上。**产出方面**，闵行区和青浦区要求主导产业规模占园区产业规模 50% 以上。亩均税收贡献要求略有差异，闵行区要求达到本区当年新增产业标准的 60% 以上；宝山区要求工业园区税收贡献率不低于 80 万元/亩，楼宇园区税收贡献率不低于 1 600 元/平方米；青浦区则要求亩均税收达到上一年度上海市开发区平均水平。

2. 特色产业园区的政策优势

这主要表现在直接资金补贴、土地利用松绑、融资支持、人才引进方面。首先，对被认定的市区特色园区予以直接奖励。以嘉定区为例，对新增认定的市级特色园区给予一次性 200 万元补贴，区级 100 万元补贴。其次，区政府有租税联动奖励，以青浦区为例，对首次申报园区，园区属地年度税达到 5 000 万元，未超过 1 亿元的，按照税收额度 1% 补偿；超过 1 亿元的，1 亿元以内仍按 1%，超过 1 亿元的部分，按照 1.1%，超过 2 亿元或 3 亿元的则对应 1.2% 和 1.3%，依次类推。除了直接经济补贴，土地利用方面，采取提高容积率、减免增容费等措施，延长土地出让年限，地价采用底线管理。融资方面，浦东新区成立引领区产业母基金等政府引导基金、浦东科创母基金等私募股权基金为特色产业园区内符合产业导向的企业提供资本支持，鼓励金融机构创新金融产品服务，为符合要求的企业提供政策性融资担保。各区都鼓励人才引进工作，但较为粗略，明确为人才提供居留、出入境、落户、医疗等服务保障。另外，青浦区还支持特色产业园区数字化工作，提供按投资金额 50%、最高不超过 50 万元予以补偿。

3. 特色产业园区认定流程与考核

一般为园区向本区经委申请，根据经委委托的第三方机构综合评价指标体系标准，联合区发改委、区科委等进行会审，经打分择优评定。一般一年组织一次认定工作，三年进行一次综合再评审。目前，仅宝山区有末位淘汰机制，对连续三年考核位于后三名的特色产业园区将予以摘牌。

二、 特色产业园区的发展优势与成效

结合产业类型和空间分布，上海特色产业园区积极参与全球新兴产业领域竞争，以期通过集聚生产要素，进而优化配置形成突破口，寻求新的经济增长支撑点。

（一） 全面布局和推进新型产业崛起

1. 布局全球研发高地

上海 53 个特色产业园重点聚焦集成电路、生物医药等十大产业领域，并在细分前沿领域进行布局。如集成电路方面，东方芯港重点瞄准集成电路关键设备和材料研发生产前沿领域。人工智能方面，张江人工智能岛引领 AI 创新。电子信息方面，金桥 5G 产业生态园聚焦 5G 细分前沿领域。汽车方面，临港南桥智行生态谷聚焦智能驾驶细分前沿领域。新兴领域方面，嘉定氢能港注重拓展氢能源研发与应用新场景；数智南大则是打造数字产业标杆引领区和数字城市的先行示范区。时尚消费品和在线经济则是创新消费情景和消费方式。

2. 产业强链补链的中流砥柱

在全球产业链格局调整背景下，上海 53 个特色产业园区成为十大行业产业强链补链的重要支撑，各个产业园间协调形成产业连接点。如在全球高端芯片断供背景下，我国集成电路产业链出现断链风险，集成电路设计产业园、临港新片区东方芯港、智能传感器产业园及其他电子信息产业园区等闭环了芯片设计、制造、消费三个节点，形成覆盖特色工艺制造、新型存储器、第三代半导体等环节产业链生态体系，在 EDA 软件平台研发、大硅片、光刻胶等领域有所突破，为芯片工艺升级提供强支撑。张江人工智能岛和西岸智慧谷则是推动上海人工智能产业链，从视觉和语音处理等环节向核心算法环节延伸的关键载体。临港新片区大飞机园是我国民用航空产业强链补链的核心所在，北斗西虹桥基地也是航空航天产业链延伸的关键园区。

3. 自主高端制造硕果累累

特色产业园的一批高科技企业成为支撑上海自主创新发展的重要力量。如位于张江集成电路设计产业园的上海微电子装备（集团）公司，其独立生产的光刻机达到 22 纳米工艺制程。临港新片区大飞机园研发制造的首架 C919 已实现交付，我国民航运输市场首次拥有中国自主研发的喷气式干线飞机。由江南造船（集团）公司建造首艘弹射型航空母舰，中国第三艘航空母舰福建舰，于 2022 年正式下水。大国重器为拓展国际市场、提升国家竞争力提供助力。除硬核科技产品，文化消费产业，如化妆品行业，位于东方美谷的珈蓝集团，其旗下自然堂等品牌产品在国内市场已经形成一定占有率，试图挑战化妆品消费市场中欧美、日韩产品占绝对优势的市场格局。

（二）集聚高能级、高效益市场主体

由行业龙头企业领衔，集聚产业链优质企业，共振形成高效产出。数据显示，首批 26 个特色产业园区共引进企业 7 712 家，其中包括各行业的核心龙头企业。如华为入驻张江人工智能岛，商汤科技入驻西岸智慧谷。其中，上市企业达 158 家，成为各个特色产业园支柱企业。截至 2021 年底，前两批 40 个特色产业园工业总产值达 7 954 亿元，营业收入达 18 426 亿元，单位土地产值 141 亿元/平方公里，单位土地营业收入约 249 亿元/平方公里，新签约 2 000 万元以上项目 966 个，总投资额达到 5 235 亿元。其中，北斗西虹桥基地、G60 电子信息园、南桥智行生态谷等 3 个园的每平方公里产值超过 500 亿元，金桥 5G 产业生态园、马桥 AI 创新区、闵行智能制造基地、奉贤化工新材料园等 4 个园区的企业年纳税额超过 30 亿元。

（三）形成产学研用协同创新模式

1. 与科研机构合作共建技术平台

科研机构往往拥有行业理论前沿触觉，国际化交流合作也相对充分，拥有最优势的人力资本，通过与企业合作即可将实验室产物转化成规模化生产。部分产业园区采用科研机构共建技术平台的形式，针对国家战略发展方向及企业需求，寻求技术突破方案。比如半导体制造技术基础上发展起来的微机电系统（MEMS），侧重于超精密机械加工，学科面涵盖微尺度下声光电力等多学科交织，技术资本密集。在智能传感器产业园中，中国科学院声学研究所东海研究站就开发出涉及医疗、工业的超声技术、工业控制平台、数字网关等，为智慧医疗等产业提供支撑。又如师承"北斗"卫星创始人陈芳允的郁文贤，长期从事军民融合技术研究和产业化，于2017年在北斗产业基地创建上海北斗导航创新研究院，其产品智能无人系统高精度融合导航控制测试试验场、空间数据智能分析服务平台已经投入使用，测评业内双目视觉相机等产品性能，为产品应用于医疗服务类、导引导览类、安放巡逻类机器人提供标尺。而临港南桥智行生态谷则依托临港集团、奉贤区、上海交通大学的三方合作，建设上海第三个无人驾驶测试中心及信息安全平台，促进传统汽车产业转型升级，推动智慧交通发展。氢能港则在同济大学牵头建设的"新能源汽车及动力系统国家工程研究中心"支撑下，突破汽车动力领域关键核心技术攻关等课题，为我国早日实现氢能源商业化应用提供动能。

2. 公共服务类平台掌握产业前沿、突破信息壁垒

信息的获取及整合是加速构建和优化产业园区组成的前提，公共服务类平台即为整合产业相关企业及产品名录信息的平台。距离智能传感器产业园约2公里处，坐落着国家智能传感器创新中心。平台由工信部指导和支持，构建中国传感器与物联网产业联盟、专家委员会，制定行业标准、组织会展及国际专业委员会合作。提供共性技术研发平台、工艺制造平台、先进传感器测试平台、知识产权服务平台，面向医疗器械、汽车自动驾驶、新型人机界面等应用。形成传感器资料库平台，方便市场主体寻找产业生态圈内相关企业和产品。上海首批26个特色产业园共拥有82家公共服务型平台，为园区企业提供信息服务，降低市场不对称性，助力塑造完全竞争性市场。

3. 助力加速孵化独角兽企业

产学研用的组合构成"预孵化器+孵化器+加速器"全程孵化体系，定向匹配研发至制造过程中人才需求，加速独角兽企业形成。以半导体产业为例，截至2022年12月，国内已经涌现出50家半导体独角兽，上海占14家，估值约2 250亿元。其中上海积塔半导体有限公司位于临港新片区东方芯港，成立于 2017 年，是车规级特色工艺半导体制造企业，当下与上海机电学院成立汽车芯片制造工艺联合实验室筹备组，通过产融合作培养定向人才，该企业当前估值约 140 亿元。据统计，有 6 个特色产业园区共孵化超过 200 家企业。

三、 发展中的问题与难点

（一） 产业园区支撑产业创新发展作用强弱不平衡

集成电路+人工智能+电子信息对数字经济转型支撑较强。数字经济作为经济增长新引擎，带动生产环节多样化，且其先进程度也决定着我国的全球竞争力。四个集成电路特色产业园区主攻数字化经济大脑，即芯片的全链条补足，以中芯国际为核心，代表芯片加工制造水平，其生产的每个环节需要材料、设备、技术支撑由其他设计产业园弥合。集成电路作为上海市重点发展的先导产业，其对经济支撑作用日益明显。据上海市经信委介绍，2022 年上半年，上海市集成电路产业继续保持 17% 以上的增速，预计全年销售收入可突破 3 000 亿元，产业规模达到全国的 25% 左右，其产品包括移动智能终芯片、物联网芯片、智能卡、传感器、电源管理芯片、通用 CPU/服务器 CPU、存储器芯片、汽车电子、人工智能芯片等产品。但综合全生产流程看，其仍存在前端 EDA 软件设计企业较少、能提供 IP 产品企业稀少、提供高附加值芯片企业稀少、顶级专业精英聚集度不足等困难。

人工智能和电子信息企业为芯片需求方企业，以华为、阿里巴巴等各行业龙头企业为代表，通过各自产品或服务连接消费市场，不断改变普通群众生活消费方式，同时，通过数据信息积累形成信息库，衍生出信息储存、信息维护等相关产业环节，以及数据信息分析应用等服务环节。目前，人工智能方面，上海通过吸引龙头企业，在 AI 芯片技术与研发、计算机视觉、语音识别与自然语言处理方面较为突出，且初步构成了智能应用生态圈。以西岸智慧谷为例，园区集聚微软、腾讯、华为、商汤等核心企业，以及上海树图区块研究院等高能级平台，楼宇经济产值达到 10 000 元/平方米。2019 年，以西岸智慧谷为核心的徐汇区人工智能产业集群被列入全国首批 4 个人工智能战略性新兴产业集群之一，并于 2020 年受国务院表彰激励，其目前拥有人工智能企业占全市的 1/5，相关产出占全市的 1/3，并持续保持高速增长。

高端装备、汽车产业关键环节、核心技术、自主设计、制造转化有待加强，消费场景有待拓展。 12 个高端装备特色产业园区分别聚焦大飞机、船舶制造、无人机、机器人。2 个汽车特色产业园区则侧重新能源、驱动创新及智慧出行方面。

临港新片区大飞机园紧邻浦东国际机场，由中国商飞上海飞机制造有限公司领衔，采用"核心基地+生产区+服务区"综合产业园形式，致力于占据国际航空产业链"五新"制高点，吸引围绕航空业发展的设计、生产、服务企业与人才，应用先进技术，打造具有国际竞争力的产品，在国际航空业竞争中取得一席之地。目前具有自主知识产权的 ARJ21 已经实现商业运营，C919 也实现了商业飞行。尽管两类飞机已经逐步实现商业化，但仍然面临关键部件制造能力不足、关键技术薄弱、品牌影响力不强、产学研脱节的困境。崇明长兴海洋装备产业园以上海江南长兴造船有限责任公司为核心，屡次突破技术困境，完全自主设计建造的首艘弹射型航空母舰目前正在测试，但面临的问题与大飞机类似。华东无人机基地是由政府主导并正式允许无人机开展多场景测试、应用的基地，集聚包括大江双瀛航空、上海焕飞航空科技有限公司等无人机整机研发、飞机控制系统研发制造类企业，基地已经建成飞行服务中心、适航技术研究中心等公共平台，并设立 5 亿元专项资金推动无人机产业快速发展，力争 3 年内形成百亿元产业规模，打造世界级"天空之城"，但无人机的终端大规模商业消费场景仍需想象。宝山机器人产业园集聚上海航空发动机制造有限公司、上海东方压缩机制造有限公司等机械制造类企业，相对而言，产品竞争力还需提高，商业市场还需拓展。外高桥、闵行开发区智能制造产业基地则以 ABB 类跨国企业制造环节为主，嘉定新能港尽管吸引了国轩高科（建设中）、精进百思特电动（上海）有限公司等国内在新能源汽车三电技术领先的企业，但因处产业链中间环节，还需与终端商品形成更好的衔接，因此对创新发展的支撑作用仍有挖掘空间。

先进材料或属于产业链中间环节，或产品技术门槛不高，所属市场竞争自由度较大，既需要有硬实力，又需要强营销，ToB 科技类企业支撑行业发展作用较 ToC 类企业强。 比如，位于上海电子化学品专区的彤程化学（上海）有限公司，据 2021 年年报，其 G 线光刻胶市场占有率达到

60%，I 线光刻胶接近国际先进水平，供应包括中芯国际在内的多家重要半导体制造商，其全生物降解材料项目也在建设中。而像超能新材料科创园中上海友恩商标织造有限公司、长谊新材料(上海)有限公司主营业务为造纸、包装等，市场需求有限，产品替代性较高。因此，新材料园区在引领带动上海化工产业转型发展，支撑上海战略性新兴产业发展方面还有提升空间。**生物医药、在线经济、时尚消费品所处行业较扁平化，消费群体多样，市场相对独立。**七大生物医药特色产业园区对于提升上海生物医药产业的国际策源力和影响力、"先行先试"新技术和新服务模式的力度还有较大的提升空间。三大在线经济产业园中均依托软件与信息服务产业，攻关包括人工智能、区块链等硬科技，并促进数字化与医疗、金融等行业融合发展，其便利应用消费场景仍有很大潜力。三大时尚消费品则分别侧重美妆、食品生产及冷链、综合战略咨询（建筑、广告、产品等创意设计服务），对于这些产业，如何下沉消费场景，吸引流量，通过产品推动支撑产业链及细分技术的升级需继续探索。

（二） 不同发展阶段产业园区的要素投入要求不同

根据开发运营时间、园区企业成熟度、园区配套等角度，特色产业园区可划分为起步期、成长期、成熟期三种类型。表 2-3 汇总了 53 个产业园区的分类，同一发展阶段面临着相似的问题。

1. 起步期园区主要面临定位模糊、招商滞后、机制不畅三大突出性难题

起步期园区一般被赋予较为模糊的概念，尤其近年来，基于互联网衍生的概念层出不穷，人工智能、区块链、云技术、元宇宙，这些概念对应着创新研发，且方向多元，人力、资本都集中，企业相对也处于依赖概念产品进行融资阶段，市场竞争激烈，但消费层面的产品及产业链纵深也相对不及成熟产业，这就导致招商风险提高。比如中以（上海）创新园区内有很多初创类企业，初创企业的孵化需要足量的资金投入，尽管目前成立了天使基金，但融资和投资仍然不够通畅，初创企业的孵化受限。而且一般建设开发也是建设优先，即还未规划好企业就先将工程建造完成，待正式招商启动后往往需要进行二次拆改，以适应招商企业需求，而基础设施反复投入往往意味着资金的浪费、成本的提高，开发速度相对慢。另外，产业园区当前开发建设运营主体以多个国有背景企业联合开发形式为主，比如临港新片区大飞机园背后是临港集团、上海机场集团有限公司、中国商用飞机有限责任公司三大主体，分工统筹推进机制还有待完善和优化。

2. 成长期园区主要面临要素集聚不足、结构不匹配的难题

成长期园区一般已经有所产出，所处的产业也处于扩张阶段，其需要的是生产要素（包括技术、人力、资本）的聚集以及围绕核心企业畅通产业链上所有环节。当前反映较多的仍然是对高端人才需求得不到满足，比如集成电路产业园希望网罗全国电子类最优高校的人才，但即使应届生有想法，他们仍然面临落户、住房等问题。而像基于互联网类发展的产业园区，比如西岸智慧谷、张江人工智能岛等则希望招揽国际一流尖端人才。成长期特色产业园区更侧重于把头部企业培育成具有竞争力的企业，先塑造国内市场消费场景，同时寻求国际竞争，并期望激发供应链上下游，从而产生更多自主型"独角兽""瞪羚"或新领军企业，形成供应链协同生态体系。比如市北数智产业园，经过多年发展，汇聚了各类信息计算类企业，但由于细分方向过多，所属产业偏向技术服务业，市场相对扁平，规模化龙头企业相对不明朗。

3. 成熟期园区主要面临产能更新升级等难题

成熟期园区一般建设运营时间长达 10 年以上，或已形成具有国际竞争力的企业，或已形成较为成熟的产业生态环境，但均面临土地面积局限导致产能瓶颈，或淘汰企业迁出后新企业无法利用旧有建筑，或科技进步带来的产能升级需求。例如，金山碳谷湾产业园本来就依赖当地化工产业，发展成很成熟的工业区，目前即面临载体空间需要更新的问题；奉贤化工新材料产业园则汇聚着国际国内化工类生产型企业，技术升级提升产能是需要突破的方向。

表 2-3　按发展阶段划分的 53 个特色园区分布情况

发展阶段	园 区 名 称
起步期	智能传感器产业园、浦江创芯之城、马桥 AI 实验区、临港新片区信息飞鱼、临港新片区大飞机园、华东无人机基地、上海电子化学品专区、中以（上海）创新园、嘉定氢能港、临港南桥智行生态谷、汽车新能港、张江机器人谷、张江在线、宝武（上海）碳中和产业园、数智南大、漕河泾元创未来、张江数链、上海金谷智能终端制造基地

续　表

发展阶段	园　区　名　称
成长期	集成电路设计产业园、临港新片区东方芯港、G60 电子信息国际创新产业园、张江创新药产业基地、湾区生物医药港、临港新片区生命蓝湾、青浦生命科学园、张江人工智能岛、西岸智慧谷、北斗西虹桥基地、金桥 5G 产业生态园、机器人产业园、临港松江科技城、临港新片区海洋创新园、市北数智生态园、长阳秀带、虹桥之源、东方美谷美妆、江南智造国际设计港、国际氢能谷
成熟期	新型显示产业园、东方美谷医药、北上海生物医药产业园、G60 生物医药产业基地、碳谷绿湾产业园、超能新材料科创园、奉贤化工新材料产业园、外高桥智能制造服务产业园、闵行开发区智能制造产业基地、长兴海洋装备产业园、Innogreen 创新绿洲、动力之源、虹桥数字物流装备港、新食尚都市产业园、市北数智生态园

资料来源：根据有关材料整理。

（三）特色产业园区配套条件有差异

1. 公共交通配套不足导致人才导入困难

尽管目前上海市地铁数量（含规划）已经有 29 条，但位于浦西内环外、浦东外环外的特色产业园区一般距离最近的地铁站较远。比如浦西桃浦创芯之城，其距离地铁 11 号线南翔站或桃浦新村站直线距离均超过 2 公里；而嘉定氢能港距离最近的昌吉东路站尽管直线距离仅 2.5 公里，但实际步行距离达到 5 公里；东方芯港距离滴水湖站则超过 10 公里；而奉贤化工新材料产业园则暂未有地铁可达。而人可承受单程通勤时间一般在 1 小时内，近年上海市更是提出目标平均通勤时间要缩短到 1 小时以内。地铁对普通人来说是最有效率的通勤工具，因此企业距离地铁站的距离从某种程度上来说限制了覆盖人口劳动力范围半径，也就限制了人才导入。

2. 生活服务配套不足导致便利度不足

工作和生活平衡是普通人的基本需求，住房、餐饮娱乐、医疗、教育等均是生活配套需求，因此，产业园区周边城市配套情况对产业园区成功与否也起到至关重要的作用。根据报告，园区和企业能否解决人员居住问题将影响人员流动和企业发展情况。远郊产业园中，东方美谷能为企业提供优惠的人才公寓，但这仅是个例，且其周边基本没有生活氛围，更不要提医疗、教育，其距离奉贤城区直线距离约5公里。闵行开发区智能制造产业基地发展相对成熟，周边有马桥万达广场、马桥文来外国语小学、马桥复旦万科实验中学、上海市第五人民医院等。而张江科学城的发展方式已经提供了良好的路径和经验，相信其他特色产业园区也将在政策、资源助益下解决各自关于人口导入的问题。

此外，还存在不同开发运营商隶属层级不同，导致资源整合能力有所差异，开发运营能力不匹配等现象。

针对上海特色产业园建设的实践探索和面临的问题和不足，我们认为，下一步上海要在学习借鉴国内外产业园发展的经验、教训基础上，把握新科技革命和产业变革发展趋势，结合上海实际，研究提出未来发展思路与策略。

四、 思路与建议

（一） 特色产业园区发展思路探讨

以特色产业园区高质量发展为契机，进一步提升龙头企业的规模示范效应，充分发挥龙头企业带动作用，做大产业集群；优化园区公共服务体系及配套设施建设，建立完善的产业生态，加强园区数字化管理。强化政策覆盖，做好特色产业园可享政策的使用及推广，让园区内企业用好用足各项政策，加强特色产业发展监测分析，密切跟踪重点企业生产情况，做好精准服务。

1. 突出产业特色，发挥龙头企业引擎带动作用

围绕特色产业，培育一批具有较强创新能力、在行业内具有显著影响力的大型龙头企业，对于构建完善的产业配套协作体系、提升产业集群的竞争力、扩大产业集群规模具有极强的推动作用。推动龙头企业开展产学研用合作，充分发挥龙头企业的技术攻关能力。鼓励龙头企业依据自身优势，搭建各类共性技术平台，联合各科研机构组建联合实验室、技术研发中心、中试基地等，实施关键核心技术攻关，突破"卡脖子"技术。鼓励龙头企业发挥集聚效应，实现资源整合和有效利用。通过增资扩股、兼并重组等多种形式引进战略投资者，加大资源整合力度，实现资源高效利用；按照"总部+基地"模式，即在特色产业园区内建设企业总部和研发

中心，在其他园区建立生产基地、原料供应基地等，实现区区合作、品牌联动；支持龙头企业利用自有厂房、土地等资源，通过产业链以商招商、政企联动的招商模式，引进一批产业链环节的重点配套企业，促进集群龙头企业延伸拓展产业链，上下游深度融通、配套发展。推动龙头企业打造拳头产品，提升特色产业园区知名度。鼓励特色产业领域内的龙头企业围绕核心技术持续推进研发攻关，打造拥有核心专利权的拳头产品，提高核心产品的技术含量、品牌价值和市场占有率，提升特色产业园区的知名度。

2. 瞄准产业链关键环节，强化产业生态吸引力

瞄准产业链关键环节，以重大项目的加快建设推进产业强链补链，打造特色产业生态，逐步形成强大的产业生态吸引力，是特色产业园区加速产业集聚的重要途径之一。依据特色产业园区产业方向，形成产业链地图。充分发挥特色主导产业"链主"地位，靶向发力精准集聚，细分产业集群，进一步细分产业子集群，梳理产业链企业，筛选招商目标客户，形成产业链地图。通过引入产业链关键项目，拉深拉长产业链条。围绕特色产业引入产业链关键项目，围绕产业链关键项目引进产业链上下游企业，打造产业链上下游各环节全链条生态，拉深拉长产业链条，形成产业集聚效应。通过功能平台的打造，构建特色产业生态体系。紧紧围绕产业链部署创新链，围绕创新链布局产业链，构建全体系功能平台，并提供全方位服务，构建完善的特色产业生态系统。通过产业链上的企业合作，增强产业生态吸引力。以上海临港生命蓝湾的企业为例，君实生物与白帆生物两家龙头药企的工厂仅一街之隔，虽然两家产业链同级的企业集聚在一起会造成一些竞争，但同类型的企业在同一地区集聚，有利于企业之间原材料的相互协调，也更加便于供应商原材料的供给；产业链上下游之间有更多合作共赢的空间，上海亮黑科技有限公司是白帆生物的供应商之一，其产品有明显价格优势，同时在空间上与白帆生物仅一街之隔，几乎没有物流成本，白帆生物可以获得稳定的供应链，实现了"窗外就是上下游"。这样的集聚效应会进一步带动更多产业链上的企业入驻，同时能够进一步完善产业链，形成良性循环。

3. 加快园区数字化建设，提升园区运营效率

从规模和管理要求上看，特色产业园区更加适合数字化建设，进行精细化管理，以园区为载体，将技术与应用场景深度融合。例如张江人工智能岛充分发挥资源优势，应用人工智能企业核心技术和产品，以园区为载体，为技术与技术、产品与产品间的交流提供平台。围绕语音识别、计算机视觉、深度学习等人工智能新技术，在园区内与应用场景进行深度融合，在联合试验和交互体验中实现新技术的交流和创新，实现园区管理的智慧化和高效管理。建立各类数字化平台，推动园区管理精细化。充分利用 5G 等新技术打造智慧生态，统筹建立完善智慧管理平台，实现园区管理系统化、精细化、信息化。推进 5G 数字孪生园区建设，把工业互联网及相关的 5G、人工智能、物联网等技术应用于园区开发建设，全面提升园区的智慧化运营管理能力，实现园区精细化管理。

（二） 实施差异化产业园区规划与政策引导

对于终端消费需求趋同的产业，园区多以产业链环节划分，最明显的为集成电路产业，相对成熟的三个产业园区，集成电路设计园、临港新片区东方芯港、智能传感器构成了芯片设计、制造、消费的全链条场景。而终端消费需求分散的产业园区，其构成关联性相对弱，企业也扁平化，生物医药类产业园区较明显呈现出这种特征。且不同产业，甚至同一产业不同环节对投入的生产要素组合（智力、人力、资本、数字元素、土地等）不尽相同，比如研发环节更多需要资金和智力投入，批量生产制造环节则更需要人力（机械化、智能化后对人力需求下降）。因此，像研发型产业园区更需要与高校、行业顶级企业挂钩，破除智力壁垒，并高效转化智力成果。而批量生产制造则更需要围绕核心企业形成上下游供应链，系统协调以降低链条企业生产运营成本，体系化后产业园信息不对称性降低，还能更好地配套融资，通过金融模式创新亦有利于支撑生产体系平稳穿越经济周期。

1. 规划期产业园区，建立企业库、招商与建设同步进行，变被动为主动

产业园区运营与商场运营类似。早期商场运营也存在先建设后填铺的顺序，但万达体系扭转了局面，其他商业开发商如新城等则相继加入。万达集团总部设置专门的商业标准制作部门，在了解了大量商铺需求后，形成了专门的数据库，目前的体系支持万达在拿地规划阶段就基本完成定位，商铺组合也基本形成。产业园区规划也可以尝试同样方式，定位和招商先行，根据自己的特色定位先进行相关行业企业摸排，优先与这些企业进行接触，厘清企业生产上下游环节，并逐步拓展产业园区生态圈，将后期被动调整配合企业入驻改为提前确定入驻企业需求，并形成可替换方案。一方面可以更充分地理解企业运营需求，另一方面也可以在综合各方面信息后形成更适配的政策和空间规划。

2. 成长型园区，政策需注重便利生产要素引导和分配

要进一步加大对专业人才的吸引力。透明化人才引进标准，对于特定细分人才，也可以设计特色政策，适当降低标准，尤其在落户和居住方面给予政策倾斜。对于研发类企业，通过建立平台形式牵线校企合作，成立联合实验室等，充分交换智力资源，并共享高校及科研机构与企业的科学实验设施，推动科研成果向特色产业园区深度开放应用。建立园区运营主体与重点企业定期会谈机制，比如以季度为周期，听取企业运营实况，收集企业运营难点、痛点，并就这些问题充分交换可用资源，在协助企业的同时，也促进产业园区的发展。

3. 成熟园区，政策应进一步引导企业开辟新市场，同时支持产业升级

成熟园区意味着企业已经具有一定竞争力，企业在市场需求未饱和时有拓展市场、提高产能的需求。在全球化的背景下，具有竞争力的终端产品可以瞄准全球市场，参与国际竞争，这意味着生产要素再投入，即面临扩张或更新，比如为与国际先进水平竞争，研发类企业可能需要更新试验台，制造型企业需要开发新的生产线或升级生产线。因此，政策导向一方面需要解决企业扩张过程中遇到的流程困难，比如新土地的开发利用，另一方面应鼓励本土企业与其所在产业链上的国际领先企业进行交流和合作，通过允许资源、产品贸易绑定双边利益，实现多方共赢。

（三）提升综合配套强化园区吸引力

1. 完善特色产业园区周边生活配套设施

对个人而言，特色产业园中的企业不仅仅是提供工作机会的平台，周边生活环境的便利与完善对个人吸引力也很大，尤其是居住、商业配套。居住方面，可以通过产业园区运营方在规划阶段就将部分空间预留做长租公寓，也可将地留白，在引进核心企业后由企业来做配套开发。近日，刘强东即以31亿元于京东总部附近拿下亦庄一块地，预期将建设商业综合体及员工宿舍，珠海格力集团也为员工提供福利宿舍。商业方面亦然，据笔者观察，相对于上海主城区商业项目供过于求，郊区则显示出强大需求，目前看来，业态齐全的郊区周末人流量充沛，尤其是疫情后，基础类餐饮等消费迅速恢复。除了居住和商业配套，基础的教育、医疗资源也需逐步纳入规划，但这两者相对规划所属层级较高，需要产业园区开发运营方进行争取。

2. 加强远郊产业园区与城区公共交通连通性

即使产业园区配套完善，其也不能成为孤岛，需要推进产业园区与其他区域公共交通的连通，便利居民出行选择。以奉贤化工新材料产业园区为例，其距离奉贤新城直线距离约 10 公里，通过现有公共交通到达奉贤新城地铁站仍需要 1—1.5 小时，若能通过将地铁线延伸或增加快速通达方式增加园区企业员工出行便利性，则可提升园区对企业及人员吸引力。

（四） 建立园区动态监测机制，灵活引入与退出企业

定期对园区内企业经营状况进行汇总。由产业园区运营主体牵头，可以建立园区数字化平台，定期收集企业经营的相关状况，并定期对企业进行调研，根据企业经营状况对企业的行业地位、规模、可能市场、产值等进行评估，切实关注企业是否面临系统性风险或偶发风险，关切企业家对企业将来发展预期、当前困境等情况。对于长期有竞争力但偶发困难的企业，通过调整租金、提供资金扶持或其他补贴帮助企业过渡，而对于确实无法持续经营企业应及时准备备选企业，以不断优化园区内企业结构和竞争力。

（执笔：上海智固信息咨询发展中心倪璇）

推动宁波园区整合提升的创新实践

2021 年 5 月，宁波市人民政府印发了《宁波市开发区（园区）整合提升总体方案》，明确推进生产力优化布局、构建高质量发展新格局的方向和路径。同年 9 月，市委明确了北仑区域新的管理体制，决定六个功能区合署办公，实现宁波开发区与北仑行政区深度融合，精简机构，提高效能，从根本上解决协调成本较高、决策效率不高等难题，为北仑区域内功能区联动发展提供了有力保障。为此，宁波市委市政府积极采取措施，加快打造区域融合、开放引领、协调并进的一体化格局，加快形成产业与创新联动、企业与平台联动、制度优势相互促进的梯度联动格局，加快探索优化多种联动模式，助推区域辐射带动能力明显提升。

一、 宁波市产业园区概况

宁波市开发区（园区）作为项目落户的载体、产业集聚的阵地、经济发展的平台，为宁波的经济社会发展起到了巨大作用，作出了历史性贡献。由于起步早、发展快，截至 2021 年 7 月，宁波各类开发区（园区）数量达 298 个，各类开发区（园区）生产总值占全市的 60%。但是随着开发区（园区）的不断发展，开发区（园区）"低、小、散、弱"，主导产业集聚度不高，同质化竞争严重，要素资源较为分散的问题日益突出。2021年 5 月，宁波市人民政府印发了《宁波市开发区（园区）整合提升总体方案》，推进生产力优化布局、构建高质量发展新格局。

（一） 推动园区提质升级，实现高质量发展

1. 实现向高新技术产业园转型

提升开发区（园区）产业层次，提高资源利用率。一是"腾笼换鸟"

有效促进园区内产业的转型升级。在园区内建立创新创业孵化器，构建"从小到大"的全生态产业圈，既保持园区产业创新活力，也能有效更迭替换落后产能企业，聚焦"大优强"企业引育，有效实现园区的产业升级。二是侧重区内产业链转型升级。以智能高端制造业提升制造业及工业整体竞争力作为开发区（园区）创新发展的主要方向。充分挖掘企业的内在潜能，加快发展高端制造业，引导工业开发区（园区）向创新链、价值链转型升级，向知识智力密集的区域集聚，形成新的经济增长点。三是加快开发区（园区）内创新公共平台建设。大力引进国家级研发平台和有影响力的创新研发平台，支持企业建设重点实验室、工程技术中心、公共检验检测平台和创新服务综合体，为技术创新、成果转化、检验检测、质量认证、人才培养提供平台支撑。

2. 提升园区数字基础设施能级

以数字化转型为引领，开展覆盖全区的一体化信息基础设施建设、链接整个开发区（园区）的一体化信息管理服务平台，通过数据信息和操作标准的统一，实现政务信息网、企业信息网、科研大数据、城市公共服务网的高效互通。加快推动新一代移动通信网络深度覆盖，实现开发区（园区）5G 网络连续覆盖；部署开发区（园区）智能视频专网，建设全域感知的物联网专网；实现区域内要素全面 AIoT（人工智能物联网），增强智能感知力和自动数据采集能力，促进大数据、物联网、云计算等现代信息技术与开发区（园区）建设管理服务融合，提升数字监管、数字经济水平，打造先进智能的数字开发区（园区）。

（二）以科学规划引领，推动创新型特色园区建设

1. 以科学规划引导产业集聚

产业导向是规划的延伸、补充和落实，首先要高起点、高水平搞好开发区（园区）规划，坚持正确定位、合理布局、错位发展，形成区域经济的整体合力。其次要进一步强化科学规划的空间指导，逐步形成功能定位清晰、发展导向明确、开发秩序规范、经济发展和人口资源环境相协调的开发格局。有了清晰的产业布局导向，有助于招商引资引导投资者进行理性投资，有助于在全市范围内形成合理的产业空间布局，形成产业发展导向和空间开发相结合的模式。促进产业优化布局，合理配置空间资源。例如前湾新区打造产城融合类高能级战略平台，重点发展汽车、高端装备、

电子信息等产业，建设实体经济、科技创新、现代金融、人力资源协同发展的现代产业体系。宁波开发区打造重大开放类高能级战略平台，重点发展临港产业及国际贸易物流、类金融等服务业，推进制造业发展水平和开放服务功能联动提升。国家高新区打造重大创新类高能级战略平台，重点发展新材料、生命健康、软件与信息等产业，加速产业高新化发展，提升新兴产业发展能级。

图 2-1   宁波经济技术开发区

2. 加快推进创新型特色园区建设

以科创成果赋能产业融合应用为主方向，以遵循全市开发区（园区）"一盘棋"统筹运转为前提，按照"一区一特色"原则，积极建设特色园区，加快培育特色产业集群。通过坚持市级统筹和挖掘地方特色优势相结合，持续加强新材料、工业互联网、高端装备制造、光学电子、集成电路、氢能、航空航天等优势领域集群谋划建设，促进政策和要素资源精准投入，以"点"上爆发带动产业成"链"、空间成"面"协同发展，打造一批高能级特色产业集群。形成宁波特色型软件园区、前湾新能源汽车特色园区、余姚光学电子特色园区、慈溪氢能特色园区、北仑集成电路特色园区、江北新型膜材料特色园区、镇海先进高分子材料特色园区、鄞州先进功能装备特色园区、海曙工业互联网特色园区、奉化智能基础件特色园区、象山航天特色园区、宁海航空特色园区等特色型专业园区。

图 2-2　宁波软件园

（三）　理顺管理体制机制，激发创新活力

1. 进一步优化激励机制和开发模式

理顺开发区（园区）体制机制，从开发区的功能定位、发展目标、与属地的联动融合程度等出发，形成因园制宜、多种模式的管理体制，为开发区（园区）新一轮发展注入新活力。例如前湾新区、国家高新区探索高效的管委会独立运行的管理体制；宁波经开区探索实行政区联动的管理体制，研究探索经开区内产业、政策、区域的实质性联动模式，经开区与所在行政区之间的有效联动模式；临空经济示范区等探索实行"政区合一"的管理体制，探索建立区域融合、协调并进的一体化发展模式。

2. 以市场化导向发挥市场主体作用

探索建立"政府引导，企业开发，市场化运作"新模式，明晰政府与开发公司之间的职责定位，做到分工协作，共同发展。产业园区运作要向市场化转变，一方面，实现开发主体多元化、分工专业化、收益服务化、运作资本化。通过引入强有力的开发集团专业园区运营商、服务商，或者政府性投资主体与优势企业以股权合作的形式，按市场经济规则运作，培育自我造血功能，实现滚动式发展。另一方面，强化市场主体在开发区（园区）建设、运营、招商引资、企业服务等方面的主体作用，通过市场化的选择，整合专业资源，提升服务品质。同时建立人事管理和考核新机制，建立收入分配与岗位、实绩挂钩的考核机制，根据不同岗位要求、职责分工、目标任务实行薪酬制。面向社会公开招聘高层次管理人员，高薪吸引懂经济、善经营的复合型人才参与园区管理。

二、 以宁波经济技术开发区为例的整合提升

北仑区是宁波改革开放的起航地，联动发展已积累了一定的成功经验。根据市委决策，北仑区内六功能区管委会合署办公，精简机构，提高规格，统一管理主体，为联动发展奠定了坚实基础。浙江自贸试验区宁波片区和宁波保税区、北仑港综合保税区、梅山综合保税区等海关特殊监管区都在北仑区范围内，空间位置紧密嵌套，产业高度融合，各自功能政策优势明显，存在错位和高差，在开放功能上也表现出高度融合、不断递进深化的关系（见表2-4）。浙江自贸试验区宁波片区获批成立后，2021年前三季度，北仑区地区生产总值达1 674.6亿元，同比增长8.5%，占全市GDP的16.2%，浙江自贸试验区宁波片区的税收比舟山片区、杭州片区、金义片区税收总和还高出36.4亿元，进出口总额居四大片区首位，占浙江自贸试验区进出口总额的36.5%。

表2-4　北仑区、海关特殊监管区和浙江自贸
试验区宁波片区现状功能优势

区域	区域属性	优　　势	具　体　表　现
北仑区	行政区域+功能性区域	改革开放先发优势、资源禀赋优势、发展基础综合优势	港口资源丰富，拥有四大深水良港和甬江港区内河港 产业基础扎实，产业体系完备，产业链配套能力强，能源、石化、钢铁类临港产业和汽车汽配、模具塑机、纺织服装、文具等特色产业集中布局区域，高端装备、集成电路等新兴产业蓬勃发展，是全国工业百强区 制度创新高地，是"一带一路"倡议支点核心区，拥有多个国家级功能平台

续 表

区域	区域属性	优 势	具 体 表 现
海关特殊监管区	功能性区域	引进外资和先进技术、促进外贸创新发展、培育外贸新业态、开展制度创新和压力测试	外向型产业基础雄厚，跨境电商、数字贸易等新型国际贸易有先发优势，港航物流发展迅速 科技创新实力扎实，高新技术企业较多 开发开放时间长，对外开放度高，营商环境优越，拥有较为丰富的建设经验和品牌积累
浙江自贸试验区宁波片区	功能性区域	经济功能优势、制度创新优势、辐射引领优势	经济功能高地，拥有保税区、大榭、梅山、北仑等核心区及联动区、辐射区等协同发展区 制度创新高地，赋予投资、贸易、金融、航运、人员等领域更高的便利化自由化政策 较充足的可开发空间，自贸区政策为土地利用方式创新提供保障，可积极试验弹性用地、复合用地等政策

资料来源：根据有关材料整理。

（一） 联动发展的总体思路

联动发展要紧扣各区域功能特色和核心竞争力，积极探索相应的制度创新和突破，构建起全方位、多层次、综合立体协同发展新格局。

1. 做强实力、做大增量，推动区域超常规发展

对标浦东新区和上海临港新片区，发挥区域产业联动、功能叠加、政策叠加的优势，迅速提升经济实力和科技创新能力，总量争取全市第一，全省第一，在全市、长三角和全国发展中发挥引领带动作用。

2. 重塑核心功能，创新驱动优化产业布局

联动发展以提升科技创新能力为重点，推进产业优化升级，重塑区域功能和提升产业核心竞争力。以科创平台和产业转型升级平台的打造集聚企业、人才等要素资源，实现产业和创新布局的最优化。

3. 优化"节点+廊道"网络结构，提升联动发展效率

联动发展要借助高效通达的产业网络、科技创新网络、金融服务网络、信息通信网络、人才流动网络等，建立"节点+廊道"的网络结构，优化网络环境，使网络内各主体间拥有实质性联系互动，提高联动的频度和力度。

4. 发挥港口硬核力量，以点带面着力强化资源配置功能

以重点领域、重点项目、重点企业、重点园区为具体推进载体，带动全域一体发展。着眼于全面发挥港口优势，强化大宗商品资源配置功能，同时着眼于经济和消费转型升级，统筹建立药品、食品和保健品进出口平台。

（二） 联动发展的推进目标

1. 加快打造开放引领、区域融合、协调并进的一体化格局

浙江自贸试验区宁波片区要发挥功能优势，在优化调整存量结构的基础上，通过制度创新和科技赋能，加快引进龙头企业和功能性大项目，实施数字化转型战略，推动航运、贸易、科技、金融、服务业的转型升级，提升发展质量和效率，成为全市乃至全省对外开放龙头。宁波海关特殊监管区要积极对标上海洋山特殊综保区、海南洋浦保税港区的最高水平开放政策，重点任务是做大做新增量功能，大力推进开放新经济新体系建设，着力培育海外仓、离岸贸易、全球保税维修检测等外贸新业态，促进外贸创新发展；同时围绕新经济业态、新发展模式积极探索相应的制度创新，率先实现与国际高标准自由贸易园区政策制度的对接，成为开放功能最前沿和制度创新的最高地，在对外开放和制度创新中始终走在前列。北仑区是支撑和推动宁波建设双循环枢纽城市的核心区，要依托成熟的产业体系配套、城市功能、创新平台等，承接自贸区和海关特殊监管区辐射溢出效应，既发挥腹地支撑和推进作用，又发挥示范引领作用。

2. 加快形成产业与创新联动、企业与平台联动、制度优势相互促进的梯度联动格局

一是围绕核心功能，错位布局产业和创新要素，构建互补互促关系。围绕浙江自贸试验区宁波片区政策制度创新功能，集中布局以产业化、市场化为导向的新型研发平台和应用场景、技术转移平台；围绕北仑区的应用性、集成性研发，提升产业培育和技术转化功能，布局技术应用转化平台、生产基地；围绕海关特殊监管区保税功能优势，集聚保税研发设计、保税检测维修等机构和功能平台，服务于周边区域高端制造业。二是企业和平台机构错位布局实现联动。将聚焦国内市场的外资跨国公司布局在北仑区，将有实力"走出去"或有跨境业务需求的企业布局在浙江自贸试验区宁波片区，将研发类机构、服务外包类机构布局在海关特殊监管区。三是围绕各自核心功能和发展目标探索制度创新。北仑区围绕传统金融、贸易功能升级转型，创新与浙江自贸试验区宁波片区、海关特殊监管区的制度对接；浙江自贸试验区宁波片区和海关特殊监管区则围绕跨境功能、离岸功能、国际合作研发等新型功能破解制度瓶颈。

3. 加快探索多种联动模式，助推区域辐射带动能力明显提升

北仑区和海关特殊监管区目前形成了三类联动发展模式（见表2-5），要总结经验，创新多样化的联动模式。一是深化产业链联动，积极拓展创新链联动、供应链联动、服务链联动。依托科技园区和科创企业，探索形成在园区和企业孵化、在自贸片区和海关特殊监管区进行中试和场景应用、在北仑区规模化生产的协作格局。探索总部在北仑中心城区、跨境业务中心在自贸片区和海关特殊监管区的金融服务格局。二是深化政策联动。依托浙江自贸试验区宁波片区的跨境资本"资金池"和海关特殊监管区的保税研发政策，鼓励北仑区大型制造业把研究中心放在保税区内，通过"区内注册、区外经营"方式，实现相关金融机构、科技研发活动的区内区外联动。三是深化重点区域联动。推动临港经济示范区、高精密装备产业区块、灵峰现代产业园区块、"万亩千亿"新产业平台等特色园区的联动；推动宁波保税区、北仑港综合保税区、梅山保税港区、临空经济示范区联动。四是探索平台联动。共建共享联动推进平台、专业服务平台等，包括各类项目信息共享平台、联合推进平台、金融服务平台、要素市场、新型研发平台等。

表2-5　北仑区与海关特殊监管区
联动发展的主要模式

模　式	内　涵	典　型　案　例
产业链联动	以市场机制为主导，以优势产业和龙头企业为联动主体，通过全产业链，实现区内区外的水平和垂直分工	北仑港综保区群创光电公司（原奇美电子）项目落户，带动了液晶光电产业链发展，吸引了众多国内配套商在其周边（主要是保税区和北仑区）布局

模　式	内　涵	典　型　案　例
制度创新联动	依托自贸试验区的服务业开放、投资便利化政策等，以"前店后仓"方式推动区内区外联动	宁波进口商品中心的"前店后仓"模式，利用海关特殊监管区内保税、进出通关便利等功能，将仓储放在区内、展示交易功能放在北仑区及市区范围内 注册在保税区的跨境电商企业依托监管模式创新，将其O2O体验店、线下自提店、直播基地放在区外
重点功能区块联动	以"区内注册、区外经营"方式、以功能区块为载体实现不同区块之间的联动	保税区、梅山综保区大量贸易、金融、航运等相关企业在区内注册，实际运营则在北仑区和市区

资料来源：根据有关材料整理。

（三）　推动联动发展的对策建议

聚焦各自定位，以建设开放型经济体系和提升创新能力为目标，共建网络、共畅通道、共搭平台、共建机制，提升联动效率和水平（见表2-6）。通过深度联动发展，培育一批高能级开放型经济发展新平台（见表2-7），集聚吸引世界一流贸易企业，形成一批具有国际竞争力的产业链集群，培育形成集聚和配置全球要素资源的核心功能，将整个北仑区域打造成为联通国内国际双循环的重要枢纽，辐射带动鄞州、象山港南岸以及六横等区域，打造长三角对外开放高地，全面提升宁波对外开放发展新优势，实现超常规发展。

表2-6　海关特殊监管区、浙江自贸试验区宁波片区和
北仑区在联动发展中的功能错位策略

项目	海关特殊监管区	浙江自贸试验区宁波片区	北仑区
定位	对接国际经贸规则最前沿、贸易航运物流要素集聚高地和具有示范意义的国际投资、贸易、服务自由化便利化的最佳实践区	国际航运和物流枢纽、国际油气资源配置中心、国际供应链创新中心、全球新材料科创中心、智能制造高质量发展示范区	综合性经济功能高地、区域经济高质量发展先行示范区

续　表

项目	海关特殊监管区	浙江自贸试验区宁波片区	北 仑 区
联动发展中的功能	引领宁波高水平开放、高质量发展的核心功能平台 做大做新贸易、航运、物流、科技研发等核心功能	宁波双循环枢纽城市的关键节点 做实做强战略性新兴产业，建设开放型经济体系	联通国内国际双循环的重要枢纽 连接宁波与长三角区域以及全国的平台和跳板
产业方向	国际航运物流、跨境供应链、大宗商品等优势产业 保税研发、保税制造、保税检测维修、绿色高端再制造等新业态 数字贸易、离岸贸易、转口贸易、服务外包等新型服务	跨境金融服务、现代航运服务、数字信息服务、科技创新服务等产业战略性新兴产业前沿领域：高端装备制造、新材料新能源、人工智能、生物医药、绿色石化和油气全产业链	综合性金融业务 完备的科技服务体系 战略性新兴产业：新一代信息技术、生物医药、装备制造、集成电路、汽车等
企业/机构类型	基础类研究平台、专业性功能服务平台 企业研发中心、数据计算中心 面向国际市场，有国际业务和需求的贸易投资类企业	总部、运营中心 能源贸易总部企业及制造、操作环节的企业 有国际市场业务和国际服务需求的制造服务类企业	专业服务机构、公共技术平台、企业公共服务平台 联系长三角网络的平台 研发转化平台、中试和场景类机构 面向国内和长三角市场的制造业企业
发展策略	发展数字经济、港航物流、跨境金融、离岸贸易和转口贸易、国际创新协同等新产业、新业态、新模式集聚一批总部型和功能型平台，推动总部经济、服务经济、创新经济、流量经济发展，以扩大开放实现创新发展，重点是高端服务功能	实施"互联网+"战略，通过"互联网+制造业""互联网+物流""互联网+贸易""互联网+金融""互联网+科技"等实现跨越式发展 探索培育服务贸易开放制度增长极，带动贸易发展模式转型，以制度创新驱动功能突破	促进经济转型，提升区域整体实力，进一步强化先进、完备的产业功能、创新功能、城市功能、文化生态功能等，既发挥腹地支撑作用，又发挥示范引领作用

资料来源：根据有关材料整理。

表 2-7　在建高能级开放型经济发展平台

高能级开放型经济发展平台	平台功能
石化供应链服务平台	六六云链科技（宁波）有限公司完成设立，项目是国内首个能够集成液体化工品车、船、库的供应链服务平台，国内唯一储运一体化的能源化工数字供应链。通过车辆预约排队、车船运单可视化、智能找船、船舶智能靠泊、船加油数字营销、数字提单、数字仓单、智慧化工园等产品，服务能源化工生产销售的头部企业
国际大宗能源石化贸易数字化服务平台	中化集团、中国石油、中国银行、麦格理集团、沙特阿美等国内外龙头，合资组建亚太能源石化区块链联合体，加强数字化的市场体系建设，吸引能源石化交易要素及生态企业集聚，打造大宗能源石化数字贸易中心
全球重要的液化石油气（LPG）交易平台	与马森集团就国际能源贸易总部落户达成合作意向，将重点开展 LPG 在岸和离岸贸易业务，建设国内首家 LPG 物联网平台
宁波大宗林产品国际交易中心暨中国林产品交易中心（所）项目建设	依托中国林产品交易中心（所）项目筹备平台公司，加快启动中国林交所主体工程，建设市场综合体，形成实物交易市场，招商引入林业上下游相关企业，引进或自建林产品物流平台公司，为林产品交易提供物流、金融、保险等保障。定位为：主要林产品交易（进出口贸易）中心、林产品价格形成中心、产业信息中心、林业科技交流会展中心、交割中心、质量标准监管以及品牌建设中心
跨境贸易投资高水平开放试点	落地全国首批跨境贸易投资高水平开放试点，2022 年 4 月，国家外汇管理局发文在宁波北仑、海南洋浦、上海临港和广州南沙 4 个区开展首批跨境贸易投资高水平开放试点，该试点包含了 13 项高水平开放政策
金融科技（区块链）产业园	宁波诺丁汉大学在产业园成立区块链实验室，电子科技大学校友会建浙江平易数字经济产业园，开展区块链技术研究与应用，将进一步联合浙江大学争创区块链国家重点实验室。到 2022 年培育引进集聚区块链企业 100 家以上，打造 2~3 家国内知名区块链高新技术企业。探索形成市级以上可复制推广的区块链试点场景应用 30 个
新材料产业南大光电光刻胶项目	前瞻布局智能复合材料，开发集成电路制造用的各种先进光刻胶材料以及高纯配套材料，项目建成后将实现高端光刻胶的进口替代，填补国内空白

续　表

高能级开放型 经济发展平台	平　台　功　能
中冶南方长三角 总部项目	中冶南方拟在北仑设立长三角总部经济大楼，以港口后服务业和海洋经济为主要突破口，发挥其管理、技术、人才等方面的行业领先优势，引入高端人才和博士工作站、钢铁贸易平台等，通过与北仑开展深度合作，打造国家级信息及自动化产业群和长三角区域发展的重要基地

资料来源：根据有关材料整理。

1. 推进基础设施网络建设，为联动发展提供有力支撑

坚持优化提升、适度超前的原则，做好北仑区域地理空间的统筹布局、功能调整，推进实施基础设施工程网络建设，打造布局完善、立体互联、高效便捷、管理协同的基础网络架构。

一是加快基础交通网络建设。全力聚焦打通交通"大动脉"，高水平建成北仑西站，加快推进甬舟铁路，积极规划建设北仑支线复线及梅山铁路支线，实现宁波舟山港主要港区与铁路无缝对接全覆盖；加快推进杭甬高速复线北仑段、宁波南环高架至北仑至梅山段快速路延伸段建设，构建"三横三纵"疏港高速公路网络，持续优化中心城区街区路网结构，提升区域交通枢纽辐射水平。

二是提升数字基础设施能级。以数字化转型为引领，浙江自贸试验区宁波片区重点做好电子围网、监管信息系统和国际贸易大数据平台建设，为综保区政策在自贸区顺利落地创造基础条件。加快推动新一代移动通信网络深度覆盖，实现北仑区与大榭片区、梅山片区、综保片区 5G 网络连续覆盖；部署大榭片区、梅山片区、综保片区智能视频专网，建设全域感知的物联网专网；建设自贸区神经元系统，实现区域内要素全面 AIoT，增强智能感知力和自动数据采集能力，提升数字监管、数字园区、数字经济水平，打造最先进、最智能的数字自贸区。

三是加快实现信息互联互通。联合推进"数字北仑""数字自贸区""数字保税区"建设，建设覆盖全区的一体化信息基础设施、链接全区的一体化信息管理服务平台，通过数据信息和操作标准的统一，实现政务信息网、企业信息网、科研大数据、城市公共服务网的高效互通。积极争取和探索浙江自贸试验区宁波片区在跨境数据流动方面的特殊政策，在安全前提下促进跨境数据便利化流通，逐步建立对企业数据跨境流通的分级分类和登记备案机制，并面向部分重点企业开展试点，推进跨境数据信息共享共用。

2. 搭建新型功能性平台，强化联动发展的枢纽配置能力

积极探索平台联动模式，充分实现功能性平台的信息连通和枢纽调配作用，重点建设四类平台。

一是协同管理平台。包括政府公共服务管理平台、联合招商和产业项目联合推进平台，规划新建自贸区云数据中心，将港口运营数据中心、智能物流中心、跨境贸易数据中心、智能监管中心、产业数据中心等平台数据统一到自贸区云数据中心，实现各中心数据互联互通。

二是专业化服务平台。包括制造业联合创新中心、企业公共技术服务平台、科技信息共享和共性技术联合研发平台、新型商贸平台、跨境金融服务平台、国际高端人力资源服务平台等，运用大数据管理理念，动态汇集企业全生命周期、全流程闭环、内外部所有信息数据，实现协同服务、智慧监管。

三是一体化开发公司平台。实施政府和企业相结合的平台开发模式，探索设立一体化开发平台公司，协同三区的基础设施建设、招商引资、企业服务、政策扶持落地以及重大产业项目和公共服务平台布局；突出支持各区域主导产业发展，给予绿色石化、油气能源、国际贸易、航运物流、集成电路、智能制造等重点产业发展有弹性、可协调的创新型政策制度，形成三区优势互补、资源共享、政策互通、布局统筹的协同格局。

四是重点区域和产业园区。包括保税区和综保区的联动，自贸片内各功能区块，如保税区、大榭、梅山综保区与北仑中心城区的制度开放全面拓展。争取海关特殊监管区优先复制推广，北仑各产业园区与自贸片区、海关特殊监管区的协同。

3. 推进政策优势叠加，优化联动发展的制度环境

一是发挥海关特殊监管区和自贸片区制度和政策创新叠加优势。主动顺应全球投资贸易新规则，加大开放型经济风险压力测试，探索一批更高水平的贸易自由化便利化政策制度，加快各项制度和政策系统集成，从要素开放进一步走向推广自贸最新制度创新成果。推动自贸片区"五大自由、一个便利"向海关特殊监管区推广和覆盖（见表2-8）。

表2-8 海关特殊监管区率先突破的重点政策

序号	重点包括的具体政策
1	对标高标准国际经贸投资规则，在海关特殊监管区内优先探索货物贸易"零关税、零壁垒、零补贴"规则
2	探索境外货物入区"负面清单"管理模式
3	推动"本外币一体化账户试点"等金融创新政策、跨境融资租赁等新型金融业务
4	跨境服务贸易等服务业扩大开放试点政策在海关特殊监管区率先突破
5	建设新型离岸国际贸易创新实践区，推动建设石油天然气等大宗商品离岸交易和服务平台，布局交割仓库、物流网络及交易经纪业务，建立离岸大宗商品供应链体系
6	积极探索国际技术贸易、跨境数据流动、国际人才流动便利化自由化政策

资料来源：根据有关材料整理。

二是争取浙江自贸试验区宁波片区拓展适用海关特殊监管区政策。 推动海关特殊监管区引领自贸区开放发展，将海关特殊监管区政策拓展到自贸区（见表2-9），面向自贸区内、海关特殊监管区外重点企业，探索实施"一企一策"制度，支持和促进重点产业、重点企业高质量发展。

表2-9 浙江省自贸试验区宁波片区拓展适用的重点政策

序号	具 体 政 策
1	拓展保税研发政策，借鉴上海洋山特殊综保区经验，允许设立在浙江自贸试验区宁波片区规划范围内海关特殊监管区外经认定的重点行业的重点企业，依规申请享受电子监管、创新检验检疫方式、简化海关手（账）册管理、试行企业集团化保税监管等海关特殊监管政策
2	拓展保税维修政策，将限于海关特殊监管区内的保税维修政策拓展到浙江自贸试验区宁波片区企业，以"保税维修电子账册"为监管依托，打造特殊监管区外"账册+维修"全新管理模式

序号	具 体 政 策
3	拓展保税展示交易政策，积极争取政策支持，创新关税担保方式，推动浙江自贸试验区宁波片区企业在自贸区内海关特殊监管区外开展保税展示交易业务，两区共建一批以大宗商品交易、跨境电商、高端消费品等为主的功能性、专业化贸易平台，建设进口肉类水果、生物医药、生鲜冷链、汽车零部件等物流分拨中心，形成集商品进口、保税仓储、分拨配送、展示销售、零售推广及售后服务等于一体的贸易服务链，打造联动长三角、服务全国的进出口商品集散地
4	实质推动区港联动，按照"前港后区、区港一体"思路，推动宁波保税区保税功能向港口延伸，推动铁矿砂等大宗商品无须入区，在港口作业区直接开展保税仓储、混兑调和等业务，同时在港区之间布局保税仓储物流设施，推动口岸功能延伸至宁波保税区，发展国际转口（离岸）贸易、出口加工、中转集拼、国际快件服务等增值服务

资料来源：根据有关材料整理。

三是积极探索自贸区主分区模式，形成北仑"全域自贸"发展格局。借鉴上海自贸区经验，争取推动浙江自贸试验区宁波片区"政策从优、自动适用"向北仑全域推广、覆盖。推动海关特殊监管区率先开展主分区模式创新，将保税功能政策拓展到区外重点企业，提高特殊监管区政策资源的空间配置效率。坚持科技创新和制度创新双轮驱动，建设战略性、功能性的保税研发产业创新平台，用好用足全产业链保税政策，服务创新型经济发展。发挥海关特殊监管区政策优势，鼓励区外制造企业在区内设立创新研发中心、重点实验室以及销售结算中心等，与区外制造部门联动发展；发挥海关特殊监管区政策溢出效应，推动贸易与产业深度融合，支持区外重点产业、重点企业有条件地享受区内政策，加强区内区外联动，进一步提升北仑区域贸易自由化便利化水平。

（执笔：宁波市社会科学院课题组傅晓、谢瑜宇、李宇）

新时期芜湖产业园区高质量发展探索

一、芜湖产业园区总体概况

芜湖是省域副中心城市、长江三角洲中心区城市，也是华东地区重要的科研教育基地和工业基地。截至 2021 年，芜湖市辖 5 个区、1 个县，代管 1 个县级市，总面积 6 009.02 平方公里，常住人口 367.2 万人。2021 年，芜湖市实现地区生产总值 4 302.63 亿元。芜湖是全国综合交通枢纽、G60 科创走廊中心城市、皖江城市带承接产业转移示范区重要城市、合芜蚌国家自主创新示范区城、中国（安徽）自由贸易试验区的重要组成部分。

芜湖拥有汽车及零部件、材料、电子电器及电线电缆四大支柱产业，成功培育了机器人及智能装备、新能源及智能网联汽车、航空、现代农机及智慧农业、微电子、新型显示、轨道交通、新材料、节能环保、线上经济等十大战略性新兴产业集群。芜湖共有 41 家境外世界 500 强企业，与 181 个国家和地区建立了经贸往来。奇瑞新能源汽车、埃夫特工业机器人、中联农机、钻石通航飞机闻名全国，发展迅猛。数百家上市公司在芜湖投资兴业，全市共有本土上市公司 23 家，上市企业总市值居安徽省第 1 位、长三角第 7 位。

芜湖经济快速发展，全市共有十大开发区，分别为：皖江江北新兴产业集中区、芜湖市高新技术产业开发区、芜湖市经济技术开发区、三山经济开发区、中国（安徽）自由贸易试验区芜湖片区、无为经济开发区、南陵经济开发区、鸠江经济开发区、新芜湖经济开发区、繁昌经济开发区。

各类产业园区共计近 400 家，数量居全省第二。

二、 芜湖产业园区发展成效

（一） 发挥产业基础优势，打造行业先进智造基地

芜湖持续推进传统优势产业转型升级，培育世界级产业集群，出台《推动制造业高质量发展打造"智造名城"若干政策》，在全省率先实施《工业互联网创新发展三年行动计划》，努力培育新能源汽车和智能网联汽车、新材料、智能家电等 3 个世界级产业集群。2021 年，全市四大支柱产业整体竞争力明显提升，产值达 4 186 亿元，同比增长 28.7%。海螺集团位居世界 500 强企业第 315 位，水泥产能亚洲第一、世界第二，型材产能世界第一。

以芜湖市经济技术开发区为例，作为安徽省首家国家级经济技术开发区及皖江开发开放的"试验田"、先行区，芜湖经开区以科技创新为引领，坚持把主导产业培植、龙头企业培育、产业链配套作为产业发展的关键环节来抓，已发展成为投资环境优良、现代产业聚集、经济活力迸发、产城融合发展的现代化开发区。

1. 培植以制造业为主导的产业集群

芜湖经济技术开发区于 1993 年 4 月由国务院批准设立，现管理面积 138.28 平方公里（含托管江北集中区沈巷片区起步区 20 平方公里），常住和就业人口 20 万人，先后被认定为国家汽车电子产业园、汽车零部件出口基地、新型工业化产业示范基地、国家知识产权示范园区、国家生态工业示范园区等九个国家级发展平台。经开区设立以来，坚持把主导产业培植、龙头企业培育、产业链配套作为产业发展的关键环节来抓，已经形成具有一定竞争力的汽车及零部件、家用电器、新材料三大主导产业。

目前，经开区共有各类企业 4 200 余家，其中境外世界 500 强投资企业 31 家，上市公司投资企业 63 家，本土上市公司 12 家，高新技术企业 153 家，省级以上研发机构 109 家，国家级研发机构 18 家。当前，经开区按照产业高端化、招商科学化、城市现代化、管理高效化、社会和谐化思路，着力建成以战略性新兴产业为主体的高端产业集聚区、科技创新先行区、集约用地示范区、环境保护生态区、管理机制创新区和社会发展和谐区，打造综合配套功能完备的现代产业新城。

图 2–3 芜湖市经济技术开发区

2. 坚持以创新驱动升级高端制造业

近年来，芜湖经开区加快布局战略性新兴产业，夯实先进制造业基础。如以中车浦镇阿尔斯通生产基地为核心，建设特色轨道交通装备产业园，实现轨道交通装备产业系统化开发、专业化生产、模块化供货的集群式发展目标。此外，为响应"一带一路"倡议，做强"新基建"，推动中国高端装备走出去，中车浦镇阿尔斯通充分利用国内国际两个市场，积极参与国际竞争与合作，不断开拓海外业务。以轨道交通、新型显示、新一代汽车电子、智能物流装备等 4 个产业集群获批省级战略性新兴产业重大工程、重大专项为新起点，芜湖经开区高起点打造智能网联汽车电子、光电显示、光伏、5G 及人工智能+、轨道交通等战略性新兴产业集群，投资 500 亿元打造智能网联汽车产业园，建设 3 座智能化工厂，配套建设 5G 试验场景及数据中心等。

（二）以科技为核心驱动力，深耕"高"和"新"，打造科技创新"高产田"

截至 2021 年，芜湖市获批国家（省）技术创新中心、国家（省）工程（技术）研究中心等重大创新平台 423 家，省级以上科技企业孵化器、众创空间达 43 家，入选"科创中国"试点城市。坚持培育创新沃土，激发

创新创业活力。2021 年全社会研发经费投入达 125.28 亿元，同比增长
12.3%，占 GDP 比重达 3.34%，21 家企业入选国家专精特新"小巨
人"，11 家企业获批省级专精特新冠军企业，18 家企业成功揭榜省重点
关键技术攻关任务。芜湖市坚持产研协同，加速转化科技成果，与高校合
作共建芜湖技术转移中心，促进更多科技成果在当地转移转化。

芜湖高新区始建于 2001 年，2006 年被批准为省级开发区，2010 年 9
月 26 日，经国务院批准，芜湖高新技术产业开发区升格为国家级高新
区。芜湖高新区核心区 6.5 平方公里，拓展区 32.5 平方公里，辐射区 178
平方公里，与弋江区实行"政区合一"管理体制。自 2020 年 7 月 1 日
起，位于安徽省江北新兴产业集中区大龙湾片区内 13.43 平方公里的西湾
园区由芜湖高新技术产业开发区全面履行行政和经济管理职责。高新区加
快推进双创示范基地建设，围绕扶创业、促就业、引人才、抓创新四位一
体的目标体系，有效推动双创政策落地、加快双创要素集聚，实现产业结
构持续优化，创新创业生态环境日益完善。

1. 高校嫁接优质资源，促进发展高质量

通过嫁接高校优质创新资源，芜湖高新区与西安电子科技大学合作成
立西电芜湖研究院，联合企业成立"西电—启迪""西电—熙泰电子"等实

图 2-4　芜湖高新区科技产业园

训基地，一批产学研合作项目加速落地。引入中国科技大学建设先进智慧研究院，与安徽理工大学合作建设先进材料研究院。企业研发能力持续提升。全区获批安徽省重大工程、重大专项8个，占全市总数的50%。中航华东光电、三只松鼠、海螺新材料获批省级工程研究中心，获批企业数占全市获批企业总数的60%。

2. 打造创新创业孵化园，培育发展新引擎

为集聚整合要素资源，丰富优化创业平台，芜湖高新区积极打造各类孵化园区，大力推进科大讯飞芜湖产业创新中心、中江科技园等载体建设，加速建设安徽顶图"基于5G的智能网联与车路协同科技孵化器"、安徽中梦"紫云英创业园"、安徽资城"加速产业园"等项目，一批批优质平台的落户充分涵养高新区的"双创"生态。目前全区现有各类孵化载体30家，国家级孵化载体2家，省级以上孵化载体8家，在孵企业300余家，累计孵化企业近千家，"毕业"企业200余家。

3. 做强人才第一资源，激活发展第一动力

借助毗邻高教园区天然区位优势，芜湖高新区紧抓"两高融合"的时代背景，聚焦7所高校和10万本地高校优秀毕业生的丰富人才资源，坚持外引内育，大力推进人才强区战略，争当全市人才的主载体、主阵地、主战场。通过主题宣讲、集中培训、举办高层次人才座谈等方式，坚持服务聚贤，激发人才保障源动力；设立人才服务中心，开通线上服务专线，设置线下服务窗口，制作《弋江区人才政策图解》宣传页，编制《市、区人才政策分类索引》《市、区人才政策分类一览表》，提升人才服务效能；联合区境高校成立高校人才工作联盟，常态化推进大学生就业创业"十大行动"；争取市专项政策支持，加快建设安徽创新中心，奋力打造区域人才高地；持续推进境内院士、博士后工作站、国家级科研平台、省级创新平台建设，充分发挥平台载体对高层次人才的虹吸作用。"双创"人才强磁场进一步集聚。

2021年以来，安徽省芜湖市认真贯彻落实《关于促进全省高新技术产业开发区高质量发展的实施意见》，精准聚焦产业需求，打造一流创新创业生态，推动芜湖国家高新技术产业开发区高质量发展。2021年，芜湖高新区在参评的157家国家高新区综合排名中位列第36位，较2020年上升4位。

（三） 坚持保护与利用并重，打造"生活秀带""发展绣带"

习近平总书记在上海杨浦滨江考察时，称赞这一中国近代工业的发祥地，从昔日的"工业锈带"变成了如今的"生活秀带"。从"锈"到"秀"，一字之变，是城市空间逐渐从以工厂仓库为主的生产岸线，转型为以公园绿地为主的生活岸线、生态岸线、景观岸线的华丽转身，也是中国经济走内涵式、集约型、绿色化高质量发展之路的生动注脚。

工业遗存是人类文化遗产的重要组成部分，具有丰富的历史和文化价值，在城市转型发展的过程中应充分利用其物质基础和工业元素。产业结构的调整和社会经济的持续快速发展，预示着工业社会的结束和信息社会的来临，产业类历史建筑作为历史建筑中极为复杂和特殊的一类，其保护与再利用已然成为城市建设中最迫切需要解决的问题。由于其存在的历史价值和再利用潜力同样十分显著，这预示着这类建筑保护与再利用的理念与切入点也必将不同于其他类的历史建筑。对保存较好，区位优势明显，工业元素浓郁的部分工业遗存，将其功能置换和更新改造成为文化创意产业园，既能保护宝贵的工业遗存，节约建造成本，又能满足文化创意产业所需的文化氛围，促进城市的绿色发展。近年来，芜湖市实施工业遗产保护和开发利用模式。利用闲置工业用地、厂房和遗址，挖掘百年建筑的历史人文资源，打造"生活秀带""发展绣带"。

1. 让"沉睡"的工业遗存重现生机

益新面粉厂位于镜湖区大砻坊，始建于 1890 年，至今已有一百三十多年的历史，它既是芜湖最早开设的工厂，也是老芜湖工业"两个半烟囱"（明远电厂、裕中纱厂、益新面粉厂）中硕果仅存的厂房，是芜湖近现代工业的发祥地。

大砻坊文化科技产业园则是用百年益新面粉厂旧址打造，致力挖掘百年建筑的历史人文资源，为科技文化产业的发展提供新的载体，实现科技、文化和产业的有机结合，为芜湖市建设特色文化产业园开创了先例。大砻坊文化科技产业园建设风格成为全新的地标，与文旅产品结合按照建设规划，园区采用"修旧如旧"的风格，各类新增建筑外立面延续当年的青砖木窗，整个园区的建设风格都力求保持历史的厚重与沧桑，对原有建

图 2-5　大砻坊文化科技产业园

筑的保存完善是园区空间形态的重要特点。2013 年 12 月，大砻坊科技文化园项目正式启动改造建设。2015 年，该项目被列为芜湖市十大重点工程，被列入安徽省 861 重点计划项目。在园区定位上，为区别于周边区域，实现差异化发展，大砻坊科技文化园实施差异化业态定位战略，打造集工业（软装）设计、智能制造及新材料、"互联网＋"、文化创意等为一体的高端创业孵化基地。园区企业类型以新兴产业为主，累计培育新型现代服务业相关中小企业 580 户，培育高新技术企业 21 户，科技型中小企业 80 余户，吸引就业 3 000 人以上。获得省部级科学技术奖 6 项，设计大赛一、二等奖 28 项；承担国家、省市科技计划 12 项。各类企业中博士 22 人，硕士 34 人，本科 155 人，大专以上学历占比达到 85%。

2. 在传承创新中打造独具特色的文化高地

除了老工厂的旧址，作为较早开埠的港口城市，芜湖市还保留着众多的西洋风格建筑。中国雨耕山文化产业园，拥有浓郁欧式风格的天主教堂、教学楼、原英国驻芜领事官邸等，占地面积 55 亩，总建筑面积 70 000 平方米，"地上、地下、文物、文化"是园区价值的精彩浓缩。地面上拥有长江中下游沿岸较大的、保存完好、近 20 000 平方米的百年西洋建筑群；地面下拥有 15 000 平方米、50 多年历史的老防空洞。园区内保留了始建于 1887 年的天主教堂、原英国领事官邸，始建于 1912 年的神甫楼、始建于 1935 年的内思工业学校等国家级、省级近代文保建筑。园区独特的地理优势和建筑风貌将 1876 年芜湖作为对外通商口岸衍生的码头文化、宗教文化、西方文化和本地文化、城市文化相融，是芜湖市近现代史上重大历史事件和对外文化交流的见证。这些遗存是芜湖百年历史的积淀，是城市变迁发展的见证。

中国雨耕山文化产业园，目前为国家 4A 级旅游景区，安徽省级文化产业园区，安徽省特色文化街区，国内较大的酒文化产业链服务平台。园区将西洋历史文化、中国传统文化、葡萄酒文化与时尚创意生活相结合，地上地下互为联动，形成雨耕山独有的文化旅游特色，打造了一个集文化旅游、酒类产业、创意生活产业及婚庆产业于一体的综合性文化产业园区，同时还成立了一个文创中心，为青年文化创客提供了实践的平台，成为芜湖市旅游休闲新地标，文化产业新高地。

（四）　以"园区＋链条"的产业模式为导向，推动"链园结合"同步发展

产业链招商作为产业园重要的招商渠道，围绕区域产业的主导产品，定向招引与之配套的上下游企业、关联服务性企业，谋求产业协同发展，增强产品、企业、产业的综合竞争力。利用一个上规模的主体生产企业的落户，制定合理的优惠政策，吸引配套上下游企业就近落户生产配套产品，延伸产业链。利用零部件加工项目的集群化，吸引主机生产企业就近落户，降低产品的商务成本，提高市场竞争力。

2013 年，安徽省、芜湖市将芜宣机场和航空产业"落子"湾沚区。2015 年芜湖航空产业园正式建设，短短几年时间，伴随着产业细分领域的项目入驻，通航研发、制造、运营全产业链发力，实现了通航制造产业链产品的自主化生产，这很大程度得益于园区紧扣"投资"和"项目"主引擎，坚持按图索骥找项目，重点推进航空航天（低空经济）产业链招商。市委主要领导亲自挂帅担任芜湖航空产业链"链长"，顶格推动产业链协同能力的不断提高。

历经十年一剑，园区已拥有涵盖新材料、整机、卫星、无人机、发动机、螺旋桨、航电系统、航空部附件、临空经济、低空运营等产业链条核心企业 120 多家，发展维度实现航空、航天、临空、低空迭代更新。园区

图 2-6　芜湖航空产业园航空小镇

获批国家通航产业综合示范区，入列长三角 G60 科创走廊科技成果转移转化示范基地、产融结合高质量发展示范园区，入选国家 JMRH 重点示范区域。航空小镇连续 2 年位居中国特色小镇 50 强，区重大新兴产业基地发展工作获省政府激励表彰，连续 2 年获得 A 等优秀，园区让航空主导产业特色更优、品牌更响。

三、 芜湖产业园区运营管理模式

产业园区作为产业高密度集聚之地，与地方经济发展密切相关。产业园区可以通过带动投资、实现 GDP 增长以及创造大量就业机会等多种渠道对地方社会经济起到非常强的拉动作用。因此，地方政府对产业园区的建设和运营有着非常高的积极性，通常在政策、资源等方面给予较大的优惠以支持产业园区的建设。随着中国产业结构调整优化和企业转型升级，产业园区作为产业发展的载体和空间，在产业孵化、产业聚集、产业服务以及产业生态构建等方面起着越来越重要的作用。当前芜湖市产业园区主要有四种不同的运营模式。

（一） 第三方公司运营模式

好的园区运营需要为产业的转移、落地、孵化、成长、发展、壮大、退出提供全生命周期的价值服务体系，包括产业规划、产业引导、产业孵化、产业承载、产业服务、产业金融、产业投资、产业运营、产业人才等环节，切实创造和提升产业价值和自身经营价值。只有打造全生命周期运营和产业生态圈，为产业企业创造价值，才能实现园区和产业的长效发展。

芜湖智能制造产业园坐落于安徽省芜湖市鸠江经济技术开发区，项目位于永安路北侧、徽州路东侧，产业园区由昆晋集团建设运营管理，目前园区正投资建设中。作为新产业、新数字经济环境下成长的产业化、平台化、数字化的产业集团公司，昆晋集团致力于以产业基金、平台开发、招商运营于一体的产业综合服务平台，服务科技中小企业。园区以先进制造业为主导，打造以高新技术、精密制造、机器人及智能装备、新材料、中试研发、总部经济为产业集聚的综合创新园区。园区结合现代服务体系，打造数字化综合创新园区，配套完善的运营管理，融入平台资源，建立标准化、多元化、智能化于一体的园区运营系统，赋能、高效、全面服务于园区企业。

芜湖鸿谷智造产业园位于芜湖繁昌经济开发区，是以苏州市芜湖商会为依托，由苏州市鸿构地产发展有限公司投资兴建，专为中小微企业服务的产业园区，以提升和发展中小微企业为基本功能，以智能装备智造、金属机械加工为基本特色，以孵化和加速中小微企业成长从而形成"土地集约、企业集聚、产业集群"为基本目的。项目建设后，将打造一个硬件设施完备、服务体系健全、环境优美、专业化的芜湖区域一流的现代化中小企业产业园区。项目规划用地124.5亩，规划总建筑面积为4.48万平方米。

由中南高科建设运营的芜湖鸠江智造云谷产业园位于芜湖鸠江经济技术开发区万春中路和富强路交汇处，位于芜湖市"一核两轴双翼"的新型工业化发展格局的核心位置，项目总规划占地面积1 000亩，规划建筑面积约80万平方米。首项目结合区域重点以机器人产业为主导，计划引进智能制造、精密加工以及人工智能等产业，吸引相关高新技术产业，形成聚合上下游高端产业集群。中南高科以新兴产业园区发展为基础，以产业资源导入与产业发展服务为核心竞争力，全力赋能优秀企业与企业家，致力于打造集产业研究策划、园区开发、产业资源导入及产业园综合运营服务于一体的服务中国制造业的超级平台。

（二） 政府招商运营模式

政府承担园区政策制定、发展规划等行政管理职能，管委会或政府成立管理公司承担园区的融资开发、项目管理、招商引资等职能，实行企业化管理、市场化运作、专业化服务，激发开发区发展活力和内生动力，让开发区聚焦经济发展的主责主业，实现转型升级和高质量发展。

芜湖国家广告产业园总投资 6 亿元，位于安徽工程大学东侧，总占地 41 亩，三幢建筑物，共 12.58 万平方米。目前园区已成为集广告传媒、艺术展示、双创等功能于一体的综合性广告文化创意集聚区。园区 2017 年 4 月被国家工商总局认定为国家广告产业园区。广告产业园核心区共引进企业 320 家，其中入驻办公 122 家。芜湖市制定的《芜湖广告产业园产业发展规划》中，结合广告业发展目标定位和芜湖经济文化实际，按照"经济效益与社会效益并重、培育发展与规范管理并举、以发展为本，统筹兼顾"的原则，建设"一区四园六平台"，以广告创意主题体验园、汽车品牌文化园、文化制造与服务产业园和城市形象广告雕塑园为四大主题园区，依托当地实体经济，用文化创意产业赋能。将芜湖广告产业园区打造成管理和服务体系完善、产业链完备、企业综合实力雄厚、发展特色鲜明、市场秩序规范的国家级广告产业集聚区和示范区。芜湖国家广告产业园运营主体为鸠江区国有资产管理委员会成立的芜湖广告产业园资产管理有限公司，公司在产业园区管理中坚持以服务与招商为运营核心，大力引进知名度高、影响力广、规模大、信誉好的优质企业入驻园区，不断引领园区在发展中转型升级。

图 2-7　芜湖国家级广告产业园

（三）政府服务运营模式

全省首家省级人力资源服务产业园——安徽芜湖人力资本产业园，芜湖市坚持高起点规划、高标准建设、高效能服务、高水平管理、高质量发展的成功实践，创新打造了独具特色的"一园多址、功能互补"的梯次化园区发展新模式。园区按照"市场化运作、专业化服务、产业化发展"的总体思路，按照"一园多址、功能互补"的梯次化人力资源服务产业园体系，从市场建设、机构运营、品牌培育、业务提升、业态发展、项目创新、优化服务等方面出台多项举措，构建了完善的政策支撑体系。自运营以来，园区已累计入驻企业 154 家，发放各类补助 543.67 万元，为芜湖市逾千家企事业单位提供人力资源服务，累计劳务派遣约 8.7 万人次，服务惠及 68 万人次，累计交易额 460 亿元，税收 20 亿元。

芜湖市人力资源服务机构充分发挥市场化、专业化优势，推动线上和线下服务、传统和高端业态融合发展，提供精准高效的招才引智服务。运用大数据和 AI 技术，链接线下服务和云端效率为核心模式，建设芜湖市人力资源大数据平台。2020 年上半年，平台共为芜湖 1 000 多家企业提供服务，对接人力资源供给方 130 余家，为芜湖市提供务工人员 9 万余名。人力资源服务机构的产品已经开始从招聘服务等传统模式，向提供多层次、分类别、多样化的产品转变。

图 2-8　芜湖人力资本产业园

（四） 产业运营模式

一些重要的开发区其实承担了调节、完善、强化区域产业链运营的作用，园区设立的目的就是要做一个产业链，比如一些新能源产业园、创意产业园、物流产业园等，这些产业园在投资初期就会进行招商引资，引入企业资本一起搭台，然而园区也做好了与企业一起唱戏的准备。这种运营模式的产业园往往要具备三种职能：行政职能、服务职能和企业投资运营职能，这对园区的管理能力和运营能力都提出了很高的要求。

2013 年 10 月，国家发改委、财政部批复《安徽省战略性新兴产业区域集聚发展试点方案》，重点支持以芜湖为龙头打造具有国际竞争力的机器人产业集聚区。同年 11 月，芜湖市委市政府决定以鸠江区为核心区规划建设芜湖机器人及智能装备产业基地，重点布局发展机器人整机、核心零部件、外围配套设备及工业自动化装备。同年 12 月，一个规划面积 3.53 平方公里的机器人产业园，在芜湖市鸠江经济开发区启动建设。2015 年，该园获批安徽省首批战略性新兴产业集聚发展基地。

芜湖市机器人及智能装备产业基地率先在国内实现核心零部件产业化、机器人本体全面接近国际一流水平、机器人系统集成日趋成熟的全产业链发展态势，产业集聚效应凸显。截至目前，全市已集聚机器人企业 200 家，其中规上企业超 100 家，2021 年实现产值近 300 亿元，同比增长 30.5%。

四、 芜湖产业园区体制机制创新

产业园区是经济建设的主阵地、优化营商环境的示范区。随着产业园区管辖范围、功能目标定位、外部环境的不断变化调整，产业园区在职能配置、管理体制、运行机制、配套基础设施等方面也在不断改革中。中央、省、市相继推动开发区体制机制改革，产业园区整合优化是促进县域经济高质量发展的重要举措，做好这一工作能够最大限度地激发产业园区创新活力和内生动力。

2018 年，芜湖市出台发布《芜湖市人民政府关于促进全市开发区改革和创新发展的实施意见》。该意见要求加强对各类开发区的统筹规划，以促进开发区改革和创新发展为主线，以开发区体制机制改革为突破口，完善开发区管理制度和政策体系，把各类开发区建设成为新型工业化发展的引领区、高水平营商环境的示范区、大众创业万众创新的集聚区、开放型经济和体制创新的先行区。

（一）促进开发区整合优化发展

县（区）原则上实行"一县一区"，有关县区政府建立开发区统一协调机制，避免开发区同质化和低水平恶性竞争，形成各具特色、差异化的格局。在同一行政区域内的开发区，以国家级、省级开发区为主体，由市属开发区管委会和县（区）政府负责整合区位相邻相近、产业关联同质、相对偏小的开发区和产业集聚区，支持长江大桥综合经济开发区与三山经济开发区等开发区进行整合，建立统一的管理机构、实行统一管理。被整合的开发区的地区生产总值、财政收入等经济统计数据，可按属地原则进行分成。支持发展较好的开发区托管产业结构合适、资源要素互补的开发区或镇（街道），并享受开发区相关政策。支持开展跨国、跨省等多种形式的合作共建，支持符合条件且确有必要的开发区调区扩区，支持转型升级水平突出的省级开发区申报国家级开发区。

（二）完善开发区管理体制

按照"大部制、扁平化、减层级、提效能"的原则，不要求上下对口，整合归并内设机构，集中精力抓好经济管理和投资服务。加大简政放权力度，将市、县能够下放到开发区的经济管理权限依照法定程序下放到开发区，缩短办事流程，实现投资开发区项目行政审批手续一律在开发区办理，法律法规有明确规定不得下放的除外。对未下放到开发区的审批管理事项，由开发区管委会直接上报或转报，市直相关部门予以认可。完善开发区财政预算和独立核算机制，合理划分开发区和市、县（区）政府财政事权和支出责任，开发区财力与其支出责任相匹配。市属开发区管委会和县区政府加强对开发区与行政区、托管镇（街道）的统筹协调，县（区）政府、托管镇（街道）政府主要负责社会管理、征地拆迁、公共服务、维护社会稳定和市场监管等职能定位，开发区管理机构主要负责招商引资、项目落地、企业服务等职能定位，具体由市属开发区管委会和相关县区政府在制定（或修订）机构设置方案时予以明确。对芜湖高新区等具备条件的开发区，可实行与行政区合并的"县区合一、镇区合一"管理体制。对于开发区与县（区）政府合并的开发区，要完善政府职能设置，体现精简高效的特点。探索以公司制为主体的市场化开发机制、运营模式和管理体制。

（三） 推进开发区行政审批改革

开发区应设立投资服务中心等综合服务平台，为投资者提供行政审批一站式服务。制定、发布服务企业事项清单和服务群众事项清单，公开事项，明确标准，承诺时限。探索实行开发区内集中审批制度。建立健全全程代办服务机制，开发区内企业的审批、审核等事项，应全面开展全程无偿代办服务，实行"一枚公章管审批、一个中心全覆盖"的便利化审批方式。建立完善"一窗式"审批机制，对企业设立登记、综合企业后置相关证照审批、备案等，实行"多证合一"。对企业投资建设，协调有关审批部门，实行一窗受理、联合审批。综合安全评价、节能评估、环保评估与项目核准（备案），引入安评、环评、能评的中介服务，实行"多评合一"；综合规划（建筑）方案审批、绿化人防审批、建设工程规划许可、施工许可及现场踏勘等事项，可分阶段开展联合审图、联合踏勘、联合验收，实行"多审合一"。对消防技术、设计审批等不能下放的权力事项，属地消防等部门派员进驻开发区服务中心，统一材料受理，统一发放审批。探索建立在线审批服务机制，依托市行政权力、"一站通"网上办事平台，加大审批信息数据共享，提升审批时效。

图 2-9　安徽自贸试验区芜湖片区综合服务中心

（四）　改善开发区发展的软环境

开发区须依法制定并公布权力清单、责任清单、公共服务清单和收费清单"四张清单"，健全权力监督、制约、协调机制，加强事中事后监管。建立健全投诉受理机制，及时受理企业和投资者诉求及投诉举报，对违规的人和事坚决查处，查处结果向社会公布。除国家、省规定的收费项目外，任何单位不得在开发区内违法设立收费项目，市属开发区管委会和有关县（区）政府依据有关规定进一步规范和清理涉企收费清单，列入清单的收费项目按规定委托开发区管委会"一费制"收取，实行委托收费后，职能部门不得再进入开发区企业自行收费。

（五）　创新开发区的投融资体制

支持开发区设立实体化运作的开发运营公司，支持符合条件的运营主体和区内企业依照国家有关规定在境内外申请上市和发行债券。探索通过投资补助、基金注资、担保补贴、贷款贴息等，鼓励社会资金参与开发区市政基础设施、标准厂房及其他营利性配套设施建设和运营。鼓励有条件的开发区设立产业投资基金、科技创新发展基金、创业投资基金，加强与省级或社会基金合作，支持企业做大做强和项目建设。支持开发区开展土地熟化、厂房代建、创业投资、利用融资平台进行融资担保等业务，允许以土地、厂房等权益投资入股区内企业，实现投资、建设、收益良性循环。

五、 芜湖产业园区前景展望

"十四五"期间，芜湖市将构建"4+10+6"的工业发展格局，逐步形成"一主两副"工业组群建设。推进"管委会+公司"运营模式改革，探索专业性"园中园"发展。充分发挥龙头企业辐射带动作用，引导产业向开发区集聚，完善产业发展生态，打造若干具有国际竞争力的产业集群。到 2025 年产业集群发展力争实现"3355"目标：智能网联汽车产业集群实现产值 3 000 亿元；智能装备制造产业集群实现产值 3 000 亿元；优势传统产业集群实现产值 5 000 亿元；线上经济产业集群实现交易额 5 000 亿元。

积极布局"5+4+10+6+10"的产业体系。一是全面推进乡村振兴战略，加快一二三产业融合，重点发展休闲食品、休闲农业，做大做强"芜湖大米"，积极发展果蔬种植和畜禽养殖，引导农业项目和新型经营主体向园区集中，加快发展现代农业。二是以开发区为载体，构建"4+10+6"的工业发展格局，"4"即做大做强汽车及零部件、电子电器、材料、电线电缆四大支柱产业；"10"即机器人及智能装备、新能源及智能汽车、现代农机及智慧农业、轨道交通装备、航空产业、微电子、新材料、新型显示、节能环保、线上经济十大战略性新兴产业；"6"即布局量子信息、下一代人工智能、虚拟现实、区块链、靶向药物、基因检测等具有重大引领带动作用的未来产业。三是以专业化、品质化为导向，重点发展现代物流、金融服务、新型信息服务、工业设计、工业互联网、检验检测等十大服务业，推动服务业向价值链高端不断延伸。

芜湖产业空间布局，逐步形成"一主两副"工业组群建设。"一主"指以龙湖区为心，打造主城区优化引领极，重点发展绿色消费型经济和航空产业集聚，打造现代宜居城市。推进经济技术开发区整体性规划、一体化开发，打造产城融合新典范。"两副"为无为市和南陵县。无为市，主要发展特种电缆、健康食品等产业，打造芜湖市域江北副中心。南陵县，围绕快递物流、智能装备、新材料、特色农业，打造芜湖市域江南副中心。

芜湖强化经济主战场作用。芜湖数据集群不断发挥规模效应，建筑科技产业园等创新平台开工建设，全面推进江北新区大规划、大招商、大建设、大发展。启动江北新兴产业集中区体制机制改革，实施项目建设、成片开发等八个专项攻坚行动。聚焦智算等主导产业，大力引进总部经济企业，打造"中华数岛"。

芜湖坚持产业立市，把做实做强做优实体经济作为主攻方向，提升产业链供应链现代化水平，加快推动制造业高质量发展。牢牢把握"东数西算"国家战略、长江经济带、长三角一体化深入推进契机，全力打造高能级发展平台。加快产业创新赋能，推动实体经济与互联网融合，推动"制造"向"智造"转型，集聚整合创新要素。主动服务和融入新发展格局，坚持创新在现代化建设全局中的核心位置，运用市场逻辑、资本力量及平台思维推动发展模式创新。开发区及各产业园区作为构建高质量制造业体系的重要载体，需充分发挥龙头企业辐射带动作用引导产业集聚，

图 2–10　芜湖建筑科技产业园

共同打造若干具有国际竞争力的产业集群，全力推进新时代新阶段芜湖高质量发展。

（执笔：长三角智库联盟胡蓉）

科技园运营服务经验及其对长三角产业园区发展的启示

一、 科技园运营服务的内涵及特点

科技园在世界范围内并无统一的标准和定义，其名称也多种多样。美国最早称之为"研究园"（Research Park），英国称之为"科学园"（Science Park）或"技术园"（Technology park），意大利、法国称之为"科学城"（Science City），新加坡、韩国等也都有不同的称呼。我国的称谓也不少，如"高新技术产业开发区""高技术区""高科技园"等。本文统一称为"科技园"。

科技园发展至今已有50年历史，虽然各国科技园受本土文化、经济发展水平以及发展方式不同的影响而略显不同，但总体上都呈现以下的特征：

一是集聚创新资源。科技产业园在企业创新、科技孵化和技术转化等方面发挥着重要作用，其汇聚了各类科技企业、高校、研究所等创新资源，形成了集中、便捷的科技创新生态环境。

二是促进技术转移。科技园通过技术交流、技术合作等方式，促进科技成果的转化和商业化，提高了技术的应用价值。

三是增强企业竞争力。科技园内企业的互相合作和共同发展，可以增强企业的竞争力和创新能力，推动科技进步和产业升级。

四是优化创业环境。科技园提供了优良的创业环境，包括高速网络、各类配套设施、投融资服务等，有助于提高创业企业的成功率。

五是促进区域经济发展。科技园的建设和发展，可以带动周边经济的发展，促进区域经济的繁荣和升级。科技产业园内涵盖了不同类型的企业，包括创新型企业、成长型企业、中小微企业等，形成了多元化的经济结构，从而增加了园区的韧性和可持续发展能力。

按照特点分类	按照服务功能分类	按照产业类型分类
科学园、科学城、技术城、高新技术产品加工区、高技术产业地带	科技创新孵化园、科技服务型园区、科技金融服务园区等	软件园、生物医药园、新材料园、新能源园、智能制造园等

图 2-11　科技园的分类

（一）　传统的科技园运营服务

科技园的运营服务是指为科技园企业提供全方位的管理和服务支持，协助科技园企业在基础设施建设、招商引资、综合管理、创新服务、培训服务等方面实现高效运营，促进园区内企业的创新发展和协同合作。科技园的运营服务是一系列全面而细致的服务，旨在为园区企业提供全方位的支持和协助，提高园区内企业的运营效率和效益，促进科技园的发展和壮大。因此，可以说运营服务是园区的顶层设计，科技园能否可持续性地长久发展，运营服务是起着决定性作用的，更重要的是能够让科技园形成一个完整的闭环，拉动地方经济发展。科技园的运营服务主要涉及以下几个方面。

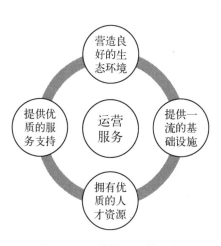

图 2-12　科技园运营服务

1. 营造良好的生态环境

生态环境对产业园的发展非常重要。园区注重保护生态环境，营造良好的生态环境，才能吸引更多的企业进驻。例如，南京江北新区产业园区通过推行"绿色园区"计划，将环保作为园区的核心理念，通过生态园林、植物景观、节水灌溉等手段，创造出一个环保、生态、绿色的园区环境，吸引了众多企业入驻。

2. 提供一流的基础设施

园区的基础设施建设是产业园运营环境中不可或缺的一环。要提供高水平的电力、通信、交通、供水、排水、供气等基础设施，以保障企业的生产和发展。例如，深圳高新区的石厦科技园，通过在园区内兴建云计算中心、电子商务大楼、综合体育馆等现代化建筑，提供了一流的基础设施，成为吸引高新技术企业入驻的重要因素。

3. 拥有优质的人才资源

人才是产业发展的关键，也是科技园成功的重要因素。要通过各种渠道吸引和留住优秀的人才。例如，杭州西湖科技创业园充分发挥杭州作为高新技术和创新人才聚集地的优势，与高校、科研机构、企业等合作，共同培养和引进高素质人才，为园区的发展提供坚实的人才保障。

4. 提供优质的服务支持

科技园还要提供一系列的服务支持，包括政策支持、法律咨询、金融服务、市场推广等，帮助企业解决各种问题。例如，北京中关村软件园提供了政策咨询、法律咨询、知识产权服务、市场营销支持等多项服务，为企业提供全方位的支持和帮助，促进了园区的产业发展。

（二）科技园运营服务新趋势

随着人工智能的飞速进步、产业的高效协同发展、国际国内科技园的合作交流加强，科技园的运营服务出现了一些新的趋势。

1. 标准化运营

园区标准化建设即按照既定的建设标准和要求，指导园区优化产业功能布局，完善公共基础设施和服务配套，健全园区管理服务体系，在生态环保、安全生产、智慧建设等多方面改善发展环境，高起点、高标准打造高质量发展空间载体，凸显园区的试点示范和辐射带动作用。作为一种方式方法，标准化用于科技园的运营服务中，有利于获取最佳秩序和社会效益，以达到标准统一、组织高效、运营顺畅的目标，并为园区科学管理奠定一定基础。这里所提的园区科学管理，是依据生产技术的发展规律和客观经济规律对在园企业进行管理，而各种科学管理制度的形式，都以标准化为基础。标准化运营服务能有效促进服务质量提升，通过强化科学管理手段、优化服务流程，更加体现出专业性和规范化，达到服务效率和水平双提升目标。园区标准化建设，有利于提升服务质量，增强园区服务的吸引力和竞争力，为企业提供更加全面、优质的服务；有利于提高管理水平，可以使园区的管理更加规范、科学、高效，提高园区的整体竞争力；有利于复制推广模式，固定的标准能够更好地应用推广，从而形成示范效应；有利于提高园区的品牌形象和知名度，为园区的可持续发展提供更好的基础。

2. 数字化、智能化运营

未来在数字化转型的驱动下，我国从社会生产、生活方式到治理方式都会迎来变革。随着行业发展和国家整体经济发展模式的转变，数字化技术在科技园的发展中扮演着越来越重要的角色。信息技术的迅速发展和应用，产业园区的数字化、智能化运营已经成为当前园区建设和发展的趋势。数字化、智能化运营可以有效提高园区的管理效率和服务水平，降低运营成本，同时还能提升园区的竞争力和吸引力。在各项关键数字技术中，人工智能与大数据作为平台级工具，其创新应用对推动产业数字化转型将起到决定性作用。在宏观经济环境、未来竞争模式的倒逼下，利用园区数字化建设推动园区的运营和发展被提升到前所未有的高度。因此，数字化技术的应用为科技园的发展提供了新的机遇和挑战，它将继续在未来的科技园建设和管理中扮演越来越重要的角色。产业园区数字化、智能化运营的主要特点包括以下几个特征：数据化、自动化、可视化等。具有一些传统运营模式没有的独特优势：提高管理效率，降低管理成本；优化资源配置，降低企业运营成本；提升服务品质，增强园区服务的吸引力和竞争力。

3. 产学研融合

产学研合作是以企业、高校和科研机构为核心，在政府、科技中介服务机构、金融机构等的大力支持和协同下，以优势互补和利益共享为基本原则，按照一定的机制和规则进行合作，形成某种联盟乃至独立的实体，合作开展新技术研究开发和应用、人才培养、仪器设备共享、信息获取等活动，以推动科技进步和加快经济社会发展的过程。在产学研结合过程中，高校、科研机构在科学研究与技术创新上均发挥着重要作用，因此可以通过高校、企业与科研机构的结合来实现互利共赢和技术创新。

4. 金融服务

随着科技创新与金融有机结合并在经济体系中成功应用，金融科技深入金融产品和业务服务的各领域，推动科技园的产业链不断发展和成熟。

全球数字经济发展理念不断深入人心，包括数字普惠金融、数字货币与数字资产、人工智能、区块链、云计算、大数据、5G 技术等一系列技术在金融行业的应用，不断拓展以数字经济为标杆的新经济发展的内涵和范围，不断提升数字经济发展的质量、效益、安全和可持续性，不断推动金融供给侧结构性改革与经济更高水平和更高质量发展。

一方面，金融科技投融资规模不断扩大，在全球范围内形成了区域创新中心，如我国的网络融资额已高居全球首位，成为重要的区域科技创新中心；另一方面，金融科技创新提高了金融服务的普惠性，提高了中小企业和弱势群体分享技术创新成果的获得性，如我国已经成为全球最大的移动支付市场，深刻影响着消费者的支付方式和消费行为。

总体来说，金融服务对于园区运营发展有两方面效应：一是金融科技的资源配置效应。金融科技的资源配置效应主要表现在金融科技减少了信息不对称、降低了交易成本、增强了风险管理能力，从而增强了金融功能和提高了金融效率。二是金融科技的创新效应。金融助力科技产业园革新生产技术，变革生产方式。创新理论认为，革新生产技术和变革生产方式是经济发展最根本作用力，因为创新能够产生新产品、新生产方法、新市场、新供应、新组织形态，它们构成了经济增长的内在动力。

二、 当前科技园运营服务发展的典型案例

（一） 标准化运营的三种模式介绍

1. 上海漕河泾模式：以全链条全方位开展标准化服务

上海漕河泾开发区不断创新各流程各方面的标准化服务，以更高标准推进更优园区品质服务升级，以全链条全方位的理念经营运营环境，并不断进行纵深业务的拓展，将服务推向一流，通过标准化建设带动提升园区的服务管理品质，打造形成品牌服务标准化的高地。

一是建立标准化服务中心。该中心由专门的工作人员组成，负责企业入驻、园区服务等方面的标准化管理工作，提高了服务质量和效率。二是制定标准化服务流程。针对企业入驻、物业服务、人才引进等方面的服务内容，制定了具体的服务流程和标准化要求，确保服务的标准化和规范化。编制完成《工业园区物业服务企业标准》，该标准是漕河泾对工业园区物业管理运作实务经验的范本，是上海市首部工业园区物业服务企业标准。

二是推行信息化管理。通过建立信息化平台，实现了对园区服务流程、服务质量等方面的全程监管和数据分析，为提高服务效率和质量提供了有力支持。

三是加强人才培训。为园区服务人员提供定期的培训和考核机制，提高了服务人员的专业能力和服务意识，为提高服务质量和效率打下了坚实基础。

四是推进企业管理标准化。建立健全企业管理体系，推动企业实施ISO9001等各种管理体系认证。

2. 深圳科技园模式：打造园区全价值链标准化服务

在深圳科技园物业公司的引领下，园区以"企业全生命周期""全价值链"服务模式、资源深度整合、跨界融合创新，以项目服务为基础，以城市发展带动项目，以创新改革推动产业，以标准带动转型升级。积极引入和借鉴先进标准进行参考，通过标准的改进、推广和应用降低成本，提升人员素质，提高产品质量，推动技术创新，提升经济、社会和生态效益，推动行业发展。

在深圳科技园物业公司近30年的丰富经验积累下，园区在运营管理和服务企业等方面更加得心应手，已形成全方位、多元化、开放兼容的业务服务标准体系。科技园物业从项目实际出发，扎根项目，把标准化向纵深推进，运用多种标准化形式支持高质量、高效率的服务输出。比如：物业、招商一体化服务标准体系，即前期策划、前期物业顾问、物业前期介入、招商营销、运营顾问、物业管理为一体的全价值链服务模式，涵盖了从园区规划建设、产业导入到配套、运营服务的一体化服务。

2016年，科技园物业"科技物业全价值链服务"战略破茧成蝶，展现品牌力量的时机已经成熟。科技园物业从规划设计开始，全程参与到赛西科技大厦、红土创新广场，"科技物业全价值链服务"在这些项目中得到了完整、完美的落地实施。园区未来将继续积极引入和借鉴先进标准进行应用，践行标准的改进、推广和应用，从而降低成本，提升人员素质，提高产品质量，推动技术创新，提升经济、社会和生态效益，推动行业发展，助力"标准化+"战略的推进实施，为提升物业服务标准的国际话语权和推动中国物业服务标准"走出去"贡献智慧与力量。

3. 北京中关村模式：以标准化协会为科技服务赋能

中关村科技园区的标准化服务主要由北京中关村标准化协会提供。该协会成立于 1987 年，是一个非营利性机构，致力于为企业提供标准化服务和支持。该协会通过发布技术标准、推广标准化理念和方法，提高企业技术水平和竞争力。园区按照标准专利、标准创制、标准发布、产品检测、产品认证、产品贴标和客户采信"七部曲"模式，打造了一条由技术转化为市场现实价值的有效通道，帮助企业实现技术专利化、专利标准化、标准市场化。

在抢占全球科技制高点的激烈竞争局面下，中关村标准化协会成立，通过瞄准中国在国际事实标准领域的空白和产业痛点，致力于率先建成具有国际影响力的"国际事实标准组织"。战略委员会中有多位国家工程院院士，成员主要由业内科技领域领先的产业联盟和园区科技企业组成，按照战略新兴和高精尖产业搭建了 16 个顶级分技术委员会，涵盖区块链、智能运输、细胞治疗、中医药畜牧业、智能终端与系统架构、汽车芯片、卫生与防护、先进制造、人工智能、智能物联、企业云网融合 12 个产业方向，对建设国际科技创新中心、世界领先科技园具有重要的支撑作用，团队具有丰富的市场化和运营管理经验。"中关村标准"要建设成为国际知名的标准品牌，指标高于国标、行标、地标和其他一般性团标，通过搭建平台提供专业化服务，包括标准化培训、标准化信息服务、标准测试认证、标准化合作对接服务等等，赋能科技型企业，培育一流标准，打造一流产品，服务一流客户。

（二） 数字化、智能化运营服务的案例

1. 新加坡榜鹅数字园区

2014 年 11 月，新加坡启动"智慧国 2025"计划，致力于通过技术实现健康、交通、城市生活、政府服务和企业的转型，榜鹅数字园区被列为八大国家战略项目之一。2019 年 11 月，新加坡提出"国家人工智能战略"，目标是到 2030 年成为关键领域人工智能解决方案的领导者，榜鹅数字园区被视为人工智能创新试验台和数字经济时代提升新加坡竞争力的关键。

引入"枢纽型"主体，塑造数字经济发展的关键源动力。榜鹅数字园区通过引入政府机构、高校和龙头企业等"枢纽型"主体，形成数字产业发展的强劲源动力。

依托新加坡政府技术局、网络安全局等政府机构搭建公共信息和服务

平台，依托新加坡理工大学开拓研究领域和解决科学前沿问题，依托波士顿动力、Group-IB、万向区块链等聚焦数字产业"金字塔"塔尖领域、高价值高增长型企业推动研发、中试、孵化、生产等环节。

搭载"黑科技"基础设施和服务，营造全方位数字化场景。园区引进一套涵盖多能源微电网系统、区域冷却系统、气动垃圾收集系统、中央物流集散系统等一体化智能基础设施网络，在实现碳减排的同时也让生活充满科技感。同时，园区首创性地采用开放数字平台，实时收集园区传感器数据并共享给高校和企业，通过数字孪生加速科技解决方案和业务创新。

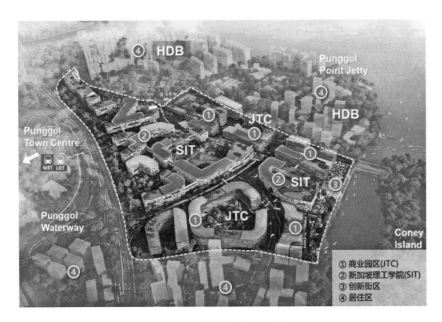

图 2-13 榜鹅数字园区地图

资料来源：该机构官网。

2. 英国剑桥科技园

英国剑桥科技园使用数字化技术来提高其能源效率。他们使用物联网传感器来监测能源使用情况，使用智能电网技术来管理能源分配。这些技术的使用帮助其减少能源浪费，降低能源成本。数字化可以通过收集和分析数据以影响能源使用的实际变化的技术来提高能源效率。数字化技术可以通过收集和分析数据(自动或通过人工干预)更改物理环境之前使用的技术来提高能源效率。传感器和智能电表等数据收集技术收集有关能源使用和其他影响能源使用(例如气候)的数据。通过诸如人工智能算法之类的数据分析技术将数据处理成有用的信息。最后，将处理后的信息发送到可以影响物理变化以优化能耗的设备。某些设备需要人为操作才能优化能源使用，例如：智能手机应用可以建议一条节能途径，但用户必须根据该建议采取行动。其他设备能够更自主地优化能源效率，例如：建筑物冷却系统中的开关或生产线中的机器人。

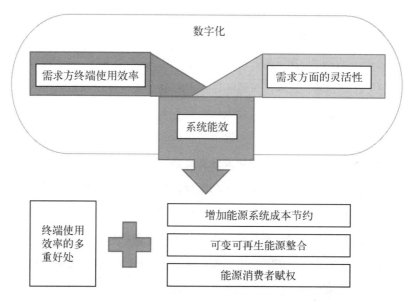

图2-14 数字化如何改变传统的能源效率和需求方的灵活性
资料来源：根据有关资料整理。

（三）产学研融合运营案例

合肥国家大学科技园（以下简称"大学园"）是全国15家国家大学科技园试点单位和首批22家国家大学科技园之一，由安徽省人民政府牵头，安徽省科技厅、安徽省教育厅、合肥市人民政府、中国科学技术大学、合肥工业大学、安徽大学共同参与建设的"多校一园"性质的国家大学科技园。

大学园由最初的1个中心（创业孵化中心）、4个分园（中国科学技术大学科技园、合肥工业大学科技园、安徽大学科技园、安徽工业大学科技园）延伸带动建设4个众创空间（3U创客空间、前能众创空间、怀宁梦达众创空间、宿松县科创中心）、6个科技企业孵化器（创业孵化中心、时代文化科技创业园、安庆经开区科技企业孵化器、怀宁县科创中心、荣电科技企业孵化器、国大高新创业园）、1 个科技企业加速器，场地总面积为 21.83 万平方米。

开园以来，大学科技园累计孵化企业 1 085 家，培育高新技术企业 274 家次、上市公司 9 家、新三板挂牌企业 9 家、地方挂牌企业 59 家、科技型中小微企业年均备案 80 家；累计转化科技成果 3 543 项，获省科技进步奖 25 项，其中一等奖 2 项，获得知识产权 3 769 项，其中发明专利 406 项。

（四） 金融支持园区运营案例

2019 年 3 月 23 日，在第九届北外滩财富与文化论坛上，"上海金融科技园区"正式揭牌，目前，该园区已有 152 家金融科技企业和机构入驻。在上海金融科技园区中，目前金融科技服务于金融机构，更偏向于实际金融业务的后端，并不是金融产业链中利润最丰厚的一环。随着金融与科技的不断联系交融，金融科技正迎来发展机遇，银行等传统金融机构不断深入对于金融科技的研发与运用。工商银行、交通银行、邮政储蓄银行等一些金融机构在上海各高校召开了与金融科技有关的校园招聘会，并计划就金融科技领域内加大投资进行深入研究。传统金融机构与科技公司的合作联系也越来越紧密，金融科技生态圈正在逐步形成。目前在金融开放背景下，上海金融科技园区将加大政策支持力度，提升基础设施水平和加大人才引进力度。通过提升项目科技含量，完善风险识别指标和实现机构联合研发，解决园区缺少科技金融项目的问题。经过对接国际金融机构，发挥地域资源优势和构建信息服务平台，弥补园区缺少合作发展平台的缺陷。

三、 对长三角产业园区运营服务的启示

（一） 长三角产业园区发展成就

一是产业发展优势显著。长三角地区的产业园区具有发展优势，集聚了大量的高新技术企业、创新型企业和高端人才，形成了具有较强市场竞争力和创新能力的产业集群。

二是产业结构不断优化。长三角地区的产业园区积极引导企业进行产业升级和结构调整，不断推进传统产业的转型升级和新兴产业的培育发展，促进了地区产业结构的优化升级。

三是创新能力显著提升。长三角地区的产业园区积极引导企业加强技

术创新和知识产权保护，加强企业自主创新能力，推动产业技术水平不断提升。

四是成果丰硕。长三角地区的产业园区在促进企业发展、推动产业结构调整和创新能力提升等方面取得了显著的成果，为地区经济的快速发展作出了重要贡献。

（二） 长三角产业园区运营服务的短板与不足

1. 缺乏省际层面的统一布局与服务共享

目前，长三角区域内各省市的园区发展缺乏省市层面的产业统一布局、技术与金融服务并没有实现三省一市的全覆盖。首先，区域内各地区产业结构相似度非常高，园区内主导产业重复，同质化竞争明显。通过比较近年来三省一市内各园区的主导产业，不难发现长三角区域开发区中如汽车制造、材料化工等行业的交叉、重复比例较高。各地产业规划重点布局方向大都集中在新一代信息技术、生物医药和高端医疗器械等行业。

其次，三省一市产学研融合、技术交流、金融助力效果不理想。长三角地区科技园的建设主要还是传统意义上的产业合作模式，如援建、托管、招商等。各地大学科技园的技术交流、产学研融合并没有实现常态化，更没有建立制度化的交流融合机制。上海的资本优势也没有惠及其他地区的企业，典型表现就是其他三省的企业融资仍然以当地金融机构贷款、参股为主。2019 年，上海市启动了"智慧上海"建设，旨在通过数字化技术和数据共享，推进城市管理和服务水平的提升。然而，在规划制定过程中，上海市缺乏来自其他地区的数据支持，导致一些重要的决策难以作出。

2. 园区、行业、规划的标准化运营模式尚未建立

三省一市的科技园之间、其与国际领先的科技园之间没有建立统一的园区标准、行业标准、规划标准。在产业发展方面，虽然我国基本拥有统一的现行政策和标准规定，但长三角地区各产业园区通过长时间的改革创新探寻，已在开发建设、投资投产、设备改造、技术创新、人才激励等产业发展规则制度方面产生了很多差异性，与此相配套的许多现有政策，比如产业准入、用地考核、优惠条件、财政补助、人才招引等有很大的区别，尤其是在各个地区工业稳定增长的压力加剧、高品质项目资源缺少的背景下，投资竞争加剧导致土地价格和优惠条件具有竞争性，这种情况依然较为广泛，在一定程度上造成产业无序竞争。相同行业的科技园没有统

一的运营标准导致各园区的技术交流相对较少、相对困难，从而难以实现技术共享与技术更迭。统一的标准化运营在园区的科学研究方面，可以避免在研究上的重复劳动；在产品设计方面，可以缩短设计周期；在生产协作方面，可使生产在科学的和有秩序的基础上进行，是组织现代化生产的重要手段和必要条件。

3. 数字化、智能化运行效应还未凸显

《长江三角洲区域一体化发展规划纲要》指出，"加快构建新一代信息基础设施，推动信息基础设施达到世界先进水平，建设高速泛在信息网络，共同打造数字长三角"。目前，长三角正在加快构建以数字为关键要素的数字经济模式，但在深入挖掘和分析传统产业在研发、生产、营销、管理等生产环节的全产业链数据等方面效应还不够明显；三省一市互联网企业数据共享平台还未搭建成型——即还未实现从消费互联网转向产业互联网，企业生产制造环节向着服务为本与金融领域拓展，进而为企业打造全新的价值链，促使实体经济与数字技术的融合。例如产业园区 5G 网络建设不够完善，松江高科技园区在 5G 基站建设方面存在滞后问题，导致网络覆盖不足、信号不稳定等。此外，该园区在 5G 应用推广方面也还需要进一步加强。

（三） 长三角产业园区运营服务的经验借鉴

通过学习了解国内外科技园区运营服务的一些新趋势，对比目前长三角产业园区自身发展的一些不足，我们提出长三角产业园区运营服务的一些经验借鉴。

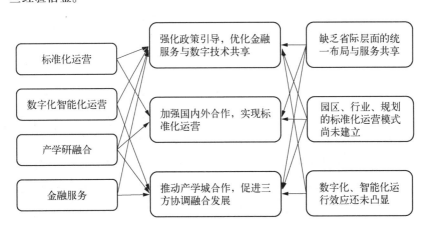

图 2-15　长三角产业园区运营服务

1. 强化政策引导,优化金融服务与数字技术共享

长三角"三省一市"科技园应从区域整体发展、一体化发展的角度,进行统一的科技产业布局,加强政策引导。一是加强政府层面的联动,设立专门的规划机构,打造利益共同体,以合作、协同的模式对区域进行整体规划、日常运营。在区域职能和分工体系建立的基础上,出台相应的政策和法律法规对产业的转移、再集聚进行引导。二是通过成立统一的省市财政、金融扶持平台。金融服务逐渐成为科创园区服务重要内容之一。技术创新引发金融体系结构改革进一步深化,金融服务帮助企业吸纳外部多样化资本要素,不仅符合发展趋势,更是园区面向企业招商的重要吸引力和竞争力。利用统一的共享金融服务平台将中心城市的资金优势惠及其他区域,让资金有去处,让园区有融资。三是加强长三角的技术交流,实现数字技术赋能。成立长三角高新技术大学联盟,培育校际、省际合作关系,促进创新、技术转让和创业,鼓励中心城市的科技园向周边区域进行技术交流,以实现技术外溢。数字赋能既是技术性解决方案,也是体制性解决方案。积极探索推进数字化、智能化治理的方法和路径,不断提升科技园的社会治理水平,实现从"数字"到"数智"再到"数治"的转变,从根本上提升基层治理的现代化能力和水平。当前,科技园和城市都普遍存在社会治理创新的问题——交通拥堵、环境卫生恶化、矛盾纠纷增加、民生服务存在短板、城市安全风险激增等一系列棘手问题。以数字化、智能化转型助推城市敏捷治理已成为城市健康发展以及城市化顺利推进的必然趋势和要求。

2. 加强国内外合作,实现标准化运营

国内外科技园的成功实践证明,高新技术产业的发展在很大程度上依赖于技术、人才等要素的国际化、市场化、集成化和协作化。要加快建设世界一流科技园,必须强化国际合作,面向世界开放,全方位、多形式开拓利用国际技术和人才等资源,在平等互利原则下,共同推动园区建设。就对长三角当下科技园的建议来说,加强同行业技术标准化交流、实现各类园区的国际标准对接是国际合作的重要方面。产业园可通过对标找差距、定标立规范、提标促提质、创标出品牌等方式,横向瞄准国内外先进园区的标准化建设经验,纵向分析园区在运营服务领域一直存在和难以解决的问题,探索一套行之有效的符合园区实际发展、满足企业需求的标准化运营服务模式，从而为园区未来增添吸引力。通过标准化实现精细化的专业管理，使产业园经济实现多元化，将其提升到更高的技术水平，从而能够指数级地提高该行业的产能和潜力。专业化不仅需要重新分配现有资源，而且最重要的是：通过大力提高投资回报，启动"创造新能力"和"优化现有资源"程序。

3. 推动产学城合作，促进三方协调融合发展

产学城三位一体的合作以产业园为中轴连接起高校与城市，通过将高校、科研机构的技术赋能丰富园区内、城市内的社会公共服务设施配套功能，将工业社区的理念融入一些城市的发展规划，以实现产品优化升级、环境配套功能和社会公共服务保障功能的高度协调，这是园区转化升级、惠及周边地区发展的一个重要过程。探索加快形成三位一体的公共服务系统化解决方案，找到更有效率的综合运营、发展模式。在产学城三位一体化的理念下，城市以构建系统完备、科学规范、运行有效的治理体系为目标，以全生命周期管理理念贯穿城市规划、建设、管理全过程各环节，提升治理科学化、精细化、智能化水平，提高应对重大突发事件能力，完善民生发展格局，延续城市特色文化，完善自然生态系统，打造宜居宜业的城市治理样板。园区以产业集聚专业化、生态空间价值化为导向，充分结合城市开发区的产业结构、人文环境、生态环境基础，构筑产业生态空间、自然生态空间有机结合的双生态发展模式。积极推进已开发空间优化提升和新开发空间创新利用，通过规划、建设、改造、提升等方式，加快城市开发区空间布局合理开发利用，促进产业与城市功能的融合发展，构筑布局合理、开发有序、经济生态协同发展的产城融合格局。

（执笔：上海社会科学院智库研究中心罗锴）

铜陵产业园发展的经验与启示

　　铜陵市地处长三角城市群，位于长三角经济圈和武汉经济圈的交汇中心，是合肥都市圈南向发展的战略门户，长江经济带重要节点城市，皖中南中心城市，皖南国际旅游文化示范区城市，皖江城市带承接产业转移示范区主轴线城市。铜陵是通江达海、南上北下、东进西出的重要交通枢纽，国家东西和安徽南北交通大动脉在铜陵呈现"十字"交汇，京福高铁与宁安高铁、京台高速与沪渝高速交汇铜陵。铜陵市区毗邻南京禄口机场、合肥新桥机场，距离九华山机场只有20公里车程，万里长江在铜陵穿境而过，坐拥长江岸线142.6公里。铜陵港是国家一类开放口岸，国家首批对台直航港口和万吨级海轮进江终点港。

　　铜陵市下辖3个区1个县，拥有国家级开发区、国家级高新区、国家级承接产业转移示范园区和国家级再生金属"圈区管理"园区各1个，省级开发区3个。铜陵开发园区自创建以来，由一到多、由小到大、由弱到强，不仅成为铜陵城市吸纳和组合现代生产力的首选载体，同时成为经济发展最猛、技术进步最快、市场机制最活跃的增长极，对推动铜陵经济发展、加速城市化进程、集聚创新创业要素、扩大对外开放和加快经济结构调整等方面起到重要作用。

　　30年来，铜陵产业园区推动区域经济发展，规模以上工业总产值占全市规模以上工业总产值比例逐步上升，成为绝对主体，带动全市经济增长作用十分明显，成为铜陵经济增长最重要的支点和火车头。其中，铜陵经开区1993年成为全省首批省级经济技术开发区；2011年获批国家级经济技术开发区。先后获得国家"火炬"计划电子材料产业基地、国家新型工业化产业示范基地、先进结构材料产业集群等8个国字号荣誉。近年来，铜陵牢固树立"发展为要、项目为王、实干为先"鲜明导向，积极实施中小城市"突围"，形成了与自身发展实际相契合的产业体系和相对优势。

一、长三角一体化背景下铜陵产业园特色与优势

铜陵园区始建于邓小平同志南方谈话之后。1992 年 7 月，作为"醒来，铜陵！"的解放思想大讨论一项重要成果，铜陵经济技术开发区（简称经开区）建立。随后，各县区均建立了园区。经过 30 年的发展，铜陵园区对促进铜陵经济增长、保证铜陵在皖江经济带和长三角城市群中重要工业城市地位作出了重大贡献。

从地域空间上看，铜陵的园区基本上是围绕城市外围或者集镇外围沿江、沿路布局，在行政区划隶属上每个县区都有一个园区。从时间维度来看，铜陵市园区起步于我国园区第二次建设高潮，扩大于 21 世纪初的第三次园区建设高潮期。截至目前，铜陵市共建成各类园区 7 个，其中国家级园区 2 个，省级园区 4 个，其基本情况如表 2 - 10 所示。

表 2 - 10 铜陵园区基本情况表

园区名称	创建时间	政策层级	管理机构	核准面积	主导产业	发展阶段
铜陵经济技术开发区	1992年	国家级	铜陵市政府	800公顷	铜材加工、电子信息材料、精细化工	成熟期
铜陵狮子山高新技术产业开发区	2006年	国家级	铜官区政府	255公顷	光电光伏、装备制造、铜材加工	发展期
铜陵市承接产业转移示范园区	2012年	省级	铜陵市政府	1 427公顷	临港物流、高端装备制造铜基新材料	起步期
铜陵义安经济技术开发区	2003年	省级	义安区政府	1 088公顷	新材料、装备制造、电子信息	发展期
铜陵郊区经济技术开发区	1998年	省级	郊区政府	416公顷	物流、铜材拆解加工、工贸服务	起步期
枞阳经济技术开发区	2006年	省级	枞阳县政府	437公顷	机械、新材料、纺织服装	分异期

资料来源：根据有关材料整理。

（一） 各园区特色鲜明

1. 铜陵经济技术开发区

国家级铜陵经济技术开发区（以下简称"铜陵经开区"）始建于 1992 年 7 月，规划面积 54.27 平方公里（西部园区 40 平方公里，东部园区 14.27 平方公里），1993 年成为安徽省首批省级开发区；2011 年获批国家级经开区；2015 年跻身安徽省首批战略性新兴产业集聚发展基地。现已集聚各类企业 1 800 余家，其中百亿级企业 3 家、主板上市公司 10 家、新三板新四板挂牌企业 25 家、规模以上企业 158 家。

铜陵经开区是国家级经开区和省级高新区，也是国家级循环经济试验园、国家 863 计划铜陵电子材料成果产业化基地、国家（铜陵）电子材料产业园、国家新型工业化产业示范基地和国家专利产业化试点基地。建有国家级铜铅锌及制品质量监督检验中心、中科院皖江新兴产业技术发展中心，全国唯一一家国家级 PCB 检测检验中心。

铜陵经济技术开发区发展已经呈现出四大特色。

一是产业生态优良。三十多年来，铜陵经济技术开发区已探索出一条企业先行、产业集聚、城区集成的发展路径，已形成了以铜基新材料产业为主导，电子信息材料、先进装备制造业、精细化工产业为支撑的四大特色产业集群。

二是金融生态优质。健全完善金融体系，为企业提供及时高效的融资服务，是铜陵经济技术开发区作为国家级开发区能力建设的重要支援。目前，已拥有较为完备的金融服务产业链，铜陵欣荣铜基新材料产业发展基金、北大青鸟半导体产业发展基金和新能源汽车产业基金等 11 只政府基金助力产业快速发展。拥有优质的融资平台，大江公司作为管委会融资平台公司，为基础设施建设提供坚强资金保障；国誉担保公司为管委会独资的政策性担保公司，专为园区企业提供融资担保服务，年担保费率不超过 1%。

三是人文生态优越。铜陵是全国文明城市，铜陵经济技术开发区是铜陵重要的工业集聚地和未来发展的增长极，拥有国家级创业孵化基地中国科技大学铜陵科技创业园、国家小微企业创业创新示范基地和安徽省服务外包基地；拥有国家铜铅锌质检中心、国家 PCB 检测中心等 2 个国家级公共服务平台，国家级企业技术研究中心、博士后工作站、省级研发平台和市级研发平台等。铜陵学院、铜陵职业技术学院、铜陵技师学院等高校入驻开发区，为企业提供了"订单式"人才培养服务。铜陵创新小镇被省政府认定为首批特色小镇，为新业态发展提供了新动能、新平台。

四是政治生态优良。企业家是宝贵的资源，为企业服务是最重要的政治，铜陵经济技术开发区按照打造清亲政商环境的总体要求，倾情倾力地为企业特别是为企业家服务，努力当好企业家的"店小二"。树立问题导向和目标导向，坚持"无事不扰、有呼必应"的原则，为企业提供"一站式""一条龙""保姆式"全天候服务；在全省率先实行"承诺即开工"制度，实行工业项目"多评合一"，大幅缩短行政审批时限；建立了重点企业和项目联系包保制度、重点企业和项目帮办制度、包点服务企业和项目制度，帮助协调解决生产要素、市场、技改、建设等方面存在的困难和问题。

2. 狮子山高新技术开发区

国家级狮子山高新区的前身是安徽铜陵狮子山经济开发区，2006年通过国家发改委、自然资源部、住建部审核、批准为省级开发区，2014年5月由省政府批准更名为安徽铜陵狮子山高新技术产业开发区，实际管辖面积17.28平方公里。建区以来，铜陵狮子山高新区不断提升园区建设水平，优先发展铜基新材料产业，积极发展光电信息、先进装备制造等战略性新兴产业，持续集聚创新创业资源，加速提升科技创新能力，先后获得安徽省光电产业园、安徽省创业基地、安徽省知识产权示范创建单位、安徽省两化融合示范区等称号。2017年2月13日国务院批复铜陵狮子山高新区升级为国家级高新区。

3. 义安经济技术开发区

义安经济技术开发区（以下简称义安开发）位于铜陵、繁昌、南陵交界处，是铜陵市东向发展的门户区，也是义安区经济发展的主平台。义安开发区2003年成立，起步期3.5平方公里，2006年被省政府批准为省级工业园区，2014年获省政府更名并扩区至14.2平方公里，远景规划面积28.3平方公里。目前，建成区面积7.7平方公里，入驻市场主体1 400多家。义安开发区先后获得"国家园区循环化改造重点支持园区""全国绿色发展优秀开发区""安徽省际产业合作园区""安徽电子信息产业园""省多评合一试点园区""中德生态示范城市""安徽省新型工业化产业示范基地""安徽省投资环境十佳开发区""省级园区循环化改造试点园区"

"首批安徽省知识产权示范园区""全市先进装备制造产业集聚发展基地"等称号。2012 年，义安开发区开始实施"1+3"管理体制：核心区加滨江工业园、钟鸣集中工业园、东联新兴工业集中工业园，拟筹划争创国家级开发区。

4. 枞阳经济开发区

枞阳经济开发区成立于 2003 年，属省级经济开发区。园区总面积 31.5 平方公里，控制规划面积 16.5 平方公里，建成区面积 9.66 平方公里，由新楼园区、横埠园区、桥港园区、连城园区和连湖村、新楼村组成。"十三五"期间，枞阳经开区强化党建引领，着力改革创新，以龙头企业带动产业链，以特色产品提升产业链，以配套服务串起产业链，全力打造枞阳经济高质量发展新能级，"2+4+X"现代产业体系（"2"即铝基新材料、绿色家居智造双首位产业；"4"即铝基新材料、绿色家居智造、纺织服装、汽车零部件及整车制造四个百亿元产业；"X"即新材料、电子信息、高端装备制造、现代环保、大健康等新兴产业）稳步推进，园区营商环境持续优化，承载能力不断增强，产业基础更加厚实，经济发展保持稳中向好态势。

5. 铜陵市郊区开发区

铜陵市郊区经济开发区于 1998 年 5 月经铜陵市政府批准成立，2006 年 4 月经安徽省政府批准为省级开发区，规划面积 4.16 平方公里。目前规划布局为"一区三园"，即私营工业园、横港物流园、大通工贸园，正在推进江北园区的区划调整工作。铜陵市郊区经济开发区新规划范围总面积为 411.10 公顷，包括大通工贸园、江北港新区，本次调区拟对大通工贸园四至范围进行优化，并将私营工业园和横港物流园范围调出，在江北港区划入同等面积范围。铜陵市郊区开发区的调区布局，将配套江北港建设，构建长江经济带新的物流中心园区和民营企业创业创新园区。

（二） 铜陵园区重点产业与集群特色

铜基新材料产业全国最大。现有规上企业 36 家，2021 年实现产值 1 200 余亿元。拥有 6 条完整的产业链，被世界铜加工协会赞为：产品最齐全、产业链最完整、产业配套最完善、最具竞争力和发展前景、独一无二的铜材精深加工产业基地。拥有国内最大的特种电磁线制造商精达铜材、民营企业百强全威科技等行业龙头。

　　铝基新材料产业正在壮大。铝基新材料产业是枞阳县着力推进的"双首位产业"之首。枞阳经开区坚持首位产业优先发展，通过精准招商、重点扶持，目前园区已聚集铝基新材料企业 22 家，涵盖铝箔、铝银浆、铝型材、铝制建材等生产加工领域。高精度板、箔、带和高端铝银浆生产企业是枞阳经开区铝基新材料特色产业的核心骨干，现有涉铝高技术企业 5 家，省级企业技术、设计中心 3 家，省级专精特新企业 5 家，高层次人才创新团队 3 个，省级中小企业服务平台 1 个，国家级名牌产品 1 个，省级名牌产品 4 个。2022 年铝基新材料产值达 29 亿元，占园区总产值 60%。安徽省政府批复认定的枞阳县"铝基新材料特色产业集群基地"，规划建设占地面积 700 亩、总投资 6.61 亿元的铝基新材料产业园已完成可研报告和规划编制，一期占地 55 亩的标准化厂房已启动建设。占地面积 300 亩、总投资 21 亿元的金誉铝基新材料产业园项目已开工建设。光华铝基新材料产业园中博涂装铝箔项目已签约落地。2022 年 6 月 11 日，枞阳县金誉金属材料有限公司 30 万吨超薄及动力电池铝箔项目部分生产线已经投入生产，该公司正在加快建设进度，确保早日全面投产，项目的建成将改变该公司产品单一的局面，企业竞争力也将大幅提升。

　　绿色化工产业蓬勃发展。经开区现有规上企业 32 家，2021 年实现产值 180 亿元。作为国家循环经济工业试点园区和国家首批园区循环化示范园区，现已建成以铜、铁、硫资源合理利用和能量互补的循环经济工业示范体系，按照 3R 原则，实现资源综合利用和能源阶梯级利用。艾伦塔斯是全球最大的漆包线漆专业生产厂，安科恒益在小分子药品领域位居全省前列。

　　电子信息材料产业迈向高端。现有规模以上企业 24 家，2021 年实现产值超 80 亿元。电子信息材料产业集群已经形成并走向高质量发展新阶段。拥有电容器用薄膜—金属化薄膜—薄膜电容器，集成电路引线框架—模具—封装产品等 2 条完整产业链，铜峰电子是全球最大的电容薄膜生产商，晶赛科技的电子谐振器外壳全球领跑，成为全国最大的电容器薄膜生产基地和中部地区知名 PCB 产业基地。半导体材料产业加速崛起，其中，旭创公司"高速光通信模块"为 5G 发展方向的前沿，赛创公司生产的陶瓷线路板项目技术国内领先，镓特公司生产的氮化镓晶圆片技术世界领先。

　　高端装备制造行业领先。现有规模以上企业 34 家，2021 年实现产值近 30 亿元。电子专用设备、环保设备、冶金矿山专用设备、交通运输设备、塑封模具、挤出模型等十多个装备制造产品群发展迅猛。松宝智能首创环锭纺智能落纱机,开辟了全新的细分市场;耐科科技的模具制造占据大量国内高档市场。

精细化工产业全球高端。作为国家循环经济工业试点园区和国家首批园区循环化示范园区,现已建成以铜、铁、硫资源合理利用和能量互补的循环经济工业示范体系,建成了多条特色鲜明的循环链条。园区企业按照3R 原则(减量化、再利用、再循环),实现资源综合利用和能源梯级利用,打造低碳生产园区。

动力电池产业开始布局。2022 年 7 月 1 日,在 2022 年第三批全省重大项目开工动员电视电话会后,铜陵市建市以来首个百亿元项目锂离子动力电池项目在枞阳县经开区正式开工。该项目由奇瑞汽车股份有限公司与枞阳县战略合作,落户于枞阳县经开区桥港工业园区,总占地面积 1 000 亩,计划投资 100.04 亿元。规划至 2026 年底,建设完成数字化智能化电芯工厂、标准化模组 PACK 工厂、全自动高效成品库、现代化检测中心、综合办公区和相关生活配套区,将进行方形和圆柱电芯、模组和 PACK 生产。2022 年 6 月 15 日,国家级重点中等职校、国家教育改革发展示范学校、枞阳县职业技术学校与奇瑞新能源汽车股份有限公司举行战略合作框架协议签约仪式,双方"联手"就产学研融合、技能人才培养、联谊共建等进行全面合作。奇瑞公司作为中国自主品牌乘用车领军企业、新能源汽车领域探路者,将与枞阳县协作创建"产教融合、校企合作"的新典范,培养更多符合社会和企业需求的高素质技术技能人才,促进形成教育链、人才链与产业链、创新链的有机衔接、协同发展新格局。

(三) 铜陵产业园优势再认识

铜陵无论城市人口和城市面积都是一座小型城市,但在国家工业化和现代化建设中始终具有不可替代的作用。在长三角一体化发展中,铜陵是长江经济带节点城市、长三角区域中心城市、皖江城市带重要工业城市,这是它日益发展兴起的独特产业优势所决定的。在长三角一体化背景下,铜陵注定是要接受周边大城市的辐射,也注定受到周边城市圈的虹吸和发展挤压,但铜陵不单纯地处于劣势,其自身的产业特色和创新做法,也同样赋予了铜陵向周边城市提供溢出效应的供给方地位。

1. 相关产业优势

铜基材料产业是铜陵园区的领军型产业，在长三角一体化条件下仍然占据比较优势。铜基新材料基地连续三年在省级基地评估中获评 A 类。2019 年铜陵市先进结构材料产业集群入选第一批国家战略性新兴产业集群。拥有国家铜铅锌及制品质量监督检验中心，铜陵有色、全威（铜陵）铜业、精达铜材、铜化集团等核心企业市场竞争力很强。铝基新材料产业已经形成产业规模，主要在枞阳经济开发区。以金誉金属、诚意金属等为龙头企业，产品形态主要是铝浆、铝粉、铝板。目前，正进一步发展面向电子信息、5G 通讯、高铁、航空航天、石油天然气、深海钻探等需要的铝基合金新材料，大力发展合金涂层、合金带材、合金棒材、合金箔材。

生物质材料产业是铜陵新兴产业，发展前景广阔，重点企业在枞阳万华产业园。枞阳县以家居智造产业为主导、以产业集聚为目标、以产业链整合为路径，大力推进模式创新、金融创新、招商创新和运营创新，重点引进定制家居生产及配套企业、相关研发机构等入驻，精心打造家居智造产业板块，不断推进县域经济高质量发展。

铜陵电子信息产业形成了初具规模的电子基础材料及新型元件高新技术产业集群，拥有自主知识产权的相关核心技术，产业规模、产品门类、技术档次以及行业影响力位于国内同行业前列。铜陵电子材料产业基地是安徽省第一个国家级特色产业基地。

2. 创新能力优势

铜陵拥有较为完备的科技创新服务平台，设有中科大铜陵科技创业园、循环经济产学研联盟，与中科院共建皖江新兴产业技术发展中心。铜陵已经成立全省首个地级市知识产权协会，2020 年万人发明专利拥有量居全省第 4 位；再添国家级众创空间 2 家，国家印制电路板质量监督检验中心（安徽）获批成立；新增 45 家企业进入国家高新技术企业队伍；新增国家、行业标准 9 项，新认定中国驰名商标 3 件，精达集团已成为全国质量标杆。

3. 城市活力优势

铜陵因采矿和移民因素铸就了勇于探索和改革的基因，从"醒来，铜陵！"到"崛起，铜陵！"铜陵人渴望创新、崇尚创新。关于创新，铜陵一直都是充满活力的城市。"十三五"以来，铜陵在以铜产业为主体的基础上，形成新兴产业快速发展的多元化格局，铜基新材料产业集聚发展基地为全省首批 14 个重大新兴产业基地之一，枞阳县铝基新材料特色产业集群（基地）入列省级县域特色产业集群（基地）。

二、 长三角一体化背景下铜陵产业园创新实践

（一） 整体性创新举措

1. 优化一区多园，加速产业集群发展

铜陵是因铜而兴的一座工矿型小城市，国土空间一直狭小，地貌是低山丘岗为主。同时，铜陵产业园区与其他各地产业园区一样，是在产业发展和转型中逐步发展起来的，其所属各个园区起步区域都不大。上述两个原因，导致在产业发展与城市发展中，园区不可能一次性连片规划集中发展。因此，铜陵产业园区都在发展中创造性地进行一区多园建设，特别是枞阳经济开发区和郊区经济开发区。铜陵产业园区虽然是按照一区多园的路子发展起来的，但始终坚持以有利于产业集聚和产业集群发展为原则，不断进行园区优化发展。

2. 腾笼换鸟加快转型升级的速度

全面开展"僵尸企业"清理处置，自 2020 年以来累计盘活存量土地 691 亩、厂房及办公楼 38 万平方米；其中 2021 年新盘活存量土地 240 亩、厂房及办公楼 17.13 万平方米。全年在未新增报批用地的情况下，通过盘活资产成功引进台湾力致科技电子设备散热模组制造基地、洁雅生物产业园、明大新材料智能包装等亿元以上项目 11 个，总投资近 30 亿元。狮子山高新区闲置土地资产盘活经验做法获省委深改办专版推介。

3. 深化改革激发转型升级的动能

制订出台"标准地"改革方案，按照"标准地"模式新出让产业用地占全年新增产业用地总面积的 38.89%；纵深推进"首问负责制""工业项目承诺即开工""全程无偿代办服务"改革，依法承接项目备案审批权限，园区服务企业的能力显著提升。积极探索"管委会+公司"改革，促进高新投公司实体化运作、市场化运行，运营管理在手资产超 60 万平方米；大力拓宽投融资渠道，完成股权投资和债权投资 2 885 万元，申请并获批授信 15.51 亿元，有效保障了园区资产盘活和项目建设等资金需求。

4. 创新驱动增添转型升级的活力

聚焦创新主体培育，蓝盾光电、铜都流体获批国家专精特新"小巨

人"企业；洁雅生物获评省技术创新示范企业；巨目光学"全自动视力检测和镜片加工仪器"项目获中国创新创业大赛全省总决赛三等奖。2个人才团队列全省高层次科技团队；园区每万人发明专利拥有量251件，位列新进国家高新区优秀水平：企业研发经费投入占营业收入3.3%，高于全市平均水平0.6个百分点。着力加强创新平台建设，狮子山高新区先后与上海松江经开区、常州钟楼经开区签订战略合作协议，打通产业承接与科技合作新渠道；铜官数谷、日科电子获批省级科技企业孵化器；狮子山高新区获批省"十四五"首批先进制造业和现代服务业融合发展试点区，全市唯一。

5. 优化营商环境，提升服务质量

铜陵经开区不仅修葺通向园区的道路，更是打通了投资者放心投资的道路，在不断强化硬件设备与软实力的道路上持续发力。提升软实力，硬件就必须硬起来。经开区按照产城融合的总体思路，坚持"宜工、宜商、宜居、宜业"的总体定位，2022年围绕项目服务、城市更新、水质提升、配套完善、民生改善五大目标，计划投资近18亿元开展基础设施建设工作。推进电子元器件高科技产业园标准化厂房一期、东部园区标准化厂房二期等竣工投入使用，并开展电子元器件高科技产业园标准化厂房二期建设工作，打造招商引资新亮点，有效降低企业落地成本；提升改造翠湖公寓、新江花园，修缮翠湖四路、滨江大道等，补园区道路短板，为招商引资、"筑巢引凤"提供强力支撑，综合提升园区的承载能力。优化营商环境，不单单只依靠硬件设施的完善，更重要的是服务能力的提升。

6. 重铸服务流程，为项目落地和人才引进加速助力

建立重点企业和项目联系包保制度、重点企业和项目帮办制度、包点服务企业和项目制度等，提供全过程的"保姆式"服务。实现了投资人"跑腿"转变为代办员"跑腿"，审批事项"多次办"转变为多个项目"一起办"，审批程序"繁杂"转变为"一条龙"服务，进一步提高办事效率，提高服务质量。对重大项目采取"一事一议、一企一策"，全面推广工业项目"承诺即开工""多评合一"审批制度，前置审批少，为项目单位缩短2—3个月审批时间，全过程不超过15个工作日，大幅压缩时间成本。针对高层次创新人才和团队，贴身打造规范透明的奖励政策，对外来人才提供住宿补助、户口落户、子女就学等方面的帮助，切实解决创新人才的后顾之忧。

（二） 各园区的创新做法

1. 铜陵经济技术开发区

突出特色产业，壮大园区经济。做强产业生态圈，铜陵经开区积极加码。形成了以铜基新材料产业为主导，绿色化工、电子信息材料、高端装备制造等产业为支撑的特色产业集群。

凝聚创新资源，激发转型动力。一是坚持"无中生有"与"有中生新"相结合，以长三角为主攻方向，瞄准世界 500 强、中国制造业 100 强等领军企业，培育"专精特新"产业。二是用好创新平台促发展。铜陵现在拥有国内唯一的国家级 PCB 检测中心、国家级企业技术中心 1 个、省部级研发平台 50 个、博士后工作站 9 个，中科大创业园、泰祥工业园孵化了一批又一批的科技创新企业，铜都小镇成功入围首批省级特色小镇。三是汇聚高端人才。引进以复元纳米介孔材料中试基地项目团队、集成电路原子层沉积薄膜前驱体材料研发和产业化团队、永磁无刷电机自动化生产线项目研发团队等为代表的各类高层次人才团队 30 多个，为传统产业升级和新业态发展注入强大动能。

优化营商环境，提升服务质量。按照产城融合的总体思路，坚持"宜工、宜商、宜居、宜业"的总体定位，为招商引资、"筑巢引凤"提供强力支撑，综合提升园区的承载能力。在优化营商环境中，重点提升服务能力。通过重铸服务流程，为项目落地和人才引进加速助力。

完善金融体系，支援企业高质量发展。强化资本市场业务培训辅导，纵深推进企业上市专项行动，初步形成"申报一批，辅导一批，培育一批"的园区资本市场梯次格局。晶赛电子科技公司是北交所成立后全国首批、安徽省首家挂牌上市企业，融资 2.17 亿元。目前，园区上市企业总数升至 4 家。

坚持生态优先，发展循环经济。铜陵经开区积极推进"三大一强"专项行动，持续深入做好环保工作。实施一批河道整治工程提升入江水质，为建设水清岸绿美丽长江经济带作出一份贡献。利用现有铁塔公司资源建成高点监控平台，结合企业污染源在线监测建成园区在线中控平台，对园区生态环境实行全方位实时监控，同时实现后台实时动态监控和数据实时更新，对隐患做到早发现、早整改；聘请第三方环保服务公司作为"环保管家"，对园区内企业进行定期巡查，提供系统化、专业化、精细化、定制化的环保服务。经过多年的发展，循环工业园已建成较为完善并具有特色的铜资源、铜伴生资源、精细化工三大循环产业链条。

2. 狮子山高新技术开发区

精准服务助力企业上市。 加强企业上市政策宣传解读，精准服务园区优质企业 IPO 上市，在蓝盾光电实现 13 年来全市资本市场"再次破冰"的基础上，洁雅生物成功敲钟上市，成为园区第 4 家上市企业。天海流体、铜冠矿建、铜都流体、小菜园餐饮等一批优质企业形成上市梯队。

简化流程加快政策兑现。 优化政策供给，保障产业政策高效兑现、精准惠企。2021 年累计帮助企业争取上级各类政策性扶持资金 2439 万元、兑现各类惠企资金 1.3 亿元。在全市开发园区率先发布"免申即享"政策清单，及时落实各项惠企政策，首批试点的 6 家企业已成功通过"免申即享"方式兑现了相关政策资金，企业获得感显著增强。

完善设施健全功能配套。 完成公交首末站建设并协调两路公交直达园区，彻底告别无公交直达园区的历史。主干道栖凤路改造和道路绿化景观提升工程全线完工。人才公寓一期工程建成交付。狮子山独立工矿区仍为中央预算内投资政策支持范围，安置小区、邻里中心、交通路网等一批基础设施项目启动建设，园区与独立工矿区产城融合发展格局加速形成。

夯实基底促进良性发展。 筑牢生态环保和安全生产防线，为项目建设和企业生产经营保驾护航。充分利用"安全管家""环保管家"专业力量，靠前服务，指导企业做好安评和环评等前期工作，提高项目建设速度。

3. 义安开发区

义安开发区始终坚持新发展理念，全力推进"双招双引"首位工程，大力实施名企、名品、名师"三品"铸就工程，加快调结构、转方式、促升级，走小而特、小而精、小而优产业发展之路。

坚持招商为要。 开发区始终秉承"店小二"服务理念，着力在聚焦长三角区域、聚焦头部产业、聚焦招商方式创新、聚焦招商队伍建设"四个聚焦"上下功夫，五年间引进项目共 138 个，实现五连增，其中亿元以上项目 89 个，10 亿元以上项目 12 个，协议总投资 334.5 亿元。

坚持项目为王。 全面推行项目"承诺即开工"制度，通过定期召开项目联席会、提供全程"保姆式"跑办服务等方式，并大力引进有资质、服务良好的电力、金融等"管家"企业入驻"中介超市"，推动项目早日形成产能和财政贡献。五年来，开、竣工项目数均实现倍增，累计完成固定资产投资 212.1 亿元。

坚持创新驱动。加强与大院大所合作，开发区与中科院过程所开展战略合作，着力打造中科院过程所新材料科研成果转化基地。推动骨干企业与知名高校开展产学研合作，先后建成 2 个博士后工作站，引进 4 支省级高层次人才团队。加快战略性新兴产业、高新技术产业的引进和集聚，先后引进落户了日本 Ferrotec、浙江天龙、广东国展等行业领军企业，19 家企业获评省级"专精特新"企业。

坚持塑造品牌。借着长三角一体化等国家发展战略东风，长江半导体增值服务和新材料产业、嘉铜制品产业园等一批重大项目签约落户，富乐德 TFT、龙峰新材料等一批产业关联度高、支撑性强的大项目、好项目竣工投产，旋力特钢、康达铝材等一批企业入选 2019 年省民营企业 100 强、市民营企业 50 强，汇宇实业联合收割机下割刀、图顺电力金具铝合金电缆铜铝过渡端子等一批产品获得国家（行业）标准，企业品牌建设氛围进一步浓厚。

坚持循环发展。开发区所有企业污水全部实现纳管集中处理，建立了环境监测数据中心。在完善环保基础设施、提高环境准入门槛、加强污染防控的基础上，按照循环发展的理念，着力打造再生金属、工业固废、余热余能综合利用三大循环经济产业链，建成了泰山石膏等一批循环经济项目，有效减少污染排放，推动园区绿色发展。2017 年开发区获评国家园区循环化改造示范试点园区。

坚持深化改革。内部工作机制上，在全市率先开展去行政化改革，实行全员聘用、竞争上岗、绩效考核、末位淘汰制度，激发干事创业活力。外部环境营造上，在全省率先开展"多评合一"和"标准地"试点工作，推行"承诺即开工"制度，成立项目跑办、企业脱困、智慧园区管理三个中心，努力打造一流营商环境。

4. 枞阳经济开发区

坚持围绕产业链招商，成效明显。枞阳经开区坚持把"双招双引"作为"一号工程"，整合 7 大重点产业链资源，构建"县领导领衔+行业部门牵头+专职招商"协同联动的招商工作模式。2022 年上半年，铝基新材料和新型绿色建材产业，新开工项目 12 个、总投资 38.6 亿元；新能源和汽车零部件产业，新开工项目 5 个、总投资 116.2 亿元；纺织服装产业，新开工项目 1 个、总投资 1 亿元。装备制造和绿色家居智造产业，新开工项目 3 个、总投资 6 亿元。大健康和文化旅游产业，新开工项目 3 个、总投资 3 亿元；现代农业和食品加工产业方面，新开工项目 5 个、总投资 9.7 亿元。

坚持优质项目带动，推动高质量发展。一是创新机制推项目。县委、县政府主要负责同志亲自领衔、顶格推进，对所有亿元以上重点项目逐个组建县干领衔包保、项目责任单位、项目所在地主要负责人以及经办人员全程服务的"1+4"专班，实行全生命周期服务管理。二是重点推动"枞资回归、枞才回归、枞商回归"，以长三角、京津冀、珠三角区域为招引主攻方向。仅 2022 年前 8 个月，招引长三角地区项目总投资 43 亿元，京津冀地区项目总投资 25.3 亿元，珠三角地区项目总投资 1.2 亿元。其中"枞商回归"项目 4 个、总投资 5 亿元。三是聚焦产业龙头抓大项目落地，实现"顶天立地"的大项目、好项目进展快，产业配套项目加速集聚。2022 年前 8 个月，引进落户百亿元以上锂离子动力电池项目 1 个，新开工 10 亿—50 亿元项目 3 个。

（三）长三角一体化推动铜陵产业园区发展

1. 园区在稳增长中发挥了重要作用，拉动经济作用明显

长三角一体化发展使得铜陵园区发展更加稳定，规模以上工业总产值占全市规模以上工业总产值比例逐步上升成为主体，带动全市经济增长作用十分明显，成为铜陵经济增长最重要的支点。早在"十二五"时期，园区就成为铜陵新型工业化、城市化建设的重要载体和工业转型升级的"亮点"，对全市经济稳增长起着重要支撑作用。先期建设的 5 个园区（不含承接产业转移示范区和蚌埠产业园），规上工业累计实现产值占全市工业比重 50% 左右，完成固定资产投资占全市比重 40% 左右，实现财政收入占全市比重 30% 左右。在"十三五"时期，铜陵产业园区随着城市转型开始了十分艰难的转型，产业结构走向转型重构。长三角一体化上升为国家战略，铜陵紧紧抓住战略机遇，更加清晰地提出城市发展定位是"智造新铜都、生态幸福城"，走精明增长、精致建设、精细管理的发展路子，主动融入长三角一体化发展，全市规模以上工业企业规模与效益逐步提升。

2. 园区基础设施逐步完善带动了城市建设

铜陵多数园区道路、给排水、电力、燃气、通信、排污、绿化、亮化等基础设施基本建成，生活设施有一定配套。以铜陵经济技术开发区为例，截至 2021 年底，已完成开发建设 41.2 平方公里，建成道路 100 余公里，建有变电所 7 座，污水处理厂 3 座；PCB 固废危废项目、污水处理厂、备压机组热电联产项目、专用铁路线和码头，保税仓库、物流、酒店、医院、学校等服务配套功能完备，建有国家级铜铅锌及制品质量监督检验中心、皖江新兴产业技术发展中心等 27 个国家及省级研发机构，全国首家国家级 PCB 检测检验中心建成运行。区域内高校资源丰富，建有铜陵学院、铜陵职业技术学院、安工学院、铜陵技师学院等多所高校新校区。铜陵园区发展在一定程度上带动了城市基础设施建设。城市规模不断扩大，城市空间格局不断优化；城市主干路构成了中心城区"九纵十横"骨架路网；体育中心、博物馆等重要公共服务设施体系更加完善；铜陵城市能级不断提升，城市功能不断完善，城市生态不断美好，城市特色逐渐明显，为实现"智造新铜都、生态幸福城"的城市发展愿景，奠定了坚实基础。

3. 园区产业集聚能力持续增强

近年来，铜陵提出"抓住铜、延伸铜，不唯铜、超越铜"，出台了《关于促进铜加工产业加快发展的若干意见》，通过建立铜商品交易中心降低交易成本，通过发展铜拆解、建立交割仓库降低采购成本等方式，把铜陵打造成"铜加工企业生产成本最低的地方"。目前，铜产业已经在世界奠定了一定位置，被誉为"我国铜材加工领域品种最全、产业链最完整、配套体系完善、最具竞争力、独一无二的铜材精深加工产业基地"。在原有的铜、化工、电子信息三大主导产业基础上，先后出现了机械制造、纺织服装、食品加工、临港物流等新的产业集群。在长三角一体化发展背景下，铜陵紧紧结合资源型城市发展转型，大力发展战略性新兴产业，铜产业链条更加完整，以铜基新材料、化工新材料、生物新材料为主的"新材料"产业，以围绕高铁和"互联网+"等相关装备制造业、现代服务业也迅速发展起来。

4. 园区创新能力逐步增强

铜陵全面贯彻落实新发展理念，坚持创新驱动发展战略，紧抓重点产业关键技术突破，促进产业转型升级，提出"培育形成 5 个以上在国内外具有重要影响力的战略性新兴产业集聚发展基地"目标，围绕战略性新兴产业集聚发展基地建设、国家智慧城市建设、拥江发展，在铜基新材料、电子信息、新能源智能汽车及关键零部件、先进装备制造、精细化工、节能环保等领域，积极申报国家科技重大专项，突破制约产业发展的关键核心技术瓶颈，各个园区的创新能力逐步壮大。狮子山高新区不断提升园区建设水平，优先发展铜基新材料产业，积极发展光电信息、先进装备制造等战略性新兴产业，持续集聚创新创业资源，加速提升科技创新能力，先后获得安徽省光电产业园、安徽省创业基地、安徽省知识产权示范创建单位、安徽省两化融合示范区等称号。2017 年 2 月 13 日，国务院批复铜陵狮子山高新区升级为国家级高新区。

5. 园区企业成长较快

随着国内外经济下行压力持续不减，长三角一体化发展部分地抵消铜陵园区企业利润增长放缓，利润总额增长幅度还是很大，为铜陵经济发展作出了突出贡献。仅以规上工业企业为例，企业数量由 2000 年的 84 个增加到 2021 年的 1 824 个。2021 年末，全市规模以上工业企业 554 户。全年规模以上工业增加值比上年增长 9.1%。全年规模以上工业企业利润比上年增长 7.3%。全年进出口总额 107.9 亿美元，比上年增长 32.3%。近 5 年内增加上市公司 4 家，截至目前全市上市公司 10 家，上市公司市价总值 776 亿元。铜陵上市公司基本情况见表 2-11。

表 2-11 铜陵上市公司基本情况

上 市 企 业	主营产品	注册资本/万元	上市时间	上市地
安徽铜都铜业股份有限公司	系列铜产品	86 436.21	1999 年 11 月	深交所
安徽铜峰电子股份有限公司	电子材料元器件	56 436.96	2000 年 6 月	上交所
铜陵三佳科技股份有限公司	电子与紧密器件	15 843.00	2002 年 1 月	上交所

上市企业	主营产品	注册资本/万元	上市时间	上市地
铜陵精达特种电磁线股份有限公司	特种电磁线	195 532.42	2002 年 9 月	上交所
安徽六国化工股份有限公司	化肥与化学制品	52 160.00	2004 年 3 月	上交所
铜陵市安纳达钛业股份有限公司	钛白粉	21 502.00	2007 年 5 月	深交所
安徽蓝盾光电子股份有限公司	高端分析测量仪器	13 187.00	2020 年 8 月	深交所
安徽晶赛科技股份有限公司	石英晶振产品	7 646.80	2021 年 11 月	北交所
铜陵洁雅生物科技股份有限公司	功能性湿巾制造	8 120.98	2021 年 12 月	深交所
安徽耐科装备有限公司	塑料挤出成型装备	6 150.00	2022 年 11 月	上交所

资料来源：根据有关材料整理。

三、 长三角一体化背景下铜陵产业园前瞻

(一) 长三角区域内外产业变动趋势

长三角地区产业梯度转移正在加快"西移北上"。"西移"是指沿长江往安徽、江西、湖北、湖南直至四川、重庆、贵州、云南转移，铜陵占据西移的前端。"北上"是指沿商合杭高铁、徐盐高铁、连镇高铁以及 G60 科创走廊延长线向北部的山东、河南、山西、陕西等地转移，流入铜陵的要素减少。在长三角区域内部，产业将按照深度协同分工向精细化方向转移，初加工业、一般性制造业向城市圈核心外围转移，高端制造业和现代服务业则加快向城市圈核心集聚。沪苏浙近期产业转移的主要领域都是传统产业或者新兴产业的初加工业（如表 2 - 12 所示）。趋利避害是铜陵实施精明增长的前提。处于长三角区域内外产业双向变动的空间结点，利弊各半。有利的是，铜陵占据苏浙沪产业转移外溢主通道，具有先期选择

权，可以按照需要选择性截留。不利的是，高端制造和现代服务业加快向都市圈核心集聚，抬高了铜陵战略性新兴产业发展门槛。

表 2－12 长三角产业转移主要领域

长三角省市	产业转移重点领域
上海	通用设备制造业、交通运输设备制造业、通信设备、计算机及其他电子设备制造业、仪器仪表及文化办公用品机械制造业
浙江	农副食品、纺织服装、化学纤维、塑料制品、金属制品、通用设备、电气机械及器材制造业
江苏	纺织服装、通信电子、机械加工、汽车零部件

资料来源：根据有关材料整理。

（二） 铜陵产业园发展的新机遇与新要求

区域合作是世界发展大势所趋，中央对长三角一体化发展的战略定位是"一极三区一高地"：把长三角建设成为全国发展强劲活跃增长极、高质量发展样板区、率先基本实现现代化引领区、区域一体化发展示范区、新时代改革开放新高地。长三角一体化发展要紧扣"一体化"和"高质量"两个关键，带动整个长江经济带和华东地区发展，形成高质量发展的区域集群。原来区域内雷同的产业将在深度分工合作中再调整，具有相对竞争优势的企业进行更紧密的联合，而那些综合比较处于劣势的企业将逐步被逐出产业链条。即使是那些已经形成一定规模、甚至是暂时占据技术领先地位的企业，要想在"一体化"进程中始终占据高质量发展的前沿，同样不得不面临新挑战和新选择。长三角城市群目前已经成为我国最具活力的资源配置中心，未来长三角城市群将代表国家参与国际合作竞争，成为具有强大国际影响力的世界级城市群。

铜陵位于长江经济带之上、皖江经济带中部，优化产业结构和增强核心竞争力，既有强烈渴求也有发展后劲。但必须看到，铜陵还存在诸多约束、面临新的挑战。在约束方面，主要表现为"四偏"：经济体量和城市能级相对偏小，产业发展和创新能力相对偏弱，县区园区发展水平相对偏低，生态环保任务相对偏重。在挑战方面，面临更趋激烈的区域间资源、生产要素争夺，尤其与中心城市空间距离较大、没有明确的都市圈归属，存在资源要素缺乏、产业更新升级迟缓等多项短板。铜陵要在新一轮长三角城市群竞合中脱颖而出，只有不等不靠，突出园区产业战略性新定位，在若干领域中占据产业链高端，进一步彰显自身特色，实现花香引蝶来，加快和深度融入长三角一体化发展。这就给铜陵园区的产业调整提出了更高的要求。

1. 增强参与分工的深度

首先，要进一步贯彻新发展理念，持续推进体制机制创新，加快建立现代化经济体系。铜陵要坚守特色化、精致化、高品质的城市定位，以打造全球铜基新材料基地为战略突破口，在铜矿砂进口、铜冶炼技术输出、高端铜板带生产等关键结点有效对接"一带一路"沿线国家，积极参与全球创新链建设。要持续推进"放管服"改革，重塑新型"店小二"角色，重构新发展阶段的政府与市场关系。在全方位扩大开放的基础上，选择若干重点领域推进全球深度合作，有效构建双循环新发展格局。其次，要在长三角城市群中积极作为，深度融入长三角打造新型"铜墙铁壁"。铜陵以制造业见长但人口规模小，不可能全产业全面发展，要坚持目标导向、突出重点、有所为有所不为，实施差异化、特色化战略，竭尽全力发展铜基新材料等高端制造业，攫取更多发展红利。

2. 延展参与协同的广度

一是通过延伸和完善优势产业链条，壮大产业集群扩大产业吸引力和带动力。铜陵应当发挥铜产业绝对优势的龙头作用，面向全球带动更大的产业集群向着产业链的高端进发。二是延展优势产业特别是铜基材料、铝基材料、电子信息产业的宽度，巩固三大产业的龙头地位。铜基新材料和电子信息材料基础优势强，可以更好地渗透到轻工业改造升级和以5G为代表的新基建等领域。铝基新材料依托技术开发完善材料性能，不断拓展应用开发领域，迅速占据产业链的高端。三是突破长三角区域限制，面向海内外打造内陆开放新高地，坚持项目为王、强化双招双引、创新融资路径，成长若干战略性新兴产业。

3. 提升园区核心竞争力

一是进一步优化园区内部产业结构。要紧紧围绕主导产业推进结构优化升级，把那些与主导产业无关、配套不紧密的企业依法依规迁出园区。二是促进园区新"三化"运营。围绕园区产业定位，以"产业招商精细化、园区形象品牌化、'双招双引'常态化"模式营运园区，推进"链长制"和"群长制"，专注产业招商，牢牢把握强链补链、产业集群化方向，按照产业链配套要求遴选项目，立体带动人才、技术、资金的高质量集聚利用。三是持续推进战略性创新。要将各项具体创新集成提升为战略性创新，组建铜陵战略创新专门班子，深耕细作园区竞争力。

4. 坚持差异化竞争策略,组建"雁行"竞争队

按照分工合理化、协同高效化、成长高速化、优势特色化原则，坚持统筹产业竞争力持续增长与实现最优化、统筹园区产业定位与城市发展能级定位、统筹长三角一体化与国际化，坚持特色化发展，实施差异化竞争策略，形成"雁行"竞争队形：先进产业先锋突破、优势产业战略协同、相关产业战略跟进，在竞争中构筑新特色，打造新高地，攀登新高度。

（三） 铜陵产业园现实审视与再定位

1. 铜陵产业园面临的主要冲击

（1） 城市圈内核心城市的单向性虹吸。迄今为止与铜陵合作最紧密的是苏南城市。铜陵长期受到多个都市圈的虹吸作用，近的有南京都市圈和合肥都市圈，稍远一点有苏锡常都市圈和杭州都市圈，甚至武汉都市圈也有一定影响，铜陵人口净流出。城市圈内城市之间作用是一种双向相互作用，核心城市的极化效应是一种正常合理带动，极化伴随辐射同步进行。但在发展初期，都市圈内核心城市对周边城市的作用往往只是单向性虹吸，不仅虹吸大量要素资源，还对周边城市形成强大的竞争性壁垒。周边城市利用都市圈的有效策略就是实现差异化战略，变核心城市单向虹吸为极化与辐射双向相互作用。为此，铜陵应当注重产业链条以及产品"人无我有、人有我精、人强我特"，以自身特色和核心竞争力牵手核心城市协同发展，变核心城市单向虹吸模式为与核心城市合作共赢、双向联动模式。

（2） 区域内城市之间战略冲突。竞争形势总是瞬息万变的。以铜产业为例，近年来世界铜产业发生了巨大变化，我国铜业进出口逆差逐年增大的原因在于，出口都是初加工产品，而进口都是高端深加工产品，江西、上海、宁波等地的铜产业正在向高端化加快发展。再以电子信息产业为例，该产业是沪苏浙诸多城市重点支持的产业，在省内的合肥、滁州、芜湖、池州也同样被列为重点发展产业。我国制造业长三角地区最发达，在一体化高质量发展中，未来长三角城市之间围绕高端装备制造业将展开新一轮竞争。

（3）省内外城市的同质性竞争。在长三角区域内同级城市中，既有省外的南通、镇江、扬州、金华、台州等城市竞争，又有省内的马鞍山、芜湖、滁州、宣城等城市竞争和对优势产业的截留，还有安庆、池州、皖北等城市主动对接核心城市辐射的追赶。在长三角区域外，中西部城市因拥有土地、劳动力等更多优势，在相关产业链的前端存在较强的吸引力。

2. 长三角一体化条件下铜陵园区产业再定位

铜陵明确提出在"十四五"乃至今后一段时间发展目标是"四创两高"。针对这一目标，铜陵市委提出铜陵城市定位是"智造新铜都、生态幸福城"，走精明增长、精致建设、精细管理的发展路子。为此，未来铜陵园区产业的合适的基本定位是：以铜基新材料为领军产业，以铝基新材料、半导体材料为培育产业，作为产业进军的头雁，打造全球先进结构材料高端制造业基地；以电子信息产业、高端装备制造业为两翼追随，增强铜陵产业竞争航母牵引动力，发展成为国内一流、国际有影响的现代制造业基地；以智能家居制造、半导体、精细化工、现代服务业等为产业进军队形的后续支持，增大铜陵产业竞争航母的排水量，打造长三角地区重要的基础制造业基地。通过上述努力，构建铜陵特色鲜明的现代产业体系。见表2-13。

表2-13　铜陵园区产业基本定位

产业链层级位置	产业内容	承载园区
全球高端制造业基地	先进结构材料：铜基新材料、铝基新材料、半导体材料	铜陵经开区、狮子山高新区、义安开发区、枞阳开发区
国际有影响的现代制造业基地	电子信息产业、高端装备制造业、新能源和汽车核心零部件	铜陵经开区、狮子山高新区、枞阳开发区、义安开发区、澄英高科区
长三角地区重要制造业基地	智能家居制造、半导体、精细化工、现代服务业	铜陵经开区、枞阳开发区、义安开发区、郊区开发区

资料来源：根据有关材料整理。

铜陵五个工业园区产业发展的总体定位及产业发展方向参见表2-14。

表2-14 铜陵各工业园区产业定位及发展方向

园区	总 体 定 位	载体/产业方向
铜陵经开区	铜产业链条最完整、科技创新能力最强、配套服务最完善、具有全球影响力的先进产业中心；长江经济带重点电子产业基地和长三角城市群重点装备制造业园区	铜陵有色公司、精达股份公司、全威铜业、铜峰电子、艾默生电气（铜陵）有限公司、安徽微芯长江半导体材料有限公司、安博电路板有限公司、铜化集团
狮子山高新区	长三角地区重要新材料基地、高端装备制造业基地、国内领先的电子信息材料基地、长江流域优质健康产品制造基地	延伸"电工薄膜—薄膜电容—储能装备电容器"产业链；集聚"金属材料—高端阀门等智能装备关键基础零部件—智能化流体控制系统与控制装备"产业链；发展眼视光医疗器械等健康产业
枞阳经开区	国内重要的先进铝基新材料基地、国内一流智能家居产业基地	金誉金属公司、诚意金属公司、万华产业园等
义安开发区	长三角地区重要装备制造业基地、国内先进半导体产业基地	龙峰新材料、旭晶粉体等；日飞机电；富乐德科技及长江半导体、旋力特钢、国展电子等核心企业
郊区开发区	长三角地区重要光电产业基地、长江经济带重要现代服务业基地	正弦半导体科技、天籁之音声学技术、煜辰磁材科技、宝维智能科技等高新技术产业公司及项目；托莱特、金建等公司平台

资料来源：根据有关材料整理。

（四） 以高质量核心要素提升产业园发展实力

1. 依托科技创新全面提升优势产业和领军企业的竞争力

长期以来，受城市能级等因素制约，铜陵与国内外知名高校、大院大所合作都是单项、短期的，还没有形成长期稳固性深度合作。要探索体制创新，加大改革力度，盯紧世界科技前沿，扩大与一流高校、科研院所深度合作，用先进技术改造优势产业。企业是科技创新的主体，但科技创新的环境很重要，政府要在重点企业派驻科技特派员，让全威（铜陵）铜业、精达股份、旋力特钢、铜峰电子、金誉金属等一批本土企业进一步占据产业链高端，进入国内乃至世界领军型企业行列。

2. 进一步夯实资源组织与交换平台

建设高质量发展、高品质生活的新阶段现代化幸福铜陵，需要调动一切可以调动的力量，利用可以利用的一切资源。园区产业定位更是如此，它既是一个动态过程，更是一项系统性工程。单靠某一个部门、某一个企业在某一个领域的单兵突进，收效将差强人意。要在市一级层面围绕铜陵园区的产业战略性定位，搭建更宽阔的多层交汇平台，让一切调动起来的资源及时高效交换，精准落实到位。

3. 进一步深化改革，扩大开放创优营商环境

发展不充分是铜陵当前最基本市情和最主要矛盾，要在深化改革、扩大开放中持续解放思想，对标先进地区自我加压奋起直追。广大干部要在谋划改革发展、解决突出问题、激发基层活力上下功夫、下足功夫，始终围绕"怎样行、能办成"开展工作，把解放思想转化为含金量高的创新思路、创新政策、创新环境。要聚焦流程再造，构建规范高效的政务环境。在政务服务和公共服务上继续做加法，全面推进落实"马上办、网上办、就近办、一次办"，从制度层面确保营商环境建设成果。

4. 做好城市发展定位与园区产业定位的协调与衔接

做好两个定位的协调与衔接，要着力增强园区产业发展新动能，壮大产业规模，增强产业竞争力。一是抓住新基建政策风向。围绕主导产业加速推进5G、人工智能、工业互联网、智慧城市、教育医疗等新基建项目。二是培育新经济。聚焦互联网医疗、在线教育、在线办公、数字娱乐、数字生活、智能配送等新业态、新模式，对企业予以政策引导和扶持，加快培育新增长引擎。三是扩大新消费。针对疫情防控催生的新型消费和消费升级热点，着力促进服务消费线上线下融合发展，以消费带动主导产业升级。四是推广新服务。积极拓展电子证照跨区域深度应用，推动更多跨区域事项"全程网办"，努力把铜陵园区打造成为长三角地区发展氛围更佳、体制机制更优、创新能力更强、竞争实力更足、企业活力更好的园区，集聚更多发展资源。五是探索新机制。在人力资源市场开放、资本市场分工协作、跨区域产权交易、各类市场主体协同联动等方面，积极探索并率先突破，促进产业定位更加高效。

（五）　新发展格局中打造长三角地区核心产业集群

1. 做强先进结构材料产业集群

加速铜陵经济开发区东部园区新型装备制造业发展，加大狮子山高新技术产业集约化发展，尽快启动江北澄英高科技园区建设。以铜和铝等有色金属、水泥和玄武岩等无机材料、万华生物质材料为主建设三大产业集群。铜基新材料以建设全国领军型、全球有影响的铜基新材料研发、生产、应用高地为战略目标，推动产业向先进制造业迈进。重点是以技术创新为引领，以满足电子信息产业需要为导向，建成在国内外具有重大影响力的高端铜基新材料产业制造和创新基地，打造世界铜产业高端制造与研发中心的智造新铜都。

2. 壮大现代电子信息产业集群

以5G技术为核心的人工智能、"城市超脑"、高端半导体产业为发展重点，与微芯长江半导体材料公司深化紧密合作，将碳化硅晶圆片项目打造成为经开区半导体产业的领头羊、新标杆，进一步锻强铜陵半导体产业链条，共同打造长三角地区有影响力的半导体产业高地。通过微芯长江半导体增值服务及新材料产业园，建设超百亿元半导体产业集群。

3. 打造新型制造产业集群

持续深化"城市超脑"建设，推进"制造业+数字化"，延长异型材挤出成型模具产业链条，增强智能家居产业集群带动能力，加强与跨国公司和央企合作，引进培育更多成长性好、竞争力强的独角兽企业和瞪羚企业，促进铜陵制造业迈向长三角产业链、创新链和价值链的中高端，打造智造铜陵新型制造业集群。

4. 发展现代服务产业集群

积极发展电子商务产业集群、完善铜陵（皖中南）保税物流中心（B型）建设，加快安徽供销枞阳农产品综合物流产业园和枞阳桥港工业园区建设，完善配套服务网络，增强服务辐射功能。创造条件，加大招商力度，持续推进铜陵大健康产业快速发展。

（执笔：中共铜陵市委党校枞阳分校王松柏、周红、刘静）

杭州宁波经开区"区区合一"
发展双城记

杭州经济技术开发区与宁波经济技术开发区均是浙江省数一数二的国家级经济技术开发区。近年来，两个国家级经开区均经历了较大的调整，杭州经开区先是整合扩区，再是与行政区深度融合；宁波经开区早在2002年就与行政区融合发展，而在2021年又进行了整合提升。

一、 杭州宁波经开区"双城记"

（一） 杭州经开区发展概况

杭州经济技术开发区于1993年4月4日经国务院正式批准设立，是全国首批国家级经开区之一，是集工业园区、高教园区、综合保税区、自由贸易试验区于一体的综合性园区，入选国家级双创示范基地，也是长江经济带国家级转型升级示范开发区、国家生态工业示范园区。杭州钱塘经济开发区位于浙江省杭州市西南部的余杭区，东临钱塘江，西靠天目山，北接西湖区，南接富阳区，在杭州市中心城区和杭州萧山国际机场之间，交通十分便捷。开发区目前已形成了以新杭州展示中心为核心的产业集群，涵盖了高端装备制造、现代服务业、先进材料等领域。开发区也是杭州市对外开放的重要门户之一。

近年来，杭州钱塘经济开发区加强创新驱动和高端制造等方面的发展。开发区重点培育的产业包括智能制造、高端装备、新材料、新能源、生物医药等。目前，区内已集聚了包括阿里巴巴、腾讯、华为、中国船舶、杭州汽车等众多知名企业和研发机构，同时也培育了一批新兴产业，如无人机、机器人、人工智能等。杭州钱塘经济开发区在创新驱动方面也取得了一定成果。开发区已与浙江大学、杭州电子科技大学等高校建立了产学研合作机制，推进了一批重点科技项目。

杭州大江东产业集聚区是 2010 年经浙江省政府批准的全省 15 个省级产业集聚区之一，是杭州市政府确定的重点发展区域之一。自 2006 年设立以来，该区域已成为杭州市重要的工业基地和现代化制造业集聚区之一。产业方面，大江东产业集聚区以制造业为主导，覆盖了机械、电子、化工、食品、轻纺、新材料等多个产业领域。其中，机械制造业占据了重要地位，如数控机床、精密模具、高速列车制造等，成为该区域的支柱产业之一。另外，该区还在加快发展电子信息、生物医药、新能源、环保等产业，通过产业集群发展，逐步形成了产业链的完整性和竞争优势。投资环境方面，大江东产业集聚区地处杭州市中心地带，交通便捷，基础设施完善。

（二） 宁波经开区发展概况

宁波经济技术开发区是 1984 年经国务院批准设立的首批 14 家国家级经济技术开发之一，位于浙江省宁波市东北部，东临象山港区，西接余姚市，总面积为 217.6 平方公里。开发区产业涉及先进制造、新材料、新能源等多个领域，同时也是宁波市开放发展的重要平台。

近年来，宁波经济技术开发区大力推进智能制造、数字经济、高端服务业等方面的发展。目前，区内已集聚了一批领先的制造企业和研发机构，如耐克、苏泊尔、华为、中兴通讯等。同时，开发区还积极引进和培育高科技企业和创新型企业，促进了区域经济的转型升级。

杭州钱塘经济开发区和宁波经济技术开发区在产业结构、区位优势、政策支持等方面都有自身的特点和优势，未来两个开发区都将继续发挥重要作用，为浙江省的经济发展作出更大的贡献。

二、 杭州经开区与宁波经开区发展对比

杭州经开区与宁波经开区规划面积接近，并且均与行政区深度融合，下面对两个经开区发展情况进行对比。

（一） 经济发展对比：宁波经开区体量跃升

2022 年 1—6 月，杭州经开区（钱塘区）地区生产总值为 570.19 亿

元，其中，工业增加值 372.73 亿元。由于杭州经开区整合大江东产业集聚区，而大江东产业集聚区还处于产业发展初级阶段，整合后的杭州经开区 GDP 增长并不明显。1—6 月，宁波经开区（北仑区）地区生产总值为 1 219.22 亿元，其中，工业增加值 586.69 亿元，宁波经开区的新一轮整合包括了宁波保税区、宁波大榭开发区等成熟开发区，GDP 总量在原先基础上基本翻一番。

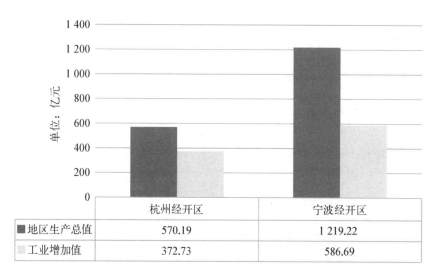

	杭州经开区	宁波经开区
■ 地区生产总值	570.19	1 219.22
□ 工业增加值	372.73	586.69

图 2-16　杭州经开区与宁波经开区 2022 年 1—6 月经济发展情况

对比杭州经开区与宁波经开区，从经济总量看，2022 年上半年，整合后的宁波经开区经济体量是杭州经开区的 2 倍多；从经济结构看，杭州经开区工业增加值占 GDP 比重为 65.37%，宁波经开区工业增加值占 GDP 比重为 48.12%，杭州经开区工业更为发达；从区域带动看，杭州经开区 GDP 占杭州市 GDP 的 6.33%，宁波经开区 GDP 占宁波市 GDP 的 16.79%，宁波经开区成为带动宁波市经济发展的重要力量，而杭州还有余杭经开区、萧山经开区、富阳经开区等多个国家级经开区，单个开发区的区域带动引领作用显小。

（二）产业发展对比："链长制"主导产业发展

近两年，浙江开发区产业链"链长制"已形成了一块金字招牌。对比杭州经开区与宁波经开区在产业链"链长制"上的发展，杭州经开区目前有 3 条产业链，分别是芯智造产业链、生物医药产业链和汽车产业链；宁波经开区则是 2 条产业链，分别是集成电路产业链和化工聚氨酯产业链，其中化工聚氨酯产业链为原宁波大榭开发区所申请。

杭州经开区与宁波经开区均在集成电路领域形成了一条产业链。2022年，杭州经开区以产业功能平台——杭州钱塘芯谷为主导，集聚了以杭州中欣晶圆半导体股份有限公司、杭州士兰集成电路有限公司、杭州拓尔微电子有限公司等为龙头的 96 家集成电路上下游企业，覆盖半导体原材料、设备、IC 设计、晶圆制造、封装测试及终端产品等多个领域，实现产值近 440 亿元，同比增长 12%。

杭州钱塘芯谷是中国最具影响力的高科技企业加速器基地之一，也是中国东部地区最大的硬件加速器基地，成立于 2015 年，总占地面积超过20 万平方米，位于浙江省杭州市余杭区，毗邻乔司地铁站，交通便利。作为钱塘芯谷的大本营，杭州钱塘芯谷具备完善的硬件设施和高素质的创业资源，致力于为硬件类创新企业提供全方位支持，促进其发展壮大。钱塘芯谷的入驻企业来自各行各业，包括智能硬件、物联网、大数据、人工智能等领域。

杭州钱塘芯谷硬件基地是全球迄今为止规模最大、最具实力、最具领导力的硬件基地之一，在国内外具有广泛影响力。其拥有大面积的工作空间，为企业提供丰富的硬件工具、测试设计及开发等支持。此外，硬件基地还配备了专业的加工车间、试验室等设施，满足企业在硬件研发和生产环节的需求。

杭州钱塘芯谷为入驻企业提供全方位的创业支持，包括创业导师、专业培训、投资融资、人才招聘等服务。专业的创业导师团队能够提供从商业模式设计、产品研发、销售推广到资本运作等多方面的深度指导，帮助企业实现快速发展。杭州钱塘芯谷肩负着推动硬件创新的使命，致力于促进创业企业的发展，并为企业提供融资、并购等支持。此外，钱塘芯谷还与国内外多家知名企业建立了合作伙伴关系，为硬件企业提供更多的发展机会和支持。作为人才聚集的中心，杭州钱塘芯谷为企业提供人才招聘服务，帮助企业实现快速招聘和快速迭代需求的人才。拥有丰富的人才资源和广泛的人才交流平台，杭州钱塘芯谷秉承着"人才为本"的理念，为入驻企业提供优质的人才支持，帮助创业企业实现长足的发展。

杭州钱塘芯谷是一个重视硬件领域创新的企业加速器平台，致力于提供全方位的支持和服务，为硬件企业提供更多发展机会和创业支持。在未来的发展中，杭州钱塘芯谷将继续秉承着"聚集人才、推动创新"核心理念，为国内硬件行业的发展和进步贡献力量。

除此以外，杭州经开区在生物医药和汽车领域形成了产业链"链长制"。

在生物医药领域，以杭州医药港为核心平台，聚焦生物制药、医疗器械、生命医学工程、医疗大数据等多个领域。杭州医药港是中国杭州市核心区域内的一项重点项目，是国家级新型工业化基地、国家级高新技术产业示范区和浙江省高新技术示范区。杭州医药港建立于 2018 年，它位于杭州市钱塘区，分为东港、西港两个主要区域，发展目标是成为一个国际化的世界级生物医药产业集聚区。如今，占地 5 平方公里的小镇里，集聚了近 1 500 家生物医药企业，默沙东、雅培等全球十大药企巨头中有七家落户此地。对研发周期动辄 10 年的医药产业来说，建"港"仅 5 年的杭州医药港才算刚刚起步，目前处在行业中部，紧跟上海张江"药谷"、苏州科技园两大头部医药产业园，2022 年杭州医药港生物医药产业营收达500 亿元，占杭州全市医药产值的"半壁江山"。

杭州医药港的产业组成主要包括生物制药、医疗器械、生物技术、医药贸易等产业。其中，生物制药产业是杭州医药港重点打造的产业，包括生物制药原料药、生物制药中间体、生物制药成品药等。据统计，杭州医药港已经引进了众多知名国际企业，并且与全球 100 多家生物制药公司建立了业务关系，实现了与世界生物医药产业的深度融合。

在杭州医药港的发展过程中，政府给予了大力支持。政府部门通过制定优惠政策，提供资金支持、土地资源、税收优惠等多种方式，为企业提供了优良的经营环境，加速了杭州医药港的建设进程。此外，杭州医药港也注重技术创新，将科技创新作为集聚产业发展的核心驱动力，积极推动产学研合作，加强自主知识产权布局。

杭州医药港已经形成了相对完善的产业链，包括生物制药、医疗器械、生物技术服务、医药贸易等产业。其中，医疗器械产业在杭州医药港的发展中占据了重要地位，杭州医疗器械企业以自主创新为核心，发挥自身优势，在糖尿病血糖仪器仪表、假肢与矫形器材、医用超声仪、高清内窥镜、高端手术器械等领域处于技术及市场的领先地位。此外，杭州医药港也注重推动产业升级，通过改善供应链体系，优化企业发展环境，提高研发创新能力，加速生物医药产业转型升级。杭州医药港积极拓展细分市场，在脂肪肝、肿瘤、丙肝、前列腺癌、免疫调节等领域加大研究力度，进一步提升企业技术创新能力。同时，杭州医药港也与流通企业建立合作关系，加速医药贸易优化升级。

杭州医药港以"国际先进、具有示范性"的定位助力生物医药产业发展。未来，杭州医药港将继续秉承"开放、融合、创新、共赢"的发展理念，稳步推进生物医药产业发展，实现高质量发展，建设成为世界级生物医药产业基地。

在汽车产业领域，以杭州前进智造园为核心平台，实现工业总产值约720亿元。杭州是中国重要的汽车产业基地之一，其中涵盖了众多汽车生产和研发企业。主要企业有：① 吉利汽车，中国最大的自主品牌汽车制造商之一，总部位于杭州市经济技术开发区。公司主要生产吉利品牌和沃尔沃品牌的汽车。② 江淮汽车，是一家主要从事乘用车、商用车、特种车辆等汽车产品研发、制造和销售的国有控股上市公司，总部位于安徽合肥。公司在杭州经济技术开发区设有生产基地。③ 北汽集团，中国最大的汽车生产企业之一，总部位于北京。公司在杭州经济技术开发区设有一座工厂，主要生产北汽新能源品牌的电动汽车。以上三家企业均属于中国汽车制造业的龙头企业，规模庞大。其中，吉利汽车在全球范围内的销售额和产量均位居前列，江淮汽车也是中国汽车行业的重要力量之一，北汽集团是中国最大的汽车生产企业之一。这三家企业在汽车制造领域均有着自己的领先技术。例如，吉利汽车在沃尔沃品牌中引入了许多先进的安全技术，江淮汽车在新能源汽车技术方面有所突破，北汽集团则在汽车智能化技术方面取得了一定的成果。以上三家企业的主要产品涵盖了乘用车、商用车、新能源汽车等多个领域。

2022 年，宁波经开区形成以芯港小镇为核心的产业功能平台，芯港小镇是宁波经开区打造的集集成电路设计、制造、封装测试、研发等多种产业链环节于一体的高新技术产业园区。芯港小镇的总规划面积约为 20 平方公里，其中一期规划面积为 5 平方公里，已经建成了具有国际先进水平的生产设备和技术实验室。小镇的核心区域建设了 IC 设计、智能制造、封装测试等产业聚集区，涵盖了龙头企业、中小企业和初创企业等不同层次的企业和机构，形成了一个协同发展、相互促进的集成电路产业生态系统。芯港小镇的产业链完整，涵盖了芯片设计、晶圆制造、封装测试、器件制造等多个环节，同时在人才引进、科技创新等方面也得到了宁波经开区和政府的大力支持。小镇积极推动了产学研一体化的合作，与多所知名高校开展深度合作，促进科研成果转化。芯港小镇集聚了以中芯集成电路（宁波）有限公司、浙江金瑞泓科技股份有限公司、宁波南大光电材料股份有限公司为龙头的集成电路上下游企业，实现产值约 280 亿元。

宁波经开区化工聚氨酯产业链聚集了万华化学（宁波）有限公司等企业，2022 年实现工业总产值 400 亿元。

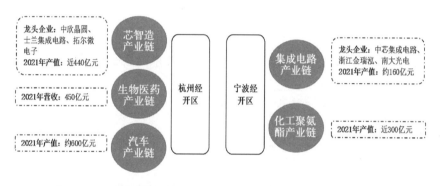

图 2-17 杭州经开区与宁波经开区产业链"链长制"发展情况

由此可见，宁波经开区的两条产业链相比杭州经开区整体工业总产值而言还较小，而杭州经开区三条产业链产业规模更大，产业集聚效应更为明显。不仅如此，杭州经开区集成电路、生物医药和汽车产业作为产业链"链长制"试点，与其主导产业相契合，而宁波经开区在整合后，其产业链"链长制"试点需要与其原有的主导产业进一步融合。

（三）科技创新对比：宁波"排头兵"企业数量更胜一筹

"专精特新"企业是指在高新技术领域内具有自主创新能力，独特技术优势和市场竞争力的企业，具有专利技术、高新技术产品或服务以及技术创新成果，是未来产业链的重要支撑，是强链补链的主力军，是解决"卡脖子"问题的关键力量。

表 2–15 宁波市代表性专精特新企业

企 业	概 况
汉诺威机器人	专业从事智能机器人研发、生产、销售及服务的高科技企业，产品广泛应用于智能物流、智能制造、医疗、家庭服务等领域
诺邦科技	专注于新型燃料电池核心零部件研发、制造和销售的高新技术企业，产品主要包括燃料电池系统、储氢罐等
金鸿顺	专业从事数码印花设备及相关耗材生产、销售和服务的高新技术企业，产品主要包括数码印花机、数码热转印机、数码喷绘机等
飞瑞达智能科技	专注于智能安防、物联网、智慧城市等领域的高新技术企业，产品主要包括智能门禁、智能停车场管理系统等
指南针科技	专注于智能物流和智慧城市领域的高新技术企业
宁波中百集团	以供应链服务为核心的现代化物流企业，主要业务包括仓储物流、国际贸易、电子商务等
宁波三菱电机有限公司	专注于电机、电器设备及自动化控制系统的研发、生产和销售的高科技企业
宁波博瑞医药科技有限公司	专注于研发、生产和销售新型生物制品和创新药物的高科技企业，主要产品包括疫苗、抗体、生物制品等
海康威视	全球领先的安防产品和解决方案提供商，主要产品包括监控摄像机、网络摄像机、视频管理软件等
杭州华立科技	专注于智能网联汽车领域的高科技企业，致力于为汽车行业提供先进的技术和解决方案
恒生电子	专注于计算机外设、网络通信、智能家居等领域的高科技企业，主要产品包括路由器、交换机、智能家居产品等
杭州新松机器人自动化有限公司	专注于工业机器人和自动化设备的研发、生产和销售的高科技企业
杭州嘉量创新科技有限公司	专注于计算机视觉和深度学习技术的高科技企业，主要产品包括智能识别系统、人脸识别系统、智能安防系统等

资料来源：根据有关材料整理。

这些企业都是市重点培育的"专精特新"企业，具有较强的创新能力和竞争力，在推动经济发展和转型升级方面起着重要作用。截至 2022 年 8 月，杭州经开区有国家级"专精特新"小巨人企业 2 家，宁波经开区有国家级"专精特新"小巨人企业30家。根据浙江省经信厅公布的2021年度浙江省"专精特新"中小企业名单可知,杭州经开区有省级"专精特新"中小企业30家,宁波经开区有34家。无论是从国家级还是省级"专精特新"企业来看,宁波经开区均胜杭州经开区一筹,尤其在国家级"专精特新"小巨人企业方面,宁波经开区"排头兵"企业数量优势更明显。

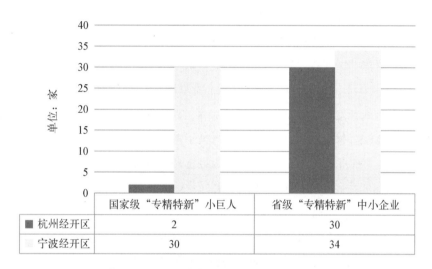

	国家级"专精特新"小巨人	省级"专精特新"中小企业
■ 杭州经开区	2	30
宁波经开区	30	34

图2-18 杭州经开区与宁波经开区"专精特新"企业发展情况

创新是企业发展的根本动力。2021年,杭州经开区新增国家高新技术企业205家,总数突破800家,新增省级企业研究院8家;宁波经开区新增国家高新技术企业68家,总数达到323家,新增省级企业研究院3家。相比宁波经开区,杭州经开区整体企业创新更具活力。同样,从创新成果来看,截至2021年,杭州经开区拥有有效发明专利11 824件,宁波经开区为2 741件,杭州经开区科技创新成果远远高于宁波经开区。

表2-16 杭州经开区与宁波经开区2021年
科技创新成果情况

经开区	国家高新技术企业新增数	国家高新技术企业总数	省级企业研究院新增数	有效发明专利
杭州经开区	205家	>800家	8家	11 824件
宁波经开区	68家	323家	3家	2 741件

资料来源:根据有关材料整理。

由此可见，杭州经开区与宁波经开区经过"区区合一"与整合提升后各具优势——杭州经开区在特色产业发展和科技创新成果方面优势突出，而宁波经开区则在经济体量和龙头企业方面更胜一筹。

三、 经开区"区区合一"历程与现状

（一）"区区合一"发展历程

作为浙江省的国家级经济技术开发区，杭州与宁波经开区近几年一直在不断推进"区区合一"发展模式，并且取得了一定的成效。

2019年4月2日，浙江省人民政府批复设立杭州钱塘新区，包括原杭州经济技术开发区与原大江东产业集聚区，总面积531.7平方公里。2021年3月11日，浙江省人民政府发布《关于调整杭州市部分行政区划的通知》，设立杭州市钱塘区，自此，作为经济功能区的钱塘新区和作为行政区的钱塘区共同存在。杭州经开区实行"一个平台、一个主体、一套班子、多块牌子"的管理体制架构，拥有（杭州经济技术开发、杭州综合保税区、临江高新技术产业开发区、中国浙江自由贸易试验区杭州片区钱塘区块）4块国家级牌子。杭州经济技术开发区聚焦半导体、生命健康、智能汽车及智能装备、航空航天、新材料等五大先进制造业，构建一二三产业高质量融合发展的现代化产业体系。2021年，开发区在国家级经开区综合考评中位列全国第九、全省第一。高端生物医药平台入选浙江省"万亩千亿"新产业平台培育名单，芯智造、生物医药和汽车产业链获评全省开发区产业链"链长制"示范试点。

2002年11月18日，宁波市委、市政府发文，批准宁波经济技术开发区和北仑区合并，实行"一套班子，两块牌子"新的管理体制。2021年5月31日，宁波市人民政府印发《宁波市开发区（园区）整合提升总体方案》，整合设立新的宁波经济技术开发，挂大榭开发区、宁波保税区、北仑港综合保税区、梅山综合保税区、宁波梅山先进制造高新技术产业园区和浙江自贸区宁波片区牌子，总规划面积约615平方公里。宁波经开区与北仑行政区实现深度融合。

在国家战略支持下，杭州宁波积极实施创新驱动和高质量发展战略，加强产业转型升级和科技创新，目前，已形成了以电子信息、生物医药、高端智能装备制造、新材料等四大产业为主导产业的新型工业化集群，规

模较大，综合实力较强。

（二） 双城经开区整合经验、成效与问题

浙江省经开区在推进"区区合一"发展模式方面，积累了一定的经验。首先，不断完善行政体制机制，构建了具有较强行政管理、市场开拓和社会服务功能的综合服务平台。其次，着力提升技术创新能力，建立了产业技术创新中心和各类研发机构，推动了产学研合作、技术转移等。同时，注重人才引进和培养，建立了一系列人才引进政策和人才培养机制，为产业发展提供了人才保障。此外，还积极推进绿色发展，推动企业环保治理，促进资源节约和循环利用，为实现可持续发展作出了积极贡献。

如今，杭州经开区与宁波经开区通过"区区合一"与整合提升的方式已经进入了新发展阶段。一是从"区区合一"来看，杭州经开区与钱塘区深度融合，宁波经开区与北仑区深度融合，随着当前经开区政策优势逐渐减弱、改革红利释放殆尽，开发区进入转折期，需要整合资源以实现转型升级。杭州经开区与宁波经开区均选择了与行政区融合发展，实现开发区"二次创业"，以完成开发区体制机制再度创新和功能开发。在这一过程中，两个经开区虽然都实行了"一套班子、多块牌子"的管理模式，但仍需将经济管理职能和社会管理职能适当分离，由此更高效地发挥经开区的经济发展功能。二是从区域整合来看，杭州经开区整合了高新区、保税区、自贸区，宁波经开区整合了经开区和保税区，但这不单单是产业规模和经济体量的简单相加。对于经开区来说，发展空间扩大更加有利于统一规划布局、资源进一步整合、产业统筹布局以及深入进行开发区产业结构调整和转型升级。通过这些方式，经开区最终形成"1+1>2"的产业格局，并得以带动行政区整体的发展。

浙江省经开区在推进"区区合一"发展模式过程中，也存在一些问题。一是产业结构还不够优化，依然存在一些传统产业和重污染产业。二是创新体系还需要进一步完善，加强企业和研发机构之间的合作，提升科技成果转化率。三是在推动绿色发展方面还需要进一步加强，加大环保治理力度，减少对环境的污染，发展低碳经济。

四、 新形势下经开区发展机遇和挑战研判

（一） 长三角一体化背景下双城经开区的发展目标

长三角一体化是中国的国家级战略，旨在促进长三角地区的经济协同发展。作为长三角地区的核心经济区域之一，浙江省经开区也积极推进一体化发展，并制定了相应的发展目标，主要包括以下几个方面。

（1） 实现经济高质量发展。浙江省经开区将积极推进转型升级，加快实现从传统制造业向智能制造、高端装备制造等高质量产业的转型升级，以提高经济发展的质量和效益。整治低效工业用地，以国土空间规划为引领，聚焦批而未供、供而未用、用而未尽等问题，大力推进低效工业用地连片整治和盘活利用，改造开发低效工业用地。提高制造业质量水平，深入开展质量提升行动，滚动实施制造业百个特色产业质量提升项目，实施重点产品质量阶梯攀升工程，推动重点消费品、重要工业品、重大技术装备质量迈向高端。

（2） 建设现代化产业体系。浙江省经开区将着力打造具有国际竞争力的产业集群，积极引进先进的技术、管理经验和人才，推动传统产业向高端化、智能化、绿色化转型。加快开发区（园区）有机更新和扩容利用，推动工业设备上楼，提高容积率。放大"专精特新"企业队伍优势，实施优质中小企业梯度培育工程，培育一批产业集群"配套专家"企业。深化"链长+链主+专精特新"协同，构建链群协同机制，动态培育"链主"企业，加强重点产业链跟踪研究，强化供应链安全评估、断链断供风险摸排和供应链备份对接，提升产业链、供应链韧性和安全水平。开展服务型制造，引领带动个性化定制、共享制造、供应链管理等服务型制造新业态、新模式发展。

（3） 推进城市化进程。浙江省经开区将积极推进城市化进程，加快建设智慧城市，提升城市的品质和服务水平。营造最优营商环境，大力实施营商环境优化提升，落实市场准入负面清单管理。优化投资和建设项目审批服务，推动降低市场主体准入成本。推动涉企高频事项"一件事"集成化办理、线上线下"一网通办"和惠企政策直达快享。优化投资和建设项目审批服务，建立健全营商环境"无感监测"闭环机制，打造服务管理融合的数字营商环境，探索精准服务中小微企业模式。

在经开区的发展中，杭州和宁波作为两个重要的城市也在竞争与合作中寻求自身的发展。杭州经开区以其丰富的人才资源和创新创业环境为优势，重点发展高新技术产业、现代服务业和文化创意产业。宁波经开区以其重要的港口资源和物流优势为基础，重点发展物流、航运、海洋经济和制造业等产业。同时，双城经开区也在积极推进合作，共同打造长三角地区的产业链和价值链，推动长三角地区的一体化发展。长三角一体化战略为浙江省经开区的发展提供了巨大的机遇和挑战，杭州和宁波经开区应该以合作为主，竞争为辅，共同推动经济高质量发展，实现共赢。

（二） 双城经开区要走高质量发展道路，提高亩均产值

浙江省工业用地亩均论英雄是指工业用地上单位面积的工业总产值，也叫做"亩产值"。该指标是评估一个地区或企业的工业发展水平的重要指标之一。近年来，浙江省工业用地亩均论英雄指标的表现较为突出。据浙江省统计局数据显示，2021 年，浙江省规模以上工业企业工业用地亩均产值为 1 885.5 万元，同比增长 8.1%。其中，杭州市工业用地亩均产值达到了 2 880 万元，位列全省第一。温州市和宁波市的工业用地亩均产值也分别达到了 2 526 万元和 2 436 万元，位列全省前三。

浙江省工业用地亩均论英雄的较好表现，主要得益于该省长期以来积极推进产业转型升级、推动工业经济发展的政策措施，以及企业自身的创新和提高生产效率的努力。全省"亩均效益"考核覆盖企业，将从用地规模 5 亩以上，扩展到 3 亩以上，有条件的地区，实行对所有工业企业全覆盖的考核。通过考核，不仅要优选优育好企业，还制定了淘汰机制，从工业向服务业、特色小镇、经济开发区、小微企业园区拓展规模。同时，浙江省还大力推进智能制造和绿色制造等领域的发展，加快推进工业化与信息化深度融合，提高工业的质量和效益。总体来说，浙江省工业用地亩均论英雄的表现比较突出，反映了该省工业经济的快速发展和转型升级的良好势头。

在杭州经开区和宁波经开区整合的过程中，区内创新资源和创新平台增多，一是需要促进原不同区域的融合发展，形成交错相融且优势互补的创新体系；二是需要统筹布局创新资源，以先发地区带动目前发展相对缓慢的地区。对杭州经开区而言，需要以原杭州经开区块带动原大江东产业集聚区，利用原杭州经开区丰富的高等院校、创新平台、科技园等科技创

新资源，推动原大江东产业集聚区的高速发展。对于宁波经开区而言，由于整合的均是发展较成熟的园区，各园区均已形成相对较完善的创新体系，因此需要打破界限，整合创新资源，形成一体化科技创新管理体制机制，带来有效科技创新合力。

经开区最重要的职能就是发展经济，经开区要走向高质量发展，不断提升亩均产值。在当下开发区进入存量发展的时代，由于杭州经开区与宁波经开区均是与行政区深度融合发展，管理主体在履行经济管理职能时尤其要注重发展质量，引进高产值企业，留住高质量企业。推动重大科技成果转化，加强产业链与创新链融合发展，构建"基础研究+技术攻关+成果产业化+科技金融"全过程集群创新生态链，加快提升全要素生产率。

（三） 大力发展数字经济，赋能产业园区提升能级

数字经济是当前经济发展的重要趋势之一，通过数字技术和数字化服务，促进产业的创新、升级和转型，提升产业效率和竞争力。数字经济也可以为产业园区的发展提供新的动力和机遇，从而提升园区的能级。数字经济赋能产业园区发展有以下几种主要方式。

（1） 智慧化升级。数字经济技术可应用于产业园区的管理、运营和服务方面，如物联网、云计算、大数据等技术，可以实现智慧化的园区管理和服务，提高产业园区的效率和品质。

（2） 创新孵化。数字经济为产业园区提供了一个更加便捷、高效和全面的创新平台，可以为园区内企业提供更多的创新资源和支持，从而促进新产品、新技术、新业态的产生和发展。

（3） 产业融合。数字经济可以促进不同产业之间的融合和协同，提高资源的利用效率，增强园区产业的综合实力和竞争力。

（4） 人才培养。数字经济为产业园区培养和吸引人才提供了更多的机遇和资源，园区可以通过数字化的教育、培训和人才引进机制，培养更多的数字人才和高技能人才，从而提升园区的创新和竞争力。

（5） 园区品牌。数字经济的发展可以提升园区的知名度和品牌价值，吸引更多的企业和资源进驻园区，从而进一步提升园区的能级和影响力。

数字经济可以为产业园区的发展提供多方面的支持和推动，通过数字化转型和创新，提高园区的品质和竞争力，从而为园区的可持续发展注入新的活力和动力。

近几年杭州大力实施产业数字化转型，钱塘区通过政府买单开展数字诊断，组建"未来工厂"建设服务联盟，整合数字化改造人才、智力、金融力量，2021 年共完成 35 家规上工业企业数字化诊断，并提出全流程、全环节数字化改造方案，带动认定省级"智能工厂"（"数字化车间"）3 家，带动入选杭州市"未来工厂"体系培育企业 42 家，推动企业产能扩大和效益提升。如列入浙江省"未来工厂"培育名单的浙江传化化学品有限公司，投入 3 600 万元实施智能化改造后，带动 2021 年产值达到 14 亿元，同比增长 45%；亩均税收达到 121 万元，同比增长 4 倍。在杭州经开区，杭州钱塘新区管理委员会出资设立杭州钱塘新区产业发展集团有限公司，杭州钱塘新区产业发展集团有限公司投资设立杭州和达高科技发展集团有限公司，针对区内的科技创新，构建了从创业苗圃、项目孵化器、产业加速器到产业化基地的产业生态链及创新创业服务体系，为区内企业的创新创业提供了一条龙服务。而宁波经开区的开发公司——宁波经济技术开发区控股有限公司，旗下的企业涉及领域为园区开发、水务、园林工程等，尚未有明显提供数字化专业服务的公司，在数字经济领域相较杭州经开区略有欠缺。

在后续的发展中，两大经开区需要加大培育专业数字服务商或引入第三方专业数字科技公司的力度，加快细分行业"产业大脑"建设应用，支持特色产业集群参与细分行业"产业大脑"建设，鼓励细分行业"产业大脑"优先服务产业集群内企业数字化改造。加快产业数据价值化，推广应用"产业大脑"能力中心，强化中小企业数字化改造能力支撑。推进企业数字化转型，深化产业集群（区域）新智造试点，梯次培育"数字化车间—智能工厂—未来工厂"，推进数字工厂培育建设，加快实现规上工业企业数字化改造全覆盖。推进重点细分行业中小企业数字化改造全覆盖，打造数字化改造县域样本。加快发展工业互联网，推动基础性平台、行业级和区域级平台、企业紧密互补合作，实现 100 亿元以上产业集群工业互联网平台全覆盖。

在经开区整合提升的过程中，以数字经济促进园区整合，提升园区能级，继而实现经开区高质量发展。

（执笔：上海社会科学院智库研究中心张迅涤）

长三角产业园区治理的实践探索

一、 我国产业园区治理现状的基本研判

（一） 产业园区是产业政策落实的载体

党的十八大以来，以习近平同志为核心的党中央高度重视产业园区的发展。《国务院关于促进开发区改革和创新发展的若干意见》《国务院办公厅关于推进国家级经济技术开发区创新提升打造改革开放新高地的意见》等一系列政策文件，为产业园区高质量发展提供了重要的政策保障。长三角产业园区作为区域经济发展的重要载体，充分发挥了产业园区在优化区域创新创业环境、推动产业转型升级、带动区域经济发展、加快新型城镇化进程等方面的重要作用，在促进产业集聚、提升经济实力、培育新兴产业、推动科技创新以及提高城市竞争力等方面取得了显著成效，为长三角一体化高质量发展奠定了坚实基础。

产业园区是国家产业政策落实和技术转移的重要载体，也是区域经济转型升级的主要策源地，是城市化过程中地方政府的政策试验田、资源聚集地、产业创新域、产城融合区，加强产业园区治理，已经成为区域经济高质量发展的重要路径。

（二） 产业园区发展过程中存在的问题

通过调研发现，伴随着产业园区的蓬勃发展，存在的问题也不容忽视，其中园区治理中的共性问题，主要表现在以下几个方面。

1. 产业定位不准确

当前，园区在产业定位上缺乏长远考虑，对区域资源要素、市场环境

和产业发展趋势等没有深入研究，缺乏对自身资源条件和区位优势的准确定位。部分园区的产业定位多是基于外部市场需求等因素的被动选择，园区企业数量虽多，但真正具备核心竞争力的企业并不多。园区内产业同构化现象严重，企业间关联度较低。

2. 主体责任不清晰

园区作为新型城镇化和产业发展的重要载体，必须明确其主体责任，真正落实产业发展、社会服务、基础设施建设等多方面的统筹协调，这是园区健康可持续发展的基本前提。但由于当前部分园区在规划设计、建设管理、土地使用、招商引资等方面存在明显不足，导致产业园区从规划到建设再到运营都存在缺位，对园区内企业和员工缺乏有效的监管机制，在一定程度上造成了园区发展"重建设、轻管理"的现象。

3. 园区经营能力弱

园区运营普遍存在"重建设、轻运营"的现象。建设往往是硬件设施、环境配套等方面，而园区运营则是重硬件、轻软件，重招商、轻服务，重企业引进、轻企业培育，园区招商与园区服务脱节现象严重。政府职能部门的积极性不高，没有形成合力。企业参与程度低，对园区建设的参与度不高。产业园区内产业项目多为中小企业，投资规模小、风险大、盈利能力弱，很难吸引大企业入驻。大多数园区缺乏统一的管理机构和运营团队。

4. 争端解决周期长

由于产业园区具有投资规模大、企业数量多、产业关联度高的特点，在开发建设过程中会出现各种矛盾纠纷。由于政府主导的产业园区项目属于公益事业，一般不允许民营资本参与，因此民营企业与政府在开发建设过程中容易产生纠纷。在纠纷解决过程中，由于各种原因，容易引起纠纷升级或激化。另一方面，由于政府主导的产业园区项目往往会采取"先开发后招商"的模式，这种先开发后招商模式容易造成"投资不落地"的现象。同时，产业园区管理机构与企业之间的纠纷往往会涉及产业园区土地、税收等问题，处理不好，可能导致整个园区的运营受阻。在产业园区的土地纠纷中，往往涉及土地性质变更、容积率调整等问题。当前，各地园区都在积极推进"三旧"改造，但由于一些园区缺乏合理有效的改造机制，导致产业用地矛盾突出。此外，一些地方政府与企业之间存在着一定的信息不对称问题。由于一些政府相关部门掌握着企业的一些资料信息，但企业对于政府信息却掌握较少或并不完全清楚，这就导致了双方之间的信息不对称问题。在园区建设和运营过程中，由于对政策、法规等方面认识不一致，容易引发园区内企业与政府之间的纠纷。

5. 评价指标不科学

我国对产业园区的评价指标，多以企业数量、产值、税收等单一指标为主，而对其经济效益、生态环境的关注不够。园区经济发展的单一性，必然会带来产业园区治理结构和治理方式的单一化，导致园区经济发展与生态环境保护之间的矛盾。同时，政府对产业园区建设和运行管理过程中投入产出的评价指标也不够科学、合理。对于政府投入产出指标来说，由于各产业园区规划建设情况不同，各自具有不同的产业特点、发展模式和发展潜力，难以简单地进行量化比较。这就导致政府在对园区经济发展状况进行评价时，往往难以根据产业园区实际情况进行针对性评价。

6. 资源配置不合理

由于受到行政体制的影响，长三角地区产业园区的规划和布局都是按照行政区来进行的，缺乏从区域经济发展的全局出发，考虑区域一体化的布局和功能定位，导致产业园区之间产业分工协作不到位、配套设施不完善等问题。比如，一些开发区由于产业定位趋同，导致恶性竞争；一些园区虽然在一定程度上实现了要素聚集，但并未与周边区域形成紧密联系，难以形成协同创新的"生态系统"。

7. 开放合作不充分

长三角地区产业园区之间缺少有效的互动合作机制，产业分工协作还有待进一步深化。比如，在招商引资方面，长三角地区之间缺乏联动合作机制，特别是缺少产业联动的有效机制和政策措施；在园区间合作方面，长三角地区各开发区之间、各城市之间缺少产业协同与发展协作机制等。

8. 服务体系不健全

长三角地区各开发区在促进区域经济发展方面发挥了积极作用，但相较于发达国家的产业园区，长三角地区产业园区在人才、资金、信息等方面还存在着服务体系不健全的问题，基础设施建设还不够完善，对人才、资金、信息等要素的吸引力和承载力不足。比如，在人才方面，长三角地区产业园区普遍存在着高层次人才紧缺的问题；在资金方面，长三角地区产业园区普遍存在融资难、融资贵等问题；在信息方面，长三角地区产业园区普遍存在着信息化建设滞后的问题。又比如，在基础设施方面，长三角地区产业园区普遍存在着水、电、气等基础设施配套不到位的问题；在服务体系方面，长三角地区产业园区普遍存在着服务意识不强、服务态度不好等问题。园区对企业提供优质高效的服务水平还有待提升。

（三） 长三角产业园区治理升级面临的形势

一方面，长三角地区产业园区既面临着新一轮发展的机遇，也面临着新的挑战；另一方面，长三角产业园区也面临着升级的机会，尤其是产业园区在发展模式上需要从"以地招商"向"以企招商"转变，从"招商引资"向"招商选资"转变。从现实情况看，长三角产业园区治理面临着一系列新问题，例如：如何协调好区域内的行政区划与园区管理之间的关系？如何克服和化解行政区划对园区管理带来的不利影响？如何协调好行政区内政府、管委会和企业之间的关系？如何突破行政区划的限制，打破行政壁垒，实现资源共享？等等。因此，在长三角区域一体化发展的大背景下，打造跨区域"大联动""大循环""大招商"和"大服务"四大体系是长三角产业园区治理升级的必然要求。

（四） 产业园区治理的关键环节

当前，长三角产业园区治理已经形成了一套相对完善的体系，但是从现实情况来看，长三角地区的产业园区还存在着不少问题。比如，缺乏跨区域联动的协同机制；产业园区内要素流动不畅；科技创新人才缺乏；社会服务和公共管理不到位等。因此，要进一步提升长三角产业园区治理水平，就必须在以下几个关键环节上下功夫。

一是要推动跨区域联动协同发展。要进一步破除行政区域壁垒和行政壁垒，推进区域内行政管理体制、机制和政策等方面的一体化建设，打破行政区划限制和行政壁垒。推动园区内的要素流动和优化配置，实现资源共享、优势互补。

二是要建设多元化的产业创新平台。要围绕产业链部署创新链，以产业集群为主要形式，聚焦新一代信息技术、人工智能、生物医药、集成电路、高端装备等新兴产业，探索建立产学研深度融合的新型研发机构，增强产业核心竞争力。

二、 产业园区投资建设治理方案

（一） 产业定位与政策制定

目前，长三角产业园区多以行政区划分，尚未形成统一的产业发展定位，部分园区尚未形成自身的主导产业，发展的同质化问题比较突出。如上海临港新片区规划产业定位为：以集成电路、人工智能、生物医药、航空航天、新材料等为重点，打造具有国际影响力的科技创新中心。而浙江绍兴经济技术开发区在规划产业定位时，提出了"一区四园"的战略布局，即发展以机械装备制造为核心的高端制造业，以集成电路及新一代信息技术为核心的战略性新兴产业，以通用航空和智能网联汽车为核心的现代服务业，以现代农业和现代物流为核心的现代农业。

此外，长三角部分园区的产业政策不够完善，如一些园区缺乏对自身产业发展方向与定位的把握，在招商引资方面往往注重单个企业或项目，忽视整个产业链生态圈构建。如在招商引资方面，一些园区政策制定缺乏前瞻性，未能从区域经济发展需求和国际国内发展趋势出发进行前瞻性思考。还有一些园区政策制定滞后于市场需求变化，没有及时根据市场需求进行动态调整。部分园区对高端人才政策缺乏吸引力。

（二） 空间规划与土地利用

当前，长三角地区产业园区在规划建设方面，普遍存在规划与实际不一致、产业定位不清晰、发展方向不明确、配套设施不完善等问题，影响了产业园区的集聚效应和整体功能发挥。

一是在空间规划方面，由于缺乏统一规划和统一标准，部分园区未能形成科学合理的产业空间布局。同时，一些园区在开发建设时，过分强调产业集聚、功能分区、产城融合等理念，导致各园区空间规划与实际不符。

二是在土地利用方面，由于缺乏统一规划和统筹协调，部分园区存在不同类型土地混合使用、建设用地与农业用地重叠等问题。同时，一些园区的土地利用粗放低效、开发强度偏低，无法满足入园企业发展的需求。

三是在政策保障方面，由于缺乏有效的联动机制和实施细则，导致一些园区难以充分享受到国家和地方层面出台的有关产业发展、生态保护、科技创新等方面的优惠政策。同时，由于部分园区对引进项目准入门槛较低，导致部分低质项目重复引进以及项目落地难、落地慢等问题。

四是在土地流转方面，由于缺乏完善的土地流转机制和高效的流转服务体系，导致土地流转周期长、效率低、成本高等问题。

五是在资源配套方面，由于缺乏有效的资金扶持机制和资源保障体系等配套措施，导致部分产业园区配套服务水平不高。同时，由于产业园区建设初期投入较大，部分园区缺乏相应的投融资平台和金融机构等配套服务设施。

（三） 投资主体多元化与社会资本利用

政府作为产业园区的主要投资人，要不断加强自身能力建设，提升产业园区管理水平，吸引更多的社会资本参与投资建设和运营。

一是要建立健全 PPP 项目管理体系。PPP 模式是一种通过政府与社会资本合作的方式实现公共基础设施及公共服务供给的制度安排和融资模式，是解决政府与社会资本合作项目中各方权责利不清、合作机制不健全等问题的重要手段。目前，我国 PPP 项目在实践中仍面临法律法规不健全、物有所值评价机制和财政承受能力论证机制缺失、缺乏完善的监管体系、项目社会资本缺乏有效监督等问题，未来应探索建立以法律法规为依据，以政府绩效评估为基础，以规范操作、科学决策为原则的 PPP 项目管理体系。

二是要进一步规范产业园区土地出让行为。《国务院办公厅关于推进国家级经济技术开发区创新提升打造改革开放新高地的意见》（国办发〔2020〕40 号）要求"坚持经济发展与城市建设相协调、产业园区与城市功能相匹配"。产业园区用地是城市建设的重要载体，因此必须科学合理地规划和分配产业园区用地。在土地出让环节，应遵循"以产业用地为主"的原则，引导产业用地合理布局，防止出现因盲目招商引资而导致"重商轻产"现象；要推动土地出让方式多样化，积极推行工业用地弹性出让、长期租赁、先租后让和租让结合等多种工业用地供应方式；要根据国家及地方产业政策以及土地市场发展状况，对工业用地的出让年限和起始价格进行动态调整，发挥市场配置资源的决定性作用；要根据不同城市的经济社会发展水平、产业发展定位、人口规模等实际情况合理确定工业用地出让价格。

（四）园区建设施工

在园区建设施工过程中，长三角地区普遍存在着建设标准不统一、工程建设进度不一致、质量安全管理不到位等问题。这些问题一方面会降低园区整体开发建设的效率，另一方面会对园区的后期运营管理带来影响。长三角地区应建立健全产业园区工程建设进度跟踪监测机制，加强对各地区园区工程建设进度的跟踪监测和协调管理，确保各地区园区工程建设有序推进。具体而言，长三角地区应在以下三个方面作出努力。

一是建立健全产业园区工程建设进度跟踪监测机制。建立健全产业园区开发建设进度跟踪监测机制，要求各地区产业园区开发建设项目完工后要及时提交工程竣工验收申请并接受验收。各地区应结合自身产业发展实际情况，合理制定并下达各产业园区的年度开发建设计划及投资目标，并严格按照计划和投资目标进行项目施工；要求各地区产业园区开发建设项目完工后必须及时提交竣工验收申请并接受验收；对未按期、按规定提交竣工验收申请的项目，严禁开展下一年度的开发建设工作。

具体而言有两个方面的内容。其一，要建立健全产业园区工程建设进度跟踪监测制度。长三角地区应结合自身实际情况，制定并下达各产业园区的年度开发建设计划及投资目标，并严格按照计划和投资目标进行项目施工；同时，要求各地区产业园区开发建设项目完工后必须及时提交竣工验收申请并接受验收；对未按期、按规定提交竣工验收申请的项目，严禁开展下一年度的开发建设工作。其二，要建立健全产业园区工程建设进度跟踪监测制度，充分利用信息化技术手段对各地区园区工程建设进度进行跟踪监测。主要包括：① 建立产业园区工程建设进度实时动态数据库，包括各地区产业园区开发建设项目名称、项目编号、开工时间、竣工时间等信息；② 利用信息化手段对各地区产业园区开发建设项目进行全面动态跟踪监测，及时掌握各地区产业园区开发建设项目的进度情况；③ 通过信息化手段对各地区产业园区开发建设项目进行动态分析，及时了解各地区产业园区开发建设项目的投资完成情况、完工情况以及完工时间等信息。

同时，加强对各地区园区工程建设质量安全管理。长三角地区应建立健全产业园区工程质量安全管理制度，对各地区园区开发建设过程中的工程质量安全进行监管和管理。具体而言包括：① 加强对各地区产业园区开发建设过程中的工程质量的安全监管，确保各地区园区开发建设过程中的工程质量安全；②加强对各地区产业园区的安全管理。

（五）　园区房产交易与权利流转

从长三角产业园区治理实践看，由于现行的房地产市场价格形成机制没有打破，区域内的房地产市场分割，导致了产业园区的房产交易和权利流转问题。在地方政府主导下，土地开发和项目建设都按照统一标准进行，产业园区房产交易和权利流转主要体现在房产交易和产权登记两个环节。从调研情况看，产业园区的房产交易主要有三种形式：一是在土地出让时就将房产分割转让；二是在土地出让后，将房产整体转让；三是先卖后买，即先将房产卖给政府或其他单位，再由这些单位统一购买。

而在实际工作中，由于一些地方政府对房地产市场的影响较大，甚至可以左右土地出让价格、土地招拍挂条件和配套设施建设标准等，因此一些园区房产交易和权利流转就可能出现行政干预、寻租腐败等问题。建议尽快打破房地产市场分割与价格形成机制的障碍，推进产业园区房产交易和权利流转改革创新，促进区域产业一体化发展。

积极培育房地产市场主体。一是健全产业园区市场化运营机制。要进一步完善产业园区管理体制，明确产业园区管理机构的独立法人地位，建立市场化运作机制，通过市场竞争吸引社会资本进入，推动产业园区运营服务机构专业化、规模化、品牌化发展。二是加快建立政府引导的多主体投资建设模式。通过对财政资金、国有企业投资、民间资本投资和招商引资等多种渠道，吸引社会资本参与产业园区开发建设。要明确产业园区管理机构与房地产开发企业的权利义务，促进房地产市场健康发展。

创新土地开发与房屋销售模式。一是推动土地出让价格市场化形成机制改革。在坚持政府主导的基础上，改变现有土地出让价格完全由政府定价的做法，建立健全以市场为主的价格形成机制，促进房地产市场健康发展。二是推动土地出让方式改革创新。探索通过招标、拍卖、挂牌等方式公开出让经营性用地使用权，促进土地资源合理配置，提高土地利用效率和效益。推进房屋销售市场化改革，将商品房预售制度改革为现房销售制度，促进存量商品房顺利消化。

探索建立产业园区开发建设投融资体制。一是推行"政府引导、社会资本参与、市场运作"的开发建设模式，建立健全多元化、多层次的产业园区开发建设投融资体制，支持园区开发企业通过发行债券和股权融资等方式扩大直接融资渠道；二是探索建立多元化、多渠道的园区投资建设投融资体制。

三、 产业园区招商运营治理方案

（一） 产业准入政策与企业入驻

产业准入政策与企业入驻是产业园区治理的重要环节，主要包括对入园企业的规模、性质、行业和产品等进行全面审查。首先，对于产业准入政策要进行全面审查，应明确入园企业的行业标准和要求，并针对不同行业制定有针对性的产业准入政策。其次，在园区建设初期，要做好产业规划和产业发展目标的制定工作。园区应根据自身发展定位、行业特点、区域资源等进行规划和调整，为后续的招商引资提供空间。最后，要重视园区信息系统建设和招商部门管理能力建设。在招商过程中，要注重培养专业化人才队伍，提高园区整体运作效率；同时加强与高校和科研机构的合作，加快形成专业化人才队伍。在园区招商过程中，要根据当地产业基础、人才基础和资源优势，明确产业链发展方向，着力引进产业链关键环节的项目。要在现有园区的基础上，将相关项目引入到园区，促进产业集聚发展。

对企业入驻的审查，主要是对入园企业的资质、规模、行业、产品等进行审查。园区应根据自身实际情况和产业规划要求，对入园企业提出相关资质和规模要求；同时，园区也可以与已入驻企业合作，由其进行企业资质和规模的审查工作。

对于入驻园区的企业来说，应重点关注以下几点：一是要重视市场需求。一个好的产业发展规划应该能够得到市场的认可，这样才能确保产业发展能够紧跟市场需求变化。二是要重视研发创新。产业园区是一个集聚生产要素的载体，只有拥有充足的科技创新能力才能吸引到优质企业和高科技人才。三是要重视技术转化。对于园区内企业来说，研发成果转化是一个非常重要的环节。为此，园区应该搭建一批具有孵化功能的科技创新服务平台和研发机构，以促进科技成果向现实生产力转化。

在对入园企业进行审查时，要重点关注以下几点：一是要确保园区内企业符合产业定位要求；二是要对入园企业提供完善的公共服务；三是要重视人才引进和培养工作。

在产业园区治理中，知识产权保护是一项重要内容，主要包括：一是要确保入园企业在产品研发、设计、制造过程中拥有足够的知识产权保护意识；二是要构建知识产权管理体系和机制；三是要制定有效的知识产权管理制度。同时，要高度重视园区内企业的知识产权保护工作。园区内企业在进行产品研发、设计等活动时需要进行大量的知识产权申请。比如在长三角地区，已有上海张江、苏州工业园等园区建立了知识产权保护机制和体系，制定了专门的知识产权管理办法，并出台了多项相关政策。此外，对于新设立的产业园区，政府应尽快制定相关管理办法，对园区的建设和发展提出明确要求。

在对入园企业进行审查时，政府还应该特别注意以下几点。

一是要严格遵守国家相关法律法规和政策要求。长三角地区很多产业园区都制定了相应的产业发展规划和相关政策，因此园区在招商引资过程中要严格遵守国家法律法规和政策要求，防止出现违反国家法律法规或政策要求的行为。

二是要保证入园企业的合法性。产业园区治理过程中，需要严格审查入园企业是否符合国家相关法律法规和政策要求。这就需要园区建立完备的入园企业审查制度，严格按照相关标准和要求对入园企业进行审查。

三是要确保入园企业符合产业定位。产业园区要根据当地实际情况和产业发展方向，确定合适的产业定位，从而为后续招商引资提供空间。

四是要为入园企业提供优质服务。产业园区在招商引资过程中应该加强与入园企业的沟通交流，了解其发展需求；同时也要加强与入园企业的合作，为其提供优质服务，促进入园企业快速成长。

在长三角地区的产业园区治理过程中，除了需要审查上述内容外，还应该重点关注以下两个方面：一是要关注企业入驻后的运营服务情况。目前大多数产业园区在运营过程中都建立了完善的服务体系，但这还不够。要进一步完善相关服务体系建设和管理工作，以确保产业园区能够为入驻企业提供更加优质的服务。二是要加强对入驻企业的管理。对于入驻企业来说，只有建立良好的运营机制才能确保其健康成长和长期发展。

（二）税收优惠政策实施

税收优惠政策是指国家对某些企业和个人在一定时期内减征或免征其应纳的各种税，主要包括税收减免、退税等。它是政府为鼓励某些企业和个人的发展而给予的一种经济鼓励措施，属于一种非强制性的行政措施。从促进产业园区发展的角度出发，产业园区可实施的税收优惠政策包括：

（1）鼓励高新技术企业发展。对国家重点支持的高新技术企业减按15%税率征收企业所得税；对符合条件的小型微利企业，减按20%的税率征收企业所得税。

（2）鼓励企业加大研发投入。对企业新购进的设备、器具，单位价值不超过500万元的，允许一次性计入当期成本费用在计算应纳税所得额时扣除，不再分年度计算折旧。

（3）鼓励增加就业。对符合条件的就业人员取得个体工商户个人所得税经营所得，实行按年计税。

（4）鼓励园区内企业兼并重组。对符合条件的产业园区内企业实施兼并重组，对其合并、分立、出售、置换取得的资产，以及通过增资、股权转让、技术入股等方式取得的资产，免征契税。

（5）鼓励房地产开发和销售。对房地产开发和销售行为实行差别税率和优惠政策，即按缴纳契税额一定比例给予奖励或补助。

（6）鼓励社会投资。对符合条件的社会投资项目可按规定享受免征、减征企业所得税。

（三） 园区招商机制优化

长三角地区产业园区的招商引资工作取得了一定成绩，但仍存在一些问题：一是招商力量薄弱，专业化水平不高；二是招商引资方式单一，市场化水平较低；三是考核机制不完善，激励作用不明显。为此，提出以下建议。

一要转变招商理念。坚持以产业规划为引领，明确产业定位，打造产业集群，将招商引资与培育本地经济、服务区域发展相结合，形成产业发展、招商引资、城市建设"三位一体"的工作格局。

二要明确招商职责。建立园区领导小组统筹协调机制，完善园区招商工作机制和流程；建立招商部门与各部门的联动机制和招商引资项目推进机制；建立招商引资激励机制和考核评价机制。

三要构建专业化团队。制定招商专业人才培养计划，加大招商人才的引进和培养力度；设立专业招商机构，从各行业部门抽调专业人员组建专业团队开展精准招商。

四要创新招商方式。充分利用"互联网+"和大数据平台，建立科学的招商引资数据库，为精准招商提供支持；鼓励园区企业通过股权投资、战略合作、资本运作等方式参与园区项目建设；引进国内外先进的产业集群经验，创新园区招商模式。

五要完善考核机制。将招商引资工作纳入园区年度综合考核范围，明确指标任务和工作要求；建立健全招商引资评价机制和激励约束机制，提高招商引资工作积极性；建立完善招商引资激励制度和考核评价制度。

（四）园区企业服务制度

为深入贯彻落实中央"六稳"和"六保"要求，发挥园区产业集聚、人才聚集、创新活跃的优势，促进企业复工复产，各地园区积极发挥自身优势，不断探索创新服务模式，为企业发展提供了有效支撑。

上海市浦东新区建立了"一企一策"服务机制。针对重点企业、重点项目，建立"一企一策"服务机制，协调解决企业用工、用地、资金等问题；建立重点项目协调机制，将重点项目的推进纳入区领导联系重大项目台账管理，定期召开项目协调会议；建立重点企业复工复产情况调度机制，及时了解企业复工复产情况；建立外资企业复工复产情况调度机制，对区内外资企业复工复产情况进行实时调度；建立外资企业复工复产情况调度机制，及时掌握外资企业复工复产情况。

对重点项目进行一对一精准服务，开展"三服务"活动。根据项目不同发展阶段的需求提供精准化、定制化服务，实行"一企一策"的办法，帮助企业解决问题；开展"一对一"联系服务企业活动。成立园区经济服务处等机构和专门小组，对全区所有工业企业进行全覆盖走访调研，做到"一企不漏"；开展"一对一"专项服务活动。通过召开座谈会、走访调研等形式，听取企业发展需求和意见建议，并协调有关部门帮助解决问题。

四、产业园区治理的创新实践

（一）从重建设到重运营的理念转变

地方政府（开发区）的角色不能只是简单地做一个"二传手"，要把自己变成产业发展的参与者和推动者。现在，很多地方政府（开发区）都在转变这种思维，从"重建设会运营"向"重运营会建设"转变。从"重建设"转向"重运营"，是地方政府（开发区）积极主动参与到产业园区的规划、设计、开发、建设、管理、服务等各个环节，建立起产业园区的长效运营机制。要根据园区的实际情况和未来发展方向，量身定制一个科学合理的规划，确保园区产业发展与城市功能建设相协调。要引进专业化的管理团队，做好园区招商、土地开发等工作。要用产业园区的思维来经营城市，探索建立科学的管理体制和运行机制。要建立起长效的园区运营机制，实现产业园区的可持续发展。

从"重建设"转向"重运营"，是地方政府（开发区）在投资、建设、管理、运营等方面的理念，更加重视服务功能的提升，更加重视园区治理模式的创新。

服务是产业园区运行发展的生命线。地方政府（开发区）要始终把服务作为产业园区治理工作的主线，把企业作为最大的服务对象，充分发挥政府职能部门、中介机构、专业人才和各类市场主体的作用，通过提供良好的政务服务环境、优质高效的公共服务环境和公平公正的法治环境，让企业进得来、留得住。

在长三角地区，一些地方政府（开发区）在产业园区建设中建立起了"一站式"综合服务大厅。这些综合服务大厅为企业提供工商、税务、人才人事等各类公共服务事项办理的窗口，与传统政务大厅不同之处在于其综合了咨询接待、政策申报、业务受理和跟踪办理等各项功能，具有政务服务"一站式"集中办理、网上办事和多部门联动审批等特点。

为帮助企业解决在项目建设和生产经营中遇到的难题，近年来，浙江嘉兴大力推行"代办制"服务改革。"代办制"改革是指政府委托专业机构为企业提供从立项到竣工验收全过程一站式、一条龙服务，企业只需向政府提出申请，其他事情政府就会帮你办好。

据悉，嘉兴全市已有 21 家专业机构承担了政府委托办理事项，共为 471 家企业提供了代办审批或咨询服务。2016 年至 2018 年三年间，通过"代办制"改革，嘉兴全市新增各类企业 2 518 户。

（二） 更加重视人才引进政策的制定和落实

在人才引进政策上，要进一步提升政策的可操作性和科学性，通过优化人才政策来吸引人才。

一是要进一步加大人才政策的宣传力度，可以通过自媒体、网站、新闻媒体等多种形式进行宣传，让企业和人才能够更加直观地了解相关政策，对符合条件的企业和人才给予更大力度的支持。

二是要进一步健全完善相关的配套保障制度。比如在住房保障方面，可以通过建立完善人才住房保障制度，加快住房保障立法工作等措施来完善人才住房保障体系。

三是要进一步加大对高层次人才的扶持力度。在吸引高层次人才方面，可以通过对高层次人才给予资金奖励、提供办公场所、提供科研经费资助等措施来吸引高层次人才。

四是要进一步提升在吸引人才方面的服务能力，可以通过提升城市生活环境、提升生活质量、完善公共服务等措施来提升对高层次人才的吸引力。

（三） 将合规经营作为园区治理的重要指标

长三角地区产业园区要构建开放、公平、透明的营商环境，关键是要将合规经营作为园区治理的重要指标，完善相关监管措施。

一是在园区内建立健全公平竞争的审查制度，防止政府与企业间的不当干预和不公平竞争行为。

二是建立产业园区诚信体系，通过市场手段、行政手段等措施，对在产业园区投资经营企业进行约束，通过公开招标等方式确定信用等级较高的企业作为产业园区入园企业。

三是完善产业园区信用体系，通过建立信用评级、定期发布评价结果等措施，鼓励和支持信用等级较高的企业开展融资等业务。

四是在产业园区设立"诚信建设示范基地"或"诚信建设示范园区"，对进入该基地或园区的企业给予一定的政策扶持。

五是在产业园区设立诚信信息管理中心，为市场主体提供诚信信息查询、公示、共享服务等功能。

六是建立产业园区诚信评价机制和退出机制，对出现经营异常或严重违法失信行为的企业，取消其享受各类优惠政策资格和财政资金支持。

七是在产业园区设立企业维权中心。在产业园区设立企业维权中心，为企业提供法律咨询、法律援助、诉讼服务，为企业解决在生产经营中遇到的法律问题，促进企业依法依规生产经营。

八是在产业园区建立金融机构评级制度，对银行、保险、融资担保等金融机构进行评级，为园区内企业提供信用评级服务。

九是在产业园区设立"诚信建设示范基地"或"诚信建设示范园区"，对诚信建设工作突出的单位进行表彰。

十是建立产业园区绩效评估体系，从产业发展、科技创新、资源利用、生态环境等方面对产业园区的发展情况进行绩效评估，将产业园区的发展纳入地方政府综合考核体系。

（四） 以 ESG 评价提升园区质量标准

ESG（环境、社会和公司治理）是近年来兴起的新兴概念，旨在引导企业将 ESG 理念融入企业价值链管理体系，从而实现可持续发展。ESG概念源于 2009 年，由全球最大的资产管理公司之一的贝莱德集团在美国加州创立。从 2012 年开始，贝莱德集团每年发布可持续发展报告，对公司社会责任、环境保护、绿色管理等方面进行打分评价，并在此基础上给出投资建议。2021 年 3 月，贝莱德集团正式将 ESG 纳入企业管理体系，成为全球首家发布 ESG 报告的资管公司。由于 ESG 在全球范围内的关注度持续提升，以及 ESG 投资在全球范围内的广泛应用，企业通过引入 ESG 理念能够获得更多的外部关注和资金支持。目前长三角地区部分园区已经开始探索引入 ESG 评价制度，如上海张江高新技术产业开发区发布了《张江高新区企业社会责任评价办法（试行）》及《张江高新区企业社会责任指南》，对园区内企业的社会责任履行情况进行评价，引导园区向高质量发展迈进。同时，园区也在积极探索搭建 ESG 评价体系，如浙江嘉兴经开区发布了《嘉兴经开区企业 ESG 评价体系》，为园区内的企业提供了一套科学、系统、全面的 ESG 评价方法和工具，帮助企业在提升核心竞争力的同时实现可持续发展。

此外，为了更好地促进长三角地区产业园区可持续发展，提升园区治理能力，推动长三角区域高质量一体化发展，在长三角地区的产业园区中已经有一批园区积极开展了 ESG 评价工作。

例如，上海张江高新区与国际知名投资机构高瓴资本合作设立"高瓴创投长三角双创基地"（以下简称"基地"）。"基地"立足张江，以绿色金融为主线，以科创企业培育为核心，通过政策创新、科技金融创新、资本市场创新、产业生态创新等举措，致力于成为长三角地区科创企业的加速器与孵化器。

"基地"将聚焦四大业务领域:一是投资服务(包括绿色产业基金);二是科技金融(包括股权投资和科技信贷);三是科技咨询(包括技术评估与战略咨询);四是人才服务(包括人力资源服务、人才培训和人力资源平台搭建)。

"基地"将通过打造"四个平台"推动长三角地区科创企业的可持续发展:一是提供全产业链支持的全生命周期服务平台;二是提供科技金融创新服务的全流程支持平台;三是提供人才培育与孵化的全链条支持平台;四是提供创业投资和并购重组的全链条支持平台。

在"基地"成立后,已有近30家长三角地区科创企业入驻"基地"并开展项目对接与投资合作。

(五) 推动龙头企业参与行业标准的制定

标准是一个行业发展的基础,也是国际竞争的重要手段,标准制定对推动产业发展具有重要作用。近年来,长三角产业园区积极参与和主导行业标准的制定,一方面为园区企业"走出去"提供标准保障;另一方面也为长三角地区推动区域一体化发展提供标准支撑。

在长三角产业园区中,部分园区以龙头企业为核心建立了一批行业联盟。以上海张江高新技术产业开发区为例,截至目前,其已组织成立了生物医药、新材料、汽车制造、集成电路等12个产业联盟,成员单位超过300家。通过行业联盟的搭建与运作,上海张江高新技术产业开发区有效整合了产业链上下游企业、研发机构等资源,促进了园区内企业之间的互动与合作。例如,在生物医药领域,上海张江高新技术产业开发区成立了上海生物医药国际技术转移中心、生物医药创新园等平台;在新材料领域,上海张江高新技术产业开发区成立了上海新材料技术研究院;在汽车制造领域,上海张江高新技术产业开发区成立了上海汽车制造技术研究院、汽车检测中心等。此外,上海张江高新技术产业开发区还通过行业联盟的运作模式推动各行业龙头企业参与标准制定工作。目前,其主导制定的国家标准有40项、行业标准38项、地方标准24项。此外,上海张江高新技术产业开发区还牵头制定了《中国(上海)自由贸易试验区临港新片区集成电路设计企业认定管理办法》《中国(上海)自由贸易试验区临港新片区智能终端产业创新发展实施细则》等系列政策,有力推动了集成电路产业的发展。

在长三角地区，还有一批园区以龙头企业为核心建立了标准联盟，从而提升了产业标准的国际化水平。如在医疗器械领域，上海临港新片区医疗器械产业联盟联合复旦大学附属华山医院、同济大学附属东方医院等 12 家医院，建立了医疗器械临床试验管理规范，并于 2021 年 6 月发布了国内首个医疗器械临床试验质量管理体系团体标准——《医疗器械临床试验质量管理规范》。

在新能源汽车领域，上海临港新片区新能源汽车产业联盟依托上海临港新能源汽车技术研究院牵头成立了"国家电动汽车标准化委员会长三角智能网联汽车标准化分技术委员会"。截至 2021 年 6 月，该分委会共有成员单位 11 家，其中包括小鹏汽车、理想汽车等 11 家国内知名新能源汽车企业，以及宁德时代、安凯客车等 8 家整车制造企业。

在船舶领域，上海临港新片区船舶与海洋工程产业联盟联合上海市船舶与海洋工程协会、上海造船工程学会等单位共同成立了"上海市船舶与海洋工程产业技术创新联盟"。此外，上海临港新片区还联合国家市场监督管理总局质量发展局共同成立了"船舶产品质量检验机构联盟"。这些行业联盟的成立有助于进一步提升长三角地区产业标准的国际化水平。

（六） 集聚土地、人才、技术、资本等优势

目前，长三角产业园区已经成为我国产业升级和经济高质量发展的重要载体，为促进长三角区域一体化发展发挥了重要作用。但是，与建设高标准的产业园区相比较，长三角地区的产业园区在土地利用、人才和技术聚集等方面还存在一些问题。

例如，土地资源不充分、利用效率不高，人才结构不合理、创新能力不足，科技成果转化周期长、转化率低，等等。究其原因，一是当前长三角产业园区在规划设计中未充分考虑区域内各地区发展水平和差异性，导致土地利用率低下；二是当前长三角产业园区在创新主体培育上还存在不足，人才供给不足且结构不合理；三是长三角产业园区在科技成果转化方面还存在短板，企业在技术创新方面投入不足。

因此，长三角地区产业园区要充分发挥土地、人才、技术等要素聚集优势，从深化金融改革入手，加快建设多层次资本市场体系、金融市场体系和金融产品体系。通过金融工具的创新与应用来提高土地利用率、人才和技术的聚集度和转化率，推动长三角产业园区高质量发展。要建立产业

园区金融服务平台，解决资金问题。设立产业投资引导基金，为园区内的中小微企业提供资金支持，在政府、银行、园区和企业间搭建投融资平台，加快解决中小企业融资难、融资贵等问题。产业园区要成立专门的科技金融服务机构，为园区内企业提供全方位、专业化的科技金融服务，解决中小微企业融资难问题。制定政策措施，鼓励和引导社会资本积极参与到产业园区的建设中来，积极发展各类天使投资基金、创业投资基金等私募股权基金；鼓励和引导金融机构运用科技保险、科技成果转化收益贷款、知识产权质押融资等方式为高成长中小企业提供资金支持；鼓励和引导风险投资、私募股权投资等各类资本，通过债权融资、股权投资、并购重组等多种方式为高新技术企业提供资金支持。在长三角地区建立面向全球的开放的技术市场，建立一批长三角地区与国外合作的科技成果转化基地和孵化基地。设立针对产业园区科技创新主体的专项资金和扶持资金，引导企业加大研发投入力度。设立技术创新基金和风险投资基金、科技贷款担保基金等专项基金。

（七） 新形势下园区国际化路径

国际经济和金融形势错综复杂，发展面临诸多挑战，一些国家单边主义、保护主义抬头，国际经贸规则重构，对我国开放型经济发展提出新要求。同时，我国对外开放进入新阶段，加快构建以国内大循环为主体、国内国际双循环相互促进的新发展格局，迫切需要培育完整内需体系，形成以国内大循环为主体的新发展格局。因此，长三角产业园区应顺应新发展形势和双循环要求，努力推动园区高质量国际化发展。

一是提高园区国际合作水平。围绕构建新发展格局，着力推动国际产业合作，提升产业园区国际化水平，推动产业链、创新链、价值链向全球高价值区域和国家延伸。推动产业园区与国际组织和机构开展战略合作，推动产业链、供应链资源共享，强化创新链合作，提高园区自主创新能力；推动产业园区与国际金融机构合作，共同搭建市场化运作的金融服务平台，促进金融机构在海外建立分支机构或办事处；鼓励产业园区与国际著名高校、科研院所开展科技合作和成果转化，支持科研人员、专家学者参与国际交流；支持产业园区与海外园区建立合作关系，共同承接跨国企业转移和研发中心建设；鼓励产业园区在境外设立研发中心、投资企业、生产基地和物流分拨中心等。

二是建立健全境外投资管理体制。加大对境外投资的引导力度，完善境外投资政策体系，优化境外投资环境；鼓励和支持企业开展境外投资并购和对外承包工程项目；规范管理、有序引导企业开展境外直接投资；鼓励企业在"一带一路"沿线国家进行布局；引导和支持企业走出去布局海外资源、市场、技术等优势资源。

三是加快融入全球创新网络。积极参与全球创新治理体系建设，主动参与国际标准制定和规则重构，推动中国标准国际化；加快搭建国际技术转移平台，促进科技成果在国内外转移转化；积极搭建与"一带一路"沿线国家的创新合作平台，推动与"一带一路"沿线国家创新资源共建共享、成果共认、技术共商、能力共训、信息共通。加大海外投资力度。充分发挥政府职能，主动对接"一带一路"建设，充分利用好我国自贸区建设成果和现有的对外投资合作政策，支持企业"走出去"，鼓励有条件的产业园区积极参与境外产能合作。

四是加快构建开放合作新格局。依托自由贸易试验区，主动对标国际经贸规则，依托重大区域、重大平台开展制度创新；积极参与全球经济治理体系变革，支持各类所有制企业走出去，完善境外投资法律法规体系；优化企业境外投资服务；充分发挥各类商会作用，在"走出去"过程中加强沟通、化解矛盾。

五是做强产业园区的国际品牌。充分发挥长三角区域产业优势、资源优势和创新优势，积极参与全球资源配置，努力打造具有国际竞争力的品牌园区。以品牌园区建设为抓手，促进国内外企业抱团出海；鼓励各类投资机构与国际知名企业建立战略合作关系，共同构建品牌园区；积极培育一批国际知名品牌园区和产业集群。

六是加强海外合作园区建设。鼓励国内各地区及行业协会、科研院所等在海外建设产业园区或研发中心。鼓励国内企业与世界知名企业在海外共建工业园区或研发中心。推动各地区和行业协会、科研院所等在海外共建一批国际科技合作基地和成果转化基地，鼓励国外科研机构与产业园区共建创新联合体。

七是实施产业园区"走出去"行动计划。充分利用中国—东盟博览会、中国国际进口博览会等经贸展会平台开展招商引资和对外合作交流活动。充分发挥政府间的合作机制和平台作用，为企业走出去提供良好的政策环境和保障措施；支持产业园区与境外重点区域和国家合作共建境外产业合作园区；积极促进产业园区企业在"一带一路"沿线国家和地区设立研发中心、生产基地和物流分拨中心；鼓励企业走出去进行跨国界、跨地区的多层次、多元化投资并购和技术转移；鼓励企业在"一带一路"沿线国家开展国际产能合作。

[执笔：北京中凯(上海)律师事务所张永奇]

III 专题研究

双向飞地模式：科技创新和
产业联动跨区域合作

粤港澳大湾区、长三角区域一体化发展上升为国家战略以来，科技创新和产业联动跨区域合作日益紧密，探索形成了一系列卓有成效的经验做法，其中"双向飞地"就是近年来涌现出来的一种创新模式，它通过构建跨行政区要素流通和产业联动的"双向"通道，为区域协同发展注入新活力。当然，"双向飞地"在实施过程中也存在不少难点和障碍，特别表现在跨区域政策协同、产业链布局、创新要素流动等方面仍面临一些体制性、机制性瓶颈问题，客观上制约了科技创新和产业联动跨区域合作深化，亟待采取有针对性的措施加以解决。

一、"双向飞地"模式是传统飞地经济的创新实践

在构建"以国内大循环为主体、国内国际双循环相互促进"的双循环新发展格局下，如何让技术、人才、资金、项目、土地等资源要素，跨越行政区域的空间阻隔，实现畅通流动，推动区域科技创新协同和产业转型升级发展？珠三角、长三角地区率先探索的"双向飞地"，无疑是一种积极有效的创新发展模式，客观上成为科技创新与产业发展跨区域合作的重要抓手和组织载体，对建立国内统一大市场、促进资源要素自由流动、加快制度改革具有积极的现实意义和较强的示范效应。

"飞地（enclave）"作为一种特殊的人文地理现象，术语最早出现在1526 年签订的《马德里条约》中①。历史上，曾有不少因政治、军事、民

---

① 1525 年发生的帕维亚战役中，法兰西斯一世被俘。1526 年 1 月，被迫签订《马德里条约》，规定：将法国在意大利的领地、佛兰德斯、阿图瓦、图尔奈及法国的部分领地割让给查理五世。

族等原因产生的飞地行政区，尤其以世界近代历史上殖民统治而产生的"殖民飞地"最为普遍，是一种掠夺式经济模式。进入现代社会以来，某些发达国家开始以跨国公司为载体在发展中国家谋求建立"工业飞地"，以"两头在外"的加工园区为代表，实现资源要素的跨国流动，更多地利用当地劳动力、土地等资源，为发达国家输送利益，对所在地经济技术的带动辐射作用并不高。

我国飞地经济快速发展始于改革开放初期，当时发达经济体在我国建立的"海外经济飞地"，成为我国沿海经济特区和开放城市进行外资加工产业合作的主要模式，有效带动了我国出口加工贸易的快速发展。1994年我国和新加坡共建的苏州工业园区是飞地经济模式的典型代表，成为我国对外开放的窗口和国际经济技术合作的典范。之后，全国许多地方以飞地经济探索区域经济合作新模式，其内涵是指两个相互独立、经济发展存在落差的行政地区，通过跨区域行政管理和经济开发，实现两地优势互补、产业合作、互利双赢的发展目标。

进入21世纪，我国"飞地经济"建设进入"全国开花"阶段，各地纷纷将"飞地"作为本地经济发展的突破口和助推器。上海、广东等我国沿海地区，基于跨区产业转移的飞地建设进入规模化运作阶段，如2005年广东省制定《关于我省山区及东西两翼与珠江三角洲联手推进产业转移的意见》，支持珠三角地区的广州、深圳、珠海、佛山、东莞、中山等市在粤东西北区域共建产业转移园；2009年江苏省出台《关于进一步加强共建园区建设政策措施的通知》，明确与省内外发达地区政府、大型企业自建或共建园区；上海出台《上海市淘汰劣势产业"十一五规划"》《关于加快本市产业结构调整盘活存量资源的若干意见》等政策，鼓励各工业园区、开发区积极与周边地区合作建立"飞地工业园"，并确立"两头在内，中间在外"产业发展模式。2010年，沪苏浙皖共同签署《关于共同推进皖江城市带承接产业转移示范区建设合作框架协议》，安徽划出"净地"，交给沪苏浙建设、管理、运营。

飞地经济作为一种新兴的空间重构策略受到中央政府高度重视。2015年12月国家发改委发布《关于进一步加强区域合作工作的指导意见》，提出支持有条件地区发展"飞地经济"。2016年3月国家"十三五"规划纲要提出通过发展"飞地经济"等方式，创新区域合作机制和互助机制。

2017 年国家发改委等 8 部委联合印发《关于支持"飞地经济"发展的指导意见》明确要求，创新"飞地经济"合作机制，优化资源配置，强化资源集约节约利用，提升市场化运作水平，完善发展成果分享机制，加快统一市场建设，促进要素自由有序流动，为推进区域协同发展作出新贡献。2021 年 3 月公布的国家《"十四五"规划纲要》明确提出，鼓励探索共建园区、飞地经济等利益共享模式。在一系列政策鼓励和支持下，飞地经济快速发展起来，截至 2019 年，全国飞地型经济园区 800 多个，占各类园区总量 5% 左右。近年来，随着粤港澳大湾区、长三角区域一体化发展等上升为国家战略，除了传统意义上产业转移的"飞地经济"外，还出现"科创飞地"，以及将这两种飞地连接的互动性"双向飞地"模式。

　　传统的飞地经济模式是由经济发达地区飞入相对欠发达地区，形成飞出地"资本+技术优势"与飞入地"土地+劳动力优势"的结合；"科创飞地"属于逆向飞地，是指"飞入地"引导本地企业在"飞出地"建立创新中心或研发中心，利用当地创新资源要素，开展创新创业孵化项目，最终将新孵化项目中的制造部分导流回"飞入地"，较好地发挥招商引资和招才引智的作用。"双向飞地"是以上两种模式的互动和联结：一方面中小城市为寻找快速突破本地经济短板、实现产业转型升级的发展目标，积极利用大城市人才、资金、技术等资源优势，在大都市设立"科创飞地"，以创新链服务产业链；另一方面，上海、深圳、杭州等大城市囿于产业承载空间不足，许多科技成果产业化落地需要在外部寻找新的发展空间，从而有意识地在一些外围地区布局相应的"产业飞地"，这种双边互换模式，能满足两地经济发展现实需要，实现共建共享，具有可持续性。因此，**"双向飞地"模式是传统飞地经济的内涵延伸和创新发展**，由跨行政区的两地通过签署双向协议，利用双方各自优势，采取一定管理运营机制，推动两地技术、资金、人才等要素流通配置，实现科创协同和产业转型升级。

二、"双向飞地"模式的内在机理：基于长三角、珠三角两个案例的分析

　　"双向飞地"模式是新形势下我国区域协调高质量发展的内在需要，是基于科技创新发展、产业转型升级和产业链布局优化等方面的现实要

求，客观上也是我国资源要素市场化配置改革深化推进的必然结果。从珠三角的深圳与汕尾、长三角的嘉定与温州合作建立的两个案例看，"双向飞地"模式是科技创新和产业联动跨区域合作的重要组织载体，正成为引领区域一体化高质量发展的新引擎，洞察其发展的内在机理及其呈现的主要特征，旨在揭示这种合作模式产生的积极成效和功能作用。

（一） 两个案例情况

1. 嘉温双向飞地模式

基于两地汽车产业优势互补、协同发展的现实需要，2018 年 11 月，上海市嘉定区与浙江省温州市联合发布 10 大举措，在嘉定共同设立"科技创新（研发）园"。2019 年 12 月温州（嘉定）科技创新园一期开园，重点聚焦数字经济、智能装备、生命健康、新能源智能网联汽车、新材料等重点产业领域，吸引温州企业研发机构入驻，推进创新创业成果在园区孵化。2020 年 7 月，两地签署《嘉定工业区温州园二期项目合作框架协议》，以"科创飞地"集聚人才、研发技术、孵化项目，打造温州在上海的先进制造业研发机构集聚区和产业孵化基地。与此同时，两地政府在温州设立"先进制造业深度融合发展示范区（嘉定工业区温州园）"，作为产业集中承载区。经过两年多运行，在企业成长、创新能力提升、产业转型升级和两地经济发展等方面都取得了较好成效。

2. 深汕双向飞地模式

2011 年广东省政府印发《关于深汕（尾）特别合作区基本框架方案的批复》，批准在汕尾市海丰县设立"深汕特别合作区"，深汕跨越地理空间，开启"飞地经济"改革试验，拉开"特区带老区"序幕。2020 年 11 月《汕尾创新岛(深圳)建设方案》出台，提出在深圳南山科技园创建汕尾创新岛。以产业链契合为切入点，通过创新岛孵化与汕尾产业形成产业链互补，打破行政区划界限，推动双方创新与产业转化优势互补，形成你中有我、我中有你的经济合作模式。由此，深汕两地共同打造起"双向飞地"模式，为粤港澳大湾区发展注入了新的活力。据统计，在不到一年时间里，汕尾创新岛设立的技术创新研发中心，就吸引科技型企业 16 家，创新团队 11 家，吸引科研人才 67 名，与深圳的高校、科研院所等产学研资源进行了有效对接。

"双向飞地"模式的主要内涵特征及其互动关系，如图 3-1 所示。

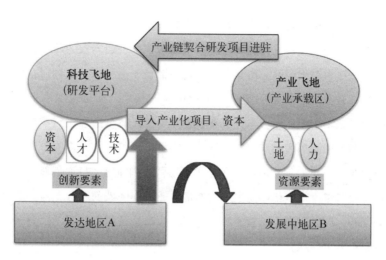

图 3-1 "双向飞地"模式的主要内涵特征及其互动关系

在这两个案例之前，2016 年 4 月浙江首个跨行政区创新"飞地"衢州海创园开园，这种新型的逆向"飞地经济"，也称为"科创飞地"。借助杭州综合优势，"科创飞地"有效吸纳人才、资本、技术等创新要素，搭建科技成果转化应用和产业化的有效平台，以优惠政策吸引企业入驻，孵育产业技术项目，等到时机成熟，再把企业引回到衢州本地落户投产。之后，淳安、诸暨、上虞、德清、长兴等地也纷纷在杭州设立"飞地"。类似"科创飞地"的发展实践为"双向飞地"模式的探索积累了不少经验做法。

（二）"双向飞地"模式发展基础：优势互补、产业关联

"双向飞地"作为一种创新型、嵌入式的区域经济合作模式，其发展基础主要基于两地资源优势互补和较强的产业关联性。嘉定和温州，不相邻的两地为什么能够克服空间障碍进行科技创新和产业合作？深圳与汕尾从最初的"特区带老区"到现在的"交融互利"，从"借力"帮扶到"造血"强本，为什么会从"单向飞地"转为"双向飞地"？如果说，嘉温"双向飞地"是借长三角一体化强有力的政策契机拓展合作空间，那么深汕"双向飞地"则更多体现出两地产业链互补、产业共建等深度合作发展的内在必然。

1. 嘉温双向飞地

嘉定创新资源优势明显，聚集大量科研机构，如中科院上海硅酸盐研究所、上海光学精密研究所、中国工程物理研究院上海激光等离子研究

所、国家智能传感器创新中心等，强大的研发力量为"科创飞地"设立提供了有力支撑；温州民营经济发达，市场意识强、资本实力雄厚、产业配套完善，这为温州园区"产业飞地"发展准备了有利条件。同时，两地产业关联性较强，嘉定是中国汽车工业重要发源地，拥有众多内资整车企业、合资整车企业、外资车企研发中心，及新兴造车企业和汽车零部件企业。温州是中国重要的汽车零部件生产集聚区，整车 2 万个零部件中，温州可以生产 1/4 种类。因此，在嘉定设立科技创新园，打通创新项目在大城市孵化与本土产业化联动发展的通道，能实现区域创新资源与产业结构优势互补，而温州产业配套完善，招商政策和运营机制较灵活，有利于科技成果产业化落地。

2. 深汕双向飞地

深圳、汕尾两地有长达 10 年"深汕特别合作区"的产业合作基础，现在深圳南山科技园内设立"汕尾创新岛"，就是要充分利用深圳人才、技术、共享科研设备等创新资源优势，结合汕尾的资源、劳动力、生态环境以及政策体制优势等，构建起深圳研发、汕尾生产的"双向飞地"模式。一方面以"科创飞地"形式主动出击，聚焦汕尾本土企业创新发展需求，孵化引进创新资源和产业项目，切实解决其整合创新资源能力弱、推进科技创新成本高等薄弱环节和发展短板，在创新岛研发孵化和培育一批重点科技创新成果；另一方面，针对深圳科技创新成果转化的"痛点"和"难点"，加大政策激励措施，推动"锁在抽屉里"的成果加快转化应用，带动优质产业项目落户汕尾。这样调动两地"产、研"两端积极性，通过创新岛孵化与汕尾产业承接形成产业链互补，打造产业集群，为汕尾产业转型升级提供契机，也为深圳科技创新中心建设拓展空间。

（三）"双向飞地"模式动力机制：资源共享、互利共赢

"双向飞地"模式是一个包含要素跨区域双向流动、具有时间和空间维度移动的动态过程，能否有效而持续地推进下去，关键要形成一个完整的、健全的、互相协调的创新链、产业链生态系统，核心是建立资源共享、互利共赢的内生动力机制。这需要激发相关多方参与主体的能动性和积极性，包括两地政府、飞地（园区）管理运营主体以及相关企业和市场化服务机构等等，而利益分配机制是调动积极性的重要方面。嘉定与温州、深圳与汕尾"双向飞地"模式，由于实施时间较短，互利共赢的利益

分配机制还在探索实践过程中，尚需观察。

1. 嘉温双向飞地模式

嘉温双向飞地模式是致力于拓展"技术在上海，产业在温州"的合作模式。一方面依托嘉定科创园（科创飞地）的平台功能，获得所需创新要素和孵化项目。在汽车及零部件、智能制造、电子信息等重点领域，引导产业链上下游企业设立实验室、研发中心、技术中心等，可以共享上海科技资源，加强与高校科研院所、金融资本等联动，遴选一批优秀产业孵化项目。另一方面，通过在温州"先进制造业深度融合发展示范区（嘉定工业区温州园）"（产业飞地），科创园相关科技成果孵化项目可以在温州获得产业空间，企业可以拓展生产基地。同时，嘉定和温州还不断强化政策协同、规则协同、标准协同、要素协同，实施两地营商环境联建、资源共享互联、监管执法联动等。通过资源要素"蛙跳式"空间运作，基于城市间产业互补性，突破本地产业发展"天花板"，促进传统产业园区快速转型升级。

2. 深汕双向飞地模式

深汕双向飞地模式构建起"科创研发飞地""产业合作飞地"双向互动机制，让深汕两地企业更广泛地展开经贸交流和项目对接。汕尾市对高端人才吸引力不够，很多人才向往深圳城市生活环境，"汕尾创新岛"恰好满足了汕尾企业人才生活在深圳的意愿，全职引进且薪酬由汕尾企业直接发放的人才，社保关系在深圳，可在汕尾参加职称评审和职业资格（技能）考评，这加速了对接人才与科创资源，打通科技人才项目"科创中心"孵化与当地园区产业化联动发展通道，汕尾一批产业"短板"得以补齐。同时，汕尾在优质区块内预留土地，作为飞地产业化基地。围绕研发创新中知识产权成果归属落地方面，汕尾市利用政策创新优势，打通知识产权创造、运用、保护、管理和服务"全链条"，明确可以转化落地至本企业汕尾生产基地，或是通过汕尾市科技成果交易服务超市进行转让交易。

（四）"双向飞地"模式组织管理：政府主导、市场化运作

"双向飞地"采用"科创中心城市研发+产业园区生产制造"模式，构建了"创新研发——成果孵化——产业化落地"创新创业生态链条，为

创新要素流通配置提供了更为合理的实质化路径。这充分体现了政府主导、市场化运作，政府市场协同推进的治理模式。一方面通过政府层面直接对话，发挥政府在利益分配、人才待遇等方面集中突破制度障碍的优势，实现政策协同；另一方面采用以企业为主的运营模式，在激励机制等方面充分调动运营主体积极性。强调政府市场同步协作，旨在解决政府单方面负责运营的低效和企业单方面运营在政策突破上举步维艰之间的问题；政府主导作用更多体现在其对资源要素市场化配置的引导作用，突出规划设计、政策导向和公共服务功能，解决市场失灵问题；市场化运作主要体现在企业创新主体地位、园区运营主体组织管理自主权，以及全方位的专业商务服务。

1. 嘉温双向飞地模式

两地政府负责政策协同、推进项目建设，合力推动园区功能布局形成并完善，为入驻企业精准提供各项保障服务。两地签署温州市—嘉定区推进更高质量发展战略合作框架协议，确定了主要领导定期沟通机制，两地职能部门建立常态沟通机制，温州市派出经济、产业、科创领域的"老兵"挂职干部在嘉定区相关部门协调对接工作。共同打造企业研发平台和公共研发服务平台，引导入驻企业共享嘉定区项目研发和成果转化等公共研发服务资源；共同推动两地信息互联互通，在标准化技术机构、标准化专家、各级标准的制定修订等方面实现数据信息共享互通；共同打造离岸孵化器、做好企业技术研发资金和人才服务等保障工作。创新园由温州市科技局运营管理、温州市国有企业负责投资建设。

2. 深汕（尾）双向飞地模式

充分发挥市场配置资源作用，"汕尾创新岛"利用科技成果众创平台，整合政府、企业等多方资源推动政策、技术、资本等各类要素向创新创业集聚，促进多元化供给与多样化需求有效对接。在管理方面，由汕尾市科技局负责日常业务指导、监督，日常运营事务委托给第三方机构运营管理，要求其负责运营管理和业务开展，为入驻企业和项目提供空间服务、创业要素服务、资本服务、人事代理服务等全方位、全流程服务，4 大类 18 项服务条款，涵盖人才整合、创业辅导、法律服务、政务代办、招商引资等方方面面。在年度考核方面，给出细致标准。政府提供政策保障，如对入驻企业提供驻点服务，落实高新技术企业、科技型中小企业税收优惠政策，对符合条件的企业给予金融支持。

综上结合两个案例分析，我们认为，"双向飞地"模式是基于两地经济联系紧密、资源要素互补、产业关联强、主体共同参与度高的现实需求，是创新资源优势地区与产业发展地区，通过互联共建研发基地和技术转移转化基地，实现技术创新与产业转化优势互补，这是在新发展条件下区域协同发展的合作机制。理论上讲，这是基于创新链、产业链融合发展的基本逻辑，"科创飞地"重在人才集聚、技术研发、成果孵化，形成创新链生态系统，"产业飞地"重在科技产业化转化应用和实质性落地，建立产业链布局，提升社会经济效益。为此，"双向飞地"模式建设，关键就要发挥好"两个飞地"对接互动的集聚效应，促进创新链、产业链联动和合理布局，建立高效有序的园区管理机制和互利共赢的利益分享机制。

三、 当前"双向飞地"模式推进中面临的瓶颈问题

"双向飞地"模式是区域科技创新和产业联动合作发展的创新实践，也是长三角、珠三角地区提升产业链、供应链现代化的重要抓手，不仅有利于发挥上海、深圳、杭州等大都市的科技创新中心功能，推动了创新链升级，也畅通了科技成果产业转化渠道，发挥了科技创新对产业发展引领作用，将科技成果转化为经济社会发展的现实动力，推动了一些科技实力较弱地区的跨越式发展，对区域协调发展具有非常好的学习借鉴和示范效应。但是，"双向飞地"模式毕竟在探索实践中，也还存在政府市场界线不明、园区运营管理和治理效能较弱等矛盾，特别涉及政策协调、平台对接、利益分享等体制机制性问题。从对上面两个案例的观察分析来看，主要可能需要处理好以下几个方面的关系和问题。

（一） 如何处理创新链与产业链的"双链融合"发展

围绕产业链部署创新链，围绕创新链布局产业链，推动经济高质量发展迈出更大步伐，从理论上揭示了经济活动中产业链与创新链相互依存、相互促进、协同联动、同向发力的运作规律。而"双向飞地"模式从实践上较好地演绎了创新链和产业链"双链融合"发展的美好图景，其构建起"创新研发—成果孵化—产业化落地"良性循环的创新创业生态，为深化区域产业链融合发展、形成区域"一盘棋"分工格局奠定了良好基础。但在具体实施过程中创新链与产业链之间互融互促机制的建立完善，还需要

相关政策体系和综合服务能力的支撑。目前创新链、产业链的连通仍面临两地行政壁垒和一些体制机制障碍，比如人才标准及人才政策落差，知识产权管理使用上的差异，要素配置市场化改革仍难以逾越市场分割的藩篱；还比如，创新链与产业链对接的平台和桥梁功能缺失，全方位科技服务体系还没有完全建立起来。

（二） 如何处理好政府主导与市场机制作用的关系

目前"双向飞地"大多属于政府主导推动、政府与市场共同运营的模式为多，两地政府负责签署合作协议、出台政策，在跨区域供需对接、信息沟通、政策协同、公共平台建设等方面发挥主导作用，如嘉定温州"科创飞地"，主要由温州市科技局运营管理、温州市国有企业现代服务业发展集团负责投资建设。在实际运营中，政府有形之手和市场无形之手配合得还不太协调，在如何激发参与企业积极性、发挥市场机制作用、促进创新成果转化生态链形成等方面尚缺乏有效的市场化路径和方法，尤其在实际运作层面，技术创新、产业转化和服务平台等各方面的利益机制如何协调建立，既缺乏有效的制度机制保障，也缺乏清晰的市场化运作路径。深汕双向飞地模式中，创新岛的运营管理借助第三方市场机构进行，并给出了明确的服务内容和考核标准，但这尚需进一步界定明确政府与市场协同推进的工作边界及相应机制。

（三） 如何处理好两地经济社会利益的平衡关系

跨行政区的两地政府在政策规则、监管执法、公共服务、平台建设等方面是否能保持持续的协同统筹，必须要通过有效的制度创新，建立起可持续的利益分享机制。但目前税收、GDP 统计的属地原则与政绩考核、官员晋升评价体系存在"冲突"，如何有效破解两地政府间税收分成和 GDP 统计分解难题，是影响合作双方能否持续投入、飞地经济能否可持续发展的"症结"。如嘉定温州"双向飞地"模式发展滞缓与缺乏有效的利益分享不无关系，调查中我们发现，两地似乎存在"剃头挑子一头热"现象，温州方面积极性更高，其借助于科创园，为温州企业技术创新、人才引进和产业能级提升创造了较好条件，因而也获得更多产值税源的落地。而嘉定方面积极性要差一些，其获益似乎主要体现在土地出让、房屋出租等方面回报，对当地经济发展带动性不强。因此，缺乏合理的利益分享机制，就难以保持长期合作关系，甚至会在自主事权范围内出现招商竞争，导致资源分散、功能碎片化，形不成协同发展合力。

（四） 如何处理好园区投资和管理运营主体关系

"双向飞地"的投资主体可以是两地政府协商建设的园区管委会，也可以是政府联合市场主体建立的联合投资机构，管理机制涉及开发模式、招商模式和管理模式优化。对"飞地"园区进行投资、开发、管理运营，关键是要明确运营主体的部门职责与管理权限，从合作协调机构、具体管理机构和投资实体三个层面细化管理模式，避免出现多头管理与管理空白现象。上面两个案例中，投资管理主体都是政府相关职能部门（科技局和国有企业），日常运营管理则委托外包给市场化第三方机构，要求其为入驻企业和项目提供全方位全流程服务。在"双向飞地"模式推进实施中，如何更好地发挥投资和管理营运主体的积极性，尚需要研究制定一套有针对性的、合理有效的考核和激励机制，这也是保障飞地能够高效持续发展下去的一个重要方面。

（五） 跨区域行政壁垒问题仍难以根本性突破

"双向飞地"模式是突破体制机制瓶颈、促进要素跨区域流动的典型，但这种在科创、产业领域的创新变革，会牵动一系列跨区域行政壁垒问题需要破解，如：各地对高新技术企业和成果、人才资质认定、企业研发机构设立等存在不同评判标准；人才、技术支持政策，大多以户籍所在地、企业注册地为准发放，无法跨区域共享；科技人才关心的就医、教育、社会保障等公共服务领域，如何实现异地结算或同等化待遇；行政审批方面如何形成跨区行政服务"一网通办"；两地政府谁主导创新生态的共育共建，等等。突破跨区域行政壁垒问题，目前"一事一议"办事原则很多，但缺乏稳定性的制度安排，遇事双方博弈成本较高，需要解决问题的根本途径。

总之，目前科技创新和产业联动跨区域合作发展尚缺乏动力机制和政策环境，这一定程度上导致了我国创新成本上升和创新资源浪费，阻碍了创新要素自由流动和配置，降低了科技创新效率，也不利于区域产业链布局优化和产业转型升级。"双向飞地"模式一定程度上探索形成了这些问题的破解之道，但总体来看"双向飞地"模式还需继续优化，特别是其管理模式、区位布局、利益分配等方面还存在不少短板、不足，还需对创新理念进一步探索。

四、 推动"双向飞地"模式发展的政策建议

围绕区域一体化高质量发展目标，借鉴国内外主要飞地建设的成功经验，积极推进区域"双向飞地"模式创新实践，关键要立足当前、着眼长远，重点突破体制机制障碍，强化区域政策规制的协同统筹，提升公共行政服务保障能力，探索建立合理的利益分享机制和要素流通机制，利用已搭建的各种平台，畅通创新资源流动和科技产业化对接的路径，优化创新链、产业链布局，着力打造区域创新合作共同体标杆。具体来说有以下几方面的政策建议。

（一） 完善"双向飞地"模式的功能内涵

"双向飞地"模式的功能内涵和核心价值，就是要探索建立互利共赢的开放型区域产业合作机制，成为区域产业链、创新链互融互促的典范。当前全球范围内贸易投资保护主义愈演愈烈，新冠疫情进一步暴露全球供应链脆弱性，为提高产业链韧性和现代化水平，我国急需加紧部署创新链，推动产业链关键核心技术自主可控，确保产业链、供应链关键时刻不掉链子。长三角、珠三角地区作为我国国内国际双循环发展的核心区域，在产业链、创新链融合发展中具有十分重要的作用。为此，应积极推动"双向飞地"模式并进一步完善其功能内涵，建议中央政府层面要主动做好战略规划和政策引导，真正把"围绕产业链部署创新链、围绕创新链布局产业链"作为区域一体化发展的重要内容，出台政策及相关配套细则，推进土地、劳动力、资本、技术、数据等要素市场化改革，跨区域构建"研发创新—孵化转化—生产制造—服务支撑"良性循环的创新创业生态，赋予飞地经济以更多自主权，充分发挥上海、深圳、杭州等大城市全球资源配置的辐射功能。

（二） 创新"双向飞地"运营管理模式

"双向飞地"模式是探索产业转型升级和产业链提升的重要抓手，旨在通过创新资源优势地区与产业集聚地区的合作，以互联共建研发基地和技术转移转化基地，实现技术创新与产业转化优势互补，是畅通创新产业

化闭环的重要路径。因此，"双向飞地"模式能否见成效，首先要精准对接，建议地方政府认真研究产业转型升级中的共性技术难题，以及代表产业未来的技术方向，有针对性地选择相应的产业技术领先地区，合作设立"双向飞地"并选择合适的运营管理模式。目前我国"飞地经济"运营管理主要有三种模式，即政府主导共建模式、园区主导建设模式、企业主导建设模式。建议采取"政府搭平台+公司化运营"的模式推进双向飞地建设，前期政府主导推进园区合作平台建设、两地政策对接和信息联通等，之后共建股份合作公司，实施市场化运营管理，促进区域科技创新和产业联动合作局面的形成。

（三）探索"双向飞地"模式利益分享机制

借鉴苏州工业区、深汕特别合作区、漕河泾海宁分区等"飞地经济"模式经验，建立风险共担和利益共享机制。如苏州工业区按照公司股份实行利益分配，深汕特别合作区按照深圳市、汕尾市和合作区一定比例分配，2020年收益75%归合作区所有，土地出让资金中大部分归深圳市所有，小部分则归汕尾市所有。为此，"双向飞地"模式实施中，建议深入研究、探索建立合理的利益分配机制，按约定的收益分配比例、佣金比例或依据出资比例、招引人才或项目的贡献度、咨询服务成效等对合作收益进行分配，并同步构建利益补偿机制，尤其需要基于属地公共服务成本，进行适当利益补偿。还有，在招商引资过程中，做好财税分享企业的确认和源头标识，确定两地财税分享。同时，借助区域一体化发展契机，从国家层面推动建立"飞地经济"统计指标，改变目前地区生产总值、工业总产值等指标属地化统计的传统，充分调动双方积极性。

（四）强化"双向飞地"政策、监管、服务的协同

针对跨区域标准认定不一致、产业人才优惠政策不同、政务公共服务差距大等问题，需要在政策对接、资源挖掘、标准协同和管理监督等方面进行制度创新，加快两地在园区开发、资本运作、成果转化、标准对接、结果互认等方面协同，打通要素流通各个"堵点"。如对于高新技术企业和成果认定标准不一致问题，可以根据两地差距，实行梯度分级认定标准，促使企业逐级提升创新能力，在达到标准高的一方的要求后，由企业自由选择享受一地的支持政策；在监管执法上，建立知识产权跨区保护模

式，建立网络交易监管、异地协作等；在信息互联互通上，标准化技术机构、标准化专家、各级标准的制定修订等方面实行数据信息共享互通。

（五） 建立"双向飞地"柔性人才引进制度

近年来，长三角地区如宁波、金华等纷纷出台"飞地"人才政策，即企业在沪招聘的人才同样享受各地各项招才引才补贴制度。为此，建议双向飞地实施中，需进一步放开"飞地"人才限制，建立高端人才户籍自由选择机制，对于"飞地"企业招纳的人才，如果满足在大城市落户条件，允许其自由选择户籍地，并享受相应的人才政策。对于未选择大城市户籍的"飞地"人才，也可选择享受相应的人才政策，但由户籍所在地政府进行财政补偿，解决其邻近就医、子女入学等问题。同时，对于人才资质互认方面，可借鉴自贸试验区做法，通过项目合作、科技咨询、技术入股、合作经营等多种方式柔性使用国内外人才智力资源。

（六） 拓展"双向飞地"的合作平台功能

从双边平台向区域平台发展，成为区域科技创新和产业协同发展的公共服务平台：一方面探索建立政府、科研机构、企业等主体的区域联合创新平台，梳理摸清中小企业在科技创新高端人才、技术、创新项目、创新资金等方面的需求，及其相关科技创新服务等方面的迫切需求，然后基于创新平台，精准对接高校、科研机构、科创服务运营商等创新优势资源。另一方面，推进区域产业创新联盟、工业互联网平台等平台建设，增强企业之间交流合作，结合产业基础和资源禀赋，以产业转型升级、科技创新需求为导向，实现产业链、创新链深度融合，提升区域产业配套能力和科技实力。

（执笔：上海社会科学院杨亚琴、张鹏飞）

上海市开发区土地节约集约
利用探索实践

　　开发区是产业发展的有效载体空间，是推动区域实体经济增长的重要发展引擎。上海作为我国开发区建设的先行者和试验田，从首批国家级经济技术开发区设立，到诞生全国首个综合保税区、金融贸易区、出口加工区，始终走在开发区改革创新的前沿。党的十八大以来，上海又承担了全国首个自由贸易区试验区、自贸区临港新片区的特殊使命。经过三十多年的发展，当前上海开发区已全面进入存量发展阶段，整体土地集约利用水平位于全国前列。党的二十大报告指出，高质量发展是全面建设社会主义现代化国家的首要任务，对开发区发展提出了建设创新驱动发展示范区和高质量发展先行区等更高要求。为此，有必要凝练总结上海市先进园区的发展模式与节约集约用地经验，为长三角和全国其他省市开发区提供可资借鉴的重要实践经验。

一、 现状概况

（一） 上海市开发区发展历程

1. 以现代制造业发展为目标的萌芽和快速发展阶段

　　整个20世纪80年代是上海现代工业园区的萌芽时期。1983年正式启动的闵行经济技术开发、1985年启动的漕河泾新兴技术开发区是首批依托老工业基地建设、完全有别于传统工业基地的现代工业园区。90年代的初、中期随着改革开放的深入，迎来了上海工业发展史上最大的用地规模扩张时期。1991—1992年期间，启动了以金桥、张江为首的国家级工业区；郊区县设立了"九大工业园区"，并在1996年前全部被正式批准。

与此同时，郊区乡镇的工业园区也蓬勃发展。至 1997 年末，上海形成了 7 个国家级工业区、11 个市级工业区、12 个传统工业基地和 174 个分布在郊区乡镇的一般规模工业园区，净工业总用地面积接近 400 平方公里。

2. 以空间布局优化为目标的清理整顿阶段

按照国家"布局集中、用地集约、产业集聚"的要求，上海在 2004 — 2006 年对各级政府批复设立的开发区进行了撤销、整合截至 2006 年底，形成 15 个国家级开发区和 26 个市级开发区，并纳入《中国开发区审核公告目录 2006 年版》，规划总面积 641 平方公里。

3. 以创新策源为目标的转型发展阶段

"十二五"以来，按照上海"创新驱动、转型发展"的总体发展战略，上海市开发区依托张江示范区建设发展，落实推进产业用地向园区集中等政策要求，有效实现了科创集聚和产业结构优化提升。2011 年，国务院批复同意支持上海张江高新技术产业开发区建设国家自主创新示范区（以下简称"张江示范区"），支持张江"先行先试、改革创新"，张江示范区建设与发展从此拉开序幕。十年来，张江示范区不断优化空间布局，经 2011 年、2012 年、2014 年、2020 年、2021 年五次空间调整，形成了"二十二园"的发展格局，覆盖了全市 16 个区，总面积约 531 平方公里，成为上海科技创新策源功能的核心承载区。同期，中心城区、开发区积极推进园区结构优化升级，逐步淘汰了严重污染环境、技术水平落后的产业，加工、机械制造产业向市级工业园区转移，加入了居住、商业、现代服务业等功能，如黄浦江、苏州河两岸的综合改造；郊区则进一步加快推进工业向产业园区集中，规划建设汽车制造、精品钢材、石油化学、微电子、现代装备和船舶制造等支柱产业。

（二） 上海市开发区集约节约利用政策演变

第一阶段（2004 — 2013 年）：强调开发区土地集约利用，提高土地利用效率。2004 年，国务院出台《关于深化改革严格土地管理的决定》，指出应正确处理开发区促经济发展与保护土地资源的关系，严格控制建设用地增加，努力盘活存量土地，强化节约用地。同年，上海在国内率先推出《产业用地指南》《工业项目供地导则》，为落实开发区招商引资、引导土地集约使用提供了量化依据；由原市经委、原市房地资源局和市产业评估中心率全国之先推出《上海工业节约集约用地十八法》，对于园区存量用地，提出了腾笼换鸟、产业集聚、原地扩建等具体操作方法。

2008 年，国务院在《关于促进节约集约用地的通知》中指出，开发区要贯彻节约集约利用评价体系及长效利用机制，原国土资源部进一步落实建立了开发区土地集约利用评价制度，定期开展开发区土地集约利用评价工作，目前已形成了"五年一次全面评价、一年一次监测统计"的工作机制。同年，上海市制定了《关于促进土地节约集约利用加快经济发展方式转变若干意见》（沪府办发〔2008〕37 号），通过加强规划引导、提高现有工业用地的利用率，合理确定工业项目规划控制指标、规范工业项目配套公共服务设施建设的审批，积极利用老厂房，促进现代服务业健康发展；严格依法审批，规范新增工业用地管理。

第二阶段（2014－2017 年）："五量调控"下，推动开发区产业结构调整升级与科创空间建设，提升节约集约用地水平。2014 年，上海市政府出台《关于进一步提高本市土地节约集约利用水平的若干意见》（沪府发〔2014〕14 号），提出"五量调控"土地管理思路，强调空间资源上强化规划引导，利用效能上强化土地利用全要素，构建土地利用资源、效能、机制"三位一体"的全生命周期管理体系，提高土地利用综合绩效水平。至此，上海市开发区集约利用进入高效发展时代。

2015 年，上海市出台《关于促进上海国家级经济技术开发区转型升级创新发展的实施意见》（沪府办发〔2015〕38 号），提出推动开发区产业转型升级，要以提质增效为核心，因地制宜确定重点领域，走差异化发展道路；优化产业结构布局，要以盘活存量土地为重点，鼓励国家级经开区通过升级改造、结构调整、用途调整等多种形式进行土地二次开发。

2017 年，为加快推进建设具有全球影响力的上海科技创新中心，优化科研创新空间格局，支持产业园区转型建设科研创新功能承载区，提升科技研发和实体产业能级，上海市制定了《上海市加快推进具有全球影响力科技创新中心建设的规划土地政策实施办法》（沪府办〔2017〕69 号），鼓励土地节约集约复合利用，促进科技研发和产业、社区融合发展，推动产业结构调整升级；合理制定工业、研发用地容积率、建筑高度等控制指标；支持园区平台建设并持有标准厂房、通用类研发等物业；支持各类企业和单位盘活利用自有存量工业、研发用地，根据规划建设研发中心等科研功能平台，转型发展"四新"经济、战略性新兴产业、现代服务业等；

鼓励存量工业、研发用地开发利用地下空间。

第三阶段（2018 年至今）：完善土地资源高质量利用政策体系，推动产业高质量发展。 伴随经济发展模式转变，"十三五"期间，上海全市成熟开发区面对存量土地有限、发展后劲不足的困局，纷纷转变思路，根据自身条件，大胆尝试，采取设立市场化门槛，引入高附加值、资源利用集约化、自主创新型产业取代低成本、低附加值、高能耗的出口导向型产业等新举措，提升园区的产业能级和产业链一体化程度。2018 年，上海市政府出台《关于本市全面推进土地资源高质量利用的若干意见》（沪府规〔2018〕21 号），提出要盘活存量建设用地，保持合理开发强度，助力提升城市经济密度；坚持质量绩效导向，提高土地资源经济密度。后续由市规划资源部门陆续制定的土地资源高质量利用实施细则、产业用地高质量利用实施细则、产业用地出让管理、容积率管理实施细则、低效用地处置、园区平台全生命周期管理等政策文件，不仅支撑了"高质量用地政策"的落地，更进一步推进了园区产业用地高质量发展。

（三） 上海市开发区土地集约利用情况

上海市国家公告开发区土地集约利用评价工作自 2008 年度启动至今已开展 11 轮。综合 11 轮开发区土地集约利用评价结果，上海市开发区集约用地水平总体呈现稳定增长态势，其中土地开发程度稳步提升，土地利用强度、用地结构在 2013 年后基本稳定，2013—2017 年用地经济效益受推进土地高质量利用和产业结构优化升级影响，逐步由产出规模高速增长转换为税收贡献稳步增长，2018 年上海市积极推动产业用地高质量利用工作，开发区用地效益有较大程度提升，2019 年、2020 年受全球疫情和国际贸易冲突影响，开发区税收贡献略有降低。

1. 布局体系持续优化

2017 年，为促进各类开发区规范有序发展，强化开发区功能定位与主导产业，上海按照国家部委要求开展了开发区审核公告目录修订工作，最终纳入《中国开发区审核公告目录（2018 年版）》（以下简称《公告目录》）国家级开发区 20 个、省级开发区 39 个。结合《公告目录》及其发布后新设立的国家级和省级开发区，现阶段上海国家公告开发区共有 65 个，批准范围总面积 1 170 平方公里，其中自愿参评 63 个开发区，批准范围总面积 1 096 平方公里。相较于 2008 年上海开发区节约集约利用评价初期情况，数量上新增了 24 个，规模扩大了 530 平方公里，扩增力度明显。

2. 开发建设基本完成

上海市开发区经过三十余年的大力发展，土地开发程度稳步提升。现阶段参评开发区批准范围内已达到供地条件的土地面积约 887 平方公里，土地开发率①达 85%；已供应土地面积约 833 平方公里，土地供应率② 94%；已建成国有城镇建设用地面积约 756 平方公里，土地建成率③ 91%，工业用地率④ 52%；产城融合型开发区的土地开发率 97%，开发利用程度较高。

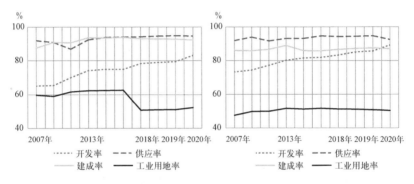

图 3-2　上海国家公告开发区土地开发程度时序变化图
（左：国家级开发区，右：省级开发区）

其中，受上海市积极推进存量工业用地盘活影响，国家级开发区土地建成率在 2015 年略有下降后，2016—2019 年呈小幅增长态势。省级开发区总体上呈逐年增长态势，其中从 2013 年到 2016 年，受上海市土地高质量利用政策的引导，土地开发率、土地供应率、土地建成率分别基本稳定在 75%、93%、93% 左右；2017 年以来，受部分开发区范围调整影响，土地开发率由 75% 调整为 83%，土地供应率、土地建成率较平稳。

3. 开发强度显著增长

上海市开发区土地利用强度总体呈增长态势，2007 年至 2017 年，公告开发区工业用地开发强度增长了超 15%；2018 年后开发区工业用地受

---

① 土地开发率是指开发区批准范围内已达到供地条件的土地面积与除不可建设土地以外的用地面积之比。

② 土地供应率是指已供应国有建设用地面积与已达到供地条件的土地面积之比。

③ 土地建成率是指已建成城镇建设用地面积与供应国有建设用地面积之比。

④ 工业用地率是指已建成城镇建设用地范围内工矿仓储用地面积与已建成城镇建设用地面积之比。

二次开发的影响，开发强度有所波动。现阶段开发区工矿仓储用地上实现建筑面积约 33 000 万平方米，工业用地综合容积率 0.84，其中产城融合型开发区容积率达到 1.0 以上。

4. 产出绩效持续提升

依托"五量调控"和土地高质量利用相关政策的大力推进，上海市开发区用地产出绩效总体呈增长态势。其中，2018 年之前工业用地地均税收增长较快，2019 年起受疫情、国际贸易环境变化影响，有所回落。2020 年底，上海市国家级开发区工业用地地均税收 15.39 亿元/平方公里，高于全国平均水平（2019 年，6.79 亿元/平方公里），省级开发区 7.04 亿元/平方公里。相较于 2013 年，2020 年国家级开发区工业用地地均税收增长了 58%，省级开发区增长了 2.3 倍，高出全市平均水平的开发区占三成。

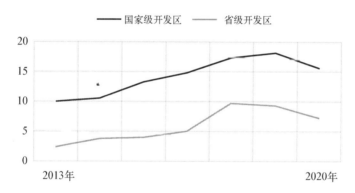

图 3-3   上海国家公告开发区工业用地地均税收时序
变化图（单位：亿元/平方公里）

二、 面临的问题

为积极推动"上海 2035"实施，促进产业经济高质量发展，努力破解土地资源要素配置对经济高质量发展的制约，当前开发区节约集约利用中仍存在一定的问题、困难和瓶颈亟须解决。

（一） 开发区产业能级有待优化提升

从经济密度来看，开发区开发程度和建设效率仍有较大提升空间，对园区形态品质、产业导入能级和产出绩效的期待更高；从产城融合来看，与人才对创新环境的需求相比，城市功能有待提升，轨道交通、公共空间、商业服务、文体医疗和租赁公寓等配套设施仍需加快改善；从转型升级来看，开发区仍集中在传统制造业环节，产业能级需进一步向先进制造业、战略性新兴产业转型提升。

（二） 开发区工业项目提容增效空间有待加速释放

上海市开发区设立较早，目前已整体进入存量更新、内生驱动阶段，产业园区发展空间拓展主要依赖于"向存量要空间"，但各类主体参与存量盘活的积极性需进一步引导提升。现阶段上海市开发区工业用地综合容积率 0.84，超出全市平均水平的开发区不足四成，容积率超过 1.0 的不足三成，产业用地开发强度按需确定、按简易程序实施控规调整等政策实施后，开发区需通过城市更新的市场化实施路径加速释放提容增效空间。

（三） 资源配置效率有待提升，低效用地处置机制有待完善

一是现阶段全市产业园区产业重合度较高，主要聚焦于电子信息（52%）、生物医药（35%）、汽车（27%）等重点产业，以集成电路、人工智能、生命健康、高端装备等为主导产业的园区不足两成。在上海市建设用地增量空间极有限的常态下，开发区土地供应需重点向先进制造业、战略性新兴产业和集成电路等"卡脖子""补短板"项目倾斜，进一步提升尚可供应土地配置效率。二是园区企业退出低效用地动力不足，缺少一定的收储机制和市场化引导机制。

三、 发展趋势

在当前产业用地资源要素市场化配置改革背景下，上海市开发区已全面进入存量发展阶段，总体呈现"以增量带存量、以强度换空间、以质量求发展"的发展趋势，同时在空间布局、治理模式和用地方式上均呈现特定的趋势特征。

（一） 空间布局

空间布局上，存量开发区转向远郊、市外联动发展，增量园区依托存量推进特色化、集聚化发展。

一是中心城区、设立较早的开发区充分发挥区位和产业先发优势，通过加快城市更新、品牌输出等路径向存量要空间，向外部要空间。如市北

工业园区，在静安区规划资源局指导下积极推进区内低效工业用地集中、现状业态能级不足的走马塘区域开展城市更新。

—— 案例 1 ——

市北工业园区走马塘工业用地区域成片更新

一、 项目基本情况

中环北翼走马塘区域（以下简称走马塘）位于上海市静安区市北高新技术服务业园区东北部，是统筹地区发展、整体转型的重要先行区。走马塘区域总面积 60 公顷，工业仓储面积 34.84 公顷，工业仓储用地容积率为 0.7，低效产业空间超六成。

二、 主要做法、特点和成效

一是建立了"多方参与+规划资源一体化"的成片更新区域协同推进机制。静安区规划资源局联手市北管委会，会同地调院、城市更新院等单位和企业，建立了多方参与的工作推进机制。

二是形成了区域更新规划和城市设计方案。明确走马塘区域作为市北高新园区产业服务平台、公共空间纽带、共享社区样板的发展定位。

三是开展了全覆盖的产业空间调查和经济测算，明确区域更新改造成本和收益。通过企业访谈、问卷调查等方式开展全覆盖调查，建立了包括权利人、租赁人、土地面积、土地性质、现状运营、经济效益、规划条件、更新意愿等条件的区域地块信息数据库。从更新成本和收益角度考量，提出经济可行、落地性强的地块更新方案。

四是形成了规划引领、尊重意愿的开发时序方案和四大专项行动计划，提出符合区域产业特点的"一地一策"。充分衔接区单元规划编制、"十四五"城区功能和土地利用专项规划前期研究成果，结合区域业主更新意愿问卷调查，形成了规划引领、资源保障、尊重市场的开发时序方案，明确了自主更新、联合转型、收储出让和公共绿地四大专项行动计划，提出包括规划资源政策、开发机制和实施方案的"一地一策"。

如漕河泾新兴技术开发区，目前已形成了一整套完整的科创品牌输出体系（3 个体系、4 种合作模式、22 个模块、58 项品牌输出体系），并成功推广到集团内浦江、松江、金山、青浦等市内园区及浙江海宁、江苏盐城、江苏南通、贵州遵义等省外园区，并积极向国外科技园区进行品牌输出。此外，上海市外高桥保税区也以股份合作模式设立了外高桥（启东）产业园，由合资股份公司负责园区管理，收益按双方股本分成；杨浦区政府与大丰市政府共建杨浦区大丰工业园区管委会，负责园区建设管理。

—— 案例 2 ——

漕河泾新兴技术开发区品牌输出

一、 开发区品牌输出界定

开发区品牌输出是品牌开发区为共建开发区提供品牌的使用权、品牌打造、输出品牌开发区管理经验、人力资源、招商资源和财力资源，形成完善的利益分配机制等，实现与共建开发的联动发展和双方互惠互利的共赢发展。开发区品牌输出一般是开发区发展到成熟期阶段之后才能进行的高层次性战略。

二、 漕河泾品牌输出现状

漕河泾开发区为"公司化"运营，由总公司统一负责开发区的资金筹集和运用、土地使用、房产经营、投资环境建设、基础设施建设、招商引资、完善公共技术服务等，并行使市政府授予的部分管理事权。在发展过程中坚持品牌化战略，在开发运营、规划建设、招商引资、创新孵化、园区服务方面形成自身管理经验，不断丰富开发区的品牌内涵，实施统一品牌、跨区布局、多点联动、协同发展的区域空间扩展战略，将科学的可复制的园区管理经验输出到共建开发区中，发挥开发区品牌的溢出效应，并以股权操作的形式保障了分园区对总公司经营管理模式的继承，有效解决了跨区域空间扩张的体制障碍。

表 3-1 漕河泾品牌输出的部分浙江区域园区情况

园区名称	园 区 合 作 情 况
浙江慈溪高新区	2019 年 6 月上海市漕河泾新兴技术开发区与慈溪高新技术产业开发区签署全面合作及品牌许可使用协议，设立漕河泾慈溪分区，通过人才培训、干部挂职交流、产业资源对接、园区运营顾问等方式展开深度合作。

续　表

园区名称	园 区 合 作 情 况
浙江余姚 工业园	2019 年 8 月上海市漕河泾新兴技术开发区与余姚工业园签署全面合作及品牌许可使用协议，设立漕河泾余姚分区，通过人才培训、干部挂职交流、产业资源对接、园区运营顾问等方式展开合作。
浙江嵊州 经开区	2020 年 9 月 25 日，上海市漕河泾新兴技术开发区发展总公司与嵊州经济开发区管理委员会签署战略合作框架协议。2022 年 6 月 30 日召开"嵊州漕河泾长三角协同发展产业园远程揭牌仪式"。
浙江台州 湾新区	2021 年 12 月漕河泾开发区总公司与台州湾新区管委会签署战略框架协议；2022 年 1 月漕河泾物业公司与台州市开发投资集团签署顾问服务合同，为台州梦想园区提供物业顾问服务。

二是远郊开发区承接中心城区、近郊园区产业外溢，实现转型发展与联合发展。 2018 年以来，上海市各类海关监管类园区纷纷推进转型发展，如嘉定、漕河泾、闵行、金桥等出口加工区转为综合保税区，外高桥保税物流园区转为外高桥港综合保税区，洋山保税港区转为特殊综合保税区，由单一的加工制造功能，扩大至保税仓储、设计研发、国际采购、国际配送、检测维修、转口贸易等综合功能。

同时，上海市积极推进市内开发区之间的产业转移承接，探索建立健全各园区之间的产业转移承接机制。如生物医药产业方面，金山工业园区与浦东张江生物医药基地于 2013 年联合建立了上海张江金山生物医药产业基地，实现了"研发在张江、制造在金山"的张江—金山"区区联动"发展。又如在临港新片区，陆家嘴、金桥、张江、外高桥及闵行开发区等多个园区均以项目或园区形式入驻，如临港陆家嘴广场、金桥临港创新创意园工程、张江科技港—先进制造产业园区等。

—— 案例 3 ——

"张江—金山"产业转移承接

一、共建园区

2013 年 9 月，上海张江生物医药基地开发有限公司与上海新金山工业投资发展有限公司合资成立了上海张江金山高科技产业开发有限公司，注册资金 2 亿元人民币，负责金山工业区生物医药产业基地内 405 亩生物标准产业园的建设开发、运营管理和招商引资工作。

二、发展情况

在金山与张江加强联动发展的大背景下，金山工业区与上海张江生物医药基地充分发挥各自在生产、研发领域优势，整合资源、合作发展，进一步释放了上海张江品牌和政策优势，加快了金山工业区生物医药产业发展步伐，"研发在张江、生产在金山"的品牌效应逐步显现。

金山工业区引进的重大项目——朗润青赛项目，就是"研发在张江、生产在金山"区区合作品牌联动结出的硕果。深圳朗润生物科技公司主要从事预防用生物制品（疫苗）及治疗用生产制品（单抗药物）生产，控股一批具有核心技术的生物医药研发企业，研发总部位于上海张江生物医药基地。该公司有一批针对肿瘤、糖尿病等重大疾病的创新品种需要产业化，首选金山工业区作为其产业化基地，这不仅由于园区良好的发展环境，还在于"研发在张江、生产在金山"的品牌效应。新项目计划总投资 31.3 亿元，2024 年计划产值预计达 84 亿元，目前已完成主体厂房结构封顶。

三是近年新设产业园区依托现有园区，引导聚焦"三大先导产业+六大重点产业集群"发展。"小而精"是特色园区的主要特征，上海市现有 53 个特色产业园区中，多数园区总面积不足 5 平方公里，张江人工智能岛、临港新片区信息飞鱼等园区面积不足 0.5 平方公里。多数园区为依托张江、紫竹、漕河泾、市北、杨浦、嘉定、临港、松江 G60 科创走廊等高新技术产业园区、大学城和重要产业基地，建设的产业创新功能集聚区、科创城区和嵌入式创新空间，有力支撑了"3+6"（新型）产业体系集群发展。前两批特色产业园区 2021 年营业收入约为 2 万亿元，工业总产值超

过 8 000 亿元，地均产出达到 141 亿元/平方公里。

—— 案例 4 ——

临港生命蓝湾园区

一、 共建园区

临港新片区生命蓝湾位于临港奉贤园区，是临港新片区先行区的重要组成部分，规划面积 4.39 平方公里。生命蓝湾是临港新片区全力打造的集"研发、生产、测试、展示"等功能为一体的国际生物医药产业基地，是临港新片区先行启动区内核心生物医药产业集聚区（含生物医药、高端医疗器械、国际医疗服务），重点布局精准诊断、精准药物、精准手术及健康服务及外延四个组成部分，园区将对标国际最高标准、最好水平，借鉴顶级生物医药产业集聚地发展经验，全力打造成为一流的国际生物医药产业聚集区。

二、 发展情况

产业生态：近两年签约生物医药项目占全市 40%，包括中科院上海有机所临港分子智造研究院、润佳医药等 20 余个高能级产业项目签约，总投资额达 160 亿，涵盖分子合成、免疫药物、细胞治疗、重点疫苗、3D 打印等生物医药产业的前沿领域；透景生命、君实生物、药明康德、和元生物、白帆生物、臻格生物、心玮医疗等数十家行业领先生命科技企业落户。

功能平台：计划布局全产业链生物医药研发和生产基地，孵化创新和服务平台，产学研一体化平台，国际高端医疗服务、生物医药保税研发、国际临床型研究医院等。目前临港新片区医疗器械技术审评服务站、临港新片区药品创新服务基地、临港新片区生物医药产业联盟等功能性平台和行业组织落地，为生命蓝湾的生物医药产业特色化、集群化发展按下了"快进键"。

（二） 治理模式

治理模式上，由土地开发运营管理转变为提供区域综合化、专业化运营服务。

一是开发区管理主体由单一的开发招商主体逐步向城市综合运营服务商转变。随着园区开发建设成熟，园区主体必然由单纯的土地运营向综合的"产业开发"和"氛围培育"转变，产业园区的发展从孤立的工业地产开发走向综合的产业开发，为企业提供物业管理、产业孵化对接平台搭建、金融服务、发展咨询等综合性的服务。同时，上海市部分园区主体也承担着所属区域的部分行政管理职能，如漕河泾开发区、张江高科技园区（张江科学城）、化学工业区等，均具备市政府授权的部分管理职能与审批职能。上海市部分产业园区主体目前已初步构建了由龙头企业、科研院所、协会联盟、金融机构、中介组织等组成的集群服务体系，如上海临港控股股份有限公司、上海外高桥集团股份有限公司、上海张江（集团）有限公司等 19 个园区集成服务商，为园区发展提供集空间运营、产业投资、科技金融、科技服务于一体的创新生态集成服务。

二是开发区"产城人融合"进程加快，区内企业由单一的生产服务需求转变为"管理、科创、生活"等专业化服务支撑需求。上海市已有的 13 个产城融合型开发区内，"人—居—业"融合发展需求突出，需要围绕企业全生命周期流程，进一步提升园区精准化、专业化服务水平，为产业集群发展营造良好环境。目前上海市已建立了 70 个提供"管理赋能服务、产业科创服务、生活配套服务"园区专业服务商，如上海环境保护有限公司、普道（上海）信息科技有限公司、上海新朋程数据科技发展有限公司等。

（三） 用地方式

用地方式上，由开发建设的规模扩张转变为多路径的用地质量与效率整体提升。

随着土地资源约束的趋紧和经济发展转型的深入，上海市产业园区充分依托现有产业用地高质量利用政策体系，通过提容、低效节余土地盘活、混合利用等多种路径，在存量土地上为产业发展寻找新的增长空间。

一是开发区存量产业用地提高容积率与增加地下空间。在横向发展空间受限的情况下，上海市部分园区结合区内存量产业项目空间拓展需求，通过控规调整、图则更新等规划调整程序将产业用地规划容积率提升至2.0乃至3.0，并通过"零增地"改扩建和技术改造等方式增加可用空间，且工业用地提容、增加地下空间按照现行政策可免收土地价款，有效降低了企业发展成本。

二是园区内现有节余、低效的产业用地更新盘活。通过园区回购、节余土地分割转让等方式，发挥好二级市场对土地资源的优化配置作用，提高存量土地资源配置效率，对破解"园中园"管理无序、土地二级市场地价"炒作过热"等问题具有一定的复制推广价值。

—— 案例 5 ——

松江经济技术开发区节余土地分割转让

一、 基本情况

2017 年 11 月 28 日，深圳顺络电子股份有限公司与松江区签署战略合作框架协议，拟于未来十年内在松江区投资超过百亿元建设亚太区总部以及先进制造基地，实现产值过百亿元，打造长三角地区汽车电子、精细陶瓷、5G 通信等先进制造领域的新高地，同时提出了89 亩的整块用地需求和尽快拿地投产的要求。

味之素公司是一家在松江区经营多年的知名日资食品企业。企业在松江经济技术开发区拥有的 178 亩土地中有 89 亩土地一直未开发利用，且短期内无开发利用计划。

二、 做法经验

摸索完善了二级市场分割转让政策体系，建立了大幅缩短土地供给时间的节余土地分割转让模式。松江区多部门联合，共同研究形成了《松江区工业用地节余土地分割转让暂行办法（试行）》《松江区工业用地节余土地分割转让工作流程（试行）》《上海市国有建设用地使用权转让合同》《上海市国有建设用地使用权开发建设与利用监管协议》等系列文件和配套文本，将转让后的工业用地纳入工业用地全生命周期管理体系。在现有全市统一的土地市场交易平台基础上，搭建了统一的土地二级市场交易平台。明确了试点地块交易环节和流程，建立了"信息发布—达成交易—签订合同—合同监管"的交易流程，并制定了上海市国有建设用地使用权转让公告文件文本（包括转让信息公示、《上海市国有建设用地使用权转让合同》《上海市国有建设用地使用权开发建设与利用监管协议》、转让结果信息公示），同步研究构建了二级市场土地管理和交易信息系统。

通过节余土地分割转让，顺络电子短时间内以 83 万元/亩（使用期限剩余 36 年），拿下了味之素公司闲置十多年的土地，较二级市场 400 万—500 万/亩的取得成本、一级市场一年以上的取得时间，土地供给效率得到显著提升，成为全国第二例节余土地分割成功案例。

三是推动园区现有产业用地混合利用与功能转型。随着产业融合加速，上海市"制造加研发"复合功能用地、堆叠式厂房需求逐步增加（例如生物医药、智能硬件等"楼宇产业"），需要功能更为包容的物业形态（如工业混合研发）。为满足新产业和新业态产业空间需求，上海市产业园区一般通过提高单一用途产业用地混合比例和采用多用途产业用地混合方式在存量用地上增加新型产业空间，提供综合用地效能。其中单一用途产业用地中增加的混合成分用途，结合规划产业主导功能的引导，可包括

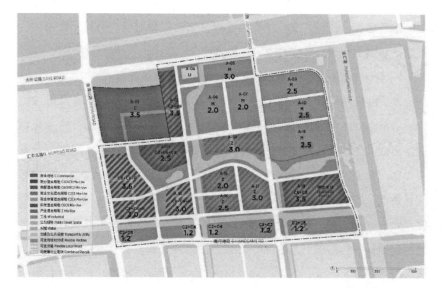

图 3-4　上海奉贤经济开发区"数据江海"混合用地利用示意图

工业、研发、普通仓储物流等产业用途；多用途产业用地混合，可根据项目需求采用 Z 类综合用地（功能为研发、工业混合+可调整弹性比例）、混合产业用地（适建用途+自主比例）等多种类型。

四、 优化建议

为加快落实国家长三角一体化发展战略，上海开发区应在坚持推进自身更新盘活与转型升级的基础上，进一步发挥龙头带动作用，联合长三角三省开发区，推进资源、产业、创新、人才、理念等多方面的共享融合，强化开发区一体化发展平台支撑，形成区域产业梯度承接转移体系、重点产业链联盟与战略产业集群，深度推进开发区一体化发展。

1. 坚持盘活存量空间，促进开发区转型升级

在《上海市城市更新条例》框架下，遵循规划引领、统筹推进、政府推动、市场运作、数字赋能、绿色低碳、民生优先、共建共享的原则，大力盘活存量土地，优化产业用地结构和布局。一是鼓励企业使用存量用地投资建设或对现有用地追加投资、升级改造，全面提高土地利用强度，着力解决用地不充分问题。二是鼓励企业依托新产业新业态发展，加快产业更新换代实现自身迭代式发展，适当提高生产性服务业用地比例，提倡土地复合利用和地下空间合理利用，优化土地利用结构，推动开发区整体转型升级。三是创新用地管理模式，拓宽存量土地盘活路径，依靠政府引导、市场运作、合作共赢；并实施低效用地治理和退出，引导土地资源合理流动和高效配置，腾挪产业园区发展空间。

2. 坚持多元化供地方式，引导产业园区资源高效配置

为适应研发设计、总部经济等产业发展需求，保证优质项目用地需求，根据企业生命周期特点，创新产业用地供应方式。一是引导企业先租后让用地，尝试有一定比例的项目用此方式，企业先行承租土地进行开发建设和产业运营，投产或达产验收后办理出让手续；根据企业生命周期和项目特点，按照相应政策要求施行 20 年、50 年弹性年期制，确保土地资源高效配置。二是实施产业用地控制标准，在执行国家《工业项目建设用地控制指标》的基础上，结合《上海产业用地指南》（2019 版）、各区及园区的产业准入标准，指导产业项目的引入、升级、退出；在"极有限的净增空间"现状下，广泛施行"标准地"供给机制，提高产业项目准入标准和落地速度，进一步加强土地资源管控引导。三是推进园区平台的全生命周期管理，发挥园区平台、领军企业支持政策的效用，从规范园区平台认定及备案、建立园区平台管理"清单"、完善园区平台监管及退出机制、强化园区平台对其转让物业监管职能方面，进一步加强园区平台全生命周期管理，确保"产业用地用于产业发展，园区平台统筹区域发展"的产业政策初衷。

3. 坚持高质量一体化发展理念，提升开发区发展能级水平

落实高质量发展、长三角一体化战略，建设卓越全球城市，振兴"上海制造"品牌，迫切需要将开发区建设成为具有国际竞争力的高品质园区。一是加强省际产业合作园区共建，提升合作园区的开发建设和管理水平，同时在现有长三角开发区协同发展服务中心等一体化平台基础上，加快推进"科技+产业"的一体化协同创新平台构建，有序推动产业跨区域转移和生产要素双向流动。二是做好产业园区中长期发展规划，把有限的土地资源聚焦于领军企业、头部企业和优质项目，提升单位土地的经济密度、产出水平和绩效品质。三是产业园区应立足自身产业发展定位，在上海产业地图（2022版）指导下，充分利用产业与规划土地政策，大力发展新技术、新产业、新业态、新模式等低碳绿色经济，接轨国际国内发展大趋势；同时改善产业园区功能配套水平，提升产城融合度，有利于开发区全面发展。四是依托全生命周期管理强化供后监管，以土地出让合同为抓手，将产业用地的经济、社会、环境指标以及土地使用条件、利用绩效等全要素纳入信息库，依托智慧产业空间应用场景平台，形成更加及时有效的动态监测和评估反馈机制，为产业用地持续高效配置提供高效、便捷的决策支撑。

（执笔：上海自然资源研究中心、上海市地质调查研究院方国安、范华、段浩、章晓曼）

长三角生物医药产业园发展：
思路与对策

一、 长三角生物医药产业园发展及在全国的地位

产业园是集聚创新资源、培育新兴产业、推动产业集群发展的重要载体。长三角数量庞大的产业园为生物医药产业提供了足够的空间，成为区域经济发展增长极和压舱石。

（一） 长三角生物医药产业园发展现状

长三角三省一市共有 57 个开发区（见表 3-2）进行生物医药产业专业化园区开发，再加上一些细分特色产业园，显示不同的空间布局。

表 3-2　长三角三省一市生物医药产业开发区情况

省　市	国家级	市　级	总　计	占　比
上海市	3	6	9	15.79%
江苏省	12	8	20	35.09%
浙江省	3	8	11	19.30%
安徽省	4	13	17	29.82%
总　计	22	35	57	100.0%

资料来源：龙涛，《长三角生物医药产业开发区分布特征及优势》。

1. 上海市："1+5+X"空间布局

上海市生物医药产业是我国生物医药产业发展的排头兵，深耕产业创新研发、聚焦引领行业标准，具备先天优势和长期发展的基础和潜力，以建设成为全球超一流医药产业为目标。2021年上海生物医药产业规模，预计超过 7 000 亿元，其中制造业产值 1 712 亿元，同比增长 12%。"十三五"期间，上海生物医药产业呈现良好发展态势，制造业工业总产值从958.6 亿元增至 1 416.61 亿元，年均复合增长 10.3%，占上海市工业总产值比重由 2016 年的 2.9% 提高到 2020 年的 4.1%。

从空间布局来看，《上海市产业地图》提出要围绕生物医药产业打造"1+5+X"空间布局，各类创新要素加速向产业园区集聚，实现"2 个80% 以上"（80% 以上的生物医药投资项目集中于产业园区，80% 以上的生物医药制造业产值由产业园区贡献）。

表 3 - 3　生物医药"1+5+X"空间布局

空间布局	园　　区	主 要 产 业
"1"	张江生物医药创新引领核心区	创新药物、高端医疗器械和生物技术服务等研发转化制造产业链
"5"	临港新片区精准医疗先行示范区	生物制药、高端数字化医疗器械、健康服务等
	东方美谷生命健康融合发展区	疫苗、现代中药、医美产品等
	金海岸现代制药绿色承载区	高附加值原料药、新型制剂、抗体药物、免疫治疗、细胞治疗等
	北上海生物医药高端制造集聚区	高端医药制造、高端医疗器械装备生产、现代医药物流等
	南虹桥智慧医疗创新试验区	智慧医疗高端产品、国际医疗高端服务和医药流通枢纽等

续　表

空间布局	园　区	主　要　产　业
"X"	徐汇枫林湾临床研究区、环同济大学医学院生命健康总部基地、嘉定医学影像与精准医疗集聚地、青浦生命科学园、G60 生物医药基地、化工区生物材料制造	（略）

科技创新方面，上海具有国际竞争力的制度环境、政策体系、营商环境、人才优势，吸引了一批企业集聚发展，推动上海新动能的持续增强。上海创新我国首发的两个细胞治疗（CAR-T）类产品，全都诞生在上海；上海获批的 1 类国产创新药达 8 个，创下历年新高（2019 年 5 个，2020年 1 个）；有 12 项产品进入国家创新医疗器械特别审批通道，占全国总数1/5，居全国第一。

2. 浙江省："一核+四基地+若干个特色园区"

浙江省生物医药产业在国内起步较早，在部分细分领域特色鲜明，尤

**表 3-4　浙江省"一核+四基地+若干个
特色园区"空间布局**

空间布局	基　地	园　区　定　位
一核	杭州	高标准建设杭州医药港生物医药"万亩千亿"新产业平台
四基地	宁波	杭州湾新区生命健康产业园、宁波生物产业园（宁海）、梅山生命健康产业园
	台州	台州临海医化园区、椒江绿色药都
	绍兴	滨海新城生物医药产业园、绍兴高新区、新昌生物医药产业基地
	金华	生物医药"万亩千亿"新产业平台
特色园区	温州、湖州、嘉兴、舟山、衢州、丽水等	（略）

其在化学药领域形成了集中间体、原料药、制剂、流通于一体的完备产业链，在生物技术药、医疗器械、第三方检验检测等领域也涌现出一批创新型企业。浙江省生物医药产业规模，根据浙江省经信委数据，全省从2015年至2019年，规模以上医药制造业增加值年均增速为10.1%，总产值由1263.4亿元增长到1616.3亿元，主营业务收入由1133.6亿元增长到1538.8亿元，利润总额由132.3亿元增长到255.6亿元，年均增速分别达到10.2%、11.1%和14.9%，增幅位于各工业行业前列。

从空间布局来看，浙江省提出要打造形成"一核+四基地+若干个特色园区"的生物医药产业格局。

科技创新方面，浙江发挥生产制造与数字经济融合优势，形成以杭州国家生物产业基地和台州国家化学原料基地为核心的产业格局。

3. 江苏省："四大医药板块"

近年来，江苏生物医药产业发展在全国范围内脱颖而出，产业规模领先、创新优势明显、骨干企业竞争力强、区域特色集群初步形成。2020年，江苏省生物医药产业产值超6000亿元，在国内排第一位。江苏具有全国最强的产业化优势，并且初步形成各地特色优势，如苏州的创新药、泰州的生物制药和疫苗、昆山的小核酸、南京的基因产业等。

从空间布局来看，基本形成"四大医药板块"，即苏南的苏锡常医药产业群、苏中的泰州医药城、南京"药谷"以及苏北的连云港新医药产业基地。

科技创新方面，江苏省是我国生物医药产业制造业领域的领军者，是生物医药产业成长性最好、发展最为活跃的地区之一，已形成苏州、南京、泰州、连云港等一批生物医药产业研发基地。2019年江苏获批上市药品89个品规，其中Ⅰ类新药8个品规，分别占全国总数的18.2%和61.5%，居全国首位。

4. 安徽省："三大生物医药基地"

安徽省正着力构建国内领先的现代医药产业体系，经过多年发展，安徽全省形成以原料药及中间体、化学药、中药及中药生产为基础，以生物药、医疗器械为培育，以细胞和基因治疗、医疗人工智能、脑科学与类脑科学为前瞻布局，以医药流通和医药外包服务为协同的生物医药产业体系，并初步形成产业集聚，在合肥、阜阳、亳州等城市集群化发展格局。

生物医药产业规模方面，省经信厅发布《安徽省"十四五"医药工业发展规划》，力争到 2025 年，医药工业实现营业收入 1 500 亿元。

从空间布局来看，《安徽省人民政府办公厅关于印发促进医药产业健康发展实施方案的通知》明确提出要重点建设阜阳太和现代医药产业集聚发展基地、亳州现代中药产业集聚发展基地、合肥生命健康产业基地"三大生物医药基地"。

科技创新方面，根据《规划》，"十四五"期间，安徽将瞄准全球医药发展新趋势，依托合肥综合性国家科学中心建设，加快科技创新攻坚力量和成果转化运用体系建设，把更多科技成果就地转化为现实生产力。同时，加强跨学科、跨领域、跨行业合作，推动生命科技源头创新和精准医疗全链创新。

（二） 长三角生物医药产业园发展特色

依据各产业园发展定位以及产出情况来看，长三角区域生物医药产业园呈现出一些特色。

1. 产业呈集聚态势，但产融结合不足

长三角生物医药产业主要分布于上海集聚区、沿长江集聚带、海州湾集聚区、杭州湾集聚区。上海、泰州、连云港发展较为成熟，杭州发展速度较快，安徽省太和经济开发区生物医药产业定位很高，正处在成长期。除此之外，零星分布的以生物医药为主导产业的园区参差不齐。

长三角重点城市围绕自主创新、平台构建、产业对接等方面，多措并举，着力促进医药产业蓬勃发展。尽管如此，金融业在医药产业的渗透度和融合度依然不足，医疗资源对生物医药产业的支撑有待加强。长三角众多城市在企业与医院在临床数据资源共享、"产学研医"对接平台建设等方面仍缺乏对应的制度标准、法律法规和指导政策。创新型企业融资渠道仍较为有限，银行等传统金融机构在信贷政策上尽管不断向医药产业倾斜，但评估仍然相当审慎，投入信贷资金量规模受限。此外，缺少真正有质量的科技中介服务机构、成果转化服务机构，也制约了生物医药产业链和创新链的进一步融合。

2. 区域产业链有分工，但协作水平不高

长三角地区在研发创新、产业转化、生产制造、平台建设、供销拓展、国际合作等方面在国内具有巨大优势，跨国生物医药企业总数也居国

内首位，在国内生物医药产业的定位较高。同时，长三角地区通过园区共建、资源共享、监管政策统一等举措带动区域内生物医药产业协同发展，企业间增进沟通、促成合作、互补优势。

上海市科研院所、专业人才、临床资源、创新平台、跨国合作等创新链环节均领先于长三角其他省市，已基本形成了完善的生物医药创新体系和产业集群。江苏省和浙江省研发和生产并重，产业链各部分发展较为均衡。浙江省着力发挥数字经济在生物医药生产制造环节中的融合优势；江苏省在生物医药产业化方面取得的成效，在全国首屈一指，已初步形成产业布局特色。安徽省在研发方面相对薄弱，在化学药、中药生产方面具长足优势。

长三角区域生物医药产业结构有较大的趋同性，不少城市都提出要发展生物医药全产业链，在产业链上没有形成明显的分工协作机制。产业链环节选择的高度相似性会降低和抑制产业集群协同效应，长三角区域内产业园之间的内卷加剧，对于优质项目、知名企业、专业人才等资源互抢严重。一些城市出台各类优惠政策吸引长三角内其他城市、园区的团队、企业等入驻，"墙内开花墙外香""挖墙脚"等现象屡见不鲜。

3. 产业形成集群，发展势头良好，但与国际领先梯队差距明显

长三角生物医药产业形成的产业集群在国内具有绝对优势，优质企业总数远超其他省市。长三角地区拥有国内近三成医药百强企业，在生物制药、医疗器械、医药流通、外包服务等领域均有领军企业，而且医疗健康领域拥有 8 家估值高、成长潜力巨大的独角兽企业，占全国近五成。科创板上市申报的 64 家生物医药企业中，来自长三角的有 33 家，占比超过50%。但与美国波士顿、英国伦敦、瑞士等全球知名生物医药产业集群相比，长三角产业集群的实力相去甚远，短期内无法抗衡，进入全球制药 50 强、医疗器械品牌 50 强等重要排行榜的本土医药企业寥寥无几，国内龙头恒瑞医药、扬子江药业等无论是市值还是营收均与国际龙头企业相去甚远。聚焦细分专业领域，复星医药、联影医疗等与罗氏、强生、辉瑞等国际综合性头部企业的差距非常明显，难以主导全球产业链和价值链分工。

长三角地区的研发企业、科研机构和顶尖人才等核心资源要素高度聚集，长三角新药研发能力全国领先，如全国医药研发百强企业中长三角占

30%左右，国内30家新药研发企业有20家左右位于长三角，生物医药领域TOP30的机构和高校长三角占7所。长三角在生命科学和生物技术领域专利申请数量和授权数量在全球也具有一定的竞争力。

但与全球知名产业集群相比，长三角生物医药产业集群当前仍以仿制药为发展重点。根本原因在于高校生物科学科研实力远远落后于欧美，基础科学研究源头资金投入力度有限，也缺少规模化综合型领军企业，创新药尤其是First in Class一类新药研发能力不足。同时，产业链从上到下都存在被"卡脖子"的环节，如制药领域的动物细胞培养等生物制造重要原材料，医疗器械制造领域的高分子材料等重要原材料均不同程度受制于人。

（三） 长三角生物医药产业园在全国的地位

长三角是我国生物医药产业的核心区域之一，具有较强规模效应和竞争优势。据不完全统计，全国医药制造业上市公司共439家，其中长三角地区121家，占全国27.6%，2020年营收规模合计7 200.7亿元，占全国29%。长三角地区生物医药上市公司注重研发，2020年复星医药研发投入40亿元，苏州信达生物研发投入18.5亿元。

1. 国家级生物医药研发中心

长三角生物医药产业高度集聚研发企业、科研机构和顶尖人才等创新资源要素，如全国医药研发百强企业中长三角占30%左右，国内30家新药研发企业有20家左右位于长三角，生物医药领域TOP30的机构和高校长三角占7所。

在上海张江、江苏泰州、浙江杭州形成了国家级研发中心为核心、以跨国研发机构为重点的医药产业技术创新体系。新药研发能力全国领先，张江生物医药创新引领核心区已成为我国生物医药产业创新的策源地。我国食药监总局每批准3个一类新药，就有1个来自张江。长三角在生命科学和生物技术领域专利申请数量和授权数量在全球也具有一定的竞争力。

2. 医药和医疗设备生产基地

长三角生物医药产业的医药和医疗设备生产基地主要集中于江苏、浙江，以苏州工业园区、杭州经开区、连云港经开区为代表。泰州医药产业销售已连续16年领跑全省，并在全国地级市排名第一。

3. 形成一大批行业领军企业

长三角地区占据国内医药百强近三成，医药上市企业市值城市版图

TOP20 中长三角共有 6 个城市上榜。长三角在生物制药、医疗器械、医药流通、外包服务等领域均有领军企业，而且医疗健康领域拥有 8 家估值高、成长潜力巨大的独角兽企业，占全国近五成。

截至 2020 年末，科创板上市申报的 64 家生物医药企业中，来自长三角的有 33 家，占比超过 50%，其中上海就有 15 家。可以说，长三角龙头企业在国内具有绝对的竞争优势。

—— 专栏 ——

长三角产业园领军企业代表
——上海医药集团股份有限公司

上海医药集团股份有限公司（以下简称"上海医药"）是沪港两地上市的大型医药产业集团，是控股股东上实集团旗下大健康产业板块核心企业，主营业务为医药工业、分销与零售，均居国内领先地位，是国内第二大全国性医药流通企业和最大的进口药品服务平台。上海医药入选《财富》世界 500 强，位列第 437 位；入围全球医药工业 50 强，排名提升至第 42 位。上海医药实现营业收入 2 158.24 亿元（币种为人民币，下同），同比增长 12.46%，净利润 50.93 亿元，同比增长 13.28%。研发投入达到 25.03 亿元，同比增长 26.94%。

医药研发方面：截至 2021 年底，上海医药临床申请获得受理及进入临床研究阶段的新药管线已有 47 项，其中创新药 39 项，改良型新药 8 项。在创新药管线中，已有 6 项处于关键性研究或临床Ⅲ期阶段。

表 3-5 上海医药主要研制新药

分　类	数量（按适应证计算）	备　　注
创新药	39	29 个项目进入临床阶段，10 个项目临床申请已获得受理
改良型新药	8	3 个项目进入临床阶段，另外 5 个项目临床申请已获得受理
合计	47	——

资料来源：《上海医药年报》。

为进一步推动改良型新药和高端制剂的布局、加快技术研发进程，公司与国内多家知名高校、研发机构建立深入合作关系，积极推进吸入制剂、缓控释制剂等多个技术创新平台建设推动应用研究，已开发 2 类新药项目共计 16 个，较 2020 年增加 12 项。仿制药方面，公司 2021 年共计 22 个品种（29 个品规）通过了仿制药一致性评价，过评产品累计增加到 40 个品种（56 个品规），位居行业前列。

战略合作方面：上海医药联合上实集团、上海交通大学医学院、复旦大学、中科院分子细胞卓越创新中心、上海张江（集团）有限公司等单位，就上海生物医药前沿产业创新中心的设立进行了破题，加快构建龙头企业牵头、高校院所支撑、各创新主体相互协同的创新联合体。

二、 长三角生物医药产业园发展优势和成效

国家科技部生物技术发展中心重磅发布《2021 中国生物医药产业园区竞争力评价及分析报告》：苏州工业园区生物医药产业综合竞争力位列全国第一，张江高新区位列第三。这客观上突显长三角地区生物医药产业的巨大优势和引领全国生物医药产业园区发展的地位。

（一） 长三角生物医药产业园发展优势

长三角区域生物医药产业园发展优势不均，研发和生产各有侧重，研发和生产能力也有较大区别。具体可看如下重点开发区。

1. 上海张江高科技园区的优势

（1） 跨国医药巨头入驻，研发中心汇聚。医药行业的跨国公司十强中已有罗氏、辉瑞、诺华、葛兰素史克等 7 家在张江设立研发中心，从而使得张江成为全球生物医药研发网络重要结点。同时，张江科技园引进中科院药物所、国家人类基因南方研究中心、国家新药筛选中心等研发机构以及几百家中小科技企业为代表的创业群体。张江生物医药上市企业数量为 31 家，生物医药科创板上市企业为 15 家。2021 年总营收 2 519.08 亿元，总市值 4 682.72 亿元。

（2） 一流高校集聚，专业人才输送。张江科技园立足增强科技创新、孵化创业功能，注重产学研相结合，着力引进与产业密切配合的高等级院校。目前园内已有上海中医药大学、复旦药学院、上海交大张江高等研究

院、浙江大学高等研究院等多所高校生物医药科学专业入驻合作。

（3）平台建设更为完善。张江生物医药研发孵化平台包括实验室、中试车间和包括仪器分析检测中心、信息情报中心、实际采购中心等专业技术平台，实现研发、试验、制造相结合。

2. 江苏苏州、泰州、连云港等的优势

苏州提出将生物医药作为"一号产业"来打造，为此绘制了"中国药谷"的发展蓝图，明确"做强两核、做大多极"的区域布局，力求举全市之力打响生物医药的"苏州品牌"。目前已经形成了覆盖原料、研发、制造、流通、服务等环节的产业链条，涉及生物制药、医疗器械、生命健康等多个领域。

泰州自建设"中国医药城"启动以来，致力打造国内规模最大、产业链最完善的生物医药产业基地。目前已集聚 1 200 多家国内外知名医药企业，其中包括阿斯利康、雀巢、武田制药、勃林格殷格翰、阿拉宾度等 14家知名跨国企业；扬子江药业、江山制药、济川药业等多家全国医药百强企业。2021 年，泰州生物医药及高性能医疗器械产业产值超 800 亿元，年销售超 10 亿元医药大品种达 18 个。

连云港自 2018 年提出了建设"中华药港"的设想，目前已建成了抗肿瘤药物、抗肝炎药物、麻醉手术用药、新型中成药等六大生产研发基地，形成了化学药品原料药、化学药品制剂、中成药、生物药、卫生材料和医药用品等八大产品群，培育了正大天晴、豪森药业等一批行业领跑者。

—— 专栏 ——

苏州工业园区投资引导基金

苏州工业园区投资引导基金，是国内先进的以政府为主导的产业引导基金，2006 年中国开行和中心创投联合出资发起成立，主要投向苏州工业园区内的人工智能、生物医药、纳米技术应用等重点产业领域的创投企业、创业企业等，是国内第一只市场化运作的政府创业投资母基金，引导基金总规模 10 亿元，由苏州工业园区财政全额拨付，投资方式包括阶段参股、跟进投资、风险补偿和投资保障等多种方式。截至 2020 年，累计参股子基金 35 只，子基金总规模超过 85 亿元，累计投资企业 363 家，已经成为母基金重要典范。

优势：市场化定位运作引导基金，政府参股不控股，运作方式灵活；发挥本土社会资源，加强与本土大型企业合作，利用其资本实力雄厚且具有深厚产业背景的优势，为早中期创业企业提供资金支持、产业链资源整合等多项服务；引导基金以地方鼓励发展产业为导向，精准扶持相关产业发展；人才资源与国际接轨，引进高水平国际管理团队，带动产业高质量发展。

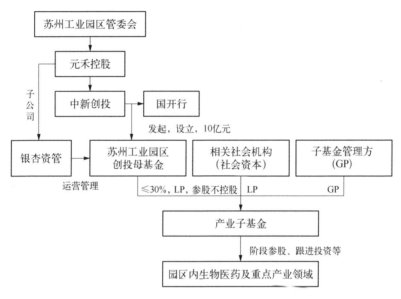

图 3-5　苏州工业园区投资引导基金

资料来源：药智产业研究院。

3. 浙江杭州、台州等的发展优势

杭州生物医药产业经过多年发展，已基本形成了以钱塘区为核心，高新区（滨江）、萧山区、余杭区、临平区协同发展的"一核四园"的产业空间规划布局，合理布点特色产业园区。

台州市根据《台州新医药健康城发展规划》，基本形成以临海国家级医化基地、椒江绿色药都小镇为核心区，辐射黄岩经济开发区、仙居经济开发区、天台经济开发区、温岭经济开发区、三门经济开发区等区域，构建台州新生物医药港"双核多点"的产业空间布局。

4. 安徽太和经济技术开发区的优势

作为闻名全国的医药集散中心，安徽阜阳市太和县有"华东药都"之美誉。太和经济开发区大力发展现代医药龙头产业，构建起省级医药战新基地，中印合作试验区、化工园区、保兴医药健康产业园等一系列卓越产业平台与创新平台。目前拥有贝克制药、悦康药业、四环科宝制药等医药企业598家。区内医药企业的发展水平持续提升，其中贝克制药开创了国产化抗艾滋病、抗乙肝药物的先河，结束了国内长期依赖进口抗病毒药物的历史；悦康药业以消化类、心脑血管类、抗肿瘤类等新药为主要研究方向，目前拥有上市一类新药1项、在研一类新药8项，近100项强仿药物进入临床研究阶段。

（二） 长三角生物医药产业园的主要成效

1. 生物医药产业园发展规模(制造业产值、销售收入等)

国家统计局数据显示，截至2020年，中国生物医药行业市场规模为3.57万亿元，预计2022年中国生物医药行业市场规模将突破4万亿元。作为长三角生物医药产业的排头兵，2020年张江"一区22园"生物医药工业总产值约1 100亿元，苏州工业园区2020年产业总产值突破1 000亿元。长三角生物医药产业2020年总产值突破1万亿元。

2. 龙头企业及上市企业数量(以张江、苏州等重点园区为例)

2021年，张江生物医药上市企业的总市值为4 682.72亿元，苏州工业园区为1 259.41亿元。根据中国医药工业信息中心发布的"2021年度中国医药工业百强企业"榜单中，前50强中长三角地区企业有18家，占比达到36%。在长三角产业园区内，形成了一大批以上海复星医药、扬子江药业、上海医药为代表的行业领军企业。

表3-6　2021年度中国医药工业百强企业
前50强长三角地区企业

名　次	企 业 名 称
4	上海复星医药(集团)股份有限公司
6	扬子江药业集团有限公司
7	上海医药(集团)有限公司
8	修正药业集团股份有限公司

续　表

名　次	企　业　名　称
10	江苏恒瑞医药股份有限公司
15	正大天晴药业集团股份有限公司
16	阿斯利康制药有限公司
20	上海罗氏制药有限公司
23	新和成控股集团有限公司
26	杭州默沙东制药有限公司
31	江苏豪森药业集团有限公司
35	浙江东方基因生物制品股份有限公司
39	江苏济川控股集团有限公司
40	浙江海正药业股份有限公司
42	浙江医药股份有限公司
44	普洛药业股份有限公司
45	浙江华海药业股份有限公司
47	艾康生物技术(杭州)有限公司

资料来源：中国医药工业信息中心（经作者整理）。

3. 长三角区域生物医药产业链分工协作发展（研发生产并重）

上海市跨国生物医药企业研发中心密集，已经形成了以中科院药物所、国家基因组南方中心为主的"一所六中心"研发体系，成为长三角区域乃至我国生物医药产业技术研发与成果转化的中心；江苏省是我国生物医药产业制造业领域的领军者，是生物医药产业成长性最好、发展最为活跃的地区之一，已形成苏州、南京、泰州、连云港等一批生物医药产业研发基地；浙江省在部分领域具备国内先进水平，形成了以杭州国家生物产业基地和台州国家化学原料药基地为核心的生物产业聚集带；安徽省亳州是全国重要的中药产业集群化发展基地，集聚了一批中药饮片、中成药、特色中药提取物等方面的优势企业。

长三角三省一市从区域尺度上看，上海市处于产业链的研发环节，江苏省和浙江省研发和生产并重,安徽省在研发和生产方面相对薄弱。长三角三省一市虽然在产业链分工上较为明显,但是多属于自发形成,在产业链定位上,协作水平不高。

—— 专栏 ——

北京市生物医药产业特色分析

北京市生物医药产业布局特点是"北研发、南制造",北部以中关村生命科学园为核心,形成国家级生命科学和新医药高科技产业的创新基地;南部集中在北京经济技术开发区和大兴生物医药基地,涵盖生物医药、医疗器械、医疗服务等。

从企业资质分布来看,截至 2022 年底,生物医药相关高新技术企业758 家,专精特新企业 273 家。从研发能力来看,北京市生物医药产业专利数量为 28 535 个,新药上市数量为 29 个,国产医疗器械上市数量为3 931 个,仿制药通过一致性评价数量为 306 个。从主营业务收入分布来看,北京市生物医药产业中,化学药企业 257 家,中药企业 67 家,中药饮片 51 家,生物制品 107 家,医疗器械 1 904 家。

北京市在前沿基础研究领域,布局一批国家重大科技基础设施,包括北生所、北京脑科学与类脑研究中心等加大基础创新与源头创新,涌现出百济神州、诺诚健华、加科思、华辉安健等一批高成长活力的创新药企业,同时引进了腾盛博药、联影、百放等潜力创新企业。医药创新成果不断产出,北京获批上市的创新药数量及获批上市的 AI 三类医疗器械产品数量均居国内领先地位。

—— 专栏 ——

广东省生物医药产业特色分析

广东省依靠得天独厚的地理优势,以广州和深圳两大国家生物产业基地为龙头,是全国生物医药大省,生物医药生产总值、销售额、利润总额列全国第三。以深圳高新技术产业开发区和广州高新技术产业开发区为园区先锋,引领广东省内广州、深圳、珠海、佛山、中山五大城市大力发展生物医药产业园建设。

从企业资质分布来看，截至 2022 年底，广东省内五大主要城市中生物医药相关高新技术企业 893 家，专精特新企业 325 家。从研发能力来看，广东省内五大城市生物医药产业专利数量为 26 439 个，新药上市数量为 16 个，国产医疗器械上市数量为 8 636 个，仿制药通过一致性评价数量为 457 个。从主营业务收入分布来看，广东省内五大城市生物医药产业中，化学药企业 265 家，中药企业 71 家，中药饮片企业 79 家，医疗器械企业 5 180 家。

广东省生物医药产业已经集聚产业链内各类企业约 235 500 余家，包括研发、生产、销售和服务型企业，其中广州市 80 100 余家，深圳市 58 500 余家，广州、深圳两大龙头城市占全省医健企业总数的 58% 以上。全省医药企业医药类高新技术企业达 1 868 家；中国制药工业百强榜企业 8 家；瞪羚企业 36 家；独角兽企业 38 家；生物医药相关上市及新三板企业共 46 家，其中主板上市企业 12 家，创业板上市企业 18 家，中小板上市企业 11 家。拥有一批市场竞争力较强的知名中药品牌，药品制剂市场竞争整体实力国内领先，医疗器械、生物制药竞争力正在逐步形成。

三、 长三角生物医药产业园发展思路与政策

从长三角三省一市的"十四五"经济社会发展规划来看，都对生物医药产业园区发展提出了明确的发展思路及相关政策。

（一） 长三角生物医药产业园发展思路

1. 上海张江生物医药基地（"张江药谷"）发展思路

国家上海生物医药科技产业基地——张江生物医药基地重点集聚和发展生物技术与现代医药产业领域创新企业，被誉为"张江药谷"。张江药谷集聚国内外生命科学领域企业、科研院所及配套服务机构 400 多个，形成了完善的生物医药创新体系和产业集群，已成为国内生物医药领域创新实力最强、新药创制成果最突出的基地之一。

2. 苏州工业园打造"BioBAY"生物医药园区品牌

苏州生物医药产业园（BioBAY）是苏州工业园区培育生物产业发展的创新基地，目前已形成了新药创制、医疗器械、生物技术等产业集群。

3. 江苏泰州生物医药发展

泰州致力于打造"中国医药城",形成了抗体、疫苗、诊断试剂及高端医疗器械、化学药新型制剂、特医配方食品等一批特色产业集群。

4. 浙江杭州经济技术开发区

杭州经济技术开发区是 1993 年经国务院批设的国家级开发区,现已形成了生物医药、现代中药、新型化学药物、新型医疗器械等 4 大行业,是杭州"新药港"的主要基地。

5. 安徽太和经济开发区

聚焦"高端医药原料+制剂"的发展定位,太和经济开发区形成了生物制药、化学制药、现代中药、保健品及医疗健康服务、药用辅料、医疗器械为一体的现代医药产业体系。

(二) 三省一市发展生物医药的产业政策

1. 上海市政策

在市级政策方面,上海市政府提出了对生物医药产业规模、上市药品、创新能力等方面设置的定量和定性发展目标,在科技创新、聚焦优势重点领域、规划建设生物医药园区三大方面提出了 12 条举措,并提出要在财政资金、创新产品推广应用、审批制度改革等方面实施重点扶持。

表 3-7 上海市生物医药产业政策

层面	政 策 名 称
市级	《上海市人民政府办公厅关于促进本市生物医药产业健康发展的实施意见》
	《促进上海市生物医药产业高质量发展行动方案(2018—2020年)》
区级	《闵行区关于加快推进生物医药产业发展的专项政策意见》
	《金山区关于促进生物医药产业高质量发展的若干政策》
	《关于加快推进上海市奉贤区生命健康产业高质量发展的若干政策》
	《促进青浦区生物医药产业高质量发展行动方案(2019—2020年)》
	《中国(上海)自由贸易试验区临港新片区集聚发展生物医药产业若干措施》

在区级政策方面，金山区、奉贤区、自贸区临港新片区对企业科技创新中提出了具体政策措施，主要惠及新药临床试验、上市许可等环节，最高补贴1 000万元；闵行区、金山区、自贸区临港新片区对企业平台支撑给予优惠政策，如给予固定资产投资支持、市主管部门认定后给予一次性资助等，此外，三区还配合制定了企业引育政策，即促进行业企业在地理空间形成集聚，政策促进企业落户、产业项目落地及企业规模化发展。

2. 江苏省政策

在省级政策方面，江苏省政府提出了对产值、企业、创新等领域设置定量和定性发展目标，提出鼓励原始创新、推进一致性评价、组织科技攻关等12条举措，在人才扶持、财政支持、药审制度改革等方面进行重点扶持。

在市区级政策方面，苏州市、南京江北新区、泰州医药高新区对企业科技创新中提出了具体政策措施，主要惠及新药研发及产业化、取得医疗器械注册证书等环节，苏州、泰州市最高补贴单户每年3 000万元；苏州市、无锡市、南京市江宁区对企业平台支撑给予优惠政策，如苏州市对新建公共服务平台予以2 000万元以内不超过总投资30%的资助等；此外，苏州市、无锡市、南京江北新区还配合制定了企业引育政策，即促进行业企业落户、规模化发展及项目落地。

表3-8 江苏省生物医药产业政策

层面	政 策 名 称
省级	《省政府关于推动生物医药产业高质量发展的意见》
市级	《关于加快推进苏州市生物医药产业高质量发展的若干措施的通知》
	《关于加快推进无锡市现代生物医药产业发展的若干措施》
	《南京市江宁区加快推进生物医药产业高质量发展的若干政策》
	《南京江北新区生物医药产业发展促进政策》
	《泰州医药高新区管委会关于推进大健康产业高质量发展的意见》

3. 浙江省政策

表 3-9 浙江省生物医药产业政策

层面	政 策 名 称
省级	《浙江省生物经济发展行动计划（2019—2022 年）》
	《关于推动浙江省医药产业高质量发展的若干意见》
市级	《关于促进杭州市生物医药产业创新发展的实施意见》
	《宁波市加快推进生物医药产业发展若干政策措施》
	《金华经济技术开发区促进生物医药产业招商实施办法（试行）》

在省级政策方面，浙江省政府提出了对产业规模、细分领域设置定量和定性发展目标，在创新提升、产业结构升级、优化空间布局等七大工程提出 20 条举措，并提出要在财政资金扶持、审批制度改革、用地科学规划等方面进行重点扶持。

在市区级政策方面，杭州市、宁波市、金华市对企业科技创新中提出了具体政策措施，主要惠及新药进入临床Ⅱ、Ⅲ期环节、获得新药注册证书、首次注册并拥有自主知识产权的医疗器械产品等予以补助；杭州市、宁波市对企业平台支撑给予优惠政策，如杭州市给予 1 000 万元以内不超过平台建设总投资 30% 的补助等；此外，两市还配合制定了企业引育政策，即促进行业规模化发展及项目落地。

4. 安徽省政策

表 3-10 安徽省生物医药产业政策

层面	政 策 名 称
省级	《安徽省人民政府关于印发支持现代医疗和医药产业发展若干政策的通知》
市级	《太和县现代医药产业集聚发展基地专项资金使用方案》
	《亳州市支持现代医疗和医药产业发展实施意见》

在省级政策方面，安徽省政府未提及区域内整体发展目标，但提出鼓励产品研发、支持创新基础能力建设、支持产品推广应用等 10 条举措，并提出要在财政支持、审批绿色通道、设立产业基金等方面进行重点扶持。

在市区级政策方面，亳州市、太和县对企业科技创新中提出了具体政策措施，主要惠及新药获得临床研究批件、取得药用辅料批准文号等，亳州市在企业引育政策方面，对新落户全国医药行业百强企业总部给予 200 万元补贴。

四、 长三角生物医药产业园面临的难点与对策

（一） 长三角生物医药产业园发展面临的难点

1. 产业结构趋同、产业链分工协作不够

长三角地区通过龙头企业布局、园区共建、监管政策统一等推动生物医药产业协同发展。上海作为龙头，人才、科研院所与研发机构、大实验装置、临床资源、创新平台、国际联系等创新链环节优势突显，形成了完善的生物医药创新体系和产业集群；江苏具有全国最强的产业化优势，并且初步形成各地特色优势，如苏州的创新药、泰州的生物制药和疫苗等；浙江发挥生产制造与数字经济融合优势，形成以杭州国家生物产业为基地的产业格局。安徽中医药特色突出。

但长三角不少城市都提出要发展生物医药全产业链，如苏州、常州、泰州等，产业链环节选择的高度一致将会降低甚至抑制产业集群协同共赢效应。各地优势未能实现区域内共享，限制了各自优势的放大效应。长三角区域内各大园区之间招商引资政策竞争日趋加剧，一些城市利用政策优惠等手段吸引其他城市、园区的人才团队、项目、企业等入驻成为最为便捷的途径，"墙内开花墙外香""挖墙脚"现象也比较普遍。

2. 产业呈集聚态势，但融合发展不足

生物医药产业园区是生物医药产业集聚、实现长足发展的重要平台。长三角重点城市围绕自主创新、平台构建、产业对接等方面，多措并举，着力促进医药产业蓬勃发展。从全球范围来看，值得借鉴的经验是一些顶级医疗机构周边通常会形成一批生物医药企业和配套医疗服务平台，从而发展成为产学研医结合的产业园区。上海虽已形成"1+5+X"生物医药产

业的空间布局，但例如张江生物医药产业园主要以各大生物医药企业总部、研发部门或生产工厂为主，周边缺乏医院、临床研究机构等医疗机构，特别是顶级医疗机构的合作。而上海健康服务业园区主要是以医疗服务和多种业态的健康服务为主，尽管有科创机构，但均以民营为主未形成规模，且园区内缺乏资金实力雄厚及有强大医疗资源整合能力的医疗机构，在科研创新能力上较为薄弱。生物医药产业园尚未真正形成将医药研发、医疗服务等业务融合发展的大健康产业园，与全球顶尖的如波士顿长木医学园区等相比实力相距甚远，不同园区间的联动融合水平需要提升。

3. 创新资源分布不平衡、流动性不强

近九成生物医药产业政策表现出明显"扶大"倾向，如"招引世界500强、中国前100强、行业龙头""对世界500强、中国医药工业百强（按主营业务收入排名）或境内外上市生物医药企业……按照公司注册资本（指实收资本）的1%～3%予以资助"，而涉及中小企业的相关扶持内容较少。产业政策的规模化导向不利于充分发挥市场竞争作用，使创新资源过度集中在大企业，无法流向中小科创型企业，原本具备活力的中小创新企业较难获得支持，最终导致产业资源分布不平衡。

4. 产业配套保障环境不足

一是不同医疗平台间的数据共享开放不足。数据是医药研发的重要基础，我国通过临床研究方面积累大量病患数据，在开展研究上具有优势。长三角政府部门也较早开始了对医疗健康的信息化建设，数据质量处于全国领先水平。但数据均以各家园区内的企业自身使用为主，彼此没有开放共享数据库，限制了更大规模临床研究的开展。

二是长三角范围内并未形成规范的相关标准指引。现有模式下，不同科研医疗机构、临床研究中心还处于前期探索阶段，与生物医药研发企业的数据共享与临床合作水平十分有限，因缺乏相关标准指引，对于新兴研究主体的研究业务开展水平有限，亟须协商指定相应的标准。

三是生物医药产业专业人才的就业发展环境有待优化。在生物医药研发领域的专业人才就业发展方面，临床科研人员的发展前途缺乏保障，使得许多专业人才在艰苦的科研道路上难以长久坚守，制约了相关临床研究工作的长足发展。

（二） 推动长三角生物医药产业园发展的对策

长三角要形成世界级生物医药产业集群，关键要促使各园区协同创新、分工合作，实现产业链、创新链、价值链的深度融合。

1. 发挥区域优势互补，形成产业发展聚合力

聚焦重点城市、重要集聚区，发挥区域优势互补，把握自身发展和协同发展的关系，推动建立完整的产业大生态系统，优化产业空间布局，带动整个长三角生物医药产业能级提升，成为具有高度国际竞争力的产业集群。其中，上海要强化张江生物医药研发创新对长三角地区的辐射带动作用。苏州和杭州，作为省级产业布局重心要发挥引领作用，苏州重点聚焦医药制造和医疗器械两大领域，杭州充分发挥互联网发展优势，推动大数据、人工智能与生物医药的融合。同时，支持泰州、连云港、合肥、南通、常州、宁波、台州、绍兴等城市根据各地产业特色大力发展生物医药产业。

2. 促进要素资源流动，实现园区多方式合作

产业政策要促进要素资源流动，逐步向中小企业倾斜，小微型科创企业更易获取资金、人才等要素资源，激发创新能力，最终得以孵化为中型企业，反哺产业，促进产业均衡可持续性发展。同时，支持大型企业加大海内外并购投资力度，积极拓展研发管线和实现规模扩张，依托上海等地的研发优势，积极培育大型平台型企业，服务产业链全链条，实现弯道超车。积极招引科创板上市企业在长三角地区投资布局，集聚潜力创新企业。

成立长三角生物医药产业链联盟，实现园区多方式合作，协同推进长三角区域生物医药产业信息共享、产学研医合作创新、人才培养等，打造优质的区域产业创新发展生态。在长三角 G60 科创走廊生物医药产业联盟基础上，以企业和科研机构为主，成立长三角生物医药产业链联盟，充分发挥联盟成员的优势，打造长三角一体化生物医药产业集群和标志性产业链。

3. 创新制度供给环境，发挥政府协同作用力

创新制度供给环境，增强产业创新策源能力，发挥好政府协同作用力。政府要转变职能意识，从单一财政支持到综合配套扶持。摆脱"粗放式"货币扶持，鼓励企业参与政策制定，从人力资源、技术对接、设备共享等方面入手给予综合性的要素配套，充分疏解产业痛点、难点、堵点。

探索以政府资源撬动社会资本力量投入生物医药产业创新活动的新方式，如设立引导基金、探索 PPP 模式等，通过导入市场化主体强化优胜劣汰机制和选择机制，实现更高效率资源配置。

同时，政府要积极倡导重点高校、科研院所加强生物医学学科建设，强化创新策源能力。深化产学医结合，用好上海"医企协同研究创新平台—临床试验加速器"，吸引内外资机构开展临床研发，提高在研新药临床价值，加快上市速度。鼓励长三角药企、高校、科研院所加强合作，用好国家重点实验室，推动大科学设施共建共享，联合开展科技攻关，突破一批重大创新药物研发。

4. 完善医企协同机制, 促进产业融合发展

长三角医药产业园区应该积极为园区内及周边的医疗机构和生物医药企业搭建医企协同创新平台，提供临床研究实验与成果转化的对接服务，实现产业需求、医疗机构和政府部门的对接。加快医疗健康数据共享平台和机制建设，打通研发链、产业链、信息链、资金链和政策链。在产学研医融合发展重点支持领域，集聚"名校""名企""名院"尖端科研力量，采取市场化运作方式，通过多种形式引进高端人才，自建系统化、高效率技术平台及孵化转化平台，给予专项政策支持。通过财政资金、社会资金建立产医融合专项基金，支持重大项目建设。

（执笔：上海智圃信息咨询发展中心张安然）

长三角汽车产业集群发展
现状与趋势特点

汽车制造业是我国工业经济最为重要的支撑行业，长三角汽车产业集群在全国六大汽车产业集群中占据前列。长三角汽车产业集群以江苏—上海为中心。其中新能源汽车产业聚集了100多个年产值超过100亿元的产业园，包括上汽集团、吉利集团、众泰集团以及东风系客车、卡车、乘用车等在内的数千家大型企业。公开数据显示，2021年长三角累计汽车产量增长到610.6万辆，长三角地区汽车产量在全国的占比达到了23.01%，其中上海市汽车产量达到283.3万辆，位居全国第二。

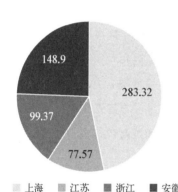

图3-6 2021年长三角地区汽车产量（单位：万辆）

上海 283.32　江苏 77.57　浙江 99.37　安徽 148.9

长三角地区的汽车产业集群包括汽车制造、零部件制造、汽车销售和服务等多个领域。按产业链环节划分，主机厂商包括特斯拉、上汽集团（上汽大众、上汽通用、上汽乘用车）、吉利集团等。零部件厂商包括宁德时代、采埃孚、李斯特、均胜、地平线、图森未来、斑马智行、上研智联等，涉及整车、发动机、变速箱、动力电池、车身内外饰、车规级芯片、自动驾驶等领域。地区内汽车产业规模和技术水平在中国的汽车产业中处于领先地位。

长三角地区的汽车产业规模庞大。根据最新数据显示，截至2021年底，长三角地区汽车产业企业达到1.6万家，从业人员超过500万人，汽车年产量已经达到了 400 万辆以上，其中包括传统燃油车、新能源车和智能网联车等多种类型。主要分为燃油车和新能源汽车两大类，其完整产业链如图 3-7 所示。

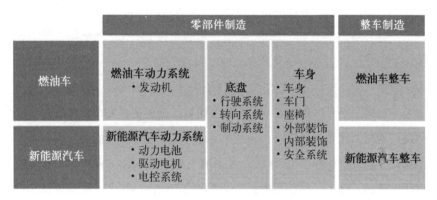

图 3-7 汽车产业链图

一、 长三角燃油车产业集群发展现状

（一） 燃油车产业链布局：“三带两极”

长三角地区燃油车整车及零部件产业呈现“三带两极”分布特征。

“三带”分别指：“上海—苏州—无锡—常州—镇江”沿江产业集聚带，上海的金桥、嘉定，苏州的太仓经开区，常熟经开区，镇江的丹阳丹北镇是重要的汽车产业集聚区。“杭州—宁波—温州—台州”沿海产业集聚带，宁波市北仑区、温州市瑞安市是重要的汽车产业集聚区。“扬州—南京—马鞍山—芜湖”沿江产业集聚带，仪征汽车工业园、芜湖市鸠江区是重要的汽车产业集聚区。

“两极”是指合肥市、盐城市，合肥市蜀山区、盐城市开发区是汽车产业的集聚发展区域。

“三带两极”区域的汽车企业数量占长三角的比重接近 65%。其中，“三带”中的“上海—苏州—无锡—常州—镇江”集聚带的企业数占长三角的 30.6%，“杭州—宁波—温州—台州”集聚带占比为 20.4%，“扬州—南京—马鞍山—芜湖”集聚带占比为 12.3%。“两极”中的合肥的占比为 3.7%，盐城的占比为 2.4%。从城市的角度来看，上海的汽车企业数量最多，占长三角的 11.2%，苏州、宁波占比分别为 8.3%、8.4%，另外温州、芜湖、镇江、常州的汽车企业数量也较多。

（二） 整车龙头企业分布

燃油车整车龙头企业的选择标准是年产量超过 10 万辆的整车生产企业或分公司。目前共梳理出长三角燃油车整车龙头企业 38 家。

"上海—苏州—无锡—常州"沿江产业集聚带上，以上汽集团相关企业为主，包括上汽通用、上汽大众、上汽大通、上汽申沃、上汽申龙等企业，除上汽系之外，还有奇瑞捷豹、观致汽车、光束汽车。"杭州—宁波—温州—台州"沿海产业集聚带上，以吉利集团相关企业为主，在北仑、杭州湾、春晓、路桥、临海有吉利生产基地，另外还有杭州的长江汽车、广汽乘用车、长安福特、东风裕隆，宁波有上汽大众基地。"扬州—南京—马鞍山—芜湖"沿江产业集聚带上，有芜湖的奇瑞，马鞍山的华菱星马，南京的依维柯和大众基地、长安马自达，扬州的潍柴（扬州）亚星汽车有限公司。

"两极"有盐城的东风悦达起亚、合肥的江淮汽车和长安汽车。

（三） 零部件龙头企业分布

燃油车零部件龙头企业选择标准是注册资本 5 亿元以上，销售收入超过 30 亿元的总成类零部件企业。目前共梳理出长三角燃油车零部件龙头企业 61 家。

"上海—苏州—无锡—常州—镇江"沿江产业集聚带上，上海有 26 家，集聚度最高，企业主要是两种类型：一是上汽系零部件企业，包括延锋内饰、上汽变速器、华域、上海汇众、联创电子等；另一类是外资汽车零部件企业，包括：联合电子、采埃孚、大众汽车变速器、大众动力总成。另外，还有航天机电、耀皮玻璃两家上市公司。苏州有 4 家，分别是博世汽车部件、大一汽配、AW、丰田。镇江有 2 家，大亚车轮制造有限公司、江苏新泉汽车饰件公司。常州、无锡各有 1 家。

"扬州—南京—马鞍山—芜湖"沿江产业集聚带上，南京有 3 家，包括南京世界村汽车动力、长安马自达发动机等；芜湖有 4 家，包括大陆汽车电子、芜湖万里扬变速器等；铜陵有 1 家，锐展科技。

"杭州—宁波—温州"沿海产业集聚带上，杭州有 3 家，包括万向钱潮、中国重汽杭州发动机等；宁波有 2 家，浙江吉润汽车、宁波拓普集团。

"两极"中的合肥有康宁汽车环保、安徽康明斯动力等 4 家零部件龙头企业。

《2020 全球汽车零部件配套供应商百强榜》，中国有 7 家企业上榜，其中长三角地区的企业有 3 家，分别是延锋（第 19 位，上海）、敏实集团（第 86 位，嘉兴）、中鼎集团（第 98 位，宣城）。

（四） 案例分析：上汽大众产业链

长三角地区燃油车产业通过龙头企业的跨区域布局和深层次的产业合作机制，构建了相对完整的产业链条，形成合理分工、优势互补的一体化产业布局。

根据上汽车集团提供的数据，上汽集团在长三角地区共有 13 个生产基地，5 个在上海，7 个在江苏、1 个在浙江。其中，上汽大众有位于嘉定区、南京市、仪征市、宁波市的四个生产基地。其在长三角地区的核心配套率约为 70%，广东、吉林等省也有部分配套企业。长三角的这些配套企业中，上海占比达到 56%，江苏占比为 33%，其余为浙江和安徽企业。进一步梳理出上汽大众总成类零部件企业有 21 家。

二、 长三角新能源汽车产业集群现状

长三角地区的新能源汽车产业发展迅速。截至 2021 年底，长三角地区的新能源汽车产量已经超过了 60 万辆，其中包括纯电动、插电式混合动力等多种类型的车型。

（一） 整车龙头企业分布

新能源整车龙头企业选择标准是中国新能源汽车销售量排名靠前的企业，工信部认定的新能源汽车整车生产资质企业，已经有新能源汽车上市销售的造车新势力。

目前共梳理出长三角新能源汽车整车企业 29 家，主要分布在上海、南京、杭州、宁波和常州等城市。

上海有 4 家，分别是上汽、特斯拉、蔚来汽车（总部）、威马汽车。江苏有 12 家，其中，南京 3 家（南京拜腾汽车、南京金龙客车制造有限公司、比亚迪南京分公司），苏州 3 家（前途汽车、观致汽车、金龙联合），常州 1 家（北汽新能源），淮安 1 家（江苏敏安），镇江 1 家（北汽蓝谷麦

格纳），扬州 1 家（扬州亚星客车），南通 1 家（皋开汽车）。浙江有 10 家，其中杭州 3 家（杭州长江汽车、万向集团、浙江零跑科技），宁波 2 家（浙江吉利、知豆电动汽车），金华、嘉兴、温州、绍兴、金华等城市也有新能源汽车整车龙头企业布局。安徽有 4 家，分别是蔚来汽车（中国总部）、江淮大众、奇瑞汽车、安徽奇点智能新能源。

（二） 零部件企业分布

新能源汽车核心零部件龙头企业选择标准是电控、电机、电池龙头企业，注册资本超过 2 亿元，相关的知名上市公司。

目前共梳理出长三角新能源汽车零部件龙头企业 39 家，常州成为新兴的新能源汽车电池及电池材料集聚城市。上海有 7 家，包括上海比亚迪有限公司、上海捷能汽车技术有限公司、华域麦格纳电驱动系统有限公司等。

江苏有 24 家，其中南京有 5 家，包括乐金化学、越博动力系统等。苏州有 6 家，分别是威睿电动汽车技术、博格华纳、麦格纳（太仓）、澳洋顺昌、力神电池等。常州有 10 家，包括上汽时代动力、时代上汽动力、北电爱思特、中航锂电池等。另外，无锡、镇江、泰州各有 1 家。这些企业大都是电池企业。

浙江有 7 家，以电机、电控类企业为主。其中杭州有 3 家，分别是时代吉利动力、万向钱潮、康盛股份。宁波、台州、丽水、湖州各有 1 家。

安徽有 1 家，合肥国轩高科动力能源有限公司。

（三） 案例分析：特斯拉产业链

特斯拉供应链阵容十分豪华，包括动力总成系统、电驱系统、充电、底盘、车身、中控系统、内饰和外饰等部分，涉及直接、间接供应商 130 多家，而中国企业占据半壁江山。其中动力总成中的 BMS、电机控制，智能驾驶中的 AutoPilot 和电控制动为自制，其他零部件多为外包采购。结构件、车身件和内外饰件等的国产化率较高。

随着 2019 年特斯拉在上海临港的超级工厂投产后，得助于中国强大的产业配套能力，高超的工艺水平和企业效率，特斯拉逐渐扭亏为盈，截至目前，上海一地的特斯拉产量已经占其全球总产量的 50% 以上。

传动系统
· 主减及减速器：采埃孚/博格华纳

转向系统
· 转向器、电机：博世

悬架系统
· 空气悬挂：大陆集团
· 减震器：蒂森克虏伯
· 稳定杆：蒂森克虏伯

热管理
· 空调系统：韩国的昂
· 热管理部件：三花智控

车身
· 铝铸结构件：旭升股份
· 底盘框架：麦格纳
· 毁控制转臂：拓普集团
· 车身模具：天汽模
· 镁合金零部件：万丰奥威
· 汽车板金结构件：东山精密
· 粉末冶金零件：东睦股份
· 车身铝材：肯联铝业/Arconic

行驶系统
· 轮胎：米其林、韩泰
· 轮毂：Zanini Auto
· 轮毂轴承：斯凯孚

制动系统
· 制动器：Brembo
· 制动泵：博世、大陆
· 真空助力器：博世、大陆
· ABS：博世、大陆
· 踏板开关：迈极电子
· 刹车片：美国辉门

电驱系统
· 电机磁轴：中科三环
· 薄膜电容：松下、法拉电子
· 继电器：松下、宏发股份
· 减速器：和大工业
· 驱动电机：低原电机
· 变速箱箱体：旭升股份

电池系统
· 氢氧化锂：雅宝、FMC
· 碳酸锂：住友金属
· 正极：住友化学、乐丽
· 负极：日立化学、贝瑞特
· 电解液：三菱化学、江苏国泰
· 隔膜：住友化学
· 铜箔：LS Mtron
· Pack：自产
· 电池：松下

其他
· 仪表盘：长信科技
· 打压机：合россия智能
· 摄像头镜头：联创电子
· 铝合金支撑件：广东鸿图
· 铝内饰条：宁波华翔
· 导航地图：四维图新
· 密封件：中鼎股份
· BMS传感器：均胜电子
· 玻璃：旭硝子

图 3 - 8　特斯拉各部件供应商一览

三、 长三角汽车产业集群发展的支撑

（一） 汽车产业投资基金支撑

结合产业基金专业网站和上汽集团旗下投资基金公司行业经验，目前共梳理出长三角汽车产业投资基金 39 家。主要分布在"上海—苏州"区域，以及南京、杭州、合肥、宁波等城市。

汽车产业投资基金有两类。

一是龙头企业设立的产业投资基金，如上汽投资、蔚来资本等。上海汽车集团股权投资有限公司（简称"上汽投资"）于 2011 年 5 月 6 日注册成立，是上汽集团在国内专业投资管理平台和第三方资产管理平台。公司以汽车产业链科创投资为核心能力，发展资产管理业务，建设专业金融创新平台，助力上汽集团持续增长和转型升级。近年来，上汽投资参投近 70 个项目，10 个已成功 IPO，转化率高达 15%。

二是关注汽车场景创新应用的私募基金，如在车联网、智能驾驶、汽车娱乐等领域进行投资的产业投资基金。

（二） 汽车产业创新平台支撑

1. 长三角公共技术服务平台

目前共梳理出长三角汽车产业相关的重点研发公共服务平台共 33 个。上海有 12 个，包括上海市新能源汽车产业技术创新服务平台（同济大学）、上海机动车检测认证技术研究中心有限公司、中国（上海）电动汽车国际示范区、国家新能源机动车产品质量监督检验中心、国家智能网联汽车产业计量测试中心等。江苏有 8 个，包括江苏省产研院新能源汽车技术研究所、能源存储与转换应用工程技术中心等。浙江有 7 个，包括浙江省汽车及零部件产业科技创新服务平台（汽车平台）、浙江省电动汽车动力总成工程技术研究中心、浙江省电机及控制技术研究重点实验室等。安徽有 6 个，包括智能驾驶联合研发中心智能交通（ITS）、国家地方联合工程研究中心、国家电动客车系统集成工程技术研究中心等。

2. 长三角双创基地

根据长三角双创示范基地联盟（双创接力）的数据，目前共梳理出汽车产业相关双创基地 19 个，主要分布在上海、常州、杭州、芜湖等城市。

上海有 5 个，包括上海智能制造科技创业中心等。江苏有 7 个，包括雨创科技产业园、常州电子电机电器科技创业园等。浙江有 5 个，包括创巢众创空间等。安徽有 2 个，包括皖江云创空间等。

（三）　汽车产业发展空间支撑

长三角以汽车产业为主导产业的国家级产业园区，以及汽车产业发展较好、规模较大的省级产业园区约 34 个。

其中，上海 8 个，包括上海金桥经济技术开发区、上海临港产业区、上海嘉定工业园区、上海国际汽车城、嘉定氢能港、嘉定汽车新能港、临港南桥智行生态谷、金桥 5G 产业生态园。

江苏 10 个，包括江宁经济技术开发区、常熟经济技术开发区、如皋经济技术开发区、盐城经济技术开发区、扬州经济技术开发区、南京高新技术产业开发区等。

浙江 7 个，包括宁波经济技术开发区、宁波杭州湾经济技术开发区、嘉兴经济技术开发区、长兴经济技术开发区、杭州湾上虞经济技术开发区等。

安徽 9 个，包括芜湖经济技术开发区、马鞍山经济技术开发区、铜陵经济技术开发区、合肥高新技术产业开发区等。

《中国汽车产业基地竞争力评价报告 2017》构建了完善汽车产业基地竞争力评价指标体系，体系包括：产业发展水平（产业规模、产业效率、产业结构），产业发展能力（研发投入、研发人才、创新载体），产业发展环境（政府服务能力、市场发育程度、生活配套能力）等一二级指标，以及 41 个三级指标。《报告》对 30 个国内重点的汽车产业基地进行了逐项打分和综合分析。

根据"汽车产业基地竞争力排名 TOP30（2017 年）"，长三角地区排名靠前的依次是：上海嘉定区（第 1）、南京江宁区（第 9）、宁波北仑区（第 11）、盐城经开区（第 12）、宁波杭州湾（第 16）、扬州仪征市（第 18）、合肥高新区（第 21）、常州金坛区（第 22）、金华永康区（第 23）、南京溧水区（第 24）等 10 个汽车产业基地。

（四） 政策支撑

1. 纲领性文件

2019 年 12 月 1 日由国务院印发的《长江三角洲区域一体化发展规划纲要》作为政策支撑的纲领性文件，对于长三角地区汽车产业发展意义重大。

《纲要》提出要围绕包括汽车领域在内的产业重点发展，深入实施创新驱动发展战略。加快发展新能源、智能汽车产业链，培育具有国际竞争力的龙头企业；强化区域优势产业协作，建设国家级战略新兴产业基地，形成若干世界级制造业集群。

2020 年 10 月 20 日，国务院印发新能源汽车产业发展规划（2021—2035 年），坚持电动化、网联化、智能化发展方向，深入实施发展新能源汽车国家战略，以融合创新为重点，突破关键核心技术，提升产业基础能力，构建新型产业生态，完善基础设施体系，优化产业发展环境，推动我国新能源汽车产业高质量可持续发展，加快建设汽车强国。

2021 年，长三角一体化发展领导小组办公室印发《长三角一体化发展规划"十四五"实施方案》。《方案》提出要强化战略科技力量，在新能源汽车、人工智能等领域开展联合攻关；打造世界级先进汽车产业集群。

2. 国家层汽车消费刺激政策

2022 年 7 月 7 日，商务部等 17 部门联合印发《关于搞活汽车流通扩大汽车消费若干措施的通知》，提出支持新能源汽车购买使用、加快活跃二手车市场、促进汽车更新消费、推动汽车平行进口持续健康发展、优化汽车使用环境、丰富汽车金融服务等六方面共 12 条政策措施，要求各地区、各有关部门切实加强组织领导，推动相关政策措施尽快落地见效，进一步促进汽车消费回升和潜力释放。

2022 年 8 月 19 日，国常会宣布，将已两次延期实施、2022 年底到期的免征新能源汽车购置税政策，再延期实施至 2023 年底，预计新增免税 1 000 亿元；保持新能源汽车消费其他相关支持政策稳定，继续免征车船税和消费税，在上路权限、牌照指标等方面予以支持；建立新能源汽车产业发展协调机制，坚持用市场化办法，促进整车企业优胜劣汰和配套产业发展，推动全产业提升竞争力。大力推进充电桩建设，纳入政策性开发性金融工具支持范围。

国务院办公厅于 2022 年 10 月 26 日印发《第十次全国深化"放管服"改革电视电话会议重点任务分工方案》。《方案》提出，落实好阶段性减征部分乘用车购置税、延续免征新能源汽车购置税、放宽二手车迁入限制等政策。具体举措为延续实施新能源汽车免征车辆购置税政策，组织开展新能源汽车下乡和汽车"品牌向上"系列活动，支持新能源汽车产业发展，促进汽车消费。

2022 年 11 月 21 日，工业和信息化部、国家发展改革委、国务院国资委联合印发《关于巩固回升向好趋势加力振作工业经济的通知》提出，深挖市场潜能扩大消费需求。进一步扩大汽车消费，落实好 2.0 升及以下排量乘用车阶段性减半征收购置税、新能源汽车免征购置税延续等优惠政策，启动公共领域车辆全面电动化城市试点。本次工信部发文总体要求为确保 2022 年四季度平稳收官以及为 2023 年实现"开门稳"打下坚实基础。

2022 年 12 月 15 日至 16 日，中央经济工作会议在北京举行。会议提出要着力扩大国内需求，把恢复和扩大消费摆在优先位置，具体措施包括增加居民收入、支持住房改善、新能源汽车、养老服务等消费。

3. 长三角汽车产业政策

长三角三省一市的汽车产业政策，主要涵盖了以下几个方面：

刺激消费政策：政府通过专用牌照额度，"汽车下乡"，财政补助，购买退、减、免税等方式，鼓励购买、使用新能源汽车。

产业创新政策：建立健全智能网联汽车测试相关法律规范，助力新能源汽车技术研发和测试；加大财政资金统筹支持力度，支持整车产品示范应用，推动关键核心零部件产业化，补链强链提高全产业链配套能力，鼓励重点领域模式创新，对创新关键技术研发及产业化项目给予高额的补助等。

　　产业招商政策：支持产业集群发展，整合企业、高校院所等创新资源，设立省级、国家级新能源汽车产业创新中心和制造业创新中心。落实新能源汽车企业准入政策，支持社会资本和具有技术创新能力的企业参与新能源汽车科研生产等。

　　长三角各省市汽车产业政策，汇总如表3-11所示。

表3-11　长三角各省市汽车产业政策汇总

省/市	发布时间	发布单位	政　策　名　称
上海	2018年2月	上海市发改委等七部门	《上海市鼓励购买和使用新能源汽车实施办法》
	2018年3月	上海市经信委、交通委和公安局	《上海市智能网联汽车道路测试管理办法（试行）》
	2018年5月	上海市发改委等四部委	《上海市燃料电池汽车推广应用财政补助方案》
	2019年1月	上海市经济和信息化委员会	《2019年度上海市鼓励购买和使用新能源汽车实施办法相关操作流程》
	2020年3月	上海市发改委等五部委	《上海市促进电动汽车充（换）电设施互联互通有序发展暂行办法》
	2020年5月	上海市发改委等六部委	《关于促进本市汽车消费若干措施》
	2020年5月	上海市商务委员会、财政局	《本市老旧汽车报废更新补贴实施细则》
	2020年5月	上海市发改委、财政局	《消费者购买新能源汽车充电补助实施细则》
	2021年2月	上海市发改委等五部委	《上海市鼓励购买和使用新能源汽车实施办法》
	2021年2月	上海市人民政府办公厅	《上海市加快新能源汽车产业发展实施计划（2021—2025年）》

续　表

省/市	发布时间	发布单位	政　策　名　称
上海	2021 年 10 月	上海市经信委、交通委和公安局	《上海市智能网联汽车测试与示范实施办法》
	2021 年 10 月	上海市发改委等六部委	《关于支持本市燃料电池汽车产业发展若干政策》
	2022 年 6 月	上海市发改委、财政局	《上海市促进汽车消费补贴实施细则》
	2022 年 8 月	上海市政府	《上海市加快智能网联汽车创新发展实施方案》
	2023 年 1 月	上海市经信委、交通委和公安局	《上海市智能网联汽车高快速路测试与示范实施方案》
	2023 年 1 月	上海市政府	《上海市提信心扩需求稳增长促发展行动方案》
江苏	2018 年 6 月	江苏省人民政府	《省政府关于加快培育先进制造业集群的指导意见》
	2023 年 2 月	江苏省人民政府办公厅	《省政府办公厅印发关于推动战略性新兴产业融合集群发展实施方案的通知》
安徽	2018 年 4 月	安徽省人民政府	《支持新能源汽车产业创新发展和推广应用若干政策》
	2021 年 7 月	安徽省人民政府办公厅	《安徽省新能源汽车产业发展行动计划（2021—2023 年）》
浙江	2019 年 1 月	浙江省政府办公厅	《浙江省汽车产业高质量发展行动计划（2019—2022 年）》
	2020 年 4 月	浙江省发展和改革委员会等七部门	《浙江省促进汽车消费的若干意见（2020—2022 年）》
	2021 年 4 月	浙江省发展和改革委员会	《浙江省新能源汽车产业发展"十四五"规划》
	2023 年 1 月	浙江省发展和改革委员会	《浙江省加快新能源汽车产业发展行动方案》

四、 长三角汽车产业集群发展趋势和特点

（一） 疫情影响逐渐消弭，安徽省增长动力强劲

从 2018 年全球疫情伊始到如今全面放开，疫情冲击之下制造业产销受影响较大，汽车产业链，除安徽外，长三角汽车产量自 2018 年开始有所下滑，到 2020 年受宏观经济持续复苏等影响，长三角汽车产量有所回升。全面放开后，在国家大量产业激励和消费刺激政策下，企业生产热情高涨，有望迎来强势反弹，预计 2023 年产量有望恢复至 2017 年产量水平。

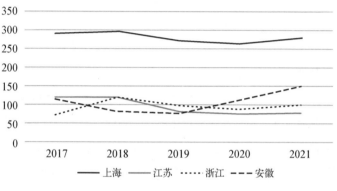

图 3-9　长三角地区汽车产量趋势图（2017 — 2021 年）

安徽省汽车产量自 2019 年来逐年提高，汽车产业保持较快增长。这离不开安徽省新能源汽车产业的重点布局和产业园区的大力建设。

2019 年伊始，安徽省以合肥、芜湖为中心，以芜湖经济技术开发区、马鞍山经济技术开发区、铜陵经济技术开发区、合肥高新技术产业开发区等重点布局，以大众、蔚来、江淮、奇瑞、阳光电源、国轩高科、巨一电机、华霆动力等企业为代表，构建起了整车—电池—电机—电控的全产业链体系。

2021 年 7 月安徽省制订《安徽省新能源汽车产业发展行动计划（2021 — 2023 年）》，将新能源及智能网联汽车作为十大新兴产业之一。随着该《计划》的实施，合肥、六安、芜湖等市联合申报国家燃料电池汽车应用示范城市群的进程将加快，氢能与燃料电池等重点项目的投资将加快推进。在中德合作新能源汽车检测实验室、奇瑞雄狮—斑马智行汽车智能化联合实验室、大众安徽新能源汽车研发中心和生产基地、比亚迪落户合肥、新能源汽车动力蓄电池回收利用产业联盟等一系列项目落地运行的

推动下，全省汽车行业生态加速完善，汽车产业的转型升级步伐不断加快。

（二） 行业趋势：智能电动汽车时代已经到来

自 1885 年第一辆汽车在德国问世以来，无论是划时代的流水线生产，还是"石油危机"阴影下小排量汽车的突飞猛进，抑或安全带及气囊等的普及给被动安全带来的根本性提升等，这些新技术、新模式都极大推动了汽车的普及与可持续发展。但和现在这场智能电动汽车的大变革相比无疑显得相形见绌。

中国汽车业自 20 世纪 50 年代以来对世界顶尖汽车工业的追逐已然见到曙光，在智能电动汽车这一新赛道上，中国车企实现了技术与品牌的"弯道超车"。而这一"弯道超车"的实现既离不开中国汽车业前辈筚路蓝缕的艰难探索，更离不开智能电动汽车变革的伟大机遇。

燃油车时代核心技术牢牢掌握在老牌外企手中，我们虽然通过合资合作的技术外溢、自主研发等手段提升汽车核心技术和产业配套能力，终究难以实现赶超。尤其是在品牌塑造这一块，国内自主品牌燃油车的影响力提升的进程难以达到预期，即使是在国产品牌中销量好的也多是合资车型。这一点在中高端市场占有率上体现得尤为明显：传统德系豪华品牌占据着中国高端市场的大半壁江山，剩下的部分则由英美意日等高端品牌瓜分。

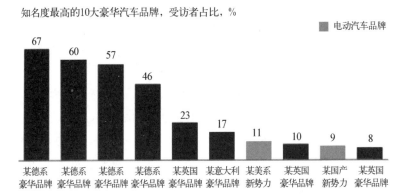

图 3-10　消费者豪华品牌知名度调查表

资料来源：中国乘用车新车上险量数据库。

智能电动车时代自 21 世纪初逐渐拉开帷幕，中国电动汽车行业自 2016 年开始踏上飞速发展的轨道，中国电动汽车渗透率由 2016 年的 1%，逐级攀升到 2022 年前三季度的 24%。

中国：EV渗透率(%)

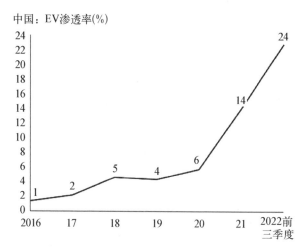

图 3-11 中国电动汽车渗透率趋势图

资料来源：中国新车上险量数据库。

电动汽车渗透率的提升所展现的并不是单纯市场份额的改变，这说明电动汽车正在日益走入普通消费者的视线中，成为人们消费的一种可选项。与此同时，也体现了双碳目标及迈向汽车强国目标的大背景下，燃油车向智能电动汽车转型的大趋势。

从消费者倾向、智能电动汽车新势态、中国汽车品牌实力及出口，可进一步看出行业发展趋势。

1. 消费者青睐新能源汽车

自 2015 年汽车"新四化"的提出到全面兴起，国家近年来大力推动新能源汽车发展上升到国家战略，刺激政策尤其是购买补贴和上牌待遇是早期人们购买新能源汽车的主要动力。随着新能源汽车技术的不断发展与新能源理念的愈发普及，电动汽车逐渐成为中国乘用车市场的消费主流，并且在补贴退坡的情况下，也没能改变中国消费者对新能源汽车的购买热情。

图 3-12 2013—2022 年新能源汽车销量及增长率图

图3–13来自中国汽车工业协会2022年汽车产销情况报告。从图中可以看出，传统燃油车除部分高端价格区间销量有所增长以外，大部分价格区间销量有所下滑。同比新能源汽车除50万元以上区间销量略有下滑外，各区间销量涨幅明显，高涨幅集中在15万—50万元价格区间，平均增长率突破了100%。

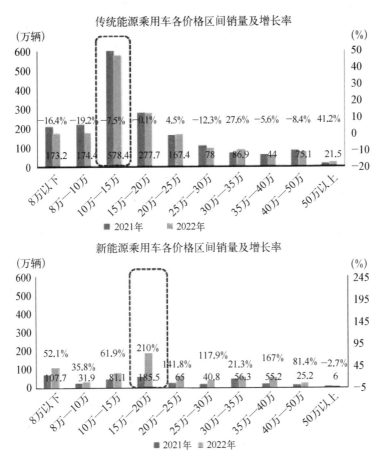

图3–13　乘用车价格区间销量及增长率图

2. 迥异于燃油车时代的智能化竞争

在传统燃油车时代，消费者对汽车产品需求主要是外观、动力、能耗、内饰等方面。智能电动汽车时代，电动汽车普遍远高于燃油车的强悍动力让其没有了可比性。高阶辅助驾驶、流畅的人机对话、充满未来感的座舱设计、持续更新的软件体验等新的智能化技术需求被挖掘，让智能电动汽车的优势更加突出。

在传统燃油车时代，车企对短期销量目标的关注会远高于对长期客户满意度的追求，这也符合燃油车时代的竞争规律。但智能电动汽车的兴起却对此提出了挑战：由于智能电动汽车本身的产品特点，以及新生代消费者对传统汽车零售及服务模式的厌倦，曾经的"金科玉律"在智能电动汽车时代已举步维艰。

在传统燃油车时代，车企的主要盈利来源于诸如新车销售、汽车金融、原厂售后配件等传统领域。在智能电动汽车时代，随着全新的整车电子电气架构以及围绕长期满意度的用户运营等要素的就位，部分领先车企正在着力深挖车辆全生命周期内的价值，如付费软件、能源服务、周边产品等。这些全新的模式，不但为车企打开了崭新的盈利入口，也有助于车企建立更牢固的品牌认知及长期满意度。

3. 国有汽车品牌打响招牌，出口量不断攀升

近年来，中国车企紧抓新能源、智能网联转型机遇，推动汽车电动化、智能化、网联化升级优化，得到广大消费者青睐。同时企业国际化的发展更不断地提升品牌影响力。如图中国品牌乘用车市场占有率自 2020 年一路攀升。截至 2022 年末市场份额达到 49.9%。

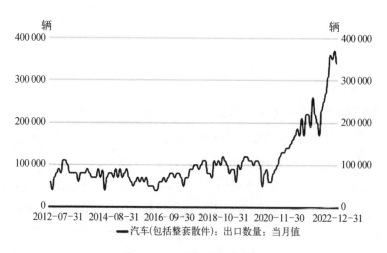

图 3 - 14　汽车出口趋势图

2022 年新能源汽车销量排名前十位的企业集团销量总和达到 567.6 万辆，同比增长 1.1 倍，呈爆发式增长。其中比亚迪 2022 年销量同比增长了 207.2%，市场份额达到 27%。

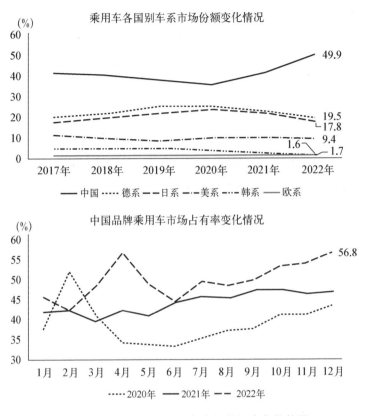

图 3-15　中国品牌乘用车市场份额变化趋势图

（三）　零部件供应商面临挑战

汽车制造业之所以作为一国工业的核心之一，根本原因是其背后的产业链涉及面广、关联度高。高速发展的汽车制造业会带动其后整个工业体系的发展，其零部件则是其中重要的一环。

汽车整车行业随着新冠疫情危机的消散开始逐渐复苏，而汽车零部件行业的低迷则是复苏的极大阻碍：2021 年以来因国际环境影响，国内大宗商品综合价格指数连续上涨，有色金属及贵金属、芯片等与汽车行业密切相关的产品价格均大幅上升，导致汽车零部件生产成本大幅增加。同时因国际航运市场价飞涨、国际运输集装箱、运输专列一车一箱难求等影响，出口物流运输难、运输贵，推动成本进一步上涨。平台数据显示，2021 年 10 月份，46.2% 的企业表示物流成本上涨，缺箱缺车成普遍难题。

芯片是新能源汽车零部件中的重要一环。全球芯片大规模缺乏对汽车厂商和动力电池厂商影响较大，一方面影响汽车生产进程，造成交付推迟或者预订延退等情况；另一方面导致汽车价格上浮，且新能源汽车的减产停产直接导致电池装机量减少，进而影响新能源汽车产业链的稳定。截至2021年9月份，奇瑞集团因芯片短缺造成订单损失超10万台；3月份，蔚来江淮工厂因"缺芯"被迫停产。

因汽车整车企业可以一定程度上将成本上升转嫁给消费者，受上述因素影响程度有限，零部件供应商却无法亦步亦趋。综上，未来几年零部件供应商将面对盈利能力的重大挑战。

五、 总结与展望

长三角地区汽车产业具有较为成熟的产业链和较强的整体实力，产学研体系完善，承担着全国经济复苏的重要任务。展望2023年，汽车行业发展机遇大于挑战，长三角汽车有望实现高质量发展。汽车产业应继续紧跟新能源汽车机遇，为此提出以下几点建议。

（一） 打造长三角汽车产业集群，补强产业链

围绕产业链部署创新链，围绕创新链布局产业链，实施产业链补链、固链、强链行动，深入推进"双招双引"。围绕现有重点汽车产业基地（如上海嘉定国际汽车城）加快打造世界级新能源汽车和智能网联汽车产业集群；以产业园区为载体，大力推进跨园区合作等发展模式，发挥产业集聚化优势，促进汽车产业基础高级化和产业链现代化。

（二） 推动核心技术攻关，布局未来科技新趋势

积极推动传统汽车制造业加速向数字化、网络化、智能化转型，加强企业自主创新能力，攻克关键技术，保持已有优势。

重点布局固态电池等新一代产品研发和产业化。推动高功率密度驱动电机及控制系统升级，向系统集成化、结构轻量化、控制智能化方向发展。推动燃料电池汽车关键技术、基础材料、核心工艺突破。聚焦智能电控系统、智能传感器、汽车芯片、车载电器、信息安全与通信等智能驾驶和车联网等智能网联化新兴领域。

建立区域协同攻关新机制，主要围绕细分产业链以龙头企业为核心建立区域协同关键机制。如上海可依托上汽集团等联合华为研发中心、上海交通大学、中国科技大学、浙江大学、南京大学及中国科学院在长三角的

研究所等在固态电车、车规芯片、车载造作系统等形成协同攻关机制，需要建立并完善知识产权、利益分配等配套机制。

（三） 塑造品牌影响力，拓展海外市场

近几年国产自有品牌出口量不断攀升，尤其是新能源汽车领域，市场份额与口碑不断上升。需要继续强化塑造品牌影响力，提升自有品牌国际认可度，质量营销两手抓。强化与国际合作，重点是联合特斯拉上海研究中心等，参与国际关于新能源标准和规则的建立，引领全球新能源发展的新方向，在长三角地区培育出领军全国、享誉国际的汽车品牌。

（执笔：上海社会科学院智库研究中心舒洋）

上海文旅产业园区高质量发展

文化创意产业对地区经济发展有着非常重要的作用，每年为世界创造 2.25 万亿美元收入，在全球范围内提供近 3 000 万个就业岗位。联合国教科文组织与世界银行发布的《城市、文化、创意：利用文化创意促进可持续城市发展和包容性增长（Cities Culture Creativity: Leveraging culture and creativity for sustainable urban development and inclusive growth）》报告提出，"鼓励各国将文化创意产业融入城市恢复和发展计划，助力社会经济发展"。

文化创意产业不仅是文化软实力的重要体现，也是经济新的增长点。党的二十大报告提出，繁荣发展文化事业和文化产业，健全现代文化产业体系和市场体系，实施重大文化产业项目带动战略。文化和旅游部印发《关于推动国家级文化产业园区高质量发展的意见》指出，2025 年国家级文化产业示范园区将达到 50 家左右，突出其规模优势与集聚效应，进一步增强文创产业示范园区对区域文化产业创新发展的辐射带动能力。文创产业园区作为文化产业发展的重要载体，是文化产业核心竞争力的重要体现，新时代文创产业园区的创新高质量发展具有重要的现实意义。上海作为我国文化产业发展的排头兵，以文化产业作为引领经济发展的重要引擎，积极推进文化产业发展。2022 年，上海市促进文化创意产业发展财政扶持资金服务打响"四大品牌"，完成社会主义国际化文化大都市建设及"设计之都""时尚之都""品牌之都"建设，聚焦文化创意产业重大、关键和基础性环节，助力文化创意产业高质量发展。

文化数字化是提升文化产业能级的重要抓手。文化数字化的实质是通过数字技术提升和改善文化的保护、传承、弘扬的方式方法，提升文化管理效率，进一步增强文化自信。文化数字化涉及大数据、云计算、物联网、区块链、人工智能、5G 通信等新兴技术，广泛应用于"新零售""新制造"等领域。数字化渗透到文化作品创作生产的全过程，既是提高创作效率、辅助原创内容展示和表达的工具手段，也是创作内容本身（陈知然等，2022）①。2022 年 8 月，中共中央办公厅、国务院办公厅印发《"十四五"文化发展规划》，强调提升公共文化数字化水平，加快文化产业数字化布局，推动科技赋能文化产业。2022 年 5 月 22 日，中共中央办公厅、国务院办公厅印发的《关于推进实施国家文化数字化战略的意见》提出，"为贯彻落实党中央关于推动公共文化数字化建设、实施文化产业数字化战略的决策部署，积极应对互联网快速发展给文化建设带来的机遇和挑战，满足人民日益增长的精神文化需要，建设社会主义文化强国"，推进实施国家文化数字化战略，并明确主要目标，包括到 2035 年，实现中华文化全景呈现，中华文化数字化成果全民共享。

一、 国内外研究进展

（一） 文创产业与文创产业园区概念

20 世纪 80 年代，西方发达国家步入"后工业化时代"，文化产业将生产、生活、生态三项重要的人类社会活动高度融合，既解决了部分社会就业问题，又成为经济再生的新动力，随着文化产业越来越向集约化、规模化发展，逐渐出现了文化产业集群。Florida（2004）定义其为在一个具有有限空间和明显地理区域，按照专业化分工和协作关系建立起来，可以产生孵化和辐射效应的文化企业群落②。随着文化产业逐步成熟，同类型企业聚集和地方劳动力市场成型，为聚集的企业带来了较高的回报，各国文化产业的集聚趋势日益显著，文创产业多依托于文创产业园区发展，而文化产业园区也是文化产业的集聚形态（Lazzeretti L et al, 2012; Scott A.J, 2004）③④。国家统计局发布的《文化及相关产业分类（2018）》指出，

---

① 陈知然，庞亚君，周雪等.数字赋能文化产业的发展趋势与策略选择［J］.宏观经济管理，2022（10）：70 — 76.

② Florida R. The Rise of the Creative Class ［M］. New York：Basic Books，2004，434.

③ Lazzeretti L.，Capone F.，Boix R. Reasons for Clustering of Creative Industries in Italy and Spain ［J］. EUR PLAN STUD，2012，20（8）：1243 - 1262.

④ Scott A.J. Cultural-Products Industries and Urban Economic Development ［J］. URBAN AFF REV，2004，39(4)：461 - 490.

文化产业及相关活动分为 9 个大类，即新闻信息服务、内容创作生产、创意设计服务、文化传播渠道、文化投资经营、文化娱乐休闲服务、文化辅助生产和中介服务、文化装备生产、文化消费终端生产等①。

国外关于文创产业的研究主要聚焦三方面，一是对文创产业特点的研究，如 Bagwell（2008）认为创意产业相较于经济目标更偏向于追求艺术目标，文创企业的规模小②。John Hartley（2009）指出创意产业充满活力，但失败率高，结果难以预见，可以迅速适应快速的增长环境③。二是文化创意产业与空间的关系，如 Hutton（2004）认为在后工业化时代出现了"新的生产空间"，这些新兴经济大多集中在大城市的中心或者是中心商务区的边缘地带，强调了内城地区的新经济在城市景观重建与生产更新中起到的重要作用④。三是关注文创产业园区文化创意氛围的营造。John（2003）做过文献归纳，对文化产业园区的特征进行了活动、形式、意义三方面的总结，文化产业园区有别于其他类型园区的特点是其将创意作为核心产品，为灵感的产生提供便利的渠道，能够通过风格、氛围、形象为人们留下深刻独特的印象⑤。Scott（2006）深入分析了创意阶层，强调了创意与特定的社会环境间的密切关系，提出解决城市中的社会、文化、经济不平等问题，让所有社会阶层充分融合，有利于创意氛围的营造⑥⑦。

（二） 文创产业园区发展模式及路径

通过文献计量可知，近年国内研究主要集中在文创产业园区的空间分布、产品升级、扶持政策等方面。随着文化和旅游部《"十四五"文化产业发展规划》的发布，文创产业园的空间布局、数字文创、文化产业高质量发展等成为相关研究的热点话题。

文创产业在空间上呈现出较强的集聚特征。祁述裕（2018）指出我国

① 殷国俊.完善文化统计分类标准提升统计服务水平［J］.中国信息报,2018－04－24.

② Bagwell S. Creative Clusters and City Growth ［J］. Creative Industries Journal, 2008, 1（01）: 31－46.

③ Hartley, Lucy Montgomery, Creative Industries Come to China（MATE）［J］. Chinese Journal of Communication, 2009, 2（01）: 1－12.

④ Hutton T A. The New Economy of the inner city ［J］. Cities, 2004, 21（2）: 89－108.

⑤ Montgomery John. Cultural Quarters as Mechanisms for Urban Regeneration Part1: Conceptualising Cultural Quarters ［J］. Planning, Practice and Research, 2003, 18（4）: 293－306.

⑥ Scott A J. Beyond the creative city ［J］. Urban & Rural Planning, 2016, 48（4）: 565－578.

⑦ 盛康丽.国外文化创意产业研究动态述评（2000－2014）［J］.中国市场, 2016（42）: 45－46.

文化产业集聚发展的企业集聚形态最主要体现就是文化产业园区，文化产业园区既解决了企业人才培养的问题，又可以用提供生命周期全产业链服务①。栾峰等学者（2019）指出中小型文化创意类企业聚集度较高，大型文化创意类企业较为离散型分布②。袁园(2017)强调了文创产业园对于公共资源利用的重要价值，指出文创产业园区既是经济空间，也是人文空间，能够有效提高社会文化水平与公共资源使用效率③。

文创产业园的发展呈现出较强的异质性与区域性。王毅、廖卓娴（2019）总结了国内外文化创意产业集聚区的不同发展模式，从产业发展的调控方式、产业发展突破口、资金、企业规模结构与目标市场定位五个角度进行了分类④。黄江华、莫远明（2020）指出，"十四五"时期，文创产业园区将逐渐向产业集聚化、园区开放化、融合多元化和治理现代化等方向发展。促进文化产业与相关产业融合发展，是文创产业园区下一步的重要趋向⑤。郭欣茹等学者（2021）则强调了高质量发展对于文创产业园发展的重要意义，指出国内国际双循环相互促进的发展格局与文旅融合的发展趋势下，文化产业园区的功能进一步丰富，文化产业园区由高速增长阶段转向高质量发展阶段⑥。

（三） 数字赋能文化产业

随着数字化的不断推进，数字赋能贯穿文化产业生产、传播、消费及相关活动的整个过程。数字技术的传输具有高速度、高精度的特点，能够有效拉升文化创意产业能级。数字技术能够突破时间、空间、天气等条件的限制，构建多元文化消费场景，进而带来全新的文旅体验（丹尼尔·亚伦·西尔与特里·尼科尔斯·克拉克,2019）⑦。大数据、人工智能和AR/VR/MR等新型文化场景的集成应用，智慧旅游、旅游直播、云旅游、云演艺等蓬勃发展，有效满足了疫情期间的旅游市场需求。数字技术与文化

① 祁述裕,王斯敏.把握文化产业集聚发展的特点与趋势［N］.光明日报,2018-12-03(7).
② 栾峰,何瑛,张引.文化创意产业空间集聚特征与园区布局规划导引策略——基于上海中心城区的企业选址解析［J］.城市规划学刊,2019(1)：40-49.
③ 袁园.文博会促进文化创意产业发展策略［J］.开放导报,2017(4)：105-108.
④ 王毅,廖卓娴.湖南文创产业园区发展分析与建设路径［J］.经济地理,2019,39(02)：215-223.
⑤ 黄江华,莫远明.文创产业园区的改革创新与融合发展［J］.出版广角,2020(06)：26-29.
⑥ 郭欣茹,沈佳,陈天宇.文旅融合背景下我国文化产业园区高质量发展路径研究——以江苏为例［J］.艺术百家,2021,37(5)：52-58,75.
⑦ 丹尼尔·亚伦·西尔,特里·尼科尔斯·克拉克.场景：空间品质如何塑造社会生活［M］.祁述裕,吴军,等,译,社会科学文献出版社,2019.

产业相结合能够推动文化与产品生产的智能化，引导文化投资与市场的有效对接，促进文化产业进一步繁荣。电子竞技产业是数字技术与文化产业结合的典型代表。电子竞技是应用高科技软硬件设备作为运动器械，在统一的竞赛规则下静止的人与人之间的对立性运动。经过运动能够锻炼和提升参与者的反应能力、思想能力、和谐、毅力及对现代信息社会的顺应能力，从而起到对参与者全面发展的促进作用。电子竞技产业基于游戏又超越游戏，是集科技、竞技、娱乐、社交于一身的拥有独特商业属性与用户价值的数字娱乐文化体育产业。在游戏行业监管趋严、直播行业规范化持续加强的背景下，电竞游戏及电竞直播收入增速有所放缓。而随着电竞赛事和电竞内容影响力的快速提升，电竞版权、赛事赞助、内容制作等电竞赛事商业化仍保持着较高的增速。电竞市场未来的增长驱动因素，来源于电竞入亚带来的体育化和商业化机会，以及元宇宙、Web3.0 等新兴业态和电竞结合带来的发展空间。2021 年中国电竞市场规模约 1673 亿元，同比增长 13.5%，行业进入平稳增长阶段。

国内文化数字化的研究主要集中于文化数字化保护、文化数字化利用、文化数字化传播等（邹统钎，2022）。文化遗产保护方面，数字化在文化遗产保护、民族文化与红色文化保护和展示、公共文化展示等方面被广泛应用。就民族文化与红色文化保护和展示而言，刘黎与郑海燕（2022）指出，红色文化作为中华民族宝贵的精神财富，依托现代信息技术对红色文化进行重塑与传播，不仅有助于增强红色文化的生动性、趣味性和实效性，对培育社会主义核心价值观、增强主流意识形态引领力、增强国民文化自信也具有重要意义。红色文化的视觉元素、构建立体化的红色文化传播场景、鼓励红色文化产业跨界合作等方面都高度具备数字化潜力①。

文化数字化利用需要将文化与旅游等产业高度融合，培育和发展数字文化生态，打造文化数字化产业链（唐琳，2020）②。一方面，文化数字化利用呈现出稳健的增长和繁荣态势，新型文化数字化业态担当引领和示范文化产业发展的重要角色（唐琳、陈学璞，2018）③。文化数字化与网

---

① 刘黎，郑海燕.红色文化数字化传播创新策略研究［J］.传媒，2022(20)：80–83.
② 唐琳.文旅新基建中少数民族文化消费数字化研究［J］.广西民族大学学报(哲学社会科学版)，2020，42(05)：74–79.
③ 唐琳，陈学璞.文化自信下广西网络消费文化产业体系构建研究［J］.广西社会科学，2018(06)：70–73.

络直播、网络动漫、网络游戏等大众网络消费文化新业态结合紧密。另一方面，"元宇宙"等概念使数字文化的利用模式发生的变革，也带来了法律、伦理与技术的多维困境，如个人信息保护权、隐私权、著作权等权利冲突（罗有成，2023）①。

二、 上海市文创产业园区发展现状

（一） 上海文创产业

上海是我国文化创意产业领先发展的城市，多年来在文化创意产业的发展与创新方面进行了探索，整体上发展态势良好。纵观 2010 — 2020 年上海文化创意产业增加值，2010 年上海文化创意产业增加值仅 1 000.5 亿元，到 2020 年则达到 2 389.6 亿元，占 GDP 比重达到 6.1%（见图 3 - 16）。2021 年，上海的文化产业发展综合指数排名全国第四，其中文化企业营收位居第一，生产力指数排名第四，影响力指数排名第二，驱动力指数排名第四，上市文化企业数量超过 160 家，具有较为突出的优势。2022年，上海市文创办发布 2022《上海市文化创意产业分类目录》，对文化创意产业进行了明确定义："文化创意产业是指以人的创造力为核心，以文化为元素，以创意为驱动，以科技为支撑，以市场为导向，以产品为载体，

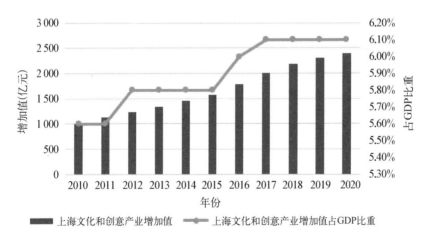

图 3 - 16 上海文化创意产业增加值和占 GDP 的
比重（2010 — 2020 年）

资料来源：上海市统计局。

---

① 罗有成.元宇宙的应用困境及其法律规制［J］.北京航空航天大学学报（社会科学版），2023：1 - 13.

以品牌为抓手，综合文化、创意、科技、资本、制造等要素，形成融合型的产业链，体现文化创意产业发展的新型业态。"文化创意产业是当前上海发展的八大重点产业之一，更是上海深入推进国际文化大都市建设的产业基础。在《"十四五"文化产业发展规划》出台后，文化创意产业进一步向生态化、数字化、融合化的社会经济支柱产业方向发展，文创产业园区作为文化创意产业的重要载体，迎来了新的发展机遇。上海市良好的政策、经济、社会与科技环境为上海文创产业园区的蓬勃发展提供了利好条件。

（二） 上海文创产业园区

上海文创产业园区历经二十多年的发展，由最初的创意产业聚集区发展为集规模性、多样性、创新性为一体的文创产业园区，逐渐成为上海国际文化大都市建设的重要组成部分。截至 2023 年 1 月 3 日，上海市文化创意产业推进领导小组办公室官网公示的文创园区共 169 个（见表 3 - 12），其中示范文创园区 25 个，市级文创园区 114 个，入驻文创企业总数 2 万余家，税收贡献超 300 亿元，其中张江文化产业园区、上海市国家数字出版基地等先进文创产业园区极负盛名。近年来，相较于其他产业，文创产业受新冠疫情影响较小，上海市委宣传部、文创办等部门多次出台相关政策，扶持文创企业、文创产业园区健康高质量发展，文创产业园区营造的创新创业氛围与良好的业态环境吸引了许多新业态企业，进一步推动了文化产业与其他产业相融合的发展模式，为新业态新经济的增长提供了良好的孵化环境。

表 3 - 12　2022 年上海文创产业园区数量统计表

区　域	文创园区数/个	市级文创园区/个	示范文创园区/个
浦东新区	15	8	2
黄浦区	16	12	2
静安区	22	17	1
徐汇区	15	13	2
长宁区	11	7	2

续　表

区　域	文创园区数/个	市级文创园区/个	示范文创园区/个
普陀区	4	2	2
虹口区	16	14	1
杨浦区	17	13	2
宝山区	12	9	2
闵行区	15	10	2
嘉定区	8	6	2
金山区	3	1	2
松江区	4	3	1
青浦区	7	6	1
奉贤区	3	2	1
崇明区	1	1	0

资料来源：上海市文创办。

　　上海文创产业园区的布局整体呈聚集态势，分布格局以杨浦区、虹口区、静安区、黄浦区、徐汇区为核心，其中文创产业园区密度最高的是静安区，青浦区、奉贤区等暂未形成聚集特征。总体而言，上海文化产业与文创产业园区布局呈集聚态势，但是在各区间的发展存在不平衡的问题。截至 2022 年，静安区文创产业园区 22 个，市级以上园区 18 个，而奉贤区文创产业园区仅 3 个。静安区、黄浦区等由于经济、交通的优势，在同等政策条件下可以优先吸引相关文化企业发展，而郊区等受交通与人才资源限制，更加聚焦于传统产品的加工制造。

　　据规划，上海文化创意产业区位分布要向"一轴一圈两带多区"的空间布局发展（李震宇，2019）[①]，其中"一轴"指的是形成东西向文化创意产业发展轴，以大虹桥会展产业园区、上海国际旅游度假区等为代表；

---

① 李震宇.文化创意产业集聚效应研究——以南京市文化创意产业园为例［J］.市场周刊,2019（12）：52-53.

"一圈"指的是沿中外环新经济圈，以长江软件园、木文化博览园、越界创意园等为代表；"两带"指的是沿黄浦江文化创意发展带和沿苏州河文化创意发展带，以浦东世博前滩文化园区、普陀长风文化生态园区等为代表；"多区"指的是国家数字出版基地、国家音乐产业基地、金山国家绿色创意印刷示范园区等文创产业园区。文创产业园区集聚发展有利于整合园区资源，完善投融资与产权交易分配等一系列公共服务体系，助力打响"上海服务、上海制造、上海购物、上海文化"四大品牌。

三、上海数字文化产业发展经验

（一）发展背景

随着我国互联网技术移动化、场景化、智能化逐级演进，数字文化产业的发展历程大致可分为萌芽起步期（1978－1993）、全面建设期（1994－2008）、高速增长期（2009－2018）和融合期（2019－至今）（邹统钎,2022）①。2019年，我国5G正式商用，万物互联将推动"虚拟现实/增强现实/混合现实(VR/AR/MR)"技术形成产业规模（张三保等,2022）②。数字技术在赋能传统文化产业转型发展的同时，逐渐与教育、旅游、体育等领域融合，不断催生文化新业态新模式，数字文化产业成为新的增长点。我国在数字文化产业规模、数字文化产业发展平台、数字文化产业生态体系和数字文化产业海外推广等领域取得重要成就。

产业规模方面，依托数字技术进行创作、生产、传播和服务的文化产业，我国数字文化产业规模日益扩大，业态新模式不断增加（马浩,2013）③。以动漫产业为例，近年来，我国动漫产业快速发展，动漫内容生产能力迅速提升，动漫产业集群逐渐形成，动漫展会和交易气氛活跃，动漫市场逐渐扩大。2013年以来，中国动漫产业总值发展稳健，从882亿元（2013年）增至2 212亿元（2020年），年平均增长率为14.03%④。

发展平台方面，文化大数据、数字出版、文化装备制造、融媒体、数

① 邹统钎.中国文化数字化发展现状、问题与对策[J].人民论坛・学术前沿,2022(23): 56-66.
② 张三保,陈晨,等.举国体制演进如何推动关键技术升级？——中国3G到5G标准的案例研究[J].经济管理,2022,44(09): 27-46.
③ 马浩.国外区域经济非均衡协调发展经验及对山东的启示[J].管理现代化,2013(01): 126-128.
④ 艾瑞咨询.

字文旅等领域是我国发展的重点，先后认定国家级文化和科技融合示范基地 85 家（集聚类 44 家、单体类 41 家），促进人才、技术、资金、政策等要素集聚，逐步构建起技术研发与集成应用、技术标准制定、技术转移、产业技术联盟等文化科技创新价值链，为数字文化产业集聚发展提供示范。同时，积极布局建设数字出版、音乐产业、短视频等国家示范基地，有力支撑数字文化产业集聚化、基地化、品牌化发展。此外，还常态化举办世界互联网大会、中国国际动漫节、中国数字阅读大会等重大节会，推动数字文化人才、技术、信息等高端要素集聚，有效提升我国数字文化的影响力和创造力。

生态体系方面，数字技术与文化产业的深度融合，使得文化产业的发展逻辑、组织方式和产业形态发生了颠覆性变化（杨秀云等，2021）①，正向良性循环发展的数字文化产业生态体系正在加快形成与完善。政策生态方面，我国将数字创意产业列为五大战略性新兴产业之一，并先后出台《关于促进文化和科技深度融合的指导意见》《关于推动数字文化产业高质量发展的意见》等政策文件，激发各类主体创新创业活力，支持数字文化产业高质量发展。产业生态方面，文化直播、电商直销、IP 授权转化、线上办展等文化新业态新模式不断涌现，"内容生产—传播推广—消费体验"的数字文化全产业链，已从原先上下游、产供销的线性关系，向立体多维的网络化、生态化方向转变。市场生态方面，伴随着互联网和移动互联网用户规模的持续增长，我国数字文化用户规模也快速增长。据《第 49 次中国互联网络发展状况统计报告》显示，2021 年，我国网络新闻、网络音乐、网络文学、网络视频用户分别达到 7.71 亿、7.29 亿、5.02 亿、9.75 亿，数字文化产业链各环节的多元主体间联系日益紧密，超大规模的市场优势为数字文化产业发展提供了广阔空间（陈知然等，2022）。

海外推广方面，依托云计算、大数据、AI、区块链、元宇宙等高新技术，我国数字文化产业在海外影响力逐步扩大。我国大力推动影视、出版、动漫等文化贸易的数字化转型，出口网络文化产品数量和贸易额逐年增长，特别是国家文化出口基地的外溢和辐射效应明显，如浙江打造全国首个数字文化贸易功能区，已形成集数字技术研发、数字内容创作、数字

---

① 杨秀云，李敏，李扬子.数字文化产业生态系统优化研究 [J] .西安交通大学学报（社会科学版），2021，41（5）：127-135.

文化出口于一体的贸易生态链。我国数字文化产品供给端不断推陈出新，今日头条、抖音、Bilibili 等一批平台走出国门，带动全球数字文化产业快速向前发展。这些平台在疫情期间逆势上扬，显示出中国特色的数字文化产业的市场发展潜力（郭瑾，2021）①。

（二） 政策特色

信息基础设施的坚实发展缺少不了政策、环境因素的支持和保障。在过去几年中，上海制定发布全面推进城市数字化转型的意见和"十四五"规划，出台实施促进城市数字化转型的若干政策措施，配合制定数据条例，一系列政策、条例、规划的出台促进了基础设施的扩建和发展。

上海是长三角的领头羊，其数字经济也占据领头位置，相关政策颇具地方特色。从 2019 年开始，上海先后发布《上海市数字贸易发展行动方案（2019—2021 年）》《上海加快发展数字经济推动实体经济高质量发展的实施意见》《上海市扩大有效投资稳定经济发展的若干政策措施》，以推动数字化应用于实体经济之中。关于上海市城市数字化转型，上海发布了《关于全面推进上海城市数字化转型的意见》《推进上海经济数字化转型 赋能高质量发展行动方案（2021—2023 年）》《上海市全面推进城市数字化转型"十四五"规划》，旨在实现"到 2025 年上海全面推进城市数字化转型取得显著成效，国际数字之都建设形成基本框架；到 2035 年，成为具有世界影响力的国际数字之都"。

上海分别针对服务业、在线新经济、在线教育、在线广告，提出数字经济在具体行业落到实处的框架、方向和路线。2022 年上海市政府工作报告中明确指出，将聚力推进城市数字化转型，加快建设具有世界影响力的国际数字之都。上海高度重视数字产业发展，由此对信息基础设施具有强烈需求和较高要求。在数据规则方面，上海出台的主要政策有《上海市网络交易平台网络营销活动算法应用指引（试行）》《上海市数据条例》，以完善对数字经济发展的监管和支持机制。在具体行业的应用方面，上海出台的主要政策有《上海市服务业扩大开放综合试点总体方案》《上海市促进在线新经济发展行动方案（2020—2022 年）》《上海市教育数字化转型实施方案（2021—2023）》《关于推动上海市数字广告业高质量发展的

---

① 郭瑾.发展数字文化产业与我国软实力提升研究——以 TikTok 为例［J］.山东社会科学，2021（05）：116－122.

指导意见》《上海市人工智能产业发展"十四五"规划》。2020 年《上海市推进新型基础设施建设行动方案（2020－2022 年）》指出，要统筹好全市工业用能指标，向具有重要功能的互联网数据中心建设项目作适当倾斜，研究继续新增一批互联网数据中心机架数。2021 年《上海市新一代信息基础设施发展"十四五"规划》提到，形成云-边协同的算力设施架构，实现随需的算力资源供给，建成全球领先的算力中心集群，打造国内算力协同效率最高、算力供给最充沛的城市之一。

（三） 实践举措

2020 年上海文创产业增加值约占全市 GDP 的 6%，文创产业园的建设大幅度提升了废弃厂房、大楼等闲置建筑的利用率，是城市建筑复苏的重要动力源。上海市文创产业园区的发展主要分为三个阶段：一是 2004年建设创意产业聚集区，二是 2009 年建设文化产业园区，三是 2014 年出台《上海市文创产业园区管理办法（试行）》，整合建设文创产业园区（何金廖等，2018）①。整体而言，上海市文创产业园区的发展水平较高，支柱特征显著。

2022 年 4 月，上海市人民政府发布《上海城市数字化转型标准化建设实施方案》，提出了"经济、生活、治理"全面数字化转型的策略（见图3－17）。经济转型方面，上海市成立上海文化产业数字化转型基金，总规模拟定 20 亿元，以"基金+产业"为纽带，构建"资本+文化+数字"创投生态圈，发挥龙头企业引领作用，提升产业粘连度、区域核心竞争力和感召力。生活优化方面，强调文化数字化惠民、关注民生，重视底层民生保障，通过优化文化数字化共享机制，满足特殊人群文化需求；实行"一网通办"，打造文化资源信息应用平台，提供一站式服务；打造智慧化数字文旅服务，方便利民。治理升级方面，实施"1－2－N"模式。"1"是采取"一网统管"模式，整合线上线下资源，从提升数字治理能力和公共服务能效维度切入；"2"是搭建"文旅通"和"随申码·文旅"两个打通全行业数据链路的数字化平台系统，打造全数据赋能的上海数字文旅中心；"N"代表应用场景管理，聚焦提升管理效率，推动数字景区、数字文化场馆建设全面发力。

---

① 何金廖,黄贤金,司月芳.产业集群的地方嵌入与全球生产网络链接——以上海文创产业园区为例[J].地理研究,2018,37(07):1447-1459.

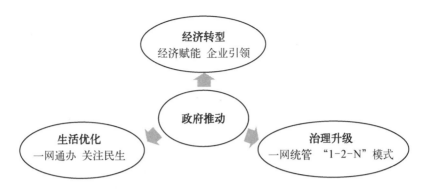

图 3-17 上海市"经济、生活、治理"全面数字化模式

资料来源：根据邹统钎（2022）改绘。

据调研，上海交响乐团在积极探索跨界融合和数字化转型，数字音乐厅、数字博物馆、数字藏品和线上音乐节在内的新的消费产品和形态，各方反映非常好。因为疫情原因，上海交响乐团出品的 MISA 从 2021 年开始探索线上演出，2022 年延续线上线下融合的形式，音乐节期间 43 场音乐聚会，从现场到"线"场，成就了上海疫情后的美好开端。在交互展览方面，以安鲁展览主办的"太空嘉年华"沉浸式科学艺术系列主题巡展，该项目历经四季，已经完成了上海、北京、天津、南京、成都、大连、南宁等城市共 13 站的商业巡展，把握了亲子化、数字化、休闲化等文旅消费的新特征新趋势。

四、 上海文创产业园区发展对策

（一） 开辟数字文化产业发展新路径，构建文旅融合新业态

贯彻落实《"十四五"文化和旅游市场发展规划》，秉承融合发展理念，推进文化和旅游融合发展，突破区位限制，充分利用文创产业园区的建筑特色，结合特色文化主题，在园区内打造特色游览、体验项目，可借鉴江苏省融文化传承、教育研学、旅游观光为一体，设计如"长江风情体验游""江苏非遗研学游"等特色园区旅游线路。不同行业在数字化转型方面的探索进展差异较大，在文旅产业，演艺和展览业对数字化转型的态度相对比较保守，前述仅线上表演的商业化探索就遇到了较大的阻碍，但数字化转型是不可逆的，对于数字化探索，可以由体量大、业务广泛的企业或集团先行试水，在能够进行内部补贴的前提下，探索各种阻碍的解决路径，提

高市场的成熟度；再推而广之，在成熟的市场中探索不同的发展模式。

（二）　打造数字文化产业新高地，建设数字化文创产业园区

鼓励文创产业园区及园内企业以技术为驱动打造数字化商业模式，创新服务品牌，借助数字媒体、电商平台推出创新产品，实现规模化发展、集约化经营。如广西 722 数字文化创意产业园，通过包装设计、直播带货与新型电商相结合赋能文化产业、乡村振兴与创新创业。

（三）　布局数字文化产业新赛道，培育文创园区消费热点

数字化是新时代科技革命和产业变革的关键竞争力，"元宇宙"是当下互联网发展的新战场和必争赛道。而文旅业是数字化、元宇宙落地的优质入口。线下沉浸式体验的实体空间场景与虚拟的"数字空间"相辅相成，形成了不同体感与玩法的沉浸式体验，也催生了一系列文旅新业态，借助科技化的手段，通过数字化、场景化、体验化的方法，为线下沉浸空间提供了更加专业的技术支持和创意方向，给消费者带来全新的沉浸式体验，通过引入 VR 等"元宇宙"新兴技术，不仅能为消费者提供更身临其境式的体验，同时也能减少经营成本。未来，上海文旅产业作为市场主体，与其他利益相关的产业链上下游市场主体之间探索行业协同、融通共生发展；利用好科技进步、美好生活需要的利好背景，把握休闲化、数字化、便捷化、线上线下一体化的新特征和新趋势，积极抢滩、布局元宇宙新赛道，运用元宇宙相关技术实现线上线下的互动交流，激发游客新的消费。引导部分文创产业园区引入剧院等交互式文化产业，增强文创产业园区的特色与吸引力，形成特色鲜明、开放多元的文化产品展示平台，打造文化消费聚集区。

（四）　长三角一体化，辐射周边城市发展

长三角以三省一市的广大区域，面积雄踞中国三大经济区之首，经济总量也是首屈一指。正是因为长三角区域对于外资企业政策的优惠、人才、区位优势、人文优势让长三角成为自改革开放以来一直属于外资企业投资选址的首选。产业结构方面，以金融、智能制造产业为主。从长三角的结构来看，是一荣俱荣、一损俱损的格局。

（执笔：上海商学院酒店管理学院姜红）

苏州文化产业园高质量发展
思路与建议

　　文化产业园在激发文化创新活力、打造公共文化空间、丰富文旅消费体验、培育文化产业集群等方面有着不可替代的积极作用。为加快实施文化产业倍增计划，推动苏州文化产业高质量发展，苏州已把加强载体平台建设提到重要位置。目前，苏州文化产业园呈现"四型一体"的发展格局，并在推动文化产业数字化、以文创促进城市更新等方面取得了初步成效，但仍存在空间资源利用受限、公共场地配套不足、文旅融合度不高、产业集聚发展水平较低、运营管理不够科学等问题。本文就苏州如何进一步推动文化产业园建设进行了专题调研，并提出相关政策建议。

一、 苏州文化产业园的发展现状

　　截至2022年2月，苏州共有文化产业园（基地）82家，其中市级63家、省级25家、国家级10家，聚集程度比较高的是工业园区和姑苏区（见图3-18）。为建设富有竞争力的文化产业园项目，苏州市设立了文化产业发展引导专项资金。2022年，苏州蓝文化创意产业园、苏州金浦九号文化产业园及常熟国家大学文创园入选江苏省文化产业示范园区名单。2023年3月，苏州元和塘文化产业园区顺利通过国家级文化产业示范园区创建验收。

（一）"四型一体"的发展格局

　　根据文化产业园主导业态，苏州文化产业园可以分为主导产业型、休闲娱乐型、传统文化型和综合发展型四类。

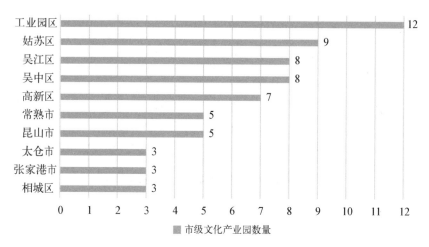

图 3－18　苏州市级文化产业园所在辖区分布情况

1. 主导产业型文化产业园

主导产业型文化产业园依托发展相对成熟、已形成一定规模效应的文创产业集群，具备较为完整的产业链和较强的原创能力。产业园的开发建设往往由园内一家龙头企业主导，园内提供的服务主要面向同一产业链上的文化企业。

以苏州设计小镇为例。 位于苏州工业园区的苏州设计小镇专注于设计行业的全产业链，特色鲜明，功能定位清晰。该产业园的现址原为金螳螂木业公司所在地。2018 年，为响应苏州工业园区产业转型升级的号召，金螳螂集团旗下成立苏州金浦九号文化产业发展有限公司，作为苏州设计小镇的运营主体。在创园初期就聚焦设计行业开展招商，园内现入驻了室内软装、非遗文化产品开发、婚纱摄影、文化传媒等类型的企业，近两年孵化了鱼翔通智能科技等提供信息智能化服务的创业企业，园内工商代理、财税、法律、人事和政策申报等配套服务全面。

2. 休闲娱乐型文化产业园

休闲娱乐型文化产业园主要依附于 20 世纪五六十年代的工业遗迹比如旧厂房和仓库，由城市更新运营公司采取轻资产的模式运营，注重在老建筑、老场域下打造体现多样性和艺术性的空间载体。园内既有一定数量的文化企业，也向产业链下游的消费端延伸，配置小剧院、咖啡厅、书吧等生活化文化设施，为消费者提供丰富多元的文创消费场景及游逛体验。

以蓝·芳华文化创意园为例。蓝·芳华文化创意园位于姑苏区内苏州金塔电子公司旧厂址，是蓝文化创意产业园系列建设较早的文化产业园之一。吴中集团旗下的蓝园商业管理发展有限公司作为产业园运营主体，于2018年将文创办公、影视、教育培训、商业设施等业态引入该产业园。园内现有苏州十月猛犸动画制作等少数企业位于动画产业链上游，其余多数企业处于文创及影视产业链下游。园内配套文化设施主要包括咖啡厅、书吧、手作工坊等商业类文化设施，以及雕塑、墙绘等公共艺术设施。

3. 传统文化型文化产业园

传统文化型文化产业园坐落于修缮保护后的传统历史文化街区和风景区，通常由国企和民企运营，或由当地产业自发集聚而形成。该类产业园依托传统文化街区独特的历史风貌、文化特色和建筑格局，发挥街区文化底蕴深厚、文化氛围浓厚的优势，开发特色文化创意产业。

以苏州桃花坞文化创意设计产业园为例。桃花坞片区文化遗存丰富，有历史街区1处，国家、省、市文保单位16处，控保建筑33处，非物质文化遗产包括桃花坞木刻年画、昆曲、评弹、制扇等。2021年启动的桃花坞文化创意设计产业园项目以"文化新经济"为发展导向，重点聚焦核心文创科技产业，意在探索古城文旅融合新模式，打造苏州文化创意新地标。

4. 综合发展型文化产业园

综合发展型文化创意产业园的创建通常依靠政府的规划和支持，占地面积大，文化业态丰富，拥有多个产业链相对完善的细分文化产业领域。由于产业链的多样化，产业链中的资源、信息共享频繁，科技与文化复合人才较多，有利于文化产业与科技深度融合。

以苏州元和塘文化产业园区为例。该园区位于相城核心区域，空间布局为"一带、一轴、三片区"，"一带"指元和塘文旅产业带，"一轴"指高铁枢纽文化创新发展轴，"三片区"指数字文化产业片区、创意设计产业片区、文化科技产业片区。目前，该园区正培育10个"园中园"，其中有8个园以数字文化产业为主要发展方向，涉及直播产业、数字内容服务业、影视动漫产业、数字文化体验等。另外2个园发展以文创设计与家居设计为主导的创意设计产业。该园区初步形成了以数字文化产业为核心，创意设计、文化旅游等为辅的现代文化产业体系。

（二）发展成效

1. 促进企业品牌和集群品牌影响力提升

打造文化产业园有利于提高文化企业品牌及文化产业集群品牌的影响力和市场竞争力。苏州文化产业园在建设及运营过程中，当地企业和产业集群的品牌效应正逐步提升，带动城市资产的整体增值，促进区域经济社会的可持续发展。例如，苏州设计小镇能够展示金螳螂集团最新数字技术的展览馆，同时作为"苏州设计小镇"的运营企业，金螳螂集团在设计领域的影响力和知名度得到提升。位于镇湖街道苏绣小镇，以国家级非遗苏绣为发展内驱力，集群品牌效应逐步增强。苏绣小镇重点塑造苏绣乐享非遗 IP，获得"刺绣艺术之乡""中国刺绣基地镇""国家级非物质文化遗产（苏绣项目）生产性保护示范基地"等称号。"镇湖刺绣"成为国家地理标志保护产品，并注册成为集体商标，于 2021 年入选第二批中欧双方地理标志。

2. 推动数字文化产业发展

近年来，数字文化产业成为推动苏州市文化产业高质量发展的主要突破口和增长极，而文化产业园是加快文化产业数字化发展的重要载体。除了刚升级为国家级文化产业示范园区的苏州元和塘文化产业园区将数字文化作为主要发展方向，苏州工业园区月亮湾文创产业园区依托创意产业园、欧瑞大厦等产业载体，聚集了友谊时光、蜗牛游戏、欧瑞动漫、大禹网络、叠纸网络等数字文化企业，在动漫游戏、互联网娱乐、版权和创意设计等数字文化领域也取得了显著成绩。

3. 助力文化艺术类活动在苏举办

苏州文化产业园积极承办各类文化艺术类活动。例如，桃花坞文化创意设计产业园为 2018—2020 年苏州国际设计周主会场，聚焦城市复兴、产业创新、生活美学三大核心议题，立体呈现了苏州在城市复兴、产业升级、民生改善、文化传承等领域的创新发展思维和成果。蓝文化创意产业园曾作为江南文化艺术国际旅游节和中国苏州创博会的分会场，体现创意设计产业在整个文化产业链中的前端引擎作用。苏州设计小镇自 2018 年起每年承办 CAA（中国美术学院）艺术社区全民设计大赛，促进设计行业的品牌平台合作、产学研合作和人才对接合作。苏绣小镇内举办中国刺绣文化艺术节，以苏绣美学空间为载体，展现传统刺绣文化在"江南文化"

话语体系中的辐射力。

二、 苏州文化产业园发展存在的问题

（一） 空间资源利用受限

由旧厂房和仓库改建的文化产业园因为受场地空间制约及开发强度限制，可出租建筑面积总量较少，导致投资回报周期较长，运营难度较大。例如，苏州设计小镇用地性质为工业用地，在容积率、商业配套设施等方面受到限制，制约了设计小镇向更高强度、更多元化方向发展。

（二） 公共场地配套不足

面向创意阶层的公共交流活动空间较少，现有空间服务系统和公共空间创意氛围对创意阶层吸引力较弱，限制了文化产业园对普通消费者吸引力的进一步提升，无法满足新型文化消费需求。例如，蓝·芳华文化创意园将闲置旧厂房转型为网红消费打卡地，餐饮和零售业态具备一定人气，但场地服务配套能力不强，举办中大型艺术展览的场地相对缺乏，构建完整产业链难度较大。

（三） 文旅融合度有待提升

部分文化产业园区积极尝试拓展文化旅游休闲功能，但囿于旅游产品开发不足、与周围街区联系不够紧密等原因，文化产业园区的文旅融合程度较低。例如，桃花坞文化创意设计产业园周围有众多旅游景点，但如何吸引游客，实现传统艺术和现代文化旅游产业体系、公共空间和现代文旅消费体验的有机融合，仍是桃花坞文化创意设计产业园寻求突破发展的一大课题。

（四） 产业集聚发展水平不高

大部分文化产业园缺乏系统科学的整体规划，主导产业定位及核心产业占比不够清晰，入驻机构产业类型较杂而主导产业特征不够突出。招商节奏不够合理、招商过程中秉持"先到先得"原则、围绕主导产业匹配上下游企业的意识较弱等问题较为普遍。少数入驻文化产业园的数字文化龙头企业对产业聚集的带动效应较弱，难以形成有较强竞争力和影响力的数字文化产业创新集群。

（五） 运营管理机制有待健全

多数文化产业园仍秉持"房东"运营思路，仅为入驻企业提供场地，

缺乏深度合作，主要开展产业园招商及物业服务，而生产性服务、增值服务、资源对接服务等较少。有的产业园数字化基础设施建设、数字化管理与服务平台搭建起步较晚，产业园智慧化建设推进较慢，数字化运营管理能力有待增强。有的产业园在品牌识别度建立、创新氛围营造、特色活动策划和媒体传播等方面有所欠缺，品牌塑造能力有待优化。

三、 国内文化产业园的对标经验

（一） 华侨城创意文化园

华侨城创意文化园（下文简称"文化园"）位于深圳南山区，是通过对华侨城东部工业区内的工业建筑重新定义、设计和改造，为活跃在大湾区的文化人、设计师、先锋艺术家提供具有后工业时代特色的创意空间。其成功主要包括四大要素。

第一，政策支持。2018 年，文化园运营方申请将园内部分建筑的用地性质从工业用地转变成新型产业用地，是国内最早一批获准新型产业用地的旧工业区升级改造项目，提升了容积率和开发强度，为产业园进一步发展争取了更多空间资源。

第二，产业定位清晰。文化园严控对入驻企业的筛选，重点发展当代艺术、创意设计、先锋音乐三大文化特色板块，并围绕这些板块举行一系列自有文化品牌活动来巩固文化园品牌，提升对文创企业的吸引力，进而打造集研发、生产、展示、销售于一体的完整产业链。

第三，盈利模式明确。文化园的物业由集团自有物业掌握，办公和商业两大业态的租金收入比例约为 3∶1，租金价格维持在周边商业地产租金的 50%—70% 以支持文创企业的发展，加上政府对园区品牌公益活动的补贴，园区较早实现盈利。

第四，重视品牌打造。华侨城集团通过举办特色活动、打造艺术空间等方式来建立文化园品牌识别度、营造创新氛围。比如通过周期性的活动、大型展览等事件输出影响力，逐步建立起"创意策源地""文化目的地"的品牌形象。运用自身在设计行业的影响力，邀请知名建筑师和规划师在园内打造旧建筑与当代艺术公共空间并存、独立空间与公共交流活动空间兼具的空间格局。在其自有艺术杂志、网站及国内各个主流社交平台的第三方账号上保持较高更新频率，促进园内企业的宣传推广和资讯与知识共享。

（二） 东郊记忆·成都国际时尚产业园

东郊记忆·成都国际时尚产业园（以下简称"东郊记忆"）是在红光电子管厂旧址上改建而成的文化产业园，具有鲜明的工业旧址主题，已成为成都的标志性文创园区。

第一，创意策源能力强。初期以音乐公园为主题，发展过程中一方面引进音乐产业链上的核心企业，打造无线音乐俱乐部基地，吸引音乐产业链上的其他上下游企业入驻，另一方面融合音乐、美术、戏剧、摄影、游戏等多样文化形态，形成集音乐艺术、时尚设计为一体多元文化园区。该产业园注重商业零售服务配套，园内可满足咖啡厅、书吧、买手店等小体量独立店铺的空间需求，与艺术企业形成良性消费互动，使东郊记忆保持创新活力。

第二，展览和演艺空间充足。东郊记忆内的展览和演艺空间包括国际艺术展览中心、东山演艺中心和东山音乐会客厅。丰富的展览和演艺空间布局，使东郊记忆成为成都承办主题艺术展和特色音乐会的热门地点，有利于吸引创意阶层集聚和交流，有利于产业园面向更大的市场和更多消费者，进一步汇聚人气。

第三，文旅融合发展程度较高。东郊记忆着力打造全天候慢生活、工业休闲沉浸体验文旅街区，是成都文旅融合发展的名片。在黄金周等假期安排丰富且不间断的艺术类活动，除了室内艺术展和演出，还有公共空间戏剧、快闪巡游等室外活动。除休闲娱乐、艺术创意业态以外，产业园配有约5%的酒店住宿业态（见图3-19），为游客提供便捷的配套设施，吸引游客在园内长时间驻足。

第四，文化业态与数字技术结合紧密。东山记忆馆内配有裸眼3D设备和公共艺术装置，运用现代科技手段还原了成都老东郊工业基地的原貌，展示上世纪东郊工业区的发展历史。此外，ARTE全沉浸式美术馆将于2023年落户东郊记忆，以

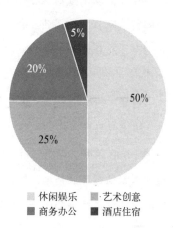

图3-19　东郊记忆运营业态占比

"永恒的自然"为主题，通过视觉创意与三维楼体投影、多方位影像控制、传感器交互等多种数字媒体技术的综合运用，从视觉、听觉、嗅觉等方面营造全沉浸式体验，以数字技术赋能文化场域。

（三）　景德镇陶溪川文创街区

景德镇陶溪川文创街区（下文简称"陶溪川"）坐落于景德镇市东城，总规划面积2平方公里。陶溪川定位为中国首座以陶瓷文化为主体的一站式文化休闲娱乐旅游体验创意园区。作为国家级文化产业示范园区，其成功经验值得参考。

第一，围绕传统文化，打造陶瓷文化IP。陶溪川依托国内先锋的工业4.0邑山陶瓷智造平台及国内一流的陶瓷技术试验室，打造独具特色的陶溪川文创品牌，通过个性独特、创新性强的陶瓷文化IP系列实现了传统与现代、文化与科技、生产与生活的深度融合。

第二，鼓励海内外陶艺家、青年学生和"创客"入驻创业，为创新创业提供平台和服务，配合资金支持和人才培养支持计划，嫁接银行设立创业基金池，大力培育原创文化品牌。

第三，明确准入机制，实行动态管理。陶溪川对企业、商家设定入园标准，进行业态、资质的对比筛选，避免"同质同构"。结合招商和引进两种方式，在园区打造混合业态、多元业态。

第四，线下体验和线上交易深度融合。陶溪川积极举办高质量文化活动，并开拓线上板块发展直播电商，打造陶溪川LIVE直播基地。作为国内首个陶瓷直播基地，陶溪川文创街区打通了供应链，成立物流中心，成功将"创意集市+线下商城+线上旗舰店+创意讲堂+创业先锋"融为一体。

（四）　杭州白马湖生态创意城

杭州白马湖生态创意城（下文简称"创意城"）创建于2007年，总面积约1 500公顷，是第一批国家级文化产业示范园区，且近五年先后入选杭州国家动画产业基地、杭州国家数字出版产业基地、杭州国家文化和科技融合产业基地核心区等"国字号"平台。

第一，积极打造国字号文化品牌效应。创意城拥有中国动漫博物馆、中国网络作家村、中国国际动漫节等国字号文化品牌，并且通过举办创新创业大赛、共建创业孵化基地、网络文学路演中心等方式，不断提升数字内容原创水平。依托中国网络作家村的文化类品牌活动"网络文学 IP 直通车"，开辟了国内首个以新型文化产业链为主体的 IP 路演机制。

第二，聚焦数字内容，产业定位清晰。创意城突出"文化＋科技"深度融合发展，加快构建以数字传媒、数字文化、VR 产业、数字创意、数字设计等为主导，文化和科技融合新业态为补充的"5＋N"文化和科技融合特色产业体系。创意城已落户华数、香港锦亿和 VR 数字产业园等 13 家领军企业，数字文化创新发展水平不断提升。

第三，引育高端数字文化人才，打造文化科技创新的人才引擎。中国网络作家村集聚了全国半数以上头部作家共 200 余人入驻园区进行内容创新。创意城与科研院所密切合作，落地了北航杭州研究生院、华数数字电视产业园等优势项目，逐渐形成数字文化人才集聚区。

第四，持续优化营商环境，提升运营管理水平。近年来，创意城出台优化创意城营商环境 20 条举措清单，推出了资源集中、平台集聚、服务集成的"企业 e 家"，优化落点产业项目跟踪办、协同办机制，建立定期调研座谈机制，协调解决企业发展过程中难点痛点问题，推动运营管理方式向服务型转变。

四、 推进苏州文化产业园高质量发展的政策建议

（一） 加强统筹规划，明确文化产业园认定标准和评价体系

第一，建立苏州特色文化产业园认定标准和发展评价指标，设定文化产业园入驻企业准入标准，明确文化产业园主导产业类型及核心产业占比。一是规定文化产业园总建筑面积下限及文化企业面积占比下限。例如，深圳、杭州两地规定文化产业园总建筑面积原则上不低于 2 万平方米，对特色鲜明、商业模式创新，具有引领示范作用的产业园适当放宽面积限制；杭州、成都两地规定文化企业面积占比不低于总建筑面积的 80%和 50%。二是规定文化企业数量及企业运营收入占总企业数量及全部企业运营收入占比。例如深圳要求该比例不低于 60%，杭州要求文化企业入驻率不低于 80%，且已入驻行业领军文化企业（或文化企业总部）占园区企

业总数比例不低于10%。三是文化产业园需要有明确的特色和定位。北京、深圳和杭州的文化产业园认定标准，明确主导产业需要符合市文化产业重点发展领域，成都要求围绕主导产业进行选商招商，入驻企业具备紧密链式关系，具备较强产业集聚能力。目前，《苏州市文化产业园区认定管理办法（征求意见稿）》规定了文化产业园的总建筑面积及园内文化企业占比，但相比北京、深圳、成都三市，苏州对园内文化企业占比要求较为宽松（见图3-20），未涉及园内主导产业类型范围、行业领军文化企业在产业园内所占比例，且未对产业园产业集聚能力提出明确要求。

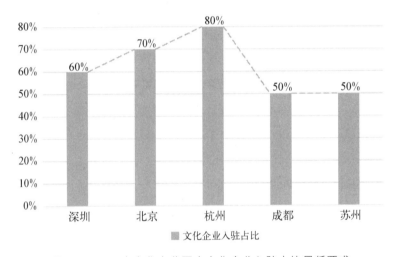

图3-20 五市文化产业园内文化企业入驻占比最低要求

第二，加强对文化产业园运营监测和绩效评价，对企业、资金、人才集中度等方面进行考评，高度关注产业链布局及创新能力，形成申报准入、监测运营、评估退出的良性循环机制。北京和深圳在认定管理办法中均明确将文化产业园整体运营管理情况、中长期发展目标实施情况、经济及社会效益情况、统计工作开展情况等列入年度考核内容，考核结果分为优秀、合格、不合格三类。北京要求文化产业园区考核结果为不合格且规定时间内未达到整改要求的，取消其园区称号且两年内不予受理其重新认定申请。深圳要求对连续两年考核结果不合格的文化产业园区予以摘牌，三年内不再受理其认定申请。

第三，开发盘活产业园资源载体，加快推进文化产业园楼宇质效提升。深化文化产业园分类管理，提高存量资源利用效率，在保留工业遗存的基础上对存量土地盘活利用。探索以文创产业为主导的新型产业用地性质，在空间规划编制、审批流程简化、产业招商运营、产权分割出让等方面给予特色文化产业园优先开展政策试点通道，加强用地性质、基础设施和政务服务等方面支持。

第四，建立分类推进机制，在全市范围内形成梯次型、差异化、特色化发展格局。以元和塘国家文化产业示范园区建设为引领，加强高新区国家文化科技融合示范基地、工业园区国家文化出口基地内涵建设，带动各级文化产业园区加快发展。根据产业型、休闲娱乐型、传统文化型三个类别，着重培育体现苏州"江南文化"内涵、公共文化空间特色、文化产业优势的文化产业园，比如运河文化产业园、丝绸文化产业园、动漫产业园、电竞产业园、数字文化装备制造产业园等，可打造一批特色文化街区。

（二）优化配套服务，推动运营管理制度创新

第一，健全服务体系。为园内企业提供生产性服务配套，包括人力资源、管理咨询、物流服务、项目申报、法律事务、专利事务、商务服务等生产性服务业。建设和引进一批企业孵化器、众创空间、公共技术服务和成果转化运用平台，构建适应入驻文化企业发展需要的产业生态。

第二，试点推进智慧园区建设。加快5G、工业互联网、物联网等信息基础设施建设与应用，增强信息网络综合承载能力，满足入驻企业对网络性能、容量、应用场景和信息服务质量的需求。利用大数据建立金融服务平台、产业培育服务平台、物联网运营平台等企业生产服务平台，提供综合性、智慧化、一站式企业服务。依托大数据、云计算等现代信息技术建设数字化服务管理系统，集成园区资源信息、应用服务和运营管理数据，提高资源利用和服务管理效能，提升运营管理智能化、精细化水平。

第三，强化金融支撑。加大对国家级文化产业园区和创建园区重点企业和项目的支持力度，精准对接金融产品和服务。探索金融产品和服务创新，推出符合文化企业特点的信用、担保、知识产权及产业链融资产品，建立文化企业融资"绿色通道"。拓宽多层次、多元化融资渠道，支持园区建立投资基金、担保基金、风险补偿基金，加强与创业投资、私募股权、并购基金等社会资本合作，提供覆盖文创企业发展各阶段的融资服务。

（三） 打造公共文化特色空间，激发文旅消费新活力

第一，不断优化文化产业园商业空间、艺术空间、生活空间，培育具备人文关怀、审美品位、文化内涵和社会影响力的城市公共文化空间。文化产业园不仅是文化产业的承载地，还是城市公共文化空间的有机组成部分。休闲娱乐型和传统文化型产业园应不断丰富拓展惠民功能，通过打造特色图书馆、美术馆、电影院等公共文化空间来增强文化产业园公共属性，通过开展形式多样、内容丰富的公益文化活动来增强对社会公众的文化吸引力，使其成为重塑城市空间文化的重要载体。

第二，大力整合基于数字技术的创新要素，推动融合共生文化生态和文化消费新业态培育。推动传统文化业态与数字技术结合，探索具有个性定制、互动参与、跨媒介多感官体验等特征的体验式数字文化消费新场景和新业态。激发数字文旅产业内生活力，为文旅消费打造新业态、提供新动力。

第三，打造江南文化消费新地标，支持符合条件的文化产业园申报建设国家级夜间文化和旅游消费集聚区。结合打造"最江南"城市形象需求，支持具备相关资源的文化产业园以"江南文化"为概念核心打造江南文化消费新地标，以此为切入口持续深化国家文化和旅游消费示范城市建设。

第四，主动利用各种媒体渠道，促进产业园品牌形象塑造与推广。在品牌视觉形象方面，形成具有规范性的品牌商标基础识别系统、品牌延伸系统和应用设计系统。在品牌推广方面，借助主流媒体及自有网站及社交平台第三方账号，对产业园最新活动及动态进行宣传，使园区保持高曝光度，促进产业园宣传推广及资讯共享。

（四） 加快创新要素聚合，推动数字文化、特色化、专业化发展

第一，立足各区域资源禀赋和文化产业结构，科学合理规划各文化产业园主导产业和产业生态构成。在动漫游戏、直播产业、数字文化装备制造、电子竞技、网络视听、数字出版、数字演艺等重点领域进行资源整合和产业链布局，打造具备全产业链要素、有全国影响力的品牌文化产业园区和品牌运营机构，形成面向区域和行业的协同创新平台。

　　第二，提高政策扶持精准度，培育壮大一批新型数字文化企业。支持综合发展型文化产业园加快培养和引入具有核心竞争力和行业带动作用的数字文化龙头企业，借助资本市场推动企业发展。围绕全产业链需求，布局和扶持创新型中小微数字文化企业向专业化和特色化发展，培育一批细分领域的领军企业。支持符合条件的文化企业申报国家文化产业示范基地，遴选组织优质文化企业参加国内外文化产业重点展会活动，在宣传推广、场地展位、金融服务等方面给予支持。

（执笔：西交利物浦大学西浦智库朱笑茜、徐亦丰、宋瑜）

上海新能源汽车产业园
布局与发展前瞻

上海作为国内最大的汽车产业基地之一，依托于临港和嘉定等重点汽车产业园区集聚地，实现了汽车产业的快速发展。2022 年上海汽车产量为 302 万辆，汽车制造业产值 8 080 亿元，对全市工业稳增长贡献最大。上海新能源汽车产值产量均创新高，产量 99 万辆，同比增长 56.5%，占全市汽车产量的 32.8%；产值约 2 888 亿元，同比增长 56.9%。上海旨在全力建设世界级汽车产业中心，打造具有竞争力和影响力的汽车创新高地、产业高地。

一、 上海新能源汽车产业园的整体布局

上海汽车产业园主要集聚在嘉定安亭、浦东金桥与浦东临港。这些产业园区配套齐全、研发实力较强，尤其是在智能网联汽车以及燃料电池汽车方面具有一定的竞争力。

（一） 新能源产业园

目前上海依托嘉定安亭、临港新片区、金桥及张江地区打造了一批特色产业园区，基本形成生态互补、功能差异化发展的新格局。其中嘉定安亭依托国际汽车城等产业园区，重点聚焦核心关键技术、关键零部件、应用示范等进行突破，致力于建成集研发、制造、检测、会展等于一体的综合性产业基地。浦东金桥依托科创园等，重点聚焦智能汽车视觉系统、车用操作系统、车规级芯片等领域。浦东临港新片区依托南桥智行生态谷等产业园区，重点进行新能源汽车的全产业链布局，正以扩大高端新能源汽车产能作为重点，打造具有国际影响力的新能源汽车的创新、研发和制造基地。

（二） 新能源汽车产业链完备

上海目前依托重点产业园区的重点企业，基本形成相对完整的新能源汽车产业链，已就原材料、整车制造和汽车后市场等产业链关键环节形成可持续发展的企业生态体系。其中嘉定国际汽车城同济科技园、国际汽车产业城科技创新港、上汽新能港等重点产业园区依托蔚来、上汽等行业巨头，已在动力电池、电机电控、汽车电子等关键零部件，以及整车制造、充换电服务等领域形成规模优势。浦东依托金桥新能源汽车产业基地、特斯拉上海超级工厂、国际氢能谷等产业园区在整车制造上具有明显优势。此外，青浦依托西虹桥商务区等重点产业园区致力于汽车研发及运营、氢能、燃料电池等，位于新能源汽车的上游领域。

整车企业方面，上海拥有全国最大的汽车集团——上汽，旗下拥有上汽大众、上汽通用、上汽乘用车等整车企业；还引入全球新能源汽车顶流——特斯拉。同时，上海也是通用、福特、沃尔沃、捷豹路虎等知名整车外资车企的中国总部，蔚来、威马、哪吒、爱驰、高合等造车新势力的总部也都落在上海。

零部件方面，上海聚集了博世、大陆、采埃孚、摩比斯、德尔福、米其林、麦格纳、李尔、佛吉亚、安道拓、固特异、奥特立夫、延锋伟世通、天合等众多国际知名零部件企业的中国总部，同时也有华域汽车、杉杉股份、保隆科技、岱美股份、新朋股份、松芝股份等本土汽车零部件龙头企业。

二、 重点区域新能源汽车产业园布局

根据《上海市加快新能源汽车产业发展实施计划（2021—2025年）》，安亭地区重点在新能源汽车核心技术研发、关键零部件产业化、示范应用方面取得突破，临港新片区则要加快全产业链布局，持续扩大高端新能源汽车生产能力，推动整车出口，而金桥和张江要发挥集成电路等产业优势，在视觉识别、车用操作系统、车规级芯片等领域加快布局。

（一） 嘉定重点新能源汽车产业园

嘉定要打造成为世界级汽车产业中心的核心承载区。到2025年，实现汽车产业总产出1.21万亿元，其中汽车"新四化"总产出超过2 000亿元。近年来，嘉定先后印发了《汽车"新四化"千亿专项行动方案（2021 — 2025 年）》《关于加快特色产业园区建设的实施意见》等政策文件，新能源汽车产业园区快速发展，**重点布局"三港两园"，即嘉定氢能港、嘉定新能港、汽车创新港、上海智能汽车软件园和上海汽车芯谷**。

1. 上海国际汽车城

上海国际汽车城依托雄厚的汽车制造能力，发展出集汽车研发、制造、教育、服务、文化于一身的完整汽车产业链。这里汇聚了众多汽车整车、零部件生产研发机构，包括上汽大众、上汽乘用车、理想汽车、上汽股份技术中心、舍弗勒、蔚来汽车、上汽阿里、长城哈弗、地平线机器人、东软集团、百度、滴滴等百多家主机厂、研发中心、创业公司或团队在此生产、运营和孵化。此外，为全面提升嘉定营商环境，上海国际汽车城设立了试驾体验、成果转化、数据支持和人才培养等服务项目，并每年组织数场汽车行业峰会，满足企业的产品展示、交流合作和信息收集等需求，构建汽车领域一站式企业服务平台。

2. 嘉定氢能港

嘉定氢能港位于嘉定安亭镇环同济片区，占地 2.16 平方公里，是上海市委、市政府确定的 26 个市级特色产业园区之一。园区呈现 1+X 布局，靠大企业拉动分散的关键部件企业发展，目前已初步具备氢能、燃料电池、燃料电池动力系统平台、燃料电池汽车以及基础设施等较为完整的全生态产业配套要素，基本实现了系统到关键零部件，再到下游商业运营的全产业链的覆盖。这里汇聚了 80 多家氢能企业，包括长城汽车、丰田、佛吉亚、堀场、华信、巴拉德、彼欧等多家国内外氢能企业均已入驻其中。

3. 汽车创新港（原上海新能源汽车及关键零部件产业基地）

汽车创新港位于上海国际汽车城核心研发区，占地 12 万平方米，是上海市经信委授牌的"上海新型工业化产业示范基地（智能网联汽车）"，已集聚一批新能源汽车及关键零部件产业、汽车电子等高新技术企业、先进制造领域智能化企业入驻。园区产业定位以新能源和智能网联汽车为导向，强调制造业升级与互联网+并重，大企业与中小创企共存，积极打造开放、合作、创新的汽车产业生态。园区目前已有长城哈弗、上汽捷氢等几百家知名企业和创业团队入驻，并通过汽车创新港企业孵化器、

AutoSpace 等创新孵化平台，以新材料、核心零部件、智能网联、新能源、智能制造、后市场、大数据、创新出行等为重点关注方向，为创业团队提供众创空间、管理咨询、投融资、渠道拓展、人力资源、市场推广、产业落地等深度服务。园区依托雄厚产业资源、人才储备、政策扶持，以及周边百余个公共和企业研发机构，打造智能网联汽车领域最先进的产业集群，不断提升业内影响力。

4. 上海汽车新能港

上海汽车新能港于 2020 年被评为上海市首批 26 个特色产业园区。园区主导产业为新能源汽车及汽车智能化、汽车电子等高新技术产业、智能制造及机器人产业及其他先进制造业，以新能源智能汽车及其关键零部件的研发与制造为抓手，以电池、电机、电控等关键零部件为突破口，形成了新能源汽车及汽车智能化产业生态圈。截至 2022 年 12 月，汽车新能港已引进重点产业项目 35 个，各类汽车相关企业近 270 家，包括 50 余家高新技术企业，如精进电动、上海道之、上海舜华、国轩高科等。入驻企业在汽车新能港投资超过 170 亿元。

5. 上海智能汽车软件园

上海智能汽车软件园是聚焦汽车"新四化"软件开发应用领域，围绕智能网联、智能制造、5G 通信、电子软件等领域，吸引高精地图测绘、网络通信和云计算等领域龙头企业落户园区，打造以智能汽车软件、自动驾驶、车联网、智能座舱、智慧交通信息服务为主导的全市首个专注汽车软件的特色园区。在开园会上，《嘉定区关于支持上海智能汽车软件园发展的若干政策》发布，在支持智能汽车软件集聚、支持汽车软件企业关键技术创新突破、支持开展示范运营、保护企业知识产权、加大企业金融扶持、完善园区配套环境和人才服务等方面制定了详细的执行细则。此外，上海智能汽车软件协同创新联盟成立，中国汽车工业协会软件分会挂牌，上海汽车工业软件创新中心启动。

6. 上海汽车芯谷

上海汽车芯谷位于嘉定工业区北区，于 2022 年 9 月 28 日开园。园区规划首发区面积约 1.88 平方公里，规划协同发展区近 15 平方公里，将与智能传感器产业园、嘉宝智慧湾、嘉定综合保税区等片区联动发展，加快培育汽车芯片全链条、全周期的创新型集群。上海汽车芯谷为嘉定区"三港两园"拼图的最后一块，到 2025 年将初步建成以汽车芯片研发与设计为先导，车规级智能传感器、新一代功率半导体与汽车电子为核心，集成电路制造与工艺、装备与材料、封装与测试协同发展的上海集成电路新型特色园区。到 2035 年，园区将基本建成全球智能汽车芯片创新中心。

此外，嘉定区还拥有重要的**新能源研发平台和中心**等。中德智能网联汽车推广应用中心、上海市智慧城市基础设施与智能网联汽车协同发展试点、上海氢能公共平台与研究中心、国家燃料电池汽车及动力系统工程技术研究中心、国家智能网联汽车（上海）试点示范区、上海机动车检测认证技术研究中心、同济大学汽车设计研究院、上海市新能源汽车公共数据采集与检测研究中心、上海智能型新能源汽车研发与转化功能型平台、智慧城市和智能网联汽车融合发展创新中心等国家及市级公共平台的功能建设。其中，**上海市新能源汽车公共数据采集与监测研究中心**是上海市唯一的新能源汽车公共数据采集、存储、分析服务平台。截至 2023 年 1 月初，"数据中心"平台已经累计接入采集上海市 96 万辆新能源汽车的运行数据，现也正面临着数据存储成本巨大等压力。

（二）浦东新区重点新能源汽车产业园

浦东新能源汽车产业园区主要有临港片区、金桥园区等。临港片区规模大、汽车产值大，上汽、特斯拉纷纷选择在此布局。除了上汽通用和特斯拉，浦东新区整车制造企业还有长安福特汽车、一汽、智己汽车等企业；在动力电池方面，有上汽、科锐世（上海）、首帆电力科技等企业；在汽车电子方面，则有新阳荣乐（上海）汽车电子、李尔汽车电子电器（上海）、海拉电子等企业。

1. 浦东张江·金桥未来车产业集聚区

区域范围覆盖张江西北区、集成电路设计产业园以及金桥开发区全域，将张江科技园的芯片技术、人工智能技术和金桥有较强基础的整车及配套资源等结合起来，夯实和扩大浦东"未来车"产业优势，建设形成"汽车芯片设计+制造+封测+模组+汽车电子器件+整车+道路测试"的完整"未来车"生态链，构筑国内技术最先进、门类最全的未来车产业集聚区。园区将重点在加快"未来车"产业发展专项政策出台、搭建汽车芯片测试等公共服务平台、提供全周期应用场景等方面发力，打造先进专业的未来车产业集群。

2. 金桥新能源汽车产业基地

金桥新能源汽车产业基地可以服务新能源汽车以及智能驾驶核心零部件。金桥现代汽车产业是浦东首个千亿元级产业，建有新能源汽车和智能驾驶零部件最核心技术的产业创新基地，有以上汽通用为龙头的、涵盖整车设计开发制造、汽车电子、动力系统、整车销售、汽车金融等服务体系以及新能源整车测试、核心零部件研发生产、智能网联汽车系统继承运用等较为完整的产业链。包括上汽通用、恩捷、法雷奥等一批占据全球产业链高端地位的厂商都进驻于此。

3. 临港新片区汽车产业链集聚

2022 年临港新片区智能新能源汽车产值达 2 634 亿元，为新片区首个产值突破 2 000 亿元的产业，其中特斯拉产值 1 848.85 亿元，同比增长 39.4%，全年交付超 71 万辆；上汽临港产值 342.9 亿元。**临港已初步形成"东西两翼"的产业布局：硬件研发生产在西，软件开发测试在东。**

临港"十四五"规划智能新能源汽车产业。聚焦新能源汽车头部企业，加大产业链上下游布局力度，营造产业生态体系。加快核心技术自主研发，重点围绕智能新能源汽车电动化、网联化、智能化、共享化，在自动驾驶芯片、传感器和电池、电机、电控等关键零部件方面实现突破，提升国产化配套比重，加速推动整车企业供应链国产化、本地化。加强与浦东金桥园区联动发展，共同推动相关领域产业链互补延伸。临港新片区揭牌三年有余，如今已经初步形成整车、发动机、电池、车身、内外饰、底盘、汽车电子、芯片等八大门类，涵盖了研发、制造、贸易、检测等全产业链。

临港新片区集聚了多家特斯拉上游供应商。如 SAS 上海公司组装显示屏、仪表盘、空调等零部件，并为驾驶舱模块系统结构做基层开发；上海友升铝业有限公司开发生产高性能、高强度的新型铝合金材料；上海临港长盈新能源科技有限公司生产新能源汽车关键零部件……同时，这里还集聚了许多"供应商的供应商"，均胜临港工厂可以轻松地在本地稳定批量采购价格实惠的塑料件、金属件。

临港智能网联汽车综合测试区有丰富的应用场景。测试区拥有模拟降雨道路、无 GPS 信号隧道、城市道路功能区等，在国内同类园区中应用场景、测试环境最丰富。上汽、图森未来、主线科技等企业都是这里的"常客"。当企业提出需求时，测试区根据企业需求更新升级设备。如园区为上汽搭建 1∶1 能够满足智能集卡港区内精准停车检测系统测试的场景，测试精度达到 3 厘米。

4. 特斯拉上海超级工厂

特斯拉在全球布局有 6 家工厂，上海临港是其中之一，其规划产能110 万辆/年；还有 3 家负责整车制造的工厂在美国加州弗里蒙特、德州奥斯汀和德国柏林。2021 年特斯拉上海工厂实际生产 48 万辆车，占前一年特斯拉全球产量的 51.7%。特斯拉仍然在全球探索布局新工厂，拟在全球建设 10~12 座超级工厂。在新能源汽车弯道超车的重要风口，各地跃跃欲试成为特斯拉超级工厂的选址地，分析特斯拉工厂选址的重要因素，主要是以下几点：一是地理位置的便利性，评估是否便于其出口和销售；二是当地产业链配套是否完善；三是当地给予的政策优惠条件是否足够吸引。

—— 案例 ————

特斯拉选址

2013 年，特斯拉开始探索海外零部件供应渠道，并在中国启动一级供应商遴选。此后，公司很快签约了首个接触并最终达成合作的公司——主营电池冷却零部件系统的宁波供应商旭升集团。

汽车制造业之取舍，在乎其经济账之简单纯粹。旭升集团产品在工艺和性价比上均优于原供应商，符合特斯拉对控制成本几近"疯狂"的需求，两者因而有极强达成合作之动机。

初步试水之后，特斯拉选择继续在长三角挖掘潜在供应商，遴选出了拓普、华翔等宁波本地汽车零部件企业，同时加速接触苏州、无锡等地汽车电子、车饰供应商，形成了当前逾百个国内零部件供应商、苏锡甬三地供应商占比过半的供应链格局。在此基础上，特斯拉从兼顾产业链统筹与出口需求的角度，选择临港作为其超级工厂的厂址所在，几乎成了一件顺理成章的事。

——摘自《临港汽车产业迈入成年期，投资扩容成企业"自选动作"》，21 经济网，2022 年 11 月 28 日。

5. 上海国际氢能谷

上海国际氢能谷将在未来基本涵盖氢燃料电池汽车核心零部件和氢能装备的全产业链。《临港新片区氢燃料汽车产业"十四五"发展规划》提出，力争到 2025 年，氢能产业规模力争突破 200 亿元，成为国内氢燃料汽车产业研发策源地和高端制造区，产生一批产业链龙头企业和独角兽企业，解决行业内的"卡脖子"难题，推动氢能车辆的规模化应用，加快加氢站基础设施的建设。康明斯、氢晨科技、上海治臻、唐锋等氢能企业已扎根临港，集聚态势初显。未来几年，临港公共交通领域将全部实现氢能化场景，以此带动氢能产业在临港集聚发展。

（三）松江比亚迪产业园

上海比亚迪有限公司现有厂区位于松江区，主要从事锂电池、太阳能电池组件等电子元件制造以及有色金属复合材料、新型合金材料加工等。在动力电池领域，其是国家电网、南方电网、丰田等国内外知名企业的供应商，在储能及电动汽车电池领域开展了深度的合作。这一园区不仅为车企提供服务，其产品还应用于手机、笔记本、平板电脑等主流电子产品，目前拥有联想、戴尔、小米、三星、惠普等众多国际知名客户。此外，**松江正在规划"车魔方"新能源汽车文化综合园区**。松江区新能源汽车产业相关企业除比亚迪外，还包括保隆汽车科技、爱铝美克斯、延锋伟世通、循道系能源、合既得动氢机器汽车企业等。

综上来看，无论是嘉定、金桥、临港、松江等，在新能源汽车产业集聚发展方面都具有一定优势。要在上海全市范围内实现 1+1>2 的效果，就需要充分用好各个区域的比较优势，实现资源最优化配置。如嘉定拥有上汽等老牌车企，几十年汽车产业基础及文化积累不能一蹴而就，要充分用好这一历史积淀和优势，在加快促进传统车企转型升级的同时，充分用好汽车博物馆等资源，将汽车产业链延长并充分释放。再如，**临港具有广阔的土地资源、港口资源等，以及上汽集团、特斯拉等整车厂的入驻**，吸引了众多上下游产业的集聚；其重点在于高端新能源汽车生产能力与整车出口能力，2022 年总投资 37 亿元的华勤技术"汽车电子临港研发总部"和"智能制造基地"项目签约落地，主要聚焦汽车电子及消费电子领域，打造硬件产品研发、软件服务及"灯塔自动化工厂"高端制造的三位一体综合服务。再如，**金桥**具有张江科技城的科技创新优势，张江·金桥未来车产业集聚区覆盖张江科学城西北区、上海集成电路设计产业园以及金桥开发区全域，将结合张江先进的芯片、人工智能技术和金桥的整车及配套资源，进一步夯实和扩大浦东"未来车"产业优势，以形成完整"未来车"生态链，构筑国内技术最先进、门类最全的未来车产业集聚区。

三、 上海新能源汽车产业集聚发展特点与瓶颈

（一） 区域布局：各区争相布局新能源汽车产业，警惕"内卷化"竞争

从整体布局来看，目前上海已形成多个新能源汽车、智能网联汽车相关的区域产业集群。嘉定安亭、浦东金桥是传统的汽车产业重地，特斯拉超级工厂于 2019 年引入临港新片区，带动了上海新能源汽车产业快速发展。与此同时，背靠临港的奉贤也规划了智能新能源汽车产业，上海国际新能源产业园坐落于此。松江、金山等也初步建立了新能源汽车产业基地。各区竞相布局新能源汽车产业，皆是看重其可以带来的巨大经济产值，但同时也要重视分析自身区域的产业基础、竞争优劣势等，也要贴合上海发展大局。

从重点区域之间的布局来看，嘉定、金桥、临港之间虽有分工，但在发展过程中还是会相互交叉与竞争。各区之间政策相似，针对区域发展的重点支持性措施少，易造成各区之间的竞争日益激烈，从而影响整体布局与发展。例如，嘉定原本具有电动汽车、智能网联汽车方面的领先优势，其是国内唯一的电动汽车国际示范区，国内首个工信部批准建立的智能网联汽车示范区，但临港通过整体规划布局、引进特斯拉等一系列举措，使得电动汽车品牌在临港的聚集效应越来越明显。再如氢能燃料汽车发展方面，嘉定安亭和临港都抓紧氢能产业，嘉定拥有国内连续安全运营时间最长的首座固定式加氢站、上海第一个以氢燃料电池汽车为主题的特色产业园区"嘉定氢能港"；临港氢能汽车产业发展方面丝毫不逊色，规划加氢站建成数量达 14 座以上，基础设施规模占全市 1/5 左右。作为推动临港新片区氢能产业高质量发展的核心载体的"国际氢能谷"，已集聚康明斯、治臻、上氢、唐峰等 20 余家优质氢能企业，在临港新片区制度创新和氢能场景优势作用下，初步形成产业链集聚态势，致力于推动

氢能制、储、运、用等全产业链发展。嘉定、临港之间汽车产业的互动并不多见。

（二）产业链布局：高端技术自主掌握率低，利润压缩迫使产业链向外转移

新能源汽车重要零部件技术未掌握在自己手中，整个产业在上海的发展就会受限，且极易受到国际关系的影响。外资占据了高端技术和高端服务市场，芯片、电控、电机、电池等技术及高端服务多掌握在外资手中。尽管嘉定是全国单体城市中汽车产业规模最大、汽车产业链最完善、产业集聚最凸显的地区；临港集团围绕上汽、特斯拉打造供应链集聚，导入宁德时代、蓝思科技、延锋、麦格纳等龙头配套企业，打造千亿级智能新能源汽车产业集群。但核心零部件如芯片、高精度传感器、软件系统、电机电控等仍主要依赖于外资在华的供应商或者特斯拉自产。后端服务方面，维修养护有上汽通用、米其林、博世；汽车金融方面有东风日产、上汽通用、福特汽车等，大多为合资企业。

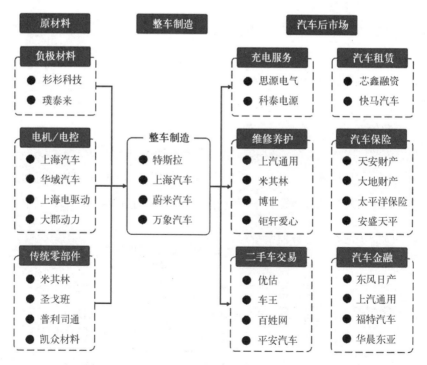

图 3-21 上海市新能源汽车产业链相关企业布局
资料来源：前瞻研究院。

以上是从技术研发和服务市场来看，就新能源汽车制造领域而言，成本不断上涨，行业利润被挤压，增大产业链向外转移的可能性，会对上海新能源汽车产业链造成不可逆转的影响。上海具有市场影响力的新能源车型，特别是高端车型并不多。虽然上海汽车产量位居全国前列且不断增长，但行业利润率不增反降。根据上海社会科学院新经济与产业国际竞争力研究中心发布的《2022 上海新能源汽车产业国际竞争力报告》，这一利润率由 2018 年的 16.33% 下降至 2021 年的 7.77%，降幅超过 50%。原因如下：上游原材料如储能电池的价格持续上升，高涨的成本压力压缩了整车企业的利润空间；加之新能源汽车市场竞争激烈，各家厂商为抢占市场各显神通，2023 年年初燃油车市场就开始大规模降价，新能源汽车厂商也不得不压缩利润空间。**受制于高企的成本和不断被挤压的利润，新能源汽车产业链在上海地区就更难实现就地化布局。**例如，疫情期间高额的运输成本，就使得部分产业向东南亚转移。

（三）车企销量：上汽和特斯拉销量总和不及比亚迪，增速在众车企中较慢

2022 年，新能源汽车销量排名前十位的企业集团销量合计 567.6 万辆，同比增长 1.1 倍，占新能源汽车销售总量的 82.4%，高于上年 5.9 个百分点。其中，比亚迪以 186.2 万辆销量领跑，上汽全年销量为 105.9 万辆，特斯拉全年销量为 71.1 万辆。由此看来，**上汽和特斯拉销量总和也不敌比亚迪全年销量。众车企同比增速超过 100% 的有比亚迪、东风、吉利、广汽、长安、奇瑞等，而上汽和特斯拉同比增速仅为 45.5%、46.8%。**同时，哪吒、理想、蔚来、小鹏、零跑等本土造车新势力崛起，全年销量均超过 10 万辆。上汽集团的新能源汽车销量位列第 2 位，其中包

单位：万辆、%

2022年市场集中度	企业名称	12月销量	环比	同比	2022年销量	同比增长	市场份额
	比亚迪	23.5	2.1	149.9	186.2	207.2	27
前三家 52.7%	上汽	14	9.9	49.3	105.9	45.5	15.4
	特斯拉	5.6	-44.4	-21.2	71.1	46.8	10.3
前五家 64.8%	东风	5.8	21.3	78.5	50.2	146.1	7.3
	吉利	4.5	28.6	164.7	32.9	300.1	4.8
	广汽	3.7	8.8	93.0	31.1	117.9	4.5
	长安	4.8	39.1	209.9	28.4	160.1	4.1
	奇瑞	1.5	10.2	-29.9	24.7	117.5	3.6
前十家 82.4%	江汽	2.1	8.4	20	19.8	43.1	2.9
同比108.4%	一汽	2.1	25.4	-18	17.2	49.4	2.5

图 3-22 2022 年车企市场销售情况

括了一些合资品牌，如上汽大众、上汽通用等；特斯拉是外商独资企业。由此可见，**上海的新能源汽车需要更多关注具有市场影响力的本土新能源品牌**。

（四）人才链布局：新能源汽车人才市场缺口较大

上海加大对新能源汽车人才的引进力度。《上海市加快新能源汽车产业发展实施计划（2021—2025年）》明确指出："对符合条件的新能源汽车领域国内外优秀人才，按照有关规定给予直接落户、人才奖励等支持。"同时，**自动驾驶、智能网联等汽车发展重要领域都需要更加多元化、复合型的人才**，从最初的应用软件场景开发，逐渐深探到底层操作系统等基础技术的研究、开发，对应人才需求的专业背景也从现有的以应用学科为主，逐步扩展到基础学科。从现状来看，智能网联汽车行业基础学科人才数量少、底子薄弱，不利于行业纵深和长期发展。

四、 上海新能源汽车产业园建设的思路与建议

（一）建设思路

比对全市新能源汽车产业园区的战略布局，以及新能源汽车未来发展趋势，未来新能源汽车嘉定产业园、临港产业园乃至长三角区域内的汽车产业园要形成差异化互补格局，在区域协同、规模集聚、转型升级等方面持续发力，打造上海整体新能源汽车产业的新优势。

一是实现区域创新协同，优化资源要素配置。从区域发展来看，整个上海乃至长三角地区的汽车产业布局较为分散，且相关配套产业园区集聚度有待提高，产业品牌度不是很高。为此，上海新能源汽车产业园需要进一步优化战略布局，强化与市内合作，以及与市外长三角其他城市合作，充分发挥上海在人才、科技和金融方面的优势，依托上汽等老牌企业，引进比亚迪、特斯拉等行业龙头企业，以及华为、小米等造车新企业，统筹长三角区域资源，在电池、电机和软件等方面获得全面突破，实现区域发展新协同。

二是发挥集群规模效应，不断提升产业竞争能力。国际经验表明，汽车产业集群能有效突破企业和单一产业边界，可以在特定区域促进企业、机构、政府、民间组织的联动，成为推动区域经济增长的重要方式、形成

区域创新系统的重要手段和提升区域竞争力的重要途径。如嘉定未来可依托国际汽车城，围绕新能源加快配套服务等集聚，来持续降低成本、刺激创新、提高效率等，提升嘉定汽车产业的区域竞争力，并形成集群竞争力，更好地发挥资源共享效应，有利于打造汽车品牌效应。

三是加快转型升级，带动经济健康增长。 上海发展新能源汽车，形成长三角地区汽车产业的新增长极，依然面临诸多挑战，尤其是传统产业园区转型发展问题。加快相关政策出台，指引传统汽车产业园区转型升级，辐射带动整个长三角区域汽车产业的升级，推动区域经济实现更高质量、更有效率、更加公平、更可持续的发展，打造上海汽车产业转型示范区。

四是对接行业最新趋势，集中优势跨越发展。 从全球视角看，当前国际汽车市场承压，产业格局重构，智能网联、智慧出行等新业态成为发展主轴；从国内视角看，以国内大循环为主、国内国际双循环新格局加快形成，新能源和智能汽车蓬勃发展。上海是具备与国际化标准相衔接的大都市，要持续做大做强汽车产业，积极布局新兴业态，并集中优势资源，实现汽车产业跨越式高质量发展。

（二） 对策建议

上海新能源车要抓住历史机遇，利用上海的资源要素、优越的地理位置和经济环境，多方位全面开花。既要鼓励外资充分发展，又要积极打造中国品牌；既要放手国企大胆作为，又要创造条件让民企充分发展；既要发展整车车企，也要积极培育供应链关键技术突破；既要重视国内市场，也要成为国际市场的桥头堡；既要发展新能源车产业，也要梳理减碳的标杆范例。作为引领全球汽车产业转型升级的重要力量，上海作为中国新能源汽车参与全球竞争的重要战场，更需要在产业链的自主可控、产业体系的区域协同和产业生态的引领示范上发挥重要作用。

1. 构建以上海为龙头的新能源汽车协同创新体系

新能源汽车产业链在长三角集聚态势明显，也纷纷将相关项目嵌入到上海版图中来。 仅 2022 下半年以来，就有威唐工业、上海沿浦、宁波华翔、新泉股份、保隆科技、天龙股份等重要的长三角汽车产业链上的企业宣布在临港新片区投资新项目，其内容包括并不限于主业多元化、产能扩容等。可见，以上海为龙头的长三角新能源汽车产业布局逐步形成。

上海不仅是长三角的龙头，在全国地区都有示范带动作用。 在燃料电池汽车方面，由上海牵头的燃料电池汽车城市群已获批成为国家首批示范城市群，上海将联合江苏省苏州市、南通市、浙江省嘉兴市、山东省淄博市、宁夏宁东能源化工基地、内蒙古鄂尔多斯市等6个城市（区域），共同推动燃料电池的应用推广。

构建以上海为龙头的新能源汽车协同创新体系，就是以上海为龙头，长三角周边城市/区域协同配合，进行一体化规划和布局。 上海主要在重点领域进行技术突破，布局在长三角的新能源汽车相关企业可在上海建设研发机构集聚区，便于掌握领域内最新相关信息。上海的优势在于：众多科研机构、高校集聚，为新能源汽车领域的科技创新提供肥沃的土壤；众多科研人才、高技术人才资源集聚，重点攻关新能源汽车领域的"卡脖子"技术；同时，上海拥有众多金融服务、技术服务、咨询服务类机构集聚，为新能源汽车服务市场提供良好的环境。

2. 融入高端产业链，布局新能源汽车服务市场

上海新能源汽车要加快产业链布局，主要思路是"**前端技术突破，中端智能互联，后端高端服务**"。具体来说：在产业链前端重点突破关键技术，特别是电池、电机、电控领域以及氢燃料电池领域方面的技术；在产业链中端，在人工智能和数字化经济发展背景下，提升智能制造水平；在产业链后端，重点在移动出行、金融、汽车后服务等高端服务链上发力，为转型创造市场空间。从前到后，在大数据、云计算、人工智能等加持下，形成"以数据驱动发展"新动能，助力上海新能源汽车产业行稳致远。

新能源汽车企业不仅需要加快技术迭代、形成更有竞争力的新能源产品，也要更关注后使用、后服务市场。 比如在智能网联的使用环境下，新能源汽车核心部件的维修大量采用智能软件控制，需要使用更精确、更严密的检修设备。这些新市场会延展汽车的产业链长度、提高价值空间，也对运营体系、人才体系等提出了新要求。因此，要进一步拓展汽车高端服务市场，制定汽车高端服务业发展路径。特别是针对共享出行、汽车金融、汽车高端服务等市场发展前景广阔的领域，鼓励企业扩大业务范围和服务领域，提升新能源汽车服务产业的能级与规模。此外，**软件类技术企**

业也是智能车联网需关注的重点方向。汽车软件类企业诸如检测服务、分析数据、互联网等相关企业也逐渐成为新能源汽车大家庭的一员，其本身具有较强的技术能力、人才储备等，可以为新能源汽车各个产业链进行赋能。

3. 搭建"政产学研用"平台，培养、储备新能源汽车产业人才

新能源汽车产业体系建设离不开高质量、高学历、高技能人才做支撑。**要持续推进政府、高校、科研院所和企业等多方主体之间的合作，搭建起"政产学研用"平台。**推动"政产学研"形成合力，夯实创新融合平台，丰富合作形式，建设形成"政府—高校—产业—金融"科研成果孵化生态链；加强产业人才与高校人才"双向流动"；设立专项基金，鼓励科研机构、高校和企业就跨学科、跨领域项目开展联合攻关；重点关注"卡脖子"技术，加强对高校相关基础学科建设的政策扶持和基础投入，设立专项激励，支持高校在数学、信息与计算科学等基础学科领域加强科学研究与人才培养，为关键战略领域输送高素质后备人才。

4. 建设绿色标准体系，坚持绿色低碳可持续发展

《上海市碳达峰实施方案》提出，到 2025 年，燃料电池汽车应用总量突破 1 万辆，个人新增购置车辆中纯电动车辆占比超过 50%。可以预见，未来低碳材料和核心零部件（如低碳铝、钢、聚丙烯、电池等）以及绿色能源等，都会成为稀缺资源，新能源汽车企业需提早布局，降低可能会面临的供应链安全风险。

一方面，从整体发展理念和思路上，新能源汽车企业要坚持绿色低碳可持续发展，需要尽快建立一套与国际接轨的绿色标准体系，这样才可以在未来竞争中掌握主动权和话语权。另一方面，车企应通过一系列实实在在的减碳举措，降低生产能耗和企业成本。譬如，采用变频电机、节能水泵、余热回收系统等节能型生产设备，可提升能源效率；也可通过工艺、管理优化等实现降本增效，如在制造过程中纳入智慧能源管理系统、精益管理系统等；此外，通过屋顶光伏、风电装置等生产绿电，并将高能耗设备进行气改电（绿电）等，能助力实现清洁能源替代。

（执笔：上海华夏经济发展研究院张然宇）

IV　案例研究

跨区域合作园区产业能级提升：
以沪苏大丰产业联动为例

　　跨区域合作产业园区模式是"飞地经济"在不同地理空间和行政区划上通过产业合作、技术合作、产业转移和承接等形式强化地区间产业协作，强化地区内部产业分工与协同发展，提升后进地区产业实力的重要途径。通过跨区域合作产业园区的协作模式，能够发挥产业跨区域合作各地区的地方比较优势，不仅能够推动双方资本、技术等各类要素之间的合理流动，同时也可以促进双方资源的高效集聚，进而推动产业协同与区域协调发展。

　　2019年12月，中共中央、国务院发布《长江三角洲区域一体化发展规划纲要》，标志着长三角一体化发展战略上升为国家战略，也预示着长三角地区进入新发展阶段。长三角地区作为我国经济发展最活跃、开放程度最高、创新能力最强的区域之一，对于我国构建以国内大循环为主体、国际国内双循环相互促进的新发展格局，推动高质量发展具有举足轻重的战略地位。当下，高质量发展是全面建设社会主义现代化国家的首要任务，促进区域协调发展是实现中国式现代化的重要目标和手段，也是长三角加速推进一体化发展需要破解的重要命题。未来，长三角需要进一步关注后发展地区，通过强化核心城市与外围地区的经济协作、产业联系和要素自由流动等，进而推动长三角全域一体化发展，从而引领中国式现代化。长三角地区内部通过跨区域合作产业园区建设是强化先进城市和后进地区产业联系、技术合作和经验交流的重要途径，对于提升后进地区产业发展能级，缩小整个地区内部差异，解决地区差距、城乡差距、收入差距等问题，推进长三角一体化高质量发展具有很强的现实价值。

一、 园区概况

　　沪苏大丰产业联动集聚区（以下简称"集聚区"）是由上海市政府和江苏省政府于 2015 年 11 月共同设立的高层次合作项目，是上海市唯一市级层面与外地合作共建的产业园区，并由上海临港、上海光明、江苏沿海、盐城国投、大丰金茂五家优势国企联袂打造，属于跨省产业合作园区类型。集聚区东起沿海高等级公路 G228、南至二卯酉河、西至大丰干河、北至盐洛高速（G1516），总规划面积 33 平方公里，一期规划 12 平方公里，其中已批控规面积 7.7 平方公里，启动区 4 平方公里。

　　集聚区产业发展具有独特的优势，尤其是拥有"四张名片"。从国家战略看，集聚区发展纳入《长江三角洲区域一体化发展规划纲要》。就省际合作看，集聚区是上海市唯一市级层面与外地合作共建的产业园区，也是长三角唯一省级层面合作开发的产业园区。再从上海"飞地"看，园区所在的上海农场隶属于光明食品（集团）有限公司，辖区面积 307 平方公里，是上海域外最大的一块"飞地"，曾有 8 万多上海知青在这里工作和生活。最后，从开发主体看，临港、光明品牌效应强。上海临港集团是上海市唯一一家以产业园区投资、开发与经营和园区相关配套服务为主的大型国有企业，光明食品集团是一家以食品产业链为核心的现代都市产业集团，沪苏大丰产业联动集聚区开发有限公司注册资金为 5 亿元，其中临港集团出资 40%，光明食品集团出资 30%。沪苏大丰产业联动集聚区开发建设有限公司是唯一的前期开发主体。公司统筹负责集聚区的区域规划、产业导向、开发建设、招商服务、运营管理，坚持"突出重点、强化创新、扩大辐射、打造优势"的产业发展思路，深化大丰区与上海市、长三角产业联动，把集聚区打造成为长三角区域合作发展全国"飞地"经济示范区、产业集聚创新区、生态环境样板区。

二、 创新举措

（一） 重视顶层制度设计

　　集聚区由上海市和江苏省两个省级部门牵头推动，具体政府部门的负责主体是上海市经济信息化委和江苏省发改委，由它们作为沪苏大丰产业联动开发建设推进领导小组的两地牵头部门，会同两地相关部门以及盐城市政府设立领导小组办公室协调推进负责顶层设计与发展规划，并解决集聚区发展过程中面临的体制机制问题。在沪苏两地相关部门以及临港、光明集团的共同推进下，集聚区始终坚持高起点编制规划、高标准完善配套、高质量推进项目，逐步成为长三角地区产业联动发展的标杆。

（二） 积极推动产城融合

集聚区产业发展重视产业和集聚区建设双向互动，通过积极导入临港集团科创、人才、产业、金融、物业和生活等服务体系，发挥沪苏两地基础产业优势，加快建设长三角一体化技能人才实训基地、推动数字货币试点等，持续推进跨区域的人、财、物等要素的双向流动，依托国家政策大势、临港集团资源优势、区域发展态势，打造好"三生"——生产、生活、生态的"聚合、联合、融合"产业联动集聚区，不仅推动了集聚区产业的高效发展，同时也进一步提升了集聚区经济活力，未来将进一步打造"生态本源活力、农业创新动力、智造联动实力、旅游梯度潜力、优质生活魅力"五力合一的宜居宜业宜游的产城融合示范区。

（三） 创新园区开发模式

在合作开发模式上，主要以"省市完全授权、园区封闭运作"管理模式为主，沪苏大丰产业联动集聚区开发建设有限公司是唯一的前期开发主体，而该公司主要由上海、江苏以及盐城三地的国有公司共同出资建立，具体由上海临港经济发展（集团）有限公司、光明食品（集团）、江苏省沿海开发投资有限公司、盐城市国有资产投资集团有限公司、盐城市大丰区金茂国有综合资产经营有限公司五个公司出资成立。其中，临港集团是第一大股东持股比例为40%、光明集团为第二大股东持股比例为30%，其余三家公司的持股比例各占10%。这表明，在合作开发模式上，采用了以开发平台公司为主体、三地共同决策的合作模式。开发公司统筹负责集聚区的区域规划、产业导向、开发建设、招商服务、运营管理，由开发公司进行园区的开发与发展规划，有利于进一步带动园区产业发展的市场活力。

（四） 聚焦发展特色产业

集聚区在产业发展过程中，依托当地产业发展基础，全方位接轨上海，积极融入长三角产业价值链体系。重点聚焦新能源、新基建、新农业等"三新产业"，吸引智能制造、汽车零部件、新能源设备等项目进驻。沪苏集聚区现有企业 10 余家，正泰集团作为世界 500 强企业之一，在沪苏集聚区设立全资子公司盐城正泰新能源科技有限公司，用作其绿色能源板块投资建设；江苏泓顺硅基半导体科技有限公司投建了半导体基础材料项目，其技术打破国际垄断，具有进口代替和解决半导体产业链"卡脖子"等问题的重大意义。通过引入生物安全防控项目、结合上海农场产业链资源，形成以"江苏人"、江苏美佳佳食品为代表的饮料食品产业。

（五）推动服务平台做实

以创新服务提升集聚区核心竞争力，打造"绿色产业发展平台"，完成《国家绿色产业示范基地建设方案》申报，编制《绿色能源建设和使用规划》《绿色产业发展扶持办法》，推广分布式光伏，集聚绿色产业，构建清洁能源产业链和生态圈。创建"长三角技术人才实训平台"，整合上海产业资源和盐城职教优势，打通职业教育和就业最后一公里，面向华人运通、摩登汽车等推出技能人才实训课程。构建"产金融合服务平台"，促成临港集团、苏州银行签署战略合作协议，继续在集聚区做强"供应链金融"，探索"数字货币"和"人才贷"等试点，形成产业、资金良性互动。

三、发展成效

（一）产业发展势头迅猛，项目招商逆势上扬

克服疫情影响，集聚区产业发展和招商引资项目实现新突破。2021 年全年企业工业总产值 38.43 亿元，同比增长 838%；企业营业收入 41 亿元，同比增长 1 071%；固定资产投资约 11 亿元，同比增长 138%；企业缴纳税收 2 300 万元，同比增长 4.5%。

新能源项目加快推进，总投资 40 亿元的正泰新能源电池组件项目 2020 年 4 月份签约落户集聚区，其中一期 3GW 电池 3GW 组件项目已竣工投产，做到了年内签约、年内开工、年内投产，刷新了项目建设"大丰速度"，2021 年形成开票销售 30 亿元左右。二期 3GW 硅晶电池和 3GW 高效硅晶组件项目已于 2022 年一季度开工，并按照市场的需求增加组件的产能，二期达产后，预计项目合并产值将有望突破 100 亿元。引入莱瑞光伏背板胶膜项目，预计达产后可年产 11 520 万平方米光伏背板 EVA 胶

膜，年开票销售 3 亿元。聚腾新能源汽车电机电控、鸿桦新能源汽车等项目入驻华翼标房并部分投产；总投资 5.8 亿元的新时代建筑节能科技项目开工建设。**新基建项目成效显著，**泓顺硅基计划投资建设半导体新材料高纯度石英砂产品的研发及生产基地，总投资约 14 亿元，一期项目现已租赁 2#、4# 及 6#1F－2F 厂房，总投资约 2 亿元，达产产值约 10 亿元，预计纳税 3 000 万元以上。二期项目土地需求 400 亩，总投资预计约 12 亿元。5G 通讯装备制造基地深入推进，爱谱华顿 5G 通信装备项目洽谈取得积极进展，预计占地 300～500 亩，总投资约 25 亿元，一期投资约 10 亿元，前三年累计产值 50 亿元，获盐城市出资支持，正联合盐城大数据集团等组建项目公司。超高清终端显示项目一期总投资 3 亿元，预计年产值约 6 亿元。智造园一期标房建成，颐柏科技、宗颐新材料、艾美珈电子、玖源电子等 4 个亿元以上项目正式入驻。

（二） 配套项目加快推进，年内呈现新形象

集聚区启动区 4 平方公里内道路、给排水、供电、供气、污水处理等基础设施配套全面竣工，产业服务中心、邻里中心正在加快建设，人才公寓也在加紧进行之中，总体上具备了承载重大项目的能力。建成沪苏产业服务中心 43 063 平方米作为区域地标性建筑，集行政、商务、办公、科创、培训和展示等功能，同步实施幕墙工程、机电安装、内部装修，于 2022 年 5 月启用。临港品牌产品智造园（标准厂房）一期 42 000 平方米结构封顶，内部施工陆续启动，为年底正泰公司近千名职工入住提供保障。智造园二期 85 500 平方米适应市场需求，设计科研、定制等多种类产品，2021 年 9 月开建。污水处理厂按期启用，谋划建设工业水厂，强化市政配套，服务产业发展。

（三） 土地管理有序推进，稳步推动新建设

加快推动土地划转。破解与光明集团及其下属上海农场土地划转工作僵局，共同磋商解决农开基金、复垦补偿等技术性难题，顺利签署《首期国有农用地使用权划转协议》。**有序推进开发建设。**执行一期控制性详细规划，根据产业定位和开发情况，南部区域正式划定先进制造业项目、高新农业项目、自建配套项目、功能配套项目四大功能片区；北部区域先期 3.24 平方公里城市功能规划和 2 平方公里城市核心区设计初步完成。

四、 问题与展望

（一） 面临问题

1. 产业集聚有待加强，重点项目带动不足

新能源产业方面，截至 2021 年底仅有正泰 1 家电池片和组件环节龙头企业入驻；重大项目特别是 50 亿元以上的龙头企业项目有待集聚；围绕重点项目的配套企业数量较少，还未形成产业集聚力。新基建产业方面，引入项目仍在积极推进中，尚未形成产业集聚和配套优势。新农业产业方面，缺少高附加值、高端农产品深加工项目，农产业资源优势并未得到充分的开发与利用。

2. 开发运营成本过高，人才招引存在短板

成本分担与利益分配机制有待优化，基础设施建设和配套设施建设存在资金缺口，影响企业的资本周转和经营绩效，PPP 项目入库工作进展缓慢。集聚区存在土地费用和收入倒挂现象，用地成本包括省规费、道路及基础建设省规费、区计提费用等相关费用，制约了园区项目的招引。落户企业及相关高端人才在住房、医疗、教育等方面缺少与上海对接的人才优惠政策。

3. 综合服务授权不足，营商环境有待优化

由于集聚区从项目落地（项目立项审批、环评批复等），到项目建设（规划设计、工程报建、施工许可、消防审批）以及项目规划调整等各个环节，园区缺少"一站式"管理服务综合平台，在服务效率提升和服务成本降低方面存在提升空间，整体营商环境有待加强。

（二） 未来展望

聚焦"新能源、新基建、新农业"三新产业，确立"两区一基地"的发展定位。即：全国光储充用一体化发展的绿色产业示范区、长三角数字新基建的重要承载区、智慧农业赋能新平台及绿色食品深加工基地。

1. 全国光、储、充、用一体化发展的绿色产业示范区

以国家绿色产业示范基地建设为契机，充分发挥正泰新能源头部企业带动作用，吸引光伏产业链中下游及同类型企业集聚，依托集聚区、大丰区光伏、风电产业基础，延长新能源产业链，向氢燃料储能、充电桩等下游延伸，在集聚区内部探索光伏小型电站的示范应用，形成光伏新能源产业链闭环，打造全国光、储、充、用一体化发展的示范区。

（1）**构建光、储、充、用一体化的绿色产业体系**。重点发展电池组件、逆变器、发电系统及背板材料等产业。大力引进光伏产业链自电池片开始向后延伸的组件及组件配套企业，打造长三角光伏产业集群新高地。支持企业重点研发新一代高效光伏电池技术，在电池效率、产品质量、安全性等方面持续突破。鼓励正泰自建或联合高校、科研院所共建技术研发中心、行业检测中心，设立联合创新平台，合作攻关产业技术瓶颈，并积极对接长三角 G60 科创走廊光伏协同创新产业联盟，充分利用大丰农业、渔业自然资源基础，发挥正泰新能源智能运维服务优势，探索渔光互补、农光互补、风光互补及光伏与生态保护相结合的新型光伏电站示范试点。积极探索光伏行业数字化应用场景，着力提升电站运维智能化水平。

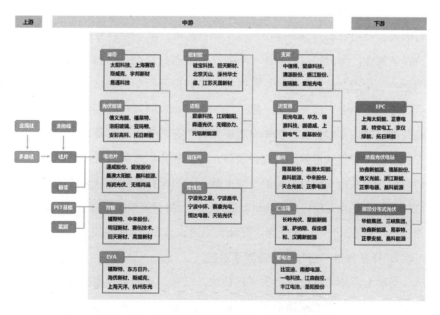

图 4-1　光伏产业链及重点企业分布示意图

（2）**建设绿色储能生产基地**。依托大丰区和盐城市风电、光伏现有产业基础，积极发展储能电池以及氢燃料电池及零部件、材料、整车等领域产业。重点引入锂电池电芯制造和电池组装环节企业，发展高性能磷酸铁锂储能型锂电池，布局储能逆变器、系统集成及运维等领域。利用"弃风弃光"布局电解水制氢、氢气发电，以及氢燃料电池等应用环节，积极承接临港对氢燃料电池系统、PEM 电解槽、储氢瓶、管阀件等零部件的生产需求，开展跨区域协作及绿色能源产业协同。超前布局能源互联网方向，包括发电检测、光伏储能、调节电力需求等领域的核心技术，大力引进储能电池管理系统（BMS）、储能能源管理系统（EMS）、储能变流器(PCS)、储能安全管理系统（SMS）及系统集成等产业链上下游企业。

（3）**积极发展智能充电制造产业**。结合光伏产业基础、发挥储能产业潜力，延伸布局智能充电配套制造产业。积极引入充电桩制造，如充电桩零件、充电桩设备设施企业，结合集聚区产业基础，引入电缆、接触器、断路器、插头插座、壳体底座等充电桩零件制造商，以及充电桩、配电柜、变压器、充电模块及监控设施的集成企业，打造以充电桩设施制造为核心，其他充电器件及配套装备为辅的智能充电先进制造产业基地。

（4）**打造新能源汽车零部件产业制造基地**。依托东风悦达起亚、华人运通等汽车产业基础，借助大丰长三角智能网联汽车试验场建设契机，积极融入长三角智能网联新能源汽车产业链集群，重点发展智能网联新能源汽车零部件。大力招引新能源汽车零部件重点企业项目落地，在智能网联汽车、汽车动力总成、智能充电系统、燃料电池汽车等领域，通过引入细分行业龙头企业延伸产业链。顺应汽车智能化、网联化发展趋势，重点布局智能网联汽车零部件，例如车载摄像头、毫米波雷达以及超声波雷达等车载智能传感器前沿领域。充分发挥江苏新能源汽车研究院以及悦达汽车研究院等龙头企业研发机构的平台效能，积极承接智能车载终端的产业化应用项目。结合集聚区内的先进制造以及现代物流需求，探索智能网联汽车在公交、物流、配送、作业等主要场景中的试点示范和规模化场景应用。

2. 长三角数字新基建的重要承载区

借助上海加快推进城市数字化转型，江苏、浙江等地推进数字经济发展的契机，发挥临港集团的平台资源优势，依托 5G 通信设备制造基础，加强数字经济跨区域合作，聚焦 5G 通信设备、大数据中心、工业互联网、智能终端显示等高端材料、设备制造领域，积极融入长三角数字经济产业链集群，打造长三角数字新基建的重要承载区。

（1）**聚焦 5G 网络设施及设备，形成产业集群**。集聚光纤光缆、网络数据电缆、视频同轴电缆、通信电缆、音频电缆、太阳能光伏电缆等 5G 网络基础设施的智能领域解决方案提供商。以 5G 通信装备制造基地为依托，重点推进泓顺硅基二期、爱谱华顿等项目落地投产，为长三角工业互联网、车联网、企业上云、人工智能、远程医疗等新兴产业提供产业支撑。

（2）**承接临港数据中心配套业务**。积极对接临港新片区数据中心，招引 IDC 基础设施及集成商，承接关键零部件制造，包括服务器、发电机组、电源设备动环监控、制冷散热、机柜和布线在内的生产制造环节以及其他配套工程。围绕上海爱谱华顿基于 5G 技术的智慧传输数字工厂等重点项目，进一步招引 IDC 设备及 5G 设备企业，包括模块化数据中心、光纤光缆、5G 通用模组等。参与微电网数据中心涉及的智能配电、高可靠 UPS、水冷系统、AI 动环检测系统等环节。

（3）**布局特高压线路与设备板块，提升新能源输送能力**。关注输电线缆、交流海底线缆、特种电缆和绝缘导电材料的生产制造，以及智能配电站、配电变压器、低压成套设备、智能电网等核心设备生产领域。招引特高压行业龙头企业，如核心设备变压器龙头企业特变电工，换流阀龙头企业国电南端、许继电气，全品类输配电设备供应商思源电气，继电保护和变电站自动化设备企业四方股份，以及新型节能输电母线企业日昭电工等。

（4）**引入工业互联网硬件设备板块，助力智慧工厂场景应用**。关注工业互联网平台所需要的智能硬件设备和软件，积极对接生产设备龙头企业，如变频器、伺服电机生产设备厂商汇川技术、埃斯顿、华中数控等，减速器厂商秦川机床、上海机电、中大力德、双环传动等，以及前端信息采集系统，机器视觉企业精测电子、博众精工、赛腾股份和传感器企业高德红外、科陆电子、瑞声科技等。

3. 智慧农业赋能新平台及绿色食品深加工基地

充分发挥大丰上海农场丰富的应用场景优势，积极发展为智慧农业提供支撑的核心零部件及系统设备生产制造产业。依托集聚区食品饮料等行业产业基础，充分利用上海农场农产品资源，把握绿色食品行业未来发展的新趋势，积极发展功能性食品、速冻食品、烘焙食品等，发展成为绿色食品深加工基地。

（1）**大力发展智慧农业核心零部件及设备板块**。依托上海农场产业基础优势，打通智慧信息技术与上海农场农业全链条融合发展，构建全闭环式的智慧农业发展模式，立足上海农场、服务长三角、辐射全国，重点引进农业传感器、卫星导航系统等上游零部件及系统，以及无人机植保、农机自动机械、农业机器人、智能化养殖设备等中游智能机械设备企业，打造智慧农业核心零部件及智能机械产品研发、设计、制造、检测、推广等为一体的赋能智慧农业示范区。

（2）**做大做强绿色食品产业**。以食品饮料绿色生产为基础，以"江苏人"项目为载体，积极延伸产业链，大力发展研发设计、检测检验、展示体验、平台交易等功能，积极引入行业龙头企业项目集聚，鼓励龙头企业与高校、科研院所联合建立行业研发中心和检验检测等功能性平台。积极培育绿色食品深加工产业，重点发展奶制品、功能性食品、特殊人群膳食等高端农产品加工，布局冷冻食品（预制菜）、宠物粮等快速增长的产品品类。依托光明集团奶制品产业优势，引入炼乳、奶酪、奶油等浓缩乳制品生产企业，推动技术研发和品牌化。借势宠物经济的快速发展，布局宠物营养品、犬猫主粮及零食等高端宠物食品。

（3）**拓展深加工产品品类，推动品牌化发展**。借势新零售的兴起及餐饮业中央厨房模式的快速发展，布局市场潜力凸显的预制菜加工领域。积极引进传统速冻加工食品生产商，如安井、三全，以及专业预制菜生产企业，如味之香、聪厨、千味央厨等。同时，推动集聚区新农业品牌化发展，利用餐饮零售化趋势，引进下游餐饮零售化龙头企业，如西贝旗下的贾国龙功夫菜、海底捞关联方颐海国际、眉州东坡子公司王家渡食品等，发展具有高附加值的食品深加工品牌。

4. 进一步优化集聚区产业发展环境

（1）**进一步优化营商服务环境**。积极推动简政放权工作，争取下放项目审批权、建设管理权等，并给予集聚区发展更多先行先试的权利。建议在沪苏大丰实行"一业一证"改革试点，将多项审批事项融合为一张行业综合许可证。建议充分依托政务云服务，在集聚区设立"一站式"管理服务综合平台，针对省际飞地园区，全面落实全链条审批赋权清单，加快实行一体化标准、一体化窗口、一体化服务，以提升服务效率和降低服务成本，为园区企业提供便利。

（2）**完善成本分担和利益分配机制**。建议两地政府、园区管委会以及开发建设公司应合理分担园区建设运营成本，关于征地拆迁、园区配套基础设施建设、招商引资、经济和社会管理、环境污染治理和保护等方面产生的投入和费用，应由各方根据协议协商分摊比例。在完善利益分配机制方面，应按照"谁投资、谁受益"的原则，在两地政府、园区管委会以及开发建设公司多个主体之间对于合作的收益进行划分。

（3）**加强产业人才供给。优化多层次人才供给**。围绕新能源、新基建、新农业"三新"产业及龙头项目人才需求，制定集聚区"三新"产业紧缺人才目录。依托临港集团创新管理学院的新兴产业培育服务优势，结合龙头企业产业优势，合作打造职业技术教育中心，培养集聚区急需的产业技术工人。**健全人才培训体系**。充分利用长三角地区高校及职业技术院校资源，联合临港产业大学（大丰分院）、中国产业开发联盟大学（大丰）等，为集聚区技术人才提供技术培训、管理培训、高端人才培训等与产业发展相结合的职业培训。创新产教融合机制。积极与盐城工学院、盐城技术示范学院等高校展开长期合作，推动在集聚区内设立高校实践教学中心和企业实训基地，并对于纳入产教融合并积极参与人才培养的企业给予产教融合税收优惠。完善人才保障机制。推进人才公寓建设力度，积极改善人才住房条件，对产业人才给予公租房支持或购房补贴，优化户籍政策，为人才提供落户便利，协调安排人才子女入学及家属就业。

（执笔：上海市经济和信息化发展研究中心黄治国、高世超、康江江、田倩仪）

张江科学城产业集群发展的
政策诉求及建议

张江科学城是以世界级科学大设施、大平台、大机构为支撑的科创新城，以中国"医谷"和"药谷"联动为支撑的健康新城，以森林绕城、绿色经济和人与自然和谐为支撑的绿色新城。

科创新城聚焦国家大科学中心和人才"双创"打造创新最活跃、创业环境最优良、创新资源最集聚的科创新城，使之成为上海科创中心和张江科学城的核心载体、中国乃至全球有影响力的医学医疗科创集聚区。落实"上海张江综合性国家科学中心"和"上海具有全球影响力科技创新中心的核心承载区"战略目标，以国家实验室片区为空间载体，集聚国家大科学设施、集聚高水平创新型大学、集聚科研机构和跨国研发企业中心、集聚全球顶尖创新人才，突出科技商务文化等创新要素复合（TBC），发展成为中国乃至全球新知识、新技术的创造之地、新产业的培育之地。

健康新城聚焦南部核心区打造代表中国医学创新发展最高水准的健康新城，使之成为上海医学研究中心、医疗服务中心、健康城市核心示范区、国内外高端医疗科创资源和服务机构集聚地。国际医学园区作为南部城市公共活动核心区，将成为张江科学城的"城中城"，引进集聚德舟国际医院、上海交大医学院、荷美尔肿瘤研究院、中美骨科医院、国际眼视光医院等一批国际一流医疗机构，打造一批精准医疗、智慧医疗、临床转化医疗的功能性创新服务平台，培育一批康复中心、健身中心、美容中心，建设一批环境优美、健身医疗设施配套的人才居住健康社区，配套国际生命健康会展中心、生命健康科技馆和博物馆、健康商业中心，代表张江科学城生物医药产业升级方向和产城融合健康新貌。

绿色新城突出森林绕城以科学城绕城林带为特色，打造生态最优美、景观最宜人、环境最优质的绿色新城，使之成为花园式城区、水乡式社区，成为低碳环保、宜居宜业的东方威尼斯。围绕北部的水绿生态系统和南部依托现有保存完好的"多纵多横多网"水系网络，建设适宜的居住社区、舒适的生活空间、完善的公共服务和优质的生态环境，构建步行、骑行绿道网络，满足人们健身、游憩、社交、户外活动和慢行需求，打造生态优美、宜业宜居的绿色新城。

一、 张江科学城重点产业发展情况

（一） 生物医药产业制度创新成效显现

生物医药产业是上海科创中心建设的优势产业，支撑和引领性创新亮点，在制度创新、新药新产品的研发上成果频现。

一是机制创新有效为产品上市提速。目前，新区已有再鼎生物、合全药业等 13 家企业参与了 10 个品种的药品上市许可持有人制度试点，医疗器械注册人制度试点也已启动，更多的配套机制将为园区医药新产品的加速上市提供制度保障。

二是国际医药巨头加速研发与合作。诺华目前有 15 个处于不同研发阶段的新药研究项目，和中国本土大学、科研及临床研究机构建立了广泛的双赢合作关系，同时还和 40 多家本土生物科技及外包服务公司合作推进药物研发项目；GE 医疗与和元生物共同打造全球首个采用一次性生产技术，用于基因治疗和细胞治疗临床及商业化治疗所需多种重组病毒的 GMP 生产平台。

三是本土企业创新成果不断涌现。复旦张江与中国科学院上海药物所合作研究的"降低慢阻肺等老年呼吸疾病医疗费用的药物递送技术创新"项目，入选国家重点研发计划——政府间国际科技创新合作重点专项；**新亚药业**的国家重大专项微乳注射液水针线（三类仿制药）和凝胶流水线（四类仿制药）目前已处于临床阶段；**微创医疗**的生物可吸收支架正在获取各临床中心的伦理批件中，即将开始临床入组。

（二） 集成电路产业实现内涵式发展

张江已经成为国内集成电路产业最为集中、产业链最为完整、综合水平最高、人才集聚最密集的产业基地。

一是技术水平不断提高，已接近或达到国际先进水平。张江已集聚了集成电路企业近两百家，全球芯片设计十强中有 5 家在张江设立了区域总部、研发中心，全国芯片设计十强中有 3 家总部位于张江。

二是集成电路全产业链保税监管试点初见成效。在海关的推进下，试点企业已扩大到 6 家，展讯、锐迪科等 4 家试点企业都将营运中心迁回国内，还有一批国际著名 IC 设计企业拟把营运中心和总部搬迁张江。

三是经济效益显著增长。2016 年张江集成电路产业营业收入达到 618.87 亿元，同比增长 21.64%，占全国的 14.27%，占上海全市的 58.8%，占浦东新区的 87.21%。

（三） 文化创意产业在互联网领域占据绝对优势

张江的文化创意产业以"科技＋文化＋内容＋平台"为特色，多是新技术与新模式结合的企业，成为受到资本青睐的创新群体，独角兽企业超过 10 家以上，影响力进一步提升。

网络阅读方面，阅文集团旗下的起点国际正式上线；**网游方面，**盛大游戏推出的《传奇世界手游》成功入选广电总局 2016 年度"中国原创游戏精品出版工程"名单；**网络教育方面，**沪江、上海海事大学、上海外国语大学和上海灵青公益发展中心共同发起沪江互加计划，推动互联网远程支教；**网络音频方面，**喜马拉雅与上海市党建服务中心、人民网上海频道签订"党课随身听"频道，收听总量超过 875 万次；**动漫影视方面，**河马股份新作 4D 特种电影《海洋传奇》在上海科技馆上映，在中央少儿频道播出的《超时空大冒险》收视率在 19：30 — 23：00 收视段排名第一。

二、 张江科学城产业创新主体发展需求

（一） 生物医药领军企业的主要诉求

生物医药产业是上海科创中心建设的优势产业支撑和引领性创新亮点，但是目前面临发展空间不足、创新资金缺乏、创新产品审批时间长等一些制约因素，影响到创新成果转化和产业发展国际竞争力。

1. 药企创业面临投融资缺血，深创投、苏创投的组合式投资机制吸引不少浦东生物医药创新企业转移

企业反映，在创投领域、资本领域，上海没有成为生物医药创新的核

心推动力量，从早期政府天使投资支持到市场化 VC 投资都缺少有影响力的投资机构。不少张江企业和科研机构已被苏创投和深创投盯上，有的已经把成果转移到苏州转化产业化，还有的在考虑转移至苏州，如果不予以重视，张江药谷的创新资源将大量转移，很快就会被苏州赶超。同时，由于张江综合性国家科学中心的上海药物所、蛋白质中心等核心平台也把部分创新功能和成果转化功能转移至苏州，张江科学城很可能出现人才空心化、产业空心化、功能空心化现象。

在资本纽带日益成为招商引资重要影响因素的形势下，浦东张江应该学习借鉴苏创投、深创投的成功经验和做法，不断加强科技金融联动，支持生物医药企业在张江的持续发展。

2. 用地空间严控政策影响到实体经济优质企业的成长空间，苏州、杭州、南通等地确保土地供应和提供"拎包入住"的发展空间竞争力强

绿谷制药、和元生物、尚华医药、逸思医疗、德赛诊断等企业都反映，创新企业从孵化到产业化会遇到土地、政策扶持等问题，上海的财政扶持不如浙江、江苏力度大。张江核心区企业发展空间不仅没有增量，存量也在减少。同时，在增量空间上环评过于严格，可以通过环评的生物医药企业几乎没有，从而导致张江核心区的企业发展空间越来越少，用房用地成本越来越高。而在苏州、杭州、南通等地都有"拎包入住"的空间支持政策和三至五年免租金优惠。周边城市的这些产业扶持政策，应当引起重视和思考。

3. 新药审批和纳入医保目录速度慢，需要深化"放管服"改革

张江生物医药研发优势领跑全国，国家食药监总局每批准 3 个一类新药，就有 1 个来自张江。这些重大原创药物研发投入高，希望上市初期就进入医保目录。企业反映，一般国家医保目录是 5 年调整一次，最近的一次是间隔 7 年，希望得到有关部门的专门指导服务，争取纳入绿色通道。企业还反映，随着进入绿色创新通道产品的增加，评审的工作量也随之增加，审批速度有所降低，企业已经体会不到绿色创新通道的快速，三类医疗器械绿色通道审批需要一年半时间。

4. 二手设备通关难，希望分类管理

微创医疗反映，微创购进二手手术机器人进行研究，以及国外公司的加工设备进入国内都遇到报关难的问题。希望政府能够对二手设备进口实行分类管理，比如按照公司资质分类，同时制定相关政策跟踪二手设备进口后的去向，从而帮助推进企业研发。

（二） 集成电路领军企业的主要诉求

1. 发展空间受限，希望有规划集聚的专业园区

张江的产业环境很好，在集成电路行业有先发效应，能够留在上海继续发展的企业一定是经过市场考验的优质企业，应该发挥上海现有优势，给予这些企业大力支持，使其留在上海。但晶晨半导体、集成电路测试服务平台等都反映，企业目前最大的困境就是找不到发展空间，希望张江或者浦东能够建立集成电路产业园，为有意扎根张江的企业提供充足的发展空间和产业集聚环境，以使集成电路这一优势产业真正落在张江。

2. 财税的支持力度不足

中芯国际反映，集成电路行业龙头企业融资成本分别为：台湾台积电五年期年息为1.63%，联电五年期年息为1.35%，英特尔五年期年息为1.7%，日月光三年期年息为2.125%，国内企业做得最好的也要4%，国内融资成本与国外相比没有优势。微电子装备公司反映，国家鼓励光刻机进口，进口光刻机免关税，而国内集成电路企业进口光刻机零部件却要交关税。安集微电子反映，外地持股平台都有税收补贴，对企业有一定的吸引力。建议在股权激励和成果转化方面给予税收补贴，助力企业留在张江。

3. 研发投入资金压力较大

中芯国际反映，集成电路行业研发投入很大，当期研发一定会对当期利润造成很大影响，我们的技术已落后行业龙头企业台积电两代(线宽)，其每年的研发投入是中芯国际的将近10倍，中芯国际每年拿出销售额的10%（即10亿元以上）投入到研发，也还是不够。灿芯半导体反映，核心技术的积累研发投入高，关键技术的开发一项动辄几千万元，对于自主研发型企业来说，研发投入的负担很重。

4. 人才政策支持力度需要加大

企业普遍反映，人才引进越来越难，周边省市对人才的支持力度都很大，在个税等各方面都有补贴补助，而上海生活居住成本高，企业招聘员工时，竞争力不如周边集成电路集散地。希望政府多加强对人才的支持，特别是将基层员工纳入人才支持范围，在人才公寓分配方面偏重照顾刚参加工作、收入较低的基层员工，也可以考虑从实物分配转为租金优惠补

贴，以扩大覆盖面，同时延长人才公寓租住时间。关于人才补贴资金管理，企业建议要给予企业充分自主权，在限定使用范围的基础上，由企业按照需要分配给有需求的员工。

（三） 文化创意独角兽企业发展需求

文化创意大多是轻资产企业，缺少融资抵押物，由于爆发式增长，对人才政策、发展空间、投融资、资质认定等都有共性的需求，但是与其他地区相比，张江的制约因素更大，希望能够进一步放开资源，优化生态。

1. 人才居住和子女入学需要多元化解决

人才居住和子女入学是老大难问题，根本原因是房价房租高，优质资源供不应求。解决问题的途径是增加供应，但很多人才等不及。张江人才公寓排队要两年之后才轮上，子女入学优质教育资源相对欠缺。是否眼前只能企业自己克服？企业希望多元化途径解决眼前燃眉之急。例如：在人才居住方面，改善人才公寓的分配；借鉴深圳、杨浦，货币化解决租房补贴；支持民营企业进入人才公寓市场；支持有条件的企业建设员工宿舍；在子女入学方面，结合区内重点企业需求，争取一定的落户名额和一定的入学资源。

2. 办公场地受限，租金成本高企，不利于安商稳商

喜马拉雅提出，张江房子只租不售，不利于独角兽企业发展。喜马拉雅在网上已经孵化出 500 万声音创客，有些创客具有培育为独角兽企业的潜力，但由于缺少现实办公空间，许多项目无法落地。建议支持其在张江购地建音频孵化器，孵化出更多新兴的数字、文创、互联网企业。聚力传媒提出，目前张江企业办公租金很高，约每日 5 — 7 元一平方米，企业负担很重。希望张江可以有更好的扶持政策，在租金上能给予部分减免等。

3. 税负压力重，财政扶持少，企业运营成本高

聚力传媒、阅文集团等反映，上海张江高额的税费和高昂的人力成本、租金成本，尚未落实的财政扶持政策，都拖住了独角兽企业发挥更大的功能，作出更大的贡献。希望新区层面能够对于文创企业的税收优惠有更多更大幅度的倾斜，也期待张江"十三五"政策早日出台并落实，帮助企业进一步降低运营成本。同时，建议借鉴天津的做法优化政策，天津规定自营业之日起，对天津生态城注册企业缴纳的增值税（营改增）生态城留成部分，前两年给予 100% 的财政扶持，后五年给予 70% 的财政扶持。

4. 轻资产企业投融资困难,需要科技金融扶持

阅文集团、河马文化指出,文化产业大多属于轻资产企业,很难吸引产业资本尤其是国有资本,目前90%的文化企业均存在融资困难。建议在文化创意产业设立专门的创投基金与产业基金,引入政府背景的担保机构、架设起银企对话的桥梁,加强银行对文化创意产业的信贷支持力度,给予贷款贴息等投融资支持。

5. 资质认定滞后,监督管理模糊,影响文化市场规范发展

阅文集团反映,文化创意产业已成为引领张江创新经济发展的重要引擎,但新区尚未有文创企业的认定制度,导致良莠不齐,好企业得不到政策扶持,希望设立新区层面的"文创企业资质"认定机构。沪江教育指出,互联网教育企业的监管不明确,存在监管部门、企业资质、管理依据模糊甚至空白。

(四) 张江综合性国家科学中心相关机构的主要诉求

已落地的大科学设施和相关机构希望浦东新区和张江在人才政策和研发项目政策进行配套支持和机制创新。

1. 成果转化对接服务有待加强

蛋白质中心反映,其拥有的蛋白质制备系统、生物医药耗材互联网采购平台等成果都具有转化产业化的价值,但张江缺少对接。**中科院药物所**反映,该所科研人员带着在张江原创的8个1.1类新药到苏州创业,之所以没有在张江原地转化,主要是苏州给予高层次人才大力度的资助扶持、创业用房和生活待遇。上海光源反映,上海光源研发了很多技术,涉及光源装置的磁铁等仪器设备,以及X光成像、高端医疗器械等成果。但是如何把技术转移转化,如何对接商业化,如何进行市场化运作,希望张江对接大科学装置创新成果的转化,进行机制创新探索。复旦大学药学院希望张江搭建创新成果转化的创业基地和服务平台,为高校和科研院所的成果商业化提供对接平台服务。

2. 人才政策和财政扶持政策有待落实

科创国家队希望浦东新区和张江在人才政策上进行突破性配套支持。**一是有待突破注册地挂钩的限制,为重大设施、科研院所和重大平台的人才团队落实张江政策。**蛋白质中心、上海光源反映,由于注册地不在张江,享受不到张江的人才公寓、双限房、子女入学、个税奖励等政策,难以解决人才的安居乐业问题。**二是有待突破人才梯度的政策限制，为年轻人才解决子女入学和住房等实际困难。**蛋白质中心反映，引进的海外青年"千人"人才、五年以上的海归博士，由于不是国家"千人"和市"千人"，难以纳入新区解决人才入学的平台服务范围，年轻人才的居住问题也有待进一步纳入人才公寓的解决范围。**三是突破财政资金使用的传统做法，提高财政支持的有效性和感受度。**中科院高研院反映，目前浦东新区的财政资金使用往往与税收贡献简单直接挂钩，对具有巨大潜力和后劲的重大创新成果转化缺少专门的评价和支持机制，导致张江的原创成果转移外地。上海科学院反映，浦东新区的财政扶持与所有制挂钩，在政策思路上比较保守，对国资和民营实行差别待遇，影响到财政资金使用效率和科创中心的环境优化，民非机构和民营企业体制的新型研发组织难以得到土地、财税、资金的支持。

三、 张江科学城产业集群发展

张江科学城建设和功能深化要以发展愿景和空间规划引领功能，以功能引领形态，以改革引领建设；以人才为中心，以需求导向增强获得感和满意度；对照国际标准，补齐城市化配套的"短板"，搭建创新平台，体现集中度和显示度，实现城市公共服务配套全面提升，出形象、出功能、出效益。

（一） 探索部地联动的制度创新，加强张江综合性国家科学中心产学研协同创新和成果转化机制

1. 建立区级层面与大科学中心的产学研结合机制

建议新区层面与张江综合性国家科学中心重点机构建立每年 1—2 次的例会制度，拟由新区主要领导和高校院所领导组成联席会议，共商大科学中心集中度、显示度、产学研协同创新和成果转化等重大事项，同时建议设立以大科学中心为主的科学城产学研联席会议办公室，负责日常产学研合作机制和项目的落地。

2. 支持新型研发组织参与国家重大创新计划，提高大科学中心的集中度、显示度

我们在调研中了解到，中国商飞上海飞机设计研究院、绿谷研究院都

有国际水平的研发团队和重大突破的研发成果，都希望加入张江综合性国家科学中心。建议浦东新区对企业研究院为主体的新型研发组织开展专题调研，建立相关支持协同创新的政策和服务机制，提出支持其引领行业的重大突破研发创新的政策举措，使之积极参与国际大科学计划，在国家高度重视的新型研发组织培育集聚上形成可复制可推广的经验。

3. 探索建设大科学创业基地支持大科学中心成果转化

建议建立大科学中心重大成果孵化创业基地，借鉴中关村管委会与北大工学院合作设立的协同创新研究院的经验，建议由张江管委会牵头，支持有关科研院所建立创业基地，提供物业空间、创投基金和孵化服务平台，给予创业支持政策。同时依托现有的孵化器或创业服务机构，分领域设立对接大科学中心成果转化的专业创业服务平台，如量子通信创业服务平台，医疗器械创新服务平台，精准医疗创业服务平台等。

4. 探索以创新券和服务奖励支持大科学中心创新服务

蛋白质中心、光源中心、超算中心等国家重大设施如何为上海特别是张江企业提供研发实验服务？遇到政策的限制，主要是创新券的单位由市有关部门认定，重大设施尚未列入其认定范围，同时创新券也不能用于大设施人才团队的收入分配，由于事业单位收入待遇低，从事研发公共服务的专业人才流失严重。建议对大科学中心从事为企业提供公共研发服务的专业人才团队，结合创新券使用和张江政策奖励，提高其收入待遇，以稳定为企业服务的专业人才队伍。

5. 探索以人才基金等引进集聚大科学中心的高层次人才

借鉴美国霍华德·休斯医学研究所由民营性质的HHMI基金会提供实验室、薪酬和经费的做法，建议探索由市发改委和新区共同研究设立张江科学城大科学中心人才基金，吸引社会资本投资参与，由张江管委会委托相关专业机构负责基金管理，通过大科学中心领军人才评选等计划，给予高端研发的奖励和资助，提高顶级人才及其团队的待遇。同时，支持在大科学中心率先落实薪酬改革、股权激励等人才政策。

6. 支持国家队、国际队和地方队协同创新

对于重大新药、脑计划、精准医疗、集成电路高端芯片、人工智能等重大科研项目，构建国际化的协同创新网络，鼓励科研院所、跨国研发中心、张江创新企业共建研发公共服务平台、重点实验室、产业联盟和人才培养基地。支持企业家和科学家结合设立产学研成果转移转化平台，总结推广中科院药物所和绿谷集团设立绿谷制药、上海中医药大学和绿谷集团设立道生医疗的成果转化平台经验，给予张江专项的政策支持。

（二） 以"四大创新集群""四个创新突破"提升创新产业集群能级

1. 提升"四大创新集群"

一是智慧经济创新集群。重点扶持"人工智能+芯片关键技术+先进制造""新技术应用+总设计总集成+个性化定制""网络视听+文化内容"的新模式，培育集成电路、智能制造、人工智能应用、网络信息安全和云计算、物联网、大数据、网络视听、文化内容、机器人、3D 打印等重点领域，在核心技术高端研发、关键设备和新材料研制上重点突破，并在文化与资本和市场结合上重点促进，扶持百亿元级的领军企业，形成营业收入千亿元级的智慧经济集群。助力张江科学城成为人工智能自主创新和示范应用的国家核心基地，与美国硅谷、中国台湾新竹相并列的新一代国际集成电路核心基地，成为全国名列前茅的文化创意核心基地，成为智慧经济的发源地。

二是健康经济创新集群。张江科学城要充分发挥张江"药谷"、张江"医谷"健康产业基地在新药研制和健康服务管理上的创新优势和产业先发优势，重点扶持新药研发、精准医疗、转化医学、远程医疗、智慧医疗、临床医疗、CRO、CMO 等新模式，促进新药创制、现代天然药、人工智能医疗器械、高端医疗服务和健康管理、健身产业和旅游医疗、医养结合等产业化发展，形成千亿元级营收的大健康经济集群。

三是绿色经济创新集群。张江科学城应该把握新一代低碳技术和人工智能技术的联动推广应用，充分发挥其在新能源研发和装备、清洁煤、智能微电网和环保节能等领域的创新引领作用，进一步扩大集聚效应，进一步加强示范应用和产业化，重点扶持合同能源管理、分布式能源等新模式，引领具有低碳、生态、循环、节约特色的"绿色经济"的集群化发展。

四是平台经济创新集群。以 AR、VR、大数据、云计算、移动互联网示范应用为契机，把握上海自贸区跨境电商、跨境支付、跨境金融的机遇，重点扶持"网络交易+增值服务+互联网金融+跨境交易"的新模式，充分发挥在大宗商品交易、供应链管理、跨境电子商务、第三方支付和互联网金融、网络文化教育、网络医疗服务等方面的集群效应，成为上海乃至全国创新力最优、集群化最强、集成度最大、整合资源最便利的平台经济高地。未来几年，张江科学城要围绕上海"四个中心"核心功能区建设，培育一批辐射全国、跨境交易的万亿元级乃至十万亿元级交易规模的大平台。

2. 探索"四个创新突破"

一是"四新"经济和科技金融的创新突破。促进"四新"经济发展，要围绕创新链和产业链，布局资金链。借鉴硅谷和中关村、深圳等地区推进科技金融的经验，把改革创新的重心调整到科技金融的供给侧结构性改革上。具体来说，建议要拓展"四个供给"：① "张江信用"供给，以推广张江以信用评级为引导的"投、贷、保、补、奖"融资链，对接信用评级良好的中小微科技企业，适应科技企业轻资产和高回报的特点。② "投贷联动"供给，以科技金融链对接创新产业链，加强天使投资与银行贷款的结合，充分发挥浦发硅谷银行投贷联动的示范带动作用，以科技孵化器为载体促进科技金融和孵化创业的联动，加强融资租赁与成果中试的对接，加强政府采购和保理融资与成果商业化示范应用的对接，加强战略投资、银行信贷、股权融资、上市融资与大规模产业化的对接。③ "跨境融资"供给，充分利用自贸区金融开放政策，提供离岸融资对接离岸创业的融资需求，提供张江科学城地产基金和产业基金的多元化融资，促进境外投资资金和境内创业企业的供需对接。④ "自贸账户"供给，进一步拓展自贸账户与人才"双创"的对接，结合自贸区资本项目的开放试点，为人才"双创"提供国际投融资服务。

二是扩大产业开放的创新突破。具体探索试点包括：探索离岸创业基地的制度创新和政策创新；探索与国际对接的药品和医疗器械上市许可持有制度；探索跨境科创平台和保税监管平台的先行先试；探索对新模式、新业态企业实行负面清单的市场准入制度；探索支持外籍人才兴办科技型内资企业；探索深化集成电路产业链全程保税监管试点；探索促进跨国公司研发总部融入上海科创中心，发挥更好的溢出效应。

三是优化产业布局的创新突破。具体建议如下：一是以大科学设施和大平台为创新源泉，加快张江"药谷"和"医谷"的联动效应，形成大健康产业集聚区。二是通过人工智能和互联网新兴技术转化功能，在张江核心园、金桥科技园、陆家嘴花木区域、世博地区、迪士尼周边，布局人工智能、智能制造、互联网新业态、新模式产业，形成平台经济集聚区。三是在张江、陆家嘴推进科学城和金融城"双城联动"，创建科技金融中心聚集区。四是在张江、金桥、临港和空港等重点区域，规划布局绿色经济、智能制造的创新研制和产业化基地。

　　四是协同创新的新突破。协同创新是张江科学城推进全球科技创新中心核心功能区建设的必要途径。具体建议如下：一是推进跨国协同研发创新，特别是在人工智能、生物医药创新、精准医疗、大飞机研制、集成电路高端芯片和装备制造等领域，推进与诺华、罗氏、通用电器、IBM 等跨国研发中心的协同创新。二是强化科技创新、模式创新与制度创新的协同创新机制，以市场为导向，以政策为配套，形成协同创新的合力。三是探索长三角一体化协同创新机制。要支持张江的大科学中心、龙头企业和科技专业服务机构向长三角辐射，实行产学研合作的协同创新，把重大项目和重大创新平台的服务功能辐射到长三角，带动上海乃至长三角区域的"四新"经济，特别是智慧经济、健康经济、绿色经济和平台经济的集群化发展。

（三）　以制度创新完善张江科学城城市配套

　　一是以租赁房机制提升居住功能。科学城率先探索租赁房的土地改革和税制改革，增加居住用地，推进新增的 890 万平方米租赁住房尽快建成投入使用，以及提高研发、工业用地的人才公寓和宿舍配套比例，同时以税费改革降低住宅建设和供应成本，支持企事业单位利用存量用地建设员工宿舍，为各类人才在科学城居住提供经济适用、性价比高的公租房。

　　二是以市场化机制优化优质教育配套功能。大力推进高水准公立学校建设，引入重点和知名品牌学校分校，以"民办公助"机制支持建设国际学校和民办学校，新建上科大综合学校，扩建中芯国际学校。试点凭园区工作证解决人才子女入学，破解科学城人才子女的入托难、入园难、入学难。引进研究型大学和创业学院，鼓励外资兴办职业学校，支持企业为主体的创业和职业人才培训。

　　三是以中心城标准完善便捷交通功能。以轨道交通等公共交通作为便捷交通的支柱，将新增的 13 号线、18 号线、21 号线三条城市轨道交通，站点覆盖率达到中心城平均水平，轨交要整体加强短驳功能，公交车要按功能街区进行配套，按上下班高峰动态调整公交配套，实现与城市中心45分钟快速便捷轨交联系。优化地面交通系统，分区域、分类型加密道路网及慢行通道，特别是地铁站周边配套道路要通畅，外部衔接要通达，加强公共停车场和充电桩停车位建设，鼓励推广使用新能源汽车和新能源车分时租赁系统。以新机制支持员工拼车、共享单车、网约车平台等共享交通。

四是以国际化机制打造亚太医疗服务中心功能。推进医疗服务先行先试，改革医疗服务用地制度，率先探索以土地划拨和地价补贴、用地弹性机制等方式，引进三甲医院和国内外高端医疗机构。构建以高端医院、专科医院、社区医院、医务室和第三方检测平台、养老康复、精准医疗、远程医疗相配套的多层次医疗卫生服务体系。全面推广家庭医生制度，在办公楼宇设立医疗工作站、口腔护理工作室。

五是以地铁站商圈化和便利化打造商业生活中心功能。在地铁站和园区中心位置规划布局商圈和生活圈，引进知名品牌，建立商业、交通、休闲一体的现代化商业综合体。探索以弹性用房政策和补贴政策，加强办公楼宇商业配套，配套公共食堂、餐饮店、24小时连锁品牌便利店、咖啡厅等。探索给予免租金和财税优惠等支持，以市场化推进打造"商办住"一体的创业商业街区。

六是以创新模式打造科技文化活动中心功能。以政府引导、官助民办等新模式，塑造具有科学城地域特色的文化格局。加快建设科学会堂、综合图书馆、医疗数字图书馆、博物馆，建设文化街区、张江"戏剧谷"、张江技创公园等文化娱乐设施。拓展建设文化创意园，鼓励支持企业开展面向社会的企业科技节、产业论坛、企业文化节等文化活动。营造丰富的文化交往空间，保护老街古镇。

七是以全民健身导向优化体育配套功能。建设综合体育馆、健身中心、水上运动场所、室外体育场所，并配套游泳、羽毛球、品牌健身、乒乓球、骑行绿道、健身步道等设施。鼓励支持高校、中小学等体育场所对公众开放。发展智慧体育，组织开展科技体育节、国际电子竞技比赛、虚拟跑步节等。

八是以水绿生态导向提升绿色生态功能。突显水、绿等自然生态肌理特色，打造科学城绿色、低碳、环保的生态环境。构建"点、线、面、廊"相结合的城市绿化系统，以街心花园、社区花园、绿色建筑为"点"，以周祝公路、康新公路等路网为"线"，以主题公园、未来公园等集中绿化的大型公园为"面"，以森林绕城和外环绿带为"廊"，营造风景宜人、绿色清新的开放空间和生活环境。按照国际标准加大环境保护力度，完善园区危废收集系统，加强园区消防及污水管网建设，建立生态环境大数据监测系统。

九是围绕创新链打造科技金融配套链功能。重视中小微企业创新创业全生命周期金融服务配套，建设张江科技金融大厦和科技金融街区。围绕创新链搭建资金链，集聚天使投资、创业投资（VC）、产业投资（PE）、股权融资、小贷公司、融资担保、科技银行、征信机构、证券公司、科技保险、跨境融资服务机构、融资租赁、商业保理、金融安全保障机构、货币兑换等金融机构。

十是以大数据应用提升科学城信息网络功能。发挥大数据对于科学城建设的科学规划、实时监测、精准治理、高效服务四方面重要作用，推进科学城建设和产业升级的数字化、网络化和智能化。以大数据优化基础设施规划，加大新一代基础通信设施建设，公共场所实现 Wifi 全覆盖，整体提升通信基础设施和高品质信息化服务。建立大数据+互联网+各类行业创新的"科创云"平台。大力发挥大数据在建设智慧交通、智慧医疗、智慧教育、智慧园区、智慧城区、智慧商圈、智慧社区、智慧家庭、智慧楼宇等综合信息服务和精准检测上的重要作用。

（四）全面落实分类施策的引才激励

1. 战略性人才、领军人才的"国民待遇"

通过中国绿卡的办理便利化和落实国民待遇来吸引一批海外华裔战略性人才和领军人才到上海张江创新创业。在公安部等支持下，张江先行先试一系列海外高层次人才新政，探索以中国绿卡、人才基金、实验室、成功奖励、创业扶持等举措引进首席科学家和创新创业领军人才。

2. 市外来沪创新创业人才群体的"市民待遇"

上海张江在人才公寓、限价共有产权房、只租不售的租赁房等方面，已经作出了很大的努力，还有待于在年轻人才子女入学和直接落户上向技术移民倾斜，落实以户口为核心的同等市民待遇。

3. 体制内高端研发人才的"市场待遇"

随着张江综合性国家科学中心的加快建设，将吸引更多的国家级创新人才到大科学设施和科研机构的事业单位，除了事业留人，还应重点突破人才市场化水准的薪酬待遇需求与科研事业单位薪酬改革的配套问题，加强对高端研发人才成果转化的分配改革，加强对高端创新人才自主创业的扶持力度。

4. 海内外资深人才的"股东待遇"

上海要吸引跨国公司和行业龙头企业把创新中心和成果转化中心放在上海张江，成为吸纳资深人才的平台。同时，也要以股权激励吸引海外人才，企业要以上市后的股权增值前景吸引人才，政府要对各类企业的股权激励缓征、免征个人所得税，支持以股东待遇吸引和留住人才。

（执笔：张江平台经济研究院陈炜）

工业革命浪潮下园区发展新态势：
以市北高新区为例^①

第四次工业革命是继蒸汽革命、电力革命、计算机和信息技术革命后以数字新技术为突破口，推动行业融合、生产方式颠覆的新一轮革命。科创园区是新技术突破的策源地，更是推动技术成果整合应用的催化剂和承载地。第四次工业革命主要是通过信息化的方式影响园区的发展，其中园区的智慧化、产业数字化以及数字产业化就是具体表现。本文旨在通过构建"BOS"分析框架，洞察第四次工业革命浪潮下科创园区转型变革之路。基于"BOS"框架，围绕商业模式、园区运营、园区服务三大方面进行总体阐述，进一步探析新一轮工业革命浪潮下科创园区如何构建开放式创新生态系统，并以上海市北高新区为案例，研究其数字化转型经验。

一、"BOS"框架构建

"第四次工业革命"概念由克劳斯·施瓦布^②（Klaus Schwab）首次在 2016 年世界经济论坛上提出。其引发了大数据和区块链等数字技术的出现和应用，并持续对现代社会的各个方面产生深远影响。为探究新一轮革命对科创园区的影响，礼森智库通过相关文献研究，并总结提炼以上海为代表的科创园区实践经验，**首次创造性提出"BOS"框架**。该框架通过

---

① 本文英文原版被国际科技园及创新区域协会（IASP）第 36 届世界大会评为优秀论文，同时被收录在优秀论文集内。

② 世界经济论坛.第四次工业革命：它意味着什么，如何应对［EB/OL］.https：//www.weforum.org/agenda/2016/01the-fourth-industrial-revolution-what-it-means-and-how-to-respond，2016.

将新一轮革命带来的影响、变革、转型、提升归结到**商业模式（Business Model）**、**园区运营（Operation）**和**园区服务（Service）**三大领域，来解释第四次工业革命对科创园区治理模式的颠覆与重塑。

图4-2 "BOS"框架

（一）"B"（Business Model）——商业模式

围绕第四次工业革命中科创园区的商业模式变革，礼森智库将从商业模式画布视角展开探讨。商业模式画布由亚历山大·奥斯特瓦德（Alexander Osterwalder）①提出，旨在通过构建可视化战略管理模板开发描述、评估构建商业模式语言。商业模式画布由九大模块构成，包括客户细分（Customer Segments）、价值主张（Value Propositions）、渠道通路（Channels）、客户关系（Customer Relationships）、收入来源（Revenue Streams）、核心资源（Key Resources）、关键业务（Key Activities）、重要合作（Key Partners）、成本结构（Cost Structure）。

重要合作	关键业务	价值主张	客户关系	客户细分
	核心资源		渠道通路	
成本结构			收入来源	

图4-3 商业模式画布

---

① 奥斯特瓦德（Osterwalder, A.），皮尼厄（Pigneur），等.商业模式新生代：有远见者、游戏规则改变者和挑战者的手册［J］.非洲企业管理杂志,2011,5(7): 22-30.

在描述科创园区商业模式变化时，相关证据表明第四次工业革命并非在九大模块都作用显著，而主要从客户关系、价值主张、关键业务、重要合作以及收入来源五大方面推动园区转型。

1. 重要合作

在传统模式下，政府部门统筹产业布局、提供政策支撑、管理行政审批，始终是科创园区的"重要伙伴"之一。例如，为扶持新兴产业发展，推动《中国制造2025》、长三角区域一体化发展等顶层战略设计，国家及省市部门通常向科创园区运营机构和入驻企业从租金、税收、专项资金扶持、行政审批等方面提供支持。此外，科创园区强调与龙头企业构建紧密联系，甚至为吸引龙头企业落户出台"一企一策""一事一议""专人驻点"等特殊扶持。龙头企业不仅带动财政税收，而且在吸引产业链上下游配套企业集聚等方面发挥重要作用，是建立产业生态和创新协作系统的关键组成部分。

而第四次工业革命中，除政府和龙头企业外，其他大量实体机构也开始成为科创园区的"重要合作伙伴"。第一，例如5G技术的引入和商业化，高校、科研院所开始高频参与技术研发、成果转化环节，通过组建合作经济体、成立工作站等方式与科创园区、入驻企业形成广泛互动。第二，移动设备、物联网（IoT）和互联网日益消除物理世界、数字世界和生物世界之间的界限，同类型科创园区间的跨区域联系变得更为密切，通过开展在线资源对接、"区区联动、品牌合作"等园区协同从而实现更有效的资源流动。第三，颠覆性创新导致企业业务转型升级加快，需要更多的风险投资和资金导入。而科创园区本质上作为中介服务机构促进要素流动，因此与银行和风投等金融机构建立合作关系以完善金融服务变得愈发重要。

2. 关键业务

传统模式下园区业务更侧重于地产开发和物业管理，即单纯向创业团队和高科技公司租售生产办公空间。在第四次工业革命中，需求侧变化导致科创园区逐渐"去房地产化"。首先，除一般物业服务外，入驻企业在生物医药、新材料等新兴产业共性化技术需求对科创园区服务能力提出更高要求，一系列产业协同创新中心、共性技术平台、检验检测实验室和中试基地等服务平台应运而生。其次，园区业务重点逐渐向"品牌打造"转变，例如上海在"上海制造三年行动计划"中提出的"名园建设"，培育世界级品牌园区。此外，变革下科创园区业务重心向资源对接转变。资产、数据、人才和资本要素日益丰富，更需要园区帮助入驻企业加快打破信息不对称壁垒，增强统筹对接能力。

3. 价值主张

"价值主张"的内涵是通过深刻理解客户细分需求，传递商品或服务价值。第四次工业革命中互联网技术进一步促进社会资源优化配置，"共享经济""区域协同"等概念再次迎来风口，"众创空间""创业咖啡馆""共享办公"等概念遍地开花，传统行业壁垒被打破重塑。在此背景下，科创园区如何突破同质化竞争，通过挖掘异质性资源禀赋、打造垂直行业生态来维护竞争优势成为构建园区商业模式的重要命题。

4. 客户关系

企业是科创园区的最主要客户。过去，由于渠道有限，科创园区运营机构只能对区内企业进行数据搜集、跟踪分析。尤其在招商过程中，信息获取匮乏。同时，园区商务洽谈、资源对接等活动通常采取线下面对面、实地走访等交流方式。而第四次工业革命则极大改变了园区与企业的互动模式。一方面，人工智能与大数据不断提高行业透明度，挖掘与区域产业发展匹配的招商线索，可以实现园区与企业精准对接。另一方面，打造园区信息管理平台实现了对入驻企业的实时跟踪，"云招商""在线招商""线上论坛"等新模式如雨后春笋，打破物理空间制约，实现对园区在客户关系管理中的赋能。

5. 收入来源

传统模式下科创园区收入来源主要依赖物业收入和政府补贴。第四次工业革命浪潮中新技术的相继涌现带动资本进入，同样改变了科创园区盈利方式。部分园区通过提供基于产业特性的专业技术服务、增值服务，以及对园区初创企业投资拓展收入渠道，从而形成可持续的多元盈利结构。例如"基地+基金"等模式，定期向有潜力的初创团队进行多轮投资，依靠其研究成果变现获得投资收益。

（二）"O"（Operation）——园区运营

总体来看，第四次工业革命对科创园区运营带来四方面变革，即智慧园区、项目管理、数据管理和组织管理。

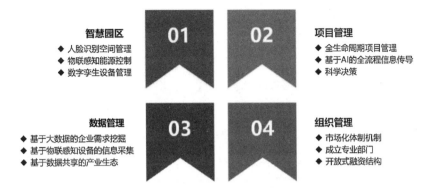

图 4 - 4 第四次工业革命中科创园区运营变革

1. 智慧园区

随着大数据和云计算技术应用，科创园区运营进入智慧化时代。例如在空间管理方面，基于人脸识别的园区通行和员工打卡，基于 5G 和机器人的安防巡逻和楼宇监控，基于云边协同和传感监测的应急管理等等。在能源控制方面，可以借助物联网和大数据技术实时感知园区能源消耗情况，并依托设备运行、人流密度等分析诊断模型以及人工智能实现智能自控、精准功能。在园区设备管理方面，结合数字孪生和物联接入实时感知照明、闸机等设备运行状态，提前诊断设备故障，调整运行策略，提高管理效率。

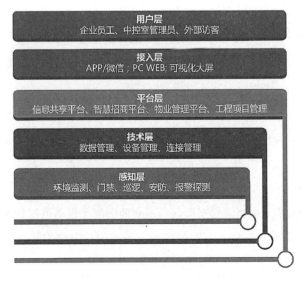

图 4 - 5 科创园区智慧管理架构

2. 项目管理

基于行政管理需要，科创园区往往会对企业在建、拟建工程项目进行跟踪管理。据统计，由于信息传导失真导致项目实施发生变更或错误占总成本的3%至5%[①]。伴随着第四次工业革命，项目全生命周期管理系统出现，能够帮助科创园区打造从信息创建、传导、分析和展示的一体化平台。基于人工智能技术的项目管理系统通过提高信息传递效率显著降低了成本，对不同层级管理人员设置不同访问权限，甚至可以通过 VR 技术、全息投影技术了解项目建设阶段和各种数据。

3. 数据管理

科创园区日常运营离不开各项数据，包括自身经营数据、入驻企业成长数据、外部行业数据等。因此，立足于信息化赋能，科创园区在第四次工业革命带来了分别以入驻企业、园区管理机构、园区外部机构三大群体为对象的数据管理新模式。一是利用多维分析深度挖掘入驻企业需求。通过采集企业基本概况、股权结构、融资信息等数据对企业进行科学评价。二是基于园区物联感知设备的信息自动采集，为园区管理机构自身提供科学决策。三是嫁接外部数据库打造产业上下游平台，为园区招商、孵化加速、企业成长等不同阶段提供行业生态多渠道服务。

4. 组织管理

科创园区运营机构，作为管理实体，其组织架构同样在新一轮工业革命中发生了一系列变化。从内部来看，与传统开发区作为政府派出机构并设置管委会不同，上海部分科创园区开始探索更加市场化、精细化的体制机制模式。例如成立科技投资公司、招商分公司等专业部门，甚至通过运筹上市（IPO）来加速形成开放式融资结构。

（三）"S"（Service）——园区服务

围绕科创园区服务，为满足第四次工业革命中入驻企业的新需求，园区服务方式、服务内容、服务供给三方面发生了变化。

1. 服务方式

首先，数据赋能极大提高园区与企业间的服务供需匹配效率，传统服务方式由"线下"转为"线上"PC 端、移动端。科创园区通过打造各类

[①] Qi, S.（2018）. Research on Informationalization in Project Management. Construction and Decoration. 529(20), 216.

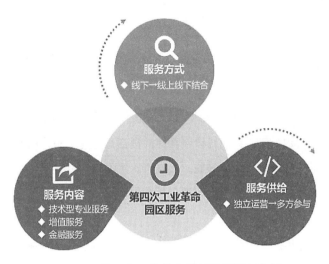

图 4 - 6　第四次工业革命科创园区服务变革

"云"服务平台，基于信息互联、数据共享，为企业提供不同场景定义服务。例如上海天地软件园打造的"在线店小二"服务平台，就能根据不同登录人员的身份和需求识别，实现包括政策信息、扶持信息等消息的精准推送。同时基于 AIOT 生态平台构架，可以在园区完成无感支付、会议室在线预订、项目对接等功能。

2. 服务内容

新技术浪潮使科创园区服务重点发生转移。除传统物业基本服务外，企业对与行业相关的技术型服务需求更大，如生物医药产业的检验检测、新药审评审批服务，移动互联网产业的专利申报、知识产权服务等。尤其针对部分高技术壁垒、高研发投入行业，通过打造功能平台、共性技术平台能有效降低企业成本，提高竞争优势。例如作为上海市首批 26 家特色园区，上海宝山超能新材料科创园针对石墨烯新材料打造了中试基地和石墨烯分析检测中心，联合企业突破行业核心共性技术。

此外，金融服务逐渐成为科创园区服务重要内容之一。技术创新引发金融体系结构改革进一步深化，科创板、公募基建 REITs 等相继推出，科创园区创新金融服务产品，帮助企业吸纳外部多样化资本要素不仅符合发展趋势，更是园区面向企业招商的重要吸引力和竞争力之一。例如上海财经大学科技园建立的"持股孵化+产业咨询+科技金融咨询+新三板研究"科技金融大服务平台，就是在自身金融类初创企业集聚的基础上，通过放大企业金融优势杠杆效应，提供全生命周期的金融服务。

3. 服务供给

第四次工业革命带来的一个关键转变是更有效的市场细分和劳动分工，这使得科创园区在地理区域、组织合作上都变得前所未有的开放。因此，服务的供给方可以不再由园区运营商独立完成，更多第三方机构如独立实验室、咨询公司、科技转移中介等，灵活地通过入驻、合作等方式参与科创园区服务体系建设。例如，上海张江生物医药基地与区内企业伯豪生物合作，建立了"常见肿瘤和遗传性疾病基因检测中心"，为初创企业提供免费、专业的检测服务。

以上便是礼森智库从"BOS"框架视角对第四次工业革命给科创园区带来系列变革与重塑的总体阐述。下面我们将从打造开放式创新体系着手，并结合实证案例进行具体探究。

二、 开放式创新生态系统

开放式创新生态概念相对于封闭式创新而言，是由切萨布鲁夫（Chesbrough Henry）①在其《开放式创新：进行技术创新并从中盈利的新范式》（Open Innovation: the new imperative for creating and profiting from technology）一书中首次提出。开放式创新理论主要从资源视角强调来自内/外部的知识资源在创新过程中有目的地在企业流入或流出，并重点指出了外部资源对企业创新的重要性。

如图4-7所示，开放式创新模型分为输入端、过程端、输出端。输入端主要由内/外部技术库（internal/external technology base）构成；过程端主要完成外部技术在企业的内化（external technology insourcing）、内/外部技术的风险评估（internal/external venture handling）；输出端主要包括存量市场（our current market）、新兴市场（new market）及跨界市场（other firm's market）。而开放式创新过程实际上就是技术与知识，尤其是外部技术作为原始输入，通过对其风险评估，以及外部技术企业内部转化的过程，最终协助企业强化存量市场，拓展新兴市场，并探索进入跨界市场的"漏斗状"模型。

---

① Chesbrough, H (2003). Open Innovation: The new imperative for creating and profiting from technology. Boston: Harvard Business School Press.

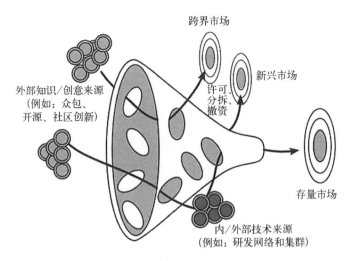

图 4-7 开放式创新模型

资料来源：Chesbrough, H(2003)。

第四次工业革命模糊了科创园区物理边界，其业务模式、运营流程及提供服务的变化极大地促进了知识资源在园区内外部的流动传播，并重构了不同主体、新型创新机构间参与、协同、合作的机制，这些改革、重塑、再造的最终结果就是推动形成了开放式创新系统（见图 4-8）。

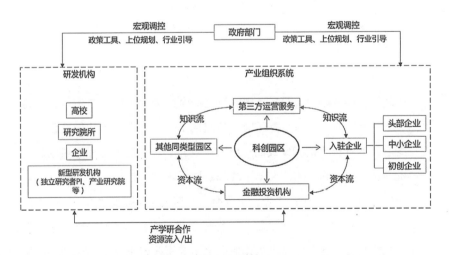

图 4-8 第四次工业革命中科创园区开放式创新生态系统

机构边界开放下的知识、信息、资本快速流动是第四次工业革命的重要特征，更是实现开放式创新生态的重要前提。传统模式下，科创园区衡量自身创新体系，都以内部已有企业作为"护城河"。而开放式创新生态体系下，科创园区内外部结构发生重组，创新路径、创新环节、创新主体被解构、重构。有效嫁接内外部资源成为加快创新体系构建的关键。

首先，科技园区通过主动导入第三方运营服务机构，与外部园区、金融投资机构、研发机构形成合作关系，打造"内部+联合+外部"的路径，促进知识技术、创新资源的内外流动。例如，外部高校研究团队通过科技园作为中介进行对接，将科技成果通过作价投资、成果转让等方式转移给园区内部企业，以实现成果产业化。而反过来，园区企业得到市场需求实时反馈，能为科技研究提供实用指导。其次，在开放式生态系统中，创新环节可以通过科技园内外部机构协作完成。例如英特尔在其处理器产品的基础研究环节，借助在高校布局开放性实验室寻求技术创意，并通过战略决策实现外部技术"内部化"。第三，开放式创新生态系统将外部机构，如独立研究者等新型研发机构，纳入创新主体行列，从源头上增强了科技园区的创新有效性。

三、"BOS"框架下的案例研究

为进一步理解和应用"BOS"框架，礼森智库以上海市北高新园区为案例来具体分析新工业革命如何推动科创园区的数字化转型。

上海市市北高新技术服务业园区成立于 1992 年 8 月，园区四至界线为：东至泗塘，西通彭越浦河，南达汶水路，北抵走马塘—共和新路—场中路，总规划面积 3.13 平方公里。

市北高新园区是国务院批复同意建立的全国第三家国家自主创新示范区——张江国家自主创新示范区的重要组成部分，是上海中心城区距离人民广场直线距离最近的国家级高新技术产业开发区，是上海中心城区科技创新元素浓厚、高新技术产业集中的代表性区域。

建园 20 年来，在上海市委、市政府的亲切关怀和静安区委、区政府的正确领导下，园区面貌、产业能级、经济总量、配套功能、品牌效应等发生了历史性变化。园区综合发展指数在全市 5 平方公里以下小型开发区中排名第一；单位土地利润、单位土地税收产出强度在全市开发区中排名第二，已成为上海"创新驱动、转型发展"的示范窗口和静安"南高中繁北产业"发展的闪亮名片。

上海市市北高新技术服务业园区，是静安推进"一轴三带"发展战略、深化"环两翼创新创意集聚带"北翼建设、实施"全球服务商计划"的核心组成部分，也是推进"3+5+X"产业布局的重点发展区域。为进一步发挥园区区域经济稳定器和产业集聚引力场关键作用，积极发挥辐射带动作用，园区聚焦产业集群规模化、人才结构梯队化、政务服务系统化和绿色生态持续化，推动园区能级规模、产业势能、生态效能稳步增长。

一是联合攻关，促进产业集群规模化。市北高新聚焦区块链上下游产业生态，以"跨境贸易、数字金融、数据交易"等为导向，共同推动区块链底层共性技术自主突破。同时，与复旦大学、上海交通大学、同济大学等开展联合攻关，形成"技术平台+示范应用+产业联动"的创新链条，以"区块链+大数据"的发展主线，为城市数字化转型和经济高质量发展提质赋能。

二是以人为本，促进人才结构梯队化。2021年，区人力资源和社会保障局与市北高新集团聚能湾创业园区联合组建了区域首个人才服务创新载体"静安留学人员创业园"，市北高新聚能湾国家级孵化器为静安留创园提供了约7 700平方米的服务空间，并结合自身国家级孵化器优势，与上海留学生企业协会共同签署静安留创园海外留学人员创业导师合作项目协议，成立"海外人才服务联盟"，启用6个"静安海外人才交流服务站"，提供创业辅导、技术创新、合作交流、市场拓展和投融资等一系列孵化服务，进一步助推孵化项目落地和科技成果转化，加大创业扶持力度、加强就业服务功能、优化人才发展环境、构建全球交流网络。

三是一企一策，促进政企服务系统化。园区打造全市"104"产业区块内首个政企通服务中心，并进一步探索各类政企服务前移机制。通过"一企一策"服务与客户经理负责制，精准掌握企业需求，确保高效沟通。基于企业发展通用及个性化需求，市北高新探索设立"管家式"在线服务平台，并通过建立企业统一身份识别机制，为不同发展阶段、不同特点企业提供精准的一企一策"画像"服务，加快打造以数据为关键要素的数字经济新生态，持续扎实培育经济高质量发展新增长点。

四是微碳零排，促进绿色生态持续化。全面实施产业、建筑、交通、固废、水资源、生态建设等绿色生态专业规划，结合工地扬尘在线监测，逐步推进工地降尘喷雾使用。全面实施挥发性有机物行业控制和低VOCs

含量产品源头替代，严格按照静安区重点污染物排放控制标准，并在此基础上比区减碳目标降低10%。继续推进新能源汽车应用，加大环卫行业新能源车推广力度；加快充电桩等配套基础设施建设；强化在用车尾气治理及排污监管；推进非道路移动机械污染防治，加强非道路机械执法检查。

五是深化"双轮驱动"，为科技企业蓄力赋能。秉持"基地+基金""投资+孵化"的双轮驱动运营理念，组建"市北高新助力科创引培联盟"。同时，以聚能湾国家级孵化器、中航联创上海创新中心、上海开放数据创新应用孵化器（SodaSpace）等创新创业载体为核心，聚力形成"创业苗圃+孵化器+加速器"的完整孵化体系，更好助力"云数智链"产业生态体系进一步做大做强。

园区发展更上新台阶。**主导产业规模化发展。**目前已集聚上海科学院区块链技术研究所、华为上海区块链生态创新中心以及矩阵元、众享比特等50余家行业龙头和创新企业。矩阵元作为北区块链生态谷的重要一员，与蚂蚁链、华为区块链、上海科学院等企业、机构协同运作，共同推动"3+1+N"创新产业生态布局，成为静安乃至上海区块链技术自主创新突破的"桥头堡"。**新兴赛道形成产业集聚效应。**园区已汇聚近600家数智企业，包括国内轨交信号控制系统的集大成者卡斯柯、中小企业智能营销云平台倡导者珍岛信息、智能文本识别的行业先锋合合信息等。**区块链高地助力新兴产业发展。**区块链生态谷已集聚超过70家区块链技术和应用企业，聚焦"数字金融、数据交易、跨境贸易"等重点方向，在工业供应链、食品溯源、司法存证、知识产权保护等领域形成特色应用，并且建设了"区块链感知和应用展示中心"。**此外，**园区内10%的既有大型公共建筑实施节能改造，能耗降低率达到15%；能耗较高的新建大型公共建筑能耗低于现行节能设计标准规定值。23家企业被列入"市北高新科创企业引培计划"，其中合合信息、灿瑞科技、梦创双杨启动了上市推进工作，入围的23家企业营业收入平均达到2.1亿元，平均估值水平达到8.4亿元。

（一）"B"（Business Model）——商业模式

市北高新园区的商业模式转型主要体现在其关键业务、收入来源等方面。从关键业务来看，目前园区形成了"三大主业"，包括产业地产开发运营、产业投资孵化、产业服务集成。在产业投资孵化方面，市北高新园区参与设立上海火山石一期股权投资合伙企业，发起"市北高新大数据产业投资基金"，同时依托一批集孵化、加速、投资等核心功能于一体的创新服务功能性平台，持续深化产业投资及培育力度。在产业服务集成方面，公司积极搭建一批包括上海市公共数据开放应用示范区、上海区块链生态创新中心、5G+8K 上海市超高清视频产业示范基地、大数据创新学院等功能性服务平台，揭牌成立"综合服务中心""政企通办公室"，并已初步形成品牌价值和定向输出。从收入来源看，根据园区运营主体——市北高新集团的下属上市公司市北高新股份有限公司（600604）2019 年度财报数据显示，2019 年园区主营业务收入 10.78 亿元，同比增加 112.59%。而在"去房地产"趋势下，2016 —2019 年园区服务相关营业收入占比持续稳定增加，到 2019 年租赁及其他服务业占主营业务收入比重为 44.87%，盈利结构逐渐趋向多元化。

表 4-1 市北高新区 2016 —2019 年营业收入结构变化

类 别		2019 年			2016 年		比重变化
		营业收入/万元	同比增幅	占营业总收入比重	营业收入/万元	占营业总收入比重	
分行业	房地产业	60 291.36	395.94%	55.13%	88 250.6	75.02%	↓
	租赁及其他服务业	47 466.27	23.19%	44.87%	29 378.79	24.98%	↑
分产品	园区产业载体销售	60 239	595.09%	55.07%	88 250.6	75.02%	↓
	住宅销售（车位）	52.31	−98.5%	0.05%	/	0.00%	↑
	园区产业载体租赁	44 167.93	33.4%	41.76%	21 019.59	17.87%	↑
	其他服务业	3 298.35	−39.16%	3.12%	8 359.2	7.11%	↓

（二）"O"（Operation）——园区运营

从组织管理来看，过去科创园区以设立园区管理委员会作为政府派出机构，或依托高校事业单位设立平台公司等方式成立主体负责科创园区运营。而市北高新园区的管理运营主体为上海市北高新（集团）有限公司，是上海市静安区国资委履行出资责任的国有独资企业，集团下属拥有两家上市公司——上海市北高新股份有限公司（600604）和上海数据港股份有限公司（603881）。集团与旗下企业围绕总体发展战略，各有侧重分工。其中市北高新集团致力于成为"国内领先的精品园区综合运营商"，形成"产业地产运营+增值服务运营产业投资运营+品牌输出运营"的多元化业务发展模式。市北高新股份则明确"地产+投资"双轮驱动的经营策略。数据港重点形成以定制化为主的全生命周期业务模式，在国内 IDC 数据中心市场树立品牌形象，巩固细分行业龙头地位。结合 2019 年国发 11 号文《关于推进国家级经济技术开发区创新提升打造改革开放新高地的意见》，园区运营管理机构进行开放型市场化重组，可以有效破除体制机制梗阻，实现资源的更高效配置。尤其在第四次工业革命推动下，通过灵活设置组织架构创造新价值机遇是提升园区影响力的重要途径。

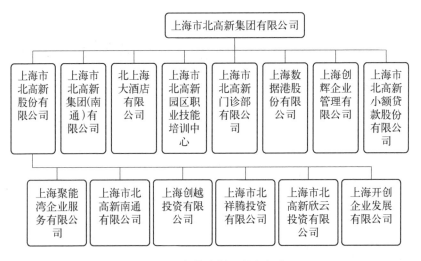

图 4-9　市北高新区组织架构

从智慧园区建设来看，市北高新园区搭建以"大数据+物联网+BIM+GIS"为核心的智慧园区管理平台，通过运用大数据与人工智能等技术手段，围绕"智慧安全、智慧环境、智慧交通"三大模块，在园区网格化管理、安防道路监控、电梯专项监控、生态园区环境指数监测、应急指挥系统与综合报警系统以及能耗精细化管理等方面实现了整个园区的智能化管理。此外，依托市区两级大数据中心以及 APP 服务平台，实现各联办部门业务数据信息实时传递、同步办理，提高了企业服务智能化、便利化的程度。

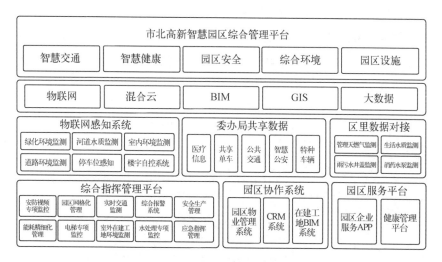

图 4-10　市北高新智慧园区综合管理平台

（三）"S"（Service）——园区服务

上文曾提到工业 4.0 从服务方式、服务内容、服务供给等方面给科创园区服务带来变革。**从服务方式来看**，新动能、新技术趋势下市北高新园区运营服务"上云上平台"，即打造"政务云、医疗云、办公云、教育云、金融云"五大在线服务平台，构建"基础设施层、系统平台层、云应用平台层、增值服务层、配套端产品层"五个层级产业链。此外，市北高新园区通过打造 ERP（企业资源计划管理系统），从根本上提升园区管理水平和服务能力，公司企业资源计划管理系统管理水平和服务能力，涵盖征地动迁、资产管理、招商管理、物业工程设备管理等园区主要业务环节。

从服务供给来看，市北高新园区通过与外部资源合作提升服务质量、推动园区成长。例如，园区与海通证券、国浩、毕马威等 8 家知名机构共同组建"市北高新助力科创引培联盟"，挖掘优秀产业投资标的，构建科创企业全生命周期"培育+投资"体系。例如，园区还与英特尔公司共同成立"市北高新—英特尔联合众创空间"，并由市北高新园区、英特尔、开源加速器（微能投资管理有限公司）联合运营，三大主体分工明确。市北高新园区配备加速器办公场地，而英特尔为入驻创业团队提供大数据技术支持和智能硬件，开源加速器则承担日常运营、项目早期发现培育管理等。

　　总体来说，第四次工业革命使市北高新进入园区 3.0 阶段，内外部的要素资源共聚正在推动园区形成开放式创新生态。在帮助入驻企业应对行业变化挑战的同时，也通过调整适应其在运作模式、运营流程、园区服务方面纵向、横向变化，进一步增强了自身竞争实力。

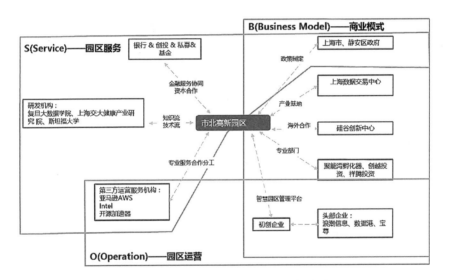

图 4-11　市北高新园区开放式创新生态

　　综上所述，第四次工业革命浪潮正在打破行业、规则、空间束缚，知识资源流转速度加快、趋势愈发复杂多变。而科创园区基于其作为中介载体的本质，需要在商业模式、运营、服务方面更显灵活、柔性，构建互利共赢的开放式创新生态系统，以帮助内外主体实现资源技术的高效配置和规模效应。

[执笔：礼森(中国)产业园区智库张腾飞]

苏州工业园区：打造长三角更高质量
一体化发展的开放之窗

苏州工业园区是中国和新加坡两国政府间的合作项目，其开发建设是党中央、国务院继设立经济特区、兴办经济开发区、实施浦东开发开放之后对外开放的又一项重要尝试。1978 年，我国拉开了改革开放的宏伟大幕，同年底邓小平出访包括新加坡在内的东南亚三国，向全世界传递了中国即将打开国门、融入世界的重要信号，从此新加坡经验成了中国改革开放路途上重要的学习参考。1992 年 9 月，时任新加坡内阁资政的李光耀率团访问中国，积极呼应了邓小平的南方谈话，表达了中新合作共同建立工业园区的意向。

1994 年，苏州工业园区正式设立，成为我国首个中外合作开发区。自建园之初，园区便认真贯彻改革开放基本国策，借鉴吸收新加坡等先进国家和地区的成功经验，逐步建立了与国际接轨的管理体制和运行机制。长三角一体化上升为国家战略以来，苏州工业园区进一步致力于打造对内对外双向开放窗口，加快构建"双循环"新发展格局。"十四五"期间，园区更是明确提出要建成连接全球的全方位开放高地，成为世界看中国、世界看苏州的重要窗口，基本形成代表国家最高水平的开放型经济新体制；同时紧扣"一体化"和"高质量"两个关键，深化与沪浙皖分工合作，推动长三角更高质量一体化发展，服务全国发展大局。放眼长三角，苏州工业园区正在从五个方面入手，全力打造长三角更高质量一体化发展的开放之窗。

一、 打造虹桥国际开放枢纽北向拓展带的核心增长极

功能是超越数量和规模，甚至高于质量和效益的特质。一个城市或地

区所具备的功能，决定了其在全球经济体系和城市网络中的位置。2021年2月，国务院正式批复《虹桥国际开放枢纽建设总体方案》。苏州工业园区作为虹桥国际开放枢纽"一核两带"功能布局中北向拓展带的重要一环，也拥有唯一的自贸试验片区，明确提出打造"超一流"的虹桥商务协作区、"超链接"的国际贸易协同区、"超高频"的枢纽网络拓展区以及"超导性"的开放创新承载区，协同塑造"大商务""大会展""大交通"核心功能。

（一）协同塑造"大商务"功能

一方面，苏州工业园区加快集聚总部经济。园区依托"2+3"特色产业体系，加快引进和培育以制造型、专业型为特点的总部集群，形成了外资总部、民营总部和新经济企业总部的三大总部集群。截至2022年底，园区获认定的省、市、区级总部企业共计153家。其中省级总部56家，占全省约17%，位居全省第一；市级总部71家，占全市30%，位居全市第一；多家企业同时获得多级总部认证。2022年，园区被授予江苏全省首家且唯一的"省级外资总部经济集聚区"称号，开放门户的招牌更加鲜亮。

另一方面，苏州工业园区加快发展专业服务。园区大力吸引管理、会计、法律、知识产权、仲裁调解等专业服务机构，先后成为全国唯一的"国家商务旅游示范区""中新合作现代服务业创新试验区"，全国首个"服务外包示范基地"和"服务贸易创新示范基地"。比如，位于园区的苏州国际商事法庭作为全国首家地方法院国际商事法庭，为涉外民商事纠纷提供了解决路径，尤其是在RCEP生效以来，国际商事法庭已受理涉RCEP成员国案件64件，审结37件，涉案标的总额达9.72亿元；同时法庭加强区域合作，与上海经贸商事调解中心签署诉调对接合作协议，实现了调解服务诉前、诉中委托办理、邀请协助全流程、全覆盖。

（二）协同塑造"大会展"功能

一方面，苏州工业园区积极开展展会协作。园区的金鸡湖畔现有18家五星（钻）级酒店，其中14家为国际品牌，已成功承办中新合作服务贸易创新论坛、中华医学会系列会议等若干品牌会议。2021年，园区与国家会展中心（上海）签署全面战略合作框架协议，在党建合作、业务合作、宣传展示、招商推介、人员交流等方面深化合作。依托苏州国际博览中心，园区积极引入区域产业匹配、市场化程度高的展览，2021年已成功引入全球自有品牌展、SME机床展等11个来自上海的会展项目，举办了第四届进博会"进博进园区"、"上海时装周"园区首发首秀、"沪苏同城"基金合伙人沙龙等活动。特别是园区积极发挥中新合作优势，创新举办的中新服贸论坛已经成为全球服务贸易沟通交流合作的重要平台，而2022年该论坛正式升级为第五届虹桥国际论坛的分论坛，成为24场分论坛中唯一以服务贸易为主题并且首个在上海以外地区举办的分论坛。

另一方面，苏州工业园区积极共推展品变商品。园区积极借势借力，深化与进博会展商协作。2020年，上海虹桥进口商品展示交易中心（虹桥品汇）在园区奥体中心商业广场亮相，云集了50多个品牌，近100款进口商品，70%为进博会参展企业提供的参展品牌商品。同时，园区与上海共同举办"五五购物节"，联动开展商品无理由退货服务，支持苏州购物上海退、上海购物苏州退，首批异地异店无理由退货承诺商家包括上海14个品牌、苏州18个品牌，涵盖门店1600多家。园区还与复旦、上海联通等共同发起设立沪苏同城商业创新研究中心，推动商业数字化转型升级。

（三）协同塑造"大交通"功能

一方面，苏州工业园区大力畅通物理交通联系。园区是沪宁杭、沪苏杭的中心节点，从轨道交通、航空服务、港口协同、通信网络等多个维度全面加强与上海及周边区域的联系。特别是轨道交通方面，沪宁城际园区站是连接长三角的重要窗口，可以20分钟到达虹桥，60分钟到达南京。在此基础上，园区正加快建设苏州新中心连接上海的东枢纽——苏州东站，以及通苏嘉甬高铁、苏淀沪城际铁路、苏湖城铁等长三角重要铁路，同时与苏锡常城铁吴中段之间规划有城铁连接线，能够把园区与虹桥和长三角其他地区更紧密地衔接在一起。

—— 专栏 ——

苏州工业园区城市航站楼项目

2021年10月，苏州工业园区开设城市航站楼，远期还将结合苏州东站枢纽建设设置虹桥机场"苏州园区虚拟航站楼"，为旅客提供购票、值机、行李预安检、行李托运、贵宾休息和贵宾通道、行李"门到门"等服务。旅客在园区办理行李托运后，无须在机场提取行李，可直接通过快速通道便捷到达登机口。城市航站楼还将开发购物、办公、休闲等多项服务，尤其是将开设苏州首家真正意义上的机场免税店，沪苏之间生活方式更加同城化。

另一方面，苏州工业园区大力畅通网络空间联系。园区充分发挥中新合作独特优势，于 2020 年开通了"服贸通"中新数据专线，成为全国自贸区中首创并聚焦服务贸易建设的新型通信基础设施；2021 年这条国际互联网数据专用通道启动升级扩容，也助推苏州成为全国首个对专用通道进行大幅升级扩容的城市。这一专用通道升级后，苏州涉外企业、科创项目访问国际互联网的时延平均减少 20%、丢包率可降至 1% 以下，极大地提升了企业跨境协同研发的能力和效率，为长三角企业开展全球研发团队合作提供便利。在此基础上，园区能够进一步加快发展云计算、大数据、物联网、人工智能等产业和数字贸易。

二、 构建综合立体的交通网络体系

交通是城市发展的大动脉，更是苏州工业园区强化开放门户枢纽功能，连接长三角、通达全世界的基础支撑。园区充分发挥口岸对区域外向型经济的平台支撑效应，创新"陆海空"立体交通模式，完善园区综合性交通集疏运体系。

（一） 协同构建四通八达的陆运交通网络

一方面，苏州工业园区加快提升陆运辐射能力。园区面对长三角巨大的中欧间贸易和货物流通的需求，敏锐地发现空运和海运存在巨大的陆运市场需求断层，而铁路运输尚不能满足的机会，可大力发展卡车物流。对比空运，时效相当，费用节约 50% 以上；对比海运，时效快 30 天以上，费用相当。因此，2018 年园区创新开设了中欧卡航，并将服务半径逐渐从园区延伸到长三角，再延伸到京津冀和珠三角。2020 年，中欧卡航开出了首班沪新号"电商专班"，上海、浙江的货物 13 天可"门到门"运抵欧洲。同时，2020 年园区还开通了苏州中欧班列自贸区专列，逐步发展成"苏满欧""苏满俄""苏新亚""苏新欧""苏桂越"等 5 条进出口双向线路及"苏州至明斯克"1 条出口单向线路。

另一方面,苏州工业园区加快打造数智物流平台。园区拥有众多的高端制造企业,对物流及供应链有着大量需求。为进一步提升仓储物流效率,园区建立了智慧物流服务平台,用大数据凝聚物流"智慧",为企业提供物流政策、地图、方案等全方位的服务。平台凭借开放式地图电子坐标,采集 16 大类 61 分类仓库信息,锁定匹配仓库数据,替用户快速规划仓库资源;同时按照世界银行合规标杆,平台还整合口岸、职能部门数据,柔性管理进出口港到门全程时效状态,主动推送货物实时追踪、全程监控和在线查询。在帮助企业克服"选择困难"方面,平台以航空、船舶、铁路、陆路四大运输方式一般价格为基准,一键式实现枢纽点到点多种运输方式资源配置,提供供应链解决方案过程明细及时效、费用对比。

(二) 协同构建通江达海的水运交通网络

一方面,苏州工业园区积极开展长三角港口协作。园区港是江苏省内规模最大的内河港码头之一,也是苏州地区外贸集装箱直通长三角一线港口的重要水路通道。自 2017 年试运营以来,园区港通过"河海联运"多式联运方式,对接上海港、宁波港、太仓港等一线港口,同时开通拓展园区港至上海港集装箱内贸"水水中转"航线、园区港至宁波港集装箱外贸"陆改水"航线、园区港至外高桥港区集装箱外贸"陆改水"航线、园区港至太仓港集装箱外贸"陆改水"航线,为园区港水路口岸功能奠定了坚实的基础。

—— 专栏 ——

园区港外贸集装箱业务新模式

外贸集装箱 CCA 航线:2021 年,园区港正式开通了外贸集装箱 CCA(即内河水水中转方式)航线,使用内河驳船在苏州园区港装载货物运抵上海港出口,货物不再需要通过集卡车辆运抵口岸,降低了运输成本;报关查验手续均在本地海关办理,提高了通关效率;也降低了货物在上海口岸产生落箱等待、异地提箱等异常成本的可能性。

ICT 物流项目:2022 年,园区港与上海港携手推进 ICT 物流项目(集装箱内陆码头业务），实现各方信息互认、信息互补、信息共享，为客户提供视同上海港港口的出口集装箱进港、进口集装箱提箱、进出口集装箱转运、空箱调拨转运等服务，将上海港的集装箱码头、场站等服务向腹地延伸。

另一方面，苏州工业园区积极推进长三角海运便利化。园区作为货物贸易大区，以往货物海运进出口一般需要通过货代、订舱代理、船代公司等多重环节才能将信息报送到海关部门。中间需要填写各种类型的文件并反复发送，流程繁琐且容易出错。为了简化货物海运进出口流程，园区开发了海外舱单电子发送云系统（简称"海管家"），企业一次提交进出口货运信息后，系统可自动发送至海关平台，免去了以往需要人工反复发送确认的繁琐和误差；平台还建立了国际物流全过程可视化系统，能实时监控货物位置、查询货物状态，实现从生产到用户物流过程全监控。通过应用该项措施，国际贸易物流的舱单发送成本降低超60%，时效从过去的1天缩短到几分钟，且准确率达99%。

（三）　协同构建连接全球的空运交通网络

一方面，苏州工业园区大力拓展"无跑道机场"。园区早在2002年，就开始在全国率先探索SZV空陆联程中转模式，即"虚拟空港"模式，通过统一使用国际航空组织确认的苏州城市代码"SZV"为标识，货物抵达上海机场后，由航空公司直接中转至苏州工业园区。作为全国唯一的虚拟空港，SZV空陆联程、陆空联运中转模式作为苏州企业唯一可以实现属地申报、属地查验/放行的物流模式，可以帮助企业实现货物快速属地通关。

另一方面，苏州工业园区大力创新"空运直通港"。园区在"虚拟空港"的基础上，进一步创新推出"空运直通港"模式，将上海浦东机场货站服务前移至没有一级口岸的自贸试验区，以苏州"虚拟空港"作为货站平台代替上海货代监管仓库功能，航班落地后货物直接在上海机场地面代理仓库一次性完成全部理货和舱单传送操作，海关通过后即可转至苏州虚拟空港进行分拨后送达企业。通过前移申报步骤、简化查验环节、实现集约运输，"空运直通港"快速通关模式可提升6小时以上的物流时效，企业节约物流成本15%—25%左右。同时，园区和东航物流还将加强物流信息系统对接，携手共同建设国际空运销售服务平台。

三、 扩大高水平产业科创双向开放

经过多年的探索与发展，目前苏州工业园区已经形成了"2+3+1"的特色产业体系。"十四五"时期，园区将围绕"制造压舱、服务提档、业态创新"的发展理念，构筑现代化产业体系，并与长三角共建世界级产业集群。

（一） 携手打造万亿元产业集群

一方面，苏州工业园区加快构建跨区域产业联盟。园区将生物医药产业作为重点培育的"一号产业"，目前已集聚相关企业超1 800家，产业产值增速多年保持20%以上，近三年引育的创新型企业数量、国家高层次人才规模、获批的一类生物药临床批件、生物大分子药物总产能、企业融资总额五项指标均占全国20%以上，初步形成了创新药研发、高端医疗器械和生物技术为代表的产业集群，综合竞争力位列全国第二，产业竞争力、人才竞争力位居全国第一。为了进一步推动高端要素集聚和资源协同合作，加快构建长三角生物医药产业链高质量一体化发展体系，促进长三角生物医药产业发展成为全球有影响力的产业高地，2021年园区倡导设立了长三角生物医药产业链联盟，首批吸引65家会员单位加入，由从事生物医药（含医疗器械）产业相关的企事业单位、公共平台、高校、研究机构、智库组织等组成，更好实现三省一市相关产业优势互补、分工协作。

另一方面，苏州工业园区加快融入长三角产业体系。园区依托坚实的先进制造业基础，进一步深化与长三角特别是上海的产业分工协作。特别是在航空航天产业方面，园区积极对接中国商飞，主动融入上海大飞机产业链供应链体系，明确将针对性优化进出口监管流程，提高通关效率，开展通关加物流配送压力测试，降低企业物流成本，力争到2023年，实现园区零部件（通关加物流配送）一天内抵达中国商飞总装产线，集聚航空航天产业链企业150家以上，产值200亿元以上。2022年，空客集团中国研发中心签约落户园区，集聚研发、孵化和创新三大功能，重点围绕氢能源基础设施开展研发工作，并为空客全球提供先进制造、电气化、未来客舱等领域的研发创新服务。

（二） 协同打造科创共享平台

一方面，苏州工业园区积极借力推进科技创新。园区积极借助长三角的科创资源服务产业发展。2017 年，园区与上海交通大学合作共建交大苏州人工智能研究院，开展人工智能领域领先技术的研发工作，共同发展人工智能+产业。2020 年，园区与上海揭牌共建生物医药临床资源合作战略联盟，推动复旦大学附属中山医院、上海交通大学医学院附属瑞金医院等上海市 7 家三级甲等医院与园区医药研发企业开展合作，与上海协同打造中科院上海药物所苏研院，促进园区企业创新产品更好地在上海开展临床试验。2021 年，园区科技创新委员会与上海技术交易所达成战略合作，共建长三角科技要素交易中心，以生物医药产业为切入点，通过知识产权交易运营、投融资服务等，助力产业发展。

另一方面，苏州工业园区积极借力促进研发便利。园区积极借助长三角的贸易平台服务产业研发。为支持生物医药产业高质量发展，解决企业研发用医疗器械及零部件进口环节的难点和痛点，2020 年园区推出了进口研发（测试）用未注册医疗器械分级管理（"研易达"）制度，允许医疗器械研发机构、生产企业通过备案进口研发测试用的未注册医疗器械或配套耗材（含非诊断试剂），被国务院评为深化服务贸易创新发展试点"最佳实践案例"并在全国复制推广。目前，"研易达"已惠及片区 18 家企业、316 批次产品备案、53 个研发项目。在此基础上，药品研发和生产企业在境内直接或委托第三方采购已在境内上市药品作为对照药品的业务，现行法规未作出明确规定，药品研发机构和药品生产企业很难从药品经营企业购买对照药品，在一定程度上影响了企业的研发进度。针对这一难题，园区进一步推出了"研易购"制度，为片区企业购买临床试验用对照药品提供了制度保障，实现了药品研发机构和药品生产企业购买对照样品的制度化、合规化。

（三） 协同打造新型贸易模式

一方面，苏州工业园区大力发展新型国际贸易。园区发挥自贸试验区建设优势，成为继海南之后全国第二个获批开展新型离岸国际贸易政策试点的地区。2021 年，国家外汇管理局江苏省分局印发《支持苏州工业园区新型离岸国际贸易发展》的通知，园区积极响应，出台配套意见与实施细则，让企业在收付汇、银行审核等方面更加便捷，促进新型离岸国际贸易业务得以顺利开展。园区还基于海关特殊监管区域外汇监测服务系统，打造了新型离岸国际贸易综合服务平台，集成了业务开展中的重要信息，以便利银行更准确判断贸易的真实性。2021 年，新型离岸国际贸易全年累计结算量突破 10 亿美元，同比增长近 200%，共有 42 家企业开展相关业务。同时，园区还开发了"经贸规则计算器"，利用便利企业的"计算器"工具，将比较复杂的经贸规则条文转化为"逻辑算法"，帮助企业更快速地享受 RCEP 等经贸规则红利。

另一方面，苏州工业园区大力提升贸易便利化水平。园区围绕重点产业需求，积极创新贸易便利化举措。2020 年，园区联合上海浦东机场率先在国内开展布控查验新模式，对不宜在口岸海关监管区实施查验的真空包装、防光包装、恒温存储等货物，通过"口岸外观查验目的地综合处置"的联动模式实施海关监管，减少高新技术货物在口岸进行常规查验时对产品品质造成的影响，使每单货物平均节约三分之一的查验时间。

—— 专栏 ——

苏州工业园区贸易便利化制度创新举措

特殊物品风评中心：围绕企业对高风险特殊物品开展风险评估的需求，探索风险评估新模式、新方式，做到随报随评，提升通关便利化水平，破解"生物样本进出口难""国际交流滞后"等难题。

关证一链通：运用区块链技术，实现保税货物销毁处置申请"链上跑"、销毁过程"链上存"、公证证书"链上出"，破解辖区内加工贸易企业保税货物销毁处置的难题。同时，园区深度融入长三角执法协作机制，明确提出对经长三角区域其他市场监管部门监督抽查的同一产品不再重复抽查，推进监管资源共享、结果互认，促进长三角区域的货物便利流通。

四、 深化海内外交流合作

作为苏州改革开放"三大法宝"之一的"园区经验"，其"借鉴、创新、圆融、共赢"的精神内核也在发展过程中不断丰富，也在持续对外输出，在江苏省内、长三角地区乃至"一带一路"取得了累累硕果。

（一） 协同深化省内合作

一方面，苏州工业园区加快推进"跨江发展"。园区认真落实省委省政府"南北挂钩"的决策，在苏南的苏州市和苏北的宿迁市"牵手"过程中，由园区主导共建苏宿工业园区。2006 年，苏宿工业园正式启动，成为园区首个"走出去"项目。至 2021 年，苏宿工业园已经成为宿迁重要的经济核心，以占宿迁 0.16% 的土地，完成全市 4.7% 的一般公共预算收入、4.5% 的到位外资、6.7% 的规上工业增加值、11% 的企业所得税和 37.5% 的高技术产业产值，在江苏省共建园区考核中勇夺"十一连冠"。2009 年，园区又联手南通打造苏通科技产业园，并于 2020 年与锡通科技产业园合并，一体化融合建设苏锡通科技产业园区。2021 年，实现地区生产总值 137.1 亿元、增幅超过 30%，工业总产值同比增长 38.9%，成为南通、苏州、无锡三市跨江联动开发、推动区域协同发展的示范园区。

另一方面，苏州工业园区加快推进"市域一体"。园区以苏相合作区为抓手，积极推进市域一体发展。2012 年，苏相合作区正式启动，采取行政区与经济区适度分离的运营模式，以"苏州工业园区全面主导、相城区全面推进"为路径，将经济社会发展领域总体纳入苏州工业园区管理体系，民生事务保障总体纳入相城区管理体系。2021 年，苏相合作区完成规上工业总产值 338.9 亿元、同比增长 21.8%，一般公共预算收入 8.6 亿元、同比增长 28.1%，成为相城区跨越式发展的重要增长极。

（二） 协同深化长三角合作

一方面，苏州工业园区积极推进苏皖合作。园区积极探索跨省域合作。2012 年，园区与安徽滁州合作共建苏滁现代产业园，并于 2019 年升级为"中新苏滁高新技术产业开发区"，是苏州工业园区首个省外合作共建项目，也是园区参与长三角互利合作的重要载体。苏滁高新区按照"三个 1/3 理念"（产业、商住、公建配套用地各 1/3），以及"先规划后建设，先地下后地上，先产业后城市"的开发次序，较好复制了苏州工业园区"一张蓝图干到底"的重要经验。至 2021 年，苏滁高新区已经累计引进企业 200 多家，总投资 800 多亿元，其中包括 50 多个来自世界 12 个国家的产业项目，成为安徽重要的外资集聚地。苏滁高新区获评"长三角共建省际产业合作示范园""中新苏滁高新区打造长三角园区合作新样板"，入选国家级长三角一体化发展实践创新案例。

另一方面，苏州工业园区积极推进苏浙合作。园区积极参与长三角生态绿色一体化发展示范区建设。2019 年，园区与浙江嘉善合作共建中新嘉善现代产业园，是长三角一体化发展上升为国家战略后的首个跨区域重大合作项目，重点聚焦发展以智能传感产业为核心的集成电路、半导体等新兴产业，致力于打造具有国际竞争力的"智能传感谷"。园区充分借鉴苏州工业园区的开发运营模式与招商管理渠道，由中新集团出资 51% 与嘉善国投公司成立合资公司，作为产业园的唯一开发主体，打造长三角跨区域合作的重要样本。开园至今已引进产业链上下游企业 40 家，协议总投资近 300 亿元。

（三） 协同深化"一带一路"合作

一方面，苏州工业园区大力推进与印尼合作。园区于 2019 年，与印尼金光集团签署"金光科技产业园合作协议书""中国印尼'一带一路'科技产业园合作备忘录"两大协议，通过整体更新，在园区建设金光科技产业园；同时共建中国—印尼"一带一路"科技产业园，发挥双方在资源、资本、人才和园区运营上的优势，推动中国、印尼两国跨区域产业合作，打造"21 世纪海上丝绸之路"和"构建中国—东盟命运共同体"旗舰项目。

另一方面，苏州工业园区大力推进与缅甸合作。园区于 2020 年，与新加坡胜科集团合作开发的缅甸新加坡工业园区，正式获得缅甸政府批准，标志着园区在"一带一路"沿线国家和地区设立的首个海外园区正式落地，实现了从"学习借鉴"到"品牌输出"的历史跨越。该园区位于缅甸仰光地区莱古镇，面积约 4.36 平方公里，开发周期约 9 年，聚焦工业物流、食品加工、纺织服装等产业，提供标准厂房及商住生活配套。

五、 推动要素跨区域畅通流动

苏州工业园区认真落实党中央、国务院要求，积极打通制约经济循环的关键堵点，促进资本、人才、数据等要素资源在更大范围内畅通流动，助力建设高效规范、公平竞争、充分开放的全国统一大市场。

（一） 协同推动资本要素畅通流动

一方面，苏州工业园区加快推进金融便利化。园区作为国内持牌金融机构分布最为密集、种类最为齐全的区域之一，环金鸡湖已集聚 800 多家准金融机构，持牌金融机构超 160 家，苏州全市 90% 的银行分行、近 50% 的保险分公司落户于此。在此基础上，园区充分借助科创板资本市场，重点支持园区集成电路、生物医药、纳米材料等关键领域企业发展，目前科创板中有 19 家位于园区，汇集了"科创板第一股"华兴源创、"科创板 MEMS 芯片第一股"敏芯股份、"国产纳米微球材料第一股"纳微科技等多家硬科技龙头。

—— 专栏 ——

苏州工业园区开展资本项目外汇业务创新试点

园区充分依托自贸试验区平台，探索了信贷资产跨境转让、外债便利化额度、取消非金融企业外债逐笔登记、跨国公司本外币一体化资金池业务、合格境外有限合伙人（QFLP）外汇管理试点等多项全省首发业务，特别是逐步构建 QFLP（境外募资，境内投）叠加 QDLP（境内募资，境外投）双向跨境投资的政策优势，进一步提升片区在全球范围汇聚配置创新资源的能力。

另一方面，苏州工业园区加快推动投资走出去。园区充分利用省一级的境外投资（ODI）审批权限（单个项目 3 亿美元以下可自行审批），在 2019 年成立了长三角境外投资促进中心，为全国"走出去"企业进一步提供集成化、专业化服务，并探索形成高水平"引进来"和"走出去"并举的双向开放格局。当年，国内高端装备制造领域的龙头企业亚威股份依托长三角境外投资促进中心成功"走出去"，战略性投资并购了韩国一家上市公司，随后返程投资，在园区新设项目，推动了柔性 OLED 激光设备的国产化，破解了相关领域的"卡脖子"问题；以此为契机，亚威股份还在园区设立亚禾创投，并发起成立中韩泛半导体产业加速中心，自 2021 年 3 月签约落地以来已引进 6 个项目，持续支撑园区半导体产业的补链、强链。依托国家级境外投资服务示范平台，2021 年园区共有 123 家企业完成 142 个境外投资项目备案。

（二）协同推动人才要素畅通流动

一方面，苏州工业园区积极推动国内人才流动。园区积极运用数字化手段实现"以产聚才、以才兴产","iHome、iDream、金鸡湖人才政策计算器"三大数字化人才服务平台各有侧重又相互融合,为园区打造全方位人才服务制度和服务体系提供有力支撑。特别是园区对于创新创业人才提供面向长三角的展示机会,依托长三角 G60 科创走廊路演中心联合体,通过"项目路演+资本对接+增值服务"的形式为科技型企业人才提供项目展示、投融资对接、产业对接、创业培育等创业创新服务。

—— 专栏 ——

苏州工业园区积极推进同城化公共服务

住房公积金一体化:园区参保人员在上海购房后可一年两次提取园区住房公积金偿还上海贷款,参保人员被公司派驻至上海工作,需租房解决居住需求的,可提取园区住房公积金用于支付房租。

医疗服务共享:独墅湖医院与复旦大学附属中山医院等 4 家上海医疗机构专家代表签署合作协议,成立长三角高级专家诊疗中心。

养老待遇资格认证一体化:上海退休人员居住在园区的,可以直接在线认证养老待遇资格,上海至园区退休人员工龄等接续合并计算,开通养老审批网上预审功能。

另一方面,苏州工业园区积极推动国际人才流动。苏州是"外籍人才眼中最具吸引力的中国十大城市"之一,常住外籍人口超过 2 万人,其中一半在园区。2020 年,园区建成全省首个外籍高端人才工作、居留"单一窗口",率先在全国发布重点产业人才国际职业资格比照职称目录。2021年,园区出台了《关于外国人才工作生活便利化服务若干举措》,全面认可长三角其他地区对外国高端人才的认定结果,并允许长三角区域的外国人才可直接在苏州自贸片区兼职,跨国公司由长三角区域派遣到苏州自贸片区的工作人员,可按兼职备案,无须重新办理工作、居留许可,为公司内部人才流通提供便利。2021 年,园区为解决日韩短期入境人员在境内支付不便捷问题,还研发推出了日韩短期入境游客境内移动支付产品"Su-Pay",为短期入境外籍商旅客人体验线上支付提供了首创性金融解决方案。

（三）　协同推动数据要素畅通流动

一方面，**苏州工业园区大力推进长三角"一网通办"**。园区探索兼容"线上线下、跨省通办、异地可办"的政务服务新模式，梳理出51项可实现长三角"一网通办"事项，在园区一站式服务中心设置"一网通办"专窗，将"独生子女证档案查询"等公共服务事项下沉至街道社工委，线下受理更加便捷，真正实现线上线下"一网通办"。同时，园区与上海杨浦区行政服务中心共同建立政务服务跨地区通办机制，围绕公安、医疗、社保、企业服务等重点领域，梳理两地高频企业和个人事项，形成第一批55项事项通办清单，已顺利启动试点。

另一方面，**苏州工业园区大力推进跨区域数据流通**。园区紧紧围绕数字长三角建设，积极探索数据的要素属性。2020年，位于园区的苏州超算中心正式成立，重点面向人工智能、生物医药、纳米技术、智能制造等领域，为企业提供重要的超算基础设施和增值超算服务。当年疫情期间，苏州超算中心与上海超算中心首次跨区域合作，双方共同统筹协调大规模CPU和GPU资源帮助广大科研人员开展疫苗研发、药物筛选等抗击疫情相关研究工作，为疫苗的开发提供了计算资源与技术支持。

──── 专栏 ────

苏州工业园区成立长三角数据要素流通服务平台

2021年，园区牵头成立了长三角数据要素流通服务平台，聚集数据要素市场各方资源，围绕政、产、学、研有机联动、高效协同的发展机制，共同探索数据要素流通交易新应用场景。目前，该平台已集聚50多家企业，涵盖数据要素流通所必需的"算法、算力、应用、技术、研究、服务、资本"等各个环节，努力形成可持续发展的集群效应；园区还计划用3年时间，推动技术交易和技术转移服务量超过100亿元，打造具有全国影响力的交易平台和生态网络。

（执笔：华略智库刘昕）

中国睡谷：抢抓万亿元级"睡眠经济"市场的长三角实践

北京冬奥会开幕前夕，美国雪橇运动员萨默·布里彻一进奥运村，就在个人社交平台发布短视频展示智能床，收获了数以千万计的点赞，"冬奥智能床"走红网络。而她的队友——美国单板滑雪运动员泰莎·莫德一回到家，就立即在网上下单了同款智能床，收获了"最贵的奥运纪念品"。而让运动员们自发"带货"的智能床，则来自嘉兴秀洲"中国睡谷"的企业——麒盛科技。

随着社会经济快速发展，人们生活质量日益提升，工作节奏日益加快，工作压力随之而来，"太平民乐无愁叹，衰老形枯少睡眠"，睡眠时间少、质量差成为一大问题，也引发了很多健康问题，睡眠亚健康成为全球关注焦点。目前，全球睡眠经济发展格局初步形成，中国睡眠市场存在巨大缺口，"中国睡谷"应运而生，代表长三角抢抓中国万亿元级"睡眠经济"（指由睡眠质量低的群体或失眠群体的需求引起的经济现象）。

一、 缘起与背景："大梦谁先觉"

（一） 全球睡眠健康产业正在高速发展

1. "睡眠危机"时代已来，睡眠亚健康成为全球关注焦点

由于高度的城镇化、智能手机使用以及人口老龄化加速等原因，睡眠问题逐渐上升为全球的公共卫生问题，全球约有 20 亿人口存在睡眠障碍，并且数量与日俱增。从经济层面来看，据兰德公司一项报告显示，日本每年因为睡眠不足所带来的经济损失高达 1 380 亿美元，美国因睡眠不足所造成的经济损失达 4 340 亿美元，其他国家也因睡眠不足而导致巨大经济损失。**从医学层面来看**，长期睡眠障碍易导致身体与精神方面疾患。巨大的经济损失和潜在的医学疾患风险，全球爆发的"睡眠危机"已成为全世界关注重点。

2. 全球睡眠产业发展格局初步形成

据相关预测，2024 年全球睡眠经济产值将达 5 850 亿美元，年均增速超过 6%。**从地区来看**，北美以 50% 的占比成为全球头号市场，睡眠障碍发生率高、都市生活节奏快、肥胖人群比例高、老龄化程度逐渐攀升的国家市场占有率较高，特别是美国。**从细分领域来看**，目前北美是全球最大的睡眠医疗市场，但主要需求仍集中在安眠药等"硬方案"上，助眠设施等"软方案"领域有待挖掘。美国与日本通过产品和原料的创新，已成为改善睡眠的功能性食品市场的领军者，美国、欧洲、日本、韩国、东南亚和印度等已成为睡眠软件市场核心参与者。**从龙头企业来看**，全球已涌现出一批睡眠领域的龙头企业，其中主要的睡眠软件龙头企业包括 Headspace、Noisli、Pzizz、Slumber 和 Calm 等，睡眠医疗领域中 ResMed 是数字健康和云连接医疗设备领域的全球领导者，科技巨头也纷纷入局，比如三星、诺基亚、苹果等，加入睡眠市场进行布局。

2015 年，三星对以色列睡眠监测厂商 Earlysense 进行投资；

2016 年，诺基亚将法国的健康设备厂商 Withings 收归旗下；

2017 年，苹果将芬兰睡眠监测厂商 Beddit 收归所有；

2018 年，LG U+ 与 Sleepace 享睡合作，推出与助眠相关的产品和服务。

（二） 中国万亿元级睡眠经济市场仍是格局未定新蓝海

1. 中国睡眠市场需求日益增大

从需求规模来看，目前中国存在大量睡眠障碍人群，据《中国睡眠报告 2022》调查显示，过去十年中国人平均入睡时间延后 2 小时，睡眠时长减少约 1.5 小时，只有 35% 的人每天能睡够 8 小时，超 3 亿人存在睡眠障碍，约 15% 的人有睡眠障碍疾病需治疗。**从认知水平来看**，目前国内"良好睡眠有益健康"的观念已深入人心，据公开资料显示，60% 的运动爱好者愿意为改善睡眠环境埋单，比如更换床垫、定制睡眠方案等。从国内助眠市场来看，**助眠类产品市场需求增长迅速**，据京东发布《2022 线上睡眠消费报告》显示，2021 年线上助眠类产品成交金额同比增长 53%。

2. 中国睡眠产业竞争格局初现

国内市场需求不断扩大，与睡眠相关的行业逐渐兴起。**从区域分布来看，长三角暂未出现集聚区域**，据企查数据显示，截至 2021 年，国内"睡眠/助眠"相关企业约 2 554 家，聚焦于床品、眼罩、助眠保健品、保健仪器以及助眠 App 等，其中广东位列全国第一（867 家）、北京排名第二（384 家）、山东排名第三（136 家）。**从市场主体规模来看，市场主体规模小**，目前国内睡眠产业还处于起步阶段，超六成企业为注册资本低于100 万元的小微企业，产品研发及成果转化缺少竞争力，尚不能满足日渐增长的睡眠服务需求。**从行业分布来看，较多分布在新型行业**，比如消费生活领域（60%）、医疗健康领域（32%），从细分领域来看，主要分为药物保健、器械用品和睡眠 APP 等"硬方案"和睡眠解决方案技术等"软方案"。国内"硬方案"产品中，器械用品约占 70%，其次为药物保健与睡眠 APP，健康睡眠监测产品存在较大的拓展空间；在"软方案"方面，睡眠生态系统的打造均处于起步阶段，更加便利、精确的睡眠技术，以及更具针对性的健康睡眠医疗诊治方案将变得更加重要，研发优质健康睡眠解决方案将成为睡眠市场的新蓝海。

3. 中国万亿元级睡眠市场格局未定

参与者逐渐由传统床具、睡眠纺织品升级至睡眠保健品、助眠 APP等。传统品牌的进入加速了对健康睡眠认知的市场教育，比如慕思、梦洁、罗莱家纺等传统知名的家居厂商进入到健康睡眠领域布局睡眠系统。食品企业也开始布局食疗睡眠类产品，比如旺旺、蒙牛、君乐宝、养乐多纷纷推出助眠功能饮品。按照上市与否，两类企业的侧重领域略有差异，已上市企业包括喜临门、乐心、梦百合，涉及智能床垫与配套产品、智能穿戴设备等领域；未上市的企业包括穗宝、蜗牛睡眠、小睡眠，与上市企业相比，更侧重于睡眠研发与产品创新。

（三） 长三角实践：嘉兴秀洲打造"中国睡谷"

人民健康是民族昌盛和国家富强的重要标志，2019 年国家卫健委制定了《健康中国行动（2019 — 2030 年）》，将睡眠健康纳入主要行动指标，到 2030 年失眠现患率上升趋势减缓。党的二十大报告进一步强调，要把保障人民健康放在优先发展的战略位置。

基于以上考虑，嘉兴秀洲在"互联网+健康中国"大会上提出要依托王江泾智能家居先进制造业集群，重点规划并打造"中国睡谷"，将睡眠经济作为区域品牌，抢抓万亿元级市场机遇，准确填补了这一细分领域。总体考虑是以"中国睡谷"规划建设为总牵引，以构建睡眠大健康产业链为主线，全力打造"睡眠大健康"领域的高能级特色产业平台、高质量优势产业集群、高层次创新产业生态，为中国健康事业和睡眠产业发展贡献长三角力量。

二、 基础与规划："万石千钧积累成"

嘉兴秀洲联通江浙，地处苏沪杭 45 分钟高速公路圈内，康养旅游资源丰富，且毗邻沪杭优势医疗资源，以智能电动床为代表的智能家居产业基础较好，麒盛科技等多家龙头企业引领效应明显。"中国睡谷"在行业龙头企业的带动下，促进智能家居行业与生命健康监测、健康管理等融合发展，衍生带动睡眠家居、睡眠健康、睡眠管理等相关产品和产业的发展，健康睡眠产业呈现出快速发展态势。

（一）"中国睡谷"产业基础

1. 睡眠装备制造具备坚实基础

嘉兴市高技术制造业、装备制造业、数字经济核心制造业、人工智能产业等实力雄厚，位居全省前列，为"中国睡谷"全力培育和发展睡眠智能家居、睡眠医疗器械、智能可穿戴设备等产业提供了良好的技术和载体支撑。2021 年，"中国睡谷"智能家居企业总产值达 75 亿元，已经集聚了麒盛科技、索菲利尔电动床、顾家家居、美国礼恩派、德国礼海电气、意大利米兰映像等中外智能家居生产配套企业 30 余家。其中，麒盛科技已成功上市，与浙江清华长三角研究院合作，研发智能睡眠领域的智能床，成为北京 2022 年冬奥会和冬残奥会官方智能床供应商，为冬奥村提供了 6 000 多张智能床及 17 个公共智能睡眠休息舱。此外，以齐震科技为龙头的健康装备制造企业，积极推进科技硬件产品与大健康数据的双向服务，为睡眠大健康产业提供了一定的产业支撑。

2. 睡眠医疗资源实现超前布局

嘉兴自身拥有嘉兴市第一医院、嘉兴市第二医院、嘉兴市中医院、嘉兴市妇幼保健医院等一批优质三甲医疗资源，近年来通过长三角一体化建设，与上海长海医院、上海长征医院、上海东方肝胆外科医院等龙头大院开展合作，实现长三角区域范围内优质医疗资源的互通共享，为"中国睡谷"大健康产业的医学研究、学术推广和场景应用提供坚实保障。特别是在新药研发方面，伴随着维亚生物 AI 新药孵化中心落地，将与顶尖的人工智能企业开展新药研发方面的深度合作，加强在实验和运算设备上的投入，孵化并引进国际更为领先的生物技术公司，有助于开展助眠药物的研发，加快人工智能、生物医药的产业集群的形成，为"中国睡谷"大健康产业的医学研究、学术推广和场景应用提供坚实保障。

3. 睡眠科技创新蕴含较大潜力

嘉兴是"科创中国"首批试点城市和"科创中国"创新枢纽城市，位于嘉兴秀洲的高新区是全市唯一的国家级高新技术产业开发区，汇聚了浙江清华长三角研究院、南方科技大学长三角研究院、浙江大学嘉兴研究院、北京理工大学长三角研究院、江南大学未来食品研究院、上海交通大学嘉兴科技园、中科院国际环境研究院等一批高能级科创载体，以及麒盛科技创新企业研究院、健康智能家居产业研究院、睡眠科技研究院、睡眠健康医学院等平台，雄厚的科研实力将为"中国睡谷"的前沿探索和创新发展提供重要支撑。

（二）"中国睡谷"规划定位

中国睡谷紧紧围绕"灵"，打造国内首个以"睡眠经济"为主题的高能级区域产业创新平台，积极探索睡眠健康的"元宇宙"，带动"睡眠经济"核心产品、科技和应用的创新，构建"研发、智造、疗愈、服务"为一体的"睡眠经济"闭环产业体系，打通研发—生产—流通—消费的各个环节，推动"睡眠经济"创新链、产业链、服务链的深度融合，建设睡眠数字科技、睡眠智能制造、睡眠健康服务、睡眠胜境体验的"四灵高地"。

——灵智：创造睡眠数字科技的"物种起源"。聚焦睡眠大健康产业领域前沿，建设国际顶级睡眠科研平台，打造全球睡眠大健康科创中心，建设全球睡眠数字大脑，构筑睡眠大健康卓越科学家和企业家摇篮，构建以睡眠为特色的大健康科技创新高地。

——灵动：打造睡眠智能制造的"头号玩家"。聚焦睡眠监测设备、智能传感、可穿戴设备、智慧睡眠 APP 开发、智能床数字化制造等产业方向，打造集设备制造、新品展示、产品流通、技术交易为一体的智慧睡眠产业集群。

——灵境：塑造睡眠健康服务的"星际穿越"。聚焦睡眠障碍改善这一细分领域，构建脑科学、心理学、预防医学、营养学等多学科融合的功能性医疗诊治和健康管理平台，通过药物治疗、心理治疗、运动治疗、饮食治疗，构建医—养—护为一体的疗愈综合体。

——灵韵：营造睡眠胜境体验的"盗梦空间"。聚焦"睡眠"主题，融合"水乡""生态""民俗""休闲""文旅"等元素内核，推动多业态融合发展，积极引进睡眠相关主题乐园，培育打造集生态休闲、文化体验、旅游度假于一体，具有显著地理印记的睡眠康养服务及消费目的地。

（三）"中国睡谷"空间布局

"中国睡谷"以千年运河为依托，全力构筑"一廊三区多点"发展格局。其中，"一廊"指"运河健康走廊"，"三区"指"南部产城融合区""中部科技创新区""北部睡眠康养区"三个先行启动区，面积约 20 平方公里，"多点"指"天鹅湖疗愈城""秀水光谷""秀水经开区""秀洲高新区"等协同创新区。

1. 一廊

运河健康走廊以千年运河为依托，以建设省级运河文化旅游度假区、运河湾国家级湿地公园等重大项目为契机，通过"旅游+新型工业化"，整合盘活区域旅游资源，引进专业运营团队，打造智能家居体验购物观光旅游产品。加快一里街历史文化街区、运河文化展示馆、闻川运河古城开发建设，用好城市客厅、苏嘉铁路遗址公园、圃舍·漪莲民宿、非遗展示馆等一批旅游设施，实现睡眠健康与生态文旅产业融合。通过构建滨水景观长廊，串联健康休闲绿道，引入运动元素，营造"快乐运动+健康睡眠"活力氛围，打造健康经济走廊，持续开展多种形式的宣传推介和文体赛事活动，描绘古老"千年运河"文化内涵与现代"健康睡眠"生活理念交相辉映的美好画卷。

2. 三区

南部产城融合区聚焦产城融合，推进睡眠大健康产业与城市建设深度融合发展。大力发展睡眠大健康高端智造产业，依托智能家居产业园，推进工业南区腾笼换鸟，加快麒盛科技、顾家家居等龙头企业项目产能释放，构建集研发、服务、生产、应用体验为一体的产业生态圈，打造智能制造产业示范区。依托智慧城市、未来社区、未来工厂建设，高标准完善住宅、商业等城市生活配套设施，提升城区形象和功能品质。中部科技创新区聚焦科技创新，打造"中国睡谷"的科创"大脑"。依托运河院士岛、感知中心、孵化中心等重点平台，大力引进国内外睡眠大健康顶尖研发机构，开展重大课题攻关，突破前沿核心技术，推进睡眠大健康产业技术创新和成果转化，加强与产城融合区联动，以科学研究为特色，打造集休闲生活、科技创新等功能于一体的科创新区。北部睡眠康养区聚焦生态康养，依托长三角世界级生态湖群，发挥睡眠科技研究院、睡眠健康医学院、数据中心、会展中心等载体功能，加快睡眠主题的康养中心、酒店民宿等项目建设，精细化打造医养结合的基础配套设施，引领健康养生、体验展示、娱乐休闲、度假旅游、会展旅游等多元业态有机融合，不断丰富旅游产品、服务供给和消费模式，高质量发展睡眠康养高端服务业。

3. 多点

"天鹅湖"疗愈城聚焦功能食品、医学研究，依托维亚生物等生物医药企业，充分发挥科技研发功能及龙头引领作用，融合数字医疗、睡眠管理，积极推进睡眠医疗诊治和健康管理一体发展，协同北京理工大学研究生院等科研机构，积极推动脑机互联等前沿技术与睡眠医学深度结合。秀水光谷依托蓝特光学等优势企业，做优光学影像设备、光电元器件，融合智能传感设备、机器视觉、生物识别等技术，积极研发助眠设施产品与睡眠医疗专业设备。秀洲经济开发区依托"健康+"家电产业园和南方科技大学嘉兴研究院等平台建设，发挥智能电子装备、软件开发等技术优势及三维空间信息 AI 云平台建设，加强研究院、集成装饰与智能制造企业在睡眠健康设备、新型床品面料、睡眠数据平台等领域的科技创新及成果转化上的互动。嘉兴高新区依托嘉兴未来食品研究院等高能级科技创新平台，加快现代食品工艺技术研发与产业化应用，引导食品企业布局膳食补充剂、轻食、辅食、植物性替代品等有助于提升睡眠质量的健康食品、功能性食品和保健食品。

（四）"中国睡谷"产业方向

根据现有产业基础、产业发展趋势和行业发展规律，围绕"睡眠经济"核心领域，"中国睡谷"将聚力发展睡眠大智造和睡眠大数据 2 个核心产业，睡眠健康服务和睡眠胜境体验 2 个渗透产业，以及围绕研发生产、消费流通、售后服务等 X 个关联产业，打造"2+2+X"的圈层式产业体系，整体形成"∞"型的产业框架。"∞"也是数学中的"无穷大"符号，也代表着睡眠健康产业发展的无限可能。

1. 核心层

充分发挥数字经济的全面渗透和引领带动作用，围绕智能制造、大数据服务、时尚设计等产业领域，全面提升"中国睡谷"研发和制造发展水平，将"中国睡谷"打造成为立足长三角、辐射全国、走向全球的睡眠科技研发创新片区，形成睡眠全产业集聚区。重点发展两大密切关联、相辅相成的特色支柱产业。

（1）"灵动"产业——睡眠大智造。基于现有制造业基础，集聚顶尖产业资源，引进睡眠大健康总部企业，大力培育一批专精特新、单项冠军企业，大力支持工业互联网和工业云技术的研发和应用，发展从设备自动化到数据流全贯穿的一体化智能工厂解决方案，推动产业智能化升级。重点聚焦智能电动床、智能睡眠舱、睡眠监测仪器、智能可穿戴设备，包括框架、床垫、包覆面料、智能驱动系统（线性驱动电机、多维传感器）等零部件的研发、设计及制造。推动凝胶、3D棉、太空树脂球、高密度玻璃纤维珠、石墨烯乳胶、防螨布等新材料、新面料的研发及应用。

（2）"灵智"产业——睡眠大数据。依托浙江清华长三角研究院、北理工长三角研究院等创新主体，构建高能级"睡眠"科技研发体系，高端智能化产品+SaaS属性服务，设立创新孵化中心、成果转化中心、产业数

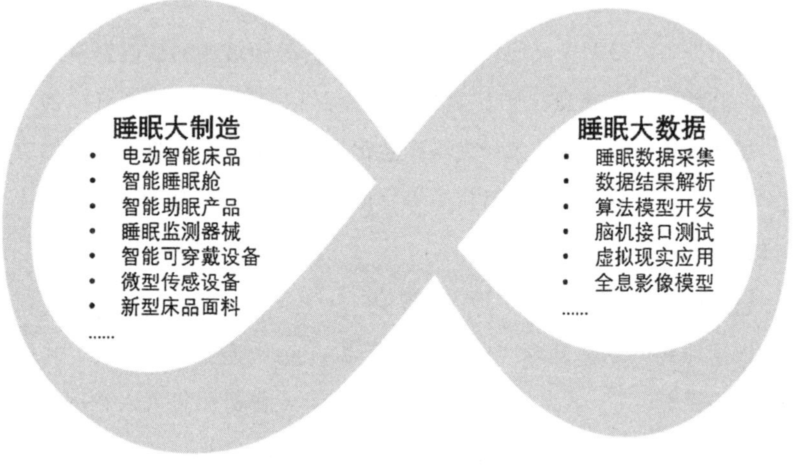

图4-12 "中国睡谷"核心层产业体系

据中心、科技服务中心等专业平台，为"睡眠经济"创新孵化、技术转化、标准制定、行业研究、大数据分析等提供一站式科技创新解决方案。重点聚焦关于睡眠智能监测、智能决策（数据采集、结果解析、算法模型）、终端反馈相关的软件和硬件的开发，以及睡眠健康领域的前沿探索，包括脑机接口测试、虚拟现实、全息影像模型等智能助眠产品应用和综合解决方案。

2. 渗透层

重点发展两大与核心产业高度交融渗透的产业。围绕医疗诊断、康养疗愈、时尚运动等产业领域，打造医、养、休、游融合、特色鲜明的长三角首个综合休愈示范区，为睡眠亚健康人群提供从诊疗到康复的全过程解决方案。

（1）"灵境"产业——**睡眠健康服务**。基于产业融合趋势，重点聚焦数字医疗、睡眠管理、生活方式医学等领域，针对睡眠障碍其他关联慢性病患者或健康用户提供医疗诊治—健康管理服务，以及助眠健康医疗器械、诊断设备的研发制造。积极与上海精神卫生中心、华山医院、浙医二院、杭州市第七人民医院等睡眠领域顶尖医学机构合作，包括共建呼吸睡眠专科医院、心理诊所，开展 non-BZDs 类药物研发，开展褪黑素、GABA 舒眠药品及睡眠监测器械的临床测试等。积极引进睡眠康复管理、助眠运动设备、机能保健食品、生活方式医学等关联企业。依托临床康复工作，建立生活方式干预技术体系，借助物联网+可穿戴技术，探索远程居家生活方式干预和健康管理新模式。鼓励企业和机构参与睡眠健康国家/行业标准制定工作。

（2）"灵韵"产业——**睡眠胜境体验**。依托区域资源禀赋，探索结合元宇宙、虚拟现实等最新理念和数字技术，开发超现实的创新场景应用。重点领域包括睡眠主题乐园、睡眠主题民宿、睡眠主题体验、短期禅修体验、健康饮食体验、数字游牧体验、发呆体验等，积极开发系列健康旅游疗养产品，探索建设高端时尚的康体疗养区。积极引进康复中心、疗养机构、高端健康体检和新型健康服务项目，开发特色化、系列化睡眠障碍康复疗养产品，聚焦"康、养、旅、医、护"等环节构建特色化"睡眠经济"服务消费体系，着力打造具有国际竞争力的睡眠胜境体验胜地。

3. 关联层

不断激发专业服务业发展潜能，依托金融服务、生产研发服务、供应链服务等现有基础，进一步提升特色化专业服务能级，加快塑造细分领域的核心竞争力，持续完善"中国睡谷"的产业生态，为核心及渗透产业提供相应支持服务，延长核心产业链，提升附加值。

（1）**金融服务**。加快培育科技金融功能，重点引进和培育科创产业风险投资、私募股权等投资基金，提升已有股权投资机构集聚区辐射影响力；支持科技企业采用信用贷款、知识产权质押贷款等融资服务，深化科技信贷创新；支持高新技术企业、战略性新型产业企业投保产品研发责任保险、专利保险等，发挥科技保险的支持作用。支持金融机构与金融科技平台建设数据中心、信息中心等相关设施与后台机构，加快建设"科技+金融"的高端创新生态体系。支持供应链龙头企业依托资金、客户、数据、信用等优势，发展基于真实交易背景的票据、应收账款、存贷等供应链金融服务，满足上下游企业融资需求。大力吸引优质金融租赁、物流金融、供应链金融、会展金融、消费金融、文旅金融等创新型金融机构落户发展。

（2）**生产研发服务**。鼓励企业在制造关键环节加大研发、设计、试验、检测、诊断、监控、运维、质量管控、数据集成与流程协同等方面的服务投入，对服务收入达到一定标准的企业给予支持。发展软件开发、医药研发、数据分析等国际服务外包，发展信息技术、数字内容、跨境电商服务，发展人力资源专业服务、职业教育与培训服务，构建现代服务体系。鼓励企业加强制造与服务产业链融合，创新商业模式与交付模式，开展多产业链间组织、流程、业务、应用、系统等资源和数据集成，提高服务的价值贡献，实现对用户的"产品+服务"式交付。

（3）**供应链服务**。支持制造业企业优化生产管理流程，建设供应链协同平台，面向行业上下游开展集中采购、供应商管理库存（VMI）、精益供应链等模式和服务；支持制造业企业与第三方物流企业开展深度合作，引导物流企业融入制造业采购、生产、仓储、分销、配送等环节。积极拓展供应链集成服务、综合型供应链服务、电商型供应链服务、协同分销型供应链服务、协同采购型供应链服务、虚拟生产型供应链服务等模式，稳步开展供应链金融业务，逐步汇聚更多供应链核心环节。主动顺应供应链技术颠覆性变革，积极发展数字化供应链、智慧供应链、绿色供应链、区块供应链等模式，不断创新供应链增值服务。

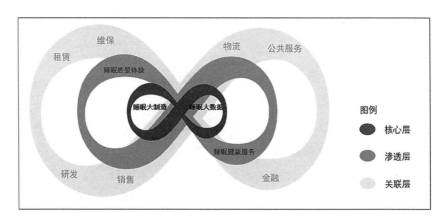

图 4-13 "中国睡谷"产业层次示意图

三、 未来与展望："异日图将好景"

(一)"中国睡谷"面临的挑战与不足

1. 产业结构有待优化

目前"中国睡谷"的睡眠产业基本处于中端的生产制造环节，前端研发和后端服务环节供给不足，呈现"中间大两头小"的结构，导致企业整体处于附加价值较低的制造环节。此外，规模和质量均有较大提高空间，尚未形成集群优势，亟须强链、补链，提高企业整体附加价值，支持企业做大做强。

2. 科技支撑有待加强

产业基础的优势尚未转化为创新优势，缺乏自主知识产权、高精度、高便利性、高整合度的健康睡眠解决方案，如通过大量临床数据验证推动技术成熟与产品的更新迭代，以及探索将脑机互联等前沿技术与睡眠医学深度结合，开发睡眠监测产品。此外，专业领域的高科技人才较为紧缺，缺少领军级的科研团队、领域专家、创业团队；科研院所与重点企业之间的产学研一体化创新机制尚未打通，专业化、市场化的技术服务平台体系不够完善。

3. 要素保障有待提升

睡眠大健康产业政策有待优化，专项政策支持不足，政策的系统性、针对性和操作性有待提高，研发到转化的政策协调性需进一步加强。产业资本政策支撑亟待充实，市场化资金渠道有待畅通，人才的认定标准有待丰富，激励机制有待提升。此外，可用建设用地有限，制约了重大产业项目的引入和相关基础设施的建设。

（二）"中国睡谷"未来展望与建议

1. 科学谋划、高质量发展睡眠全产业链

一是培育高能级"睡眠"科技服务。突出"科技+"内核，依托浙江清华长三角研究院等创新主体，构建高能级"睡眠"科技服务体系，设立成果转化中心、产业数据中心、产品展贸中心等专业平台，为"睡眠大健康"技术转化、科技创新、决策招商、交易展示、大数据分析等提供一站式服务。二是打造高质量"睡眠"先进智造。突出"智造+"引领，集聚顶尖产业资源，引进睡眠大健康总部企业，大力培育一批专精特新企业，推动产业智能化升级，大力发展智能助眠系统、睡眠检测器械、睡眠治疗器械、睡眠保健食品、睡眠智能辅助产品、智能可穿戴设备等"睡眠大健康"高端智造产业。三是发展高品位"睡眠"康养文旅。突出"生态+"底色，大力挖掘"中国睡谷"的水乡元素和文化底色，聚焦"康、养、旅、医、护"等环节，构建特色化"睡眠"康养产业服务体系，发展睡眠康养服务业。

2. 强化创新制度、要素供给等核心支撑

一是充分发挥长三角一体化示范区规划协调区角色作用，学习借鉴示范区在土地管理、规划管理、生态环保、要素流动等方面的制度创新成果，积极争取示范区在高企认定、科研成果产业化、国家级重大科研项目、国家级重大科研设备等先行先试政策在示范区规划协调区复制推广，全面融入一体化示范区，对接高端资源要素。二是保障资金、人才、土地等核心支撑。联动国内顶尖创投资本，成立睡眠大健康产业创投基金，构建百亿元级"睡眠大健康"产业专项基金，扶持企业创新发展；制定睡眠大健康产业专项人才政策，引育睡眠大健康高端人才，在人才团队建设、项目开发、技术创新、合作交流、成果激励、落户住房、医疗教育等方面给予资金支持；加大土地供给力度，为睡谷建设发展提供充足的空间保障。

3. 推动跨产业、跨区域创新融合发展

一是打通创新应用协同渠道。围绕睡眠大健康产业链，推进产学研用深度融合，构建"基础研究+技术攻关+成果产业化"的创新生态链，提升

成果转移转化能力，完善科技企业孵化育成体系。围绕构建"众创空间—孵化器—加速器—科技园区"全链条孵化体系，提升科技企业孵化器综合服务能力。依托创新载体，支持龙头企业牵头组建创新联合体，提升企业技术创新能力。持续深化与清华长三角研究院等高校院所合作，深度梳理其关键核心技术、人才等创新资源，充分发挥科技资源供给能力，促进产学研深度融合。**二是提升跨区域融合发展水平**。立足长三角，依托一体化示范区规划协调区建设，推进科技创新资源开放共享，推动"科技创新券"跨区域通用通兑。积极推进跨区域统一人才评价体系，针对示范区专业技术人才，聚焦职业资格、职称和继续教育学时，突出"跨域、互认和共享"，完善人才柔性使用机制。进一步优化企业自由流动管理服务措施，提升产业链分工合作效率。积极对接 G60 科创走廊产业园区联盟、长三角数字干线、虹桥国际开放枢纽等平台组织或载体，引导更多优质项目和高端要素集聚。**三是提升多产业协同发展水平**。促进先进制造业和现代服务业相融相长，大力发展新应用、创造新业态、探索新模式、培育新职业。深入挖掘运河文化资源，全面融入"大运河诗路文化带"建设，启动国家级运河文化旅游度假区创建，加快推进运河文化展示馆等重点文旅项目。依托"北湖"生态区，积极发展养生养老地产和旅游地产，培育农村一二三产业深度融合的新业态新模式，打造国内一流的康养目的地。

（执笔：上海华略智库长三角研究院兰红梅）

附录 "新格局下长三角产业园区高质量发展"专家研讨会

　　为探索新格局下长三角产业园区高质量发展的新路径，2022 年 9 月 16 日、9 月 28 日和 10 月 9 日，上海社会科学院智库研究首席专家杨亚琴研究员在中国金融信息中心先后组织召开了三场专家研讨会，分别邀请政府、智库和企业等相关领域领导专家共聚，围绕长三角产业园区发展的总体态势、成功经验、重点难点以及书稿的主题、结构和内容等方面展开研讨。

（一）

上海社会科学院智库研究中心研究员杨亚琴：

　　先对长三角产业园区现状进行全面排摸，做一些理清现状的基础性工作，选取表现突出的典型案例进行分析，之后再进行指数化研究和园区排名等更为深入的研究。通过专家研讨会和出版书籍等方式分享专家研究成果，真正做到在资源信息平台共享的同时，探索新格局下长三角产业园区高质量发展的新路径。

上海市经济和信息化发展研究中心主任熊世伟：

　　这两年联合长三角地区的安徽和浙江工信研究院作出了"一地六县"的产业规划，一地是指上海白茅岭，以此地为中心，每个省选出两个县（县级市）：安徽的广德县和郎溪县，浙江是长兴县和安吉县，江苏省为溧阳市和宜兴市。受临港集团合作邀请，在盐城大丰区筹备沪苏大丰产业联动集聚区合作示范项目，现在我们的产业规划已经成型。长三角产业园区通力合作会大有可为，尤其是在汽车产业、智能制造还有人工智能和生物医药方面，可以通过破解产业链价格链瓶颈、制定安全可控制度，将发展前景融入上海经济之中，为智库发展作出贡献。

今后长三角产业园区合作是热点话题，开发区协会每年都会出版《产业园区概论》，概论中引用上海与长三角的产业园区合作案例和国外产业园区转型借鉴案例，重点则放在案例分析上。我们的研究要与这个概论有所区分，要体现研究的专业性和深度，要充分利用好掌握的第一手资料，体现章节之间的逻辑关系。

从之前的经验来看，产业园区在界定方法上比较多样，要对产业园区进行界定，对不同园区进行类型比较，专家首先需要就此进行交流，形成一个普遍性的意见，对其他地方有借鉴作用；飞地经济模式：大都市没有发展空间了，其他城市为大都市提供空间，大都市与其他城市达成经济合作关系，这一角度涉及上海的产业转移；还有一种合作模式是漕河泾的品牌合作：输入地不需要提供土地，只需要挂牌，输出地输出管理，这种合作方式需要政策联动，在招商引资上体现梯度；G60合作：属于政府指导下由市场力量开展的合作模式，是一个没有固定边界的金融走廊，属于加盟性质，在保持独立的情况下，起到建立合作、招商引资的作用，特别是现在G60已经形成了作为招商引资的品牌，你中有我，我中有你，内部的合作相互交叉；还有诸如虹桥国际开放枢纽和中以创新园等国家层面合作项目，其中虹桥国际开放枢纽向南连通松江、金山一直到杭州湾，向北连通苏州，兼具梳理汇总数据和国际开放功能。

需要兼顾科技新趋势。比如上海张江科技园以及嘉定分城和湖州分城，围绕创新领域，打造创新产业集群。还有以产创新的转化理念，关注创新的转化和功能拓展，做好这些角度之间的逻辑衔接，体现研究专业性。深圳把制造业分解到东莞和惠州，省内如何实现三个地方的利益协调值得思考。上海和长三角地区其他省市还是有一定的竞争关系的，苏州工业园区的发展势头应该使上海产生危机意识。

上海市地质调查研究院国土资源经济研究所所长范华：

我们首先是对土地节约方面保持高度重视，做好土地节约评价。未来将严格按照有关部署开展工作，每年对江浙等地开展该项工作的成果进行汇总分析，现阶段长三角园区排名基本靠前。该环节注重园区土地资源利用，设定如园区开发强度、开发利用率、土地产出绩效和容积率等评价指标，基于指标对土地利用情况及资源整合情况加以判断。其次，重视数据积累工作，控制园区开发强度。我们参与市规划和自然资源局相关政策研究，跟踪长三角示范区，结合执委会"两区一县"政策，争取用最少量土地将已有建筑通过各种方式腾挪盘活，以最大程度地利用空间。基于此，我们做了相关课题并设置工作方案，对"三地"政策进行了系统性梳理，对吴江、嘉善和青浦进行了对比研究，形成了跨区域使用的建设用地指标。

就长三角发展现状以及全球经济趋势来看，未来绿色、低碳将成为全世界共同关注的热点，基于此主题可以进行分阶段目标阐述，相应配套后续措施和实施手段，在长三角城市群地区整体视角下，协同达成绿色发展目标。这个主题还关联长三角地区的土地资源节约、集约问题。比如江苏对产业用地开展调查分析和定级，督促低效地块、低效园区集中整治，高效利用资源，提高经济利用效率，安徽和浙江都对此类问题有所共识。我们可以结合典型案例研究，比如浙江对标准地供地制度进行改革，成为各地区标准地统计方式的模板；湖州盘活未利用土地，并利用园区形成品牌效应进一步向外辐射。这背后体现的是长三角产业园区对准入企业的严格把控，择商、选商和优商。

产业园区应当重视招商引资，通过吸引优秀商家入驻不断提升产业园区竞争力，采取不同管理模式，比如漕河泾的开发公司管理模式和其他园区的管委会模式。不同产业园区的管理模式与经验在整个园区发展中非常重要，这种模式将可以复制推广、向外输出。近几年，行政审批制度改革在优化营商环境方面提供了极大帮助，比如浙江"最多跑一次"，行政审批从串联到并联，从并联到简化承诺制。整个长三角的产业园区在良好的创业创新环境氛围中得到了突出发展。

关注产业园区界定问题，统一园区界定口径，国家政策要求扶持特色产业园区发展，目前共有53个符合要求的产业园，这又面临口径界定问题。产业园区范围扩大的话，二类园区和三类园区都需要被纳入。二类园区属于市里实际管理的范围，而三类园区概念宽泛且数量庞大，用地类型丰富，不仅包括工业园用地，还有商办楼用地等。所以在产业园区发展环节中应当控制产业园区规格，选取典型及代表性园区，比如上海漕河泾、张江和外高桥工业园区，外围如苏州工业园区、昆山工业园、吴江工业园区等。在一体化框架体系下进行要素协同，以高质量发展为核心，在政策支持下运用资源要素打通市场。税费等其他问题也该是考虑重点，未来长三角园区可以在示范区的面上进行推广。上海有许多故事需要人讲、需要传承，比如漕河泾的开发历程，这让一批一批的园区人有归属感。我们可以从土地要素保障产业园高效发展的角度进行分析，希望能基于此对园区进行调研。

华略智库长三角研究院高级研究经理刘昕：

沪苏同城一体化专项课题有好几大块，一块是从功能方面对接上海，结合上海在全球配置中的功能、科技创新和门户枢纽职能，匹配苏州工业园的国际化园区定位；一块是从人才角度，结合人才政策研究，出台政策计算器，匹配企业人才需求以及提供针对学生群体的政策优惠，鼓励人才到当地参与招聘；一块是从产业角度，结合苏州主导产业、新一代引入技术和高端制造业与上海的重点产业相吻合；还有一块是交通，苏州工业园区和上海虹桥之间有便捷的交通，园区和上海只有20分钟的高铁车程，苏州工业园可发挥很大的枢纽门户作用。

华略智库长三角研究院研究员兰红梅：

我们目前的题目是"中国区万亿睡眠经济的长三角实践"，嘉兴从战略层面看具有重要意义，虹桥国际开放枢纽的南向拓展带中，在上海市外有四个县都在嘉兴，即南湖、平湖、海宁和海盐，"两区一县"中的"一县"也是嘉兴辖属。嘉兴"睡谷"在今年冬奥会上凭借智能电动床成功"出圈"，为秀洲开辟海外市场打出了名头。嘉兴秀洲区的产业园区可以参与全球化竞争，"睡眠经济"的市值基于外国评分，预计2024年全球"睡眠经济"市场规模将达到5 800多亿美元。该产业从经济上可带来可观的税收作为产业发展的正向激励。

（二）

上海社会科学院智库研究中心研究员杨亚琴：

在上年长三角区域一体化创新实践案例调研基础上，我们观察发现长三角地区产业园区合作是一个亮点和创新实践。经过多年发展，产业园区已处于转型升级、提质增效的新阶段，特别是在当前国内国际双循环新发展格局下，产业园区合作更是呈现许多新趋势、新特点，需要我们去关注、去研究。希望专家们可以分享研究成果，推荐一些发展较好的园区作实地调研，总结经验、深化研究。

上海市商务委员会副主任张国华：

自改革开放以来，长三角地区形成了一大批高水平产业园区，对长三角的制造业、服务业，尤其是高新技术产业都形成了举足轻重的影响。很多重点企业、重点产业、重要研究机构都集聚到产业园中，因此，研究整个长三角产业园区的成功经验和发展趋势具有重要意义。

在研究中要体现长三角一体化发展，长三角产业园区有大有小，水平有高有低，比如外高桥保税区就是领先发展的代表。因此，对产业园区的研究首先要分类。从大类来说，要分出一、二、三产业，不要局限于制造业园区，其实也可以关注第一产业现代农业，比如宣桥农业产业园区，这个园区对于农业转型升级具有重要牵引作用。对于制造园区可以再细分行业，比如上海宝山、张江的生物医药园区，临港装备产业园区。结合制造业的重点领域，对聚集性的园区进行分类整理和描述。对于第三产业的服务业园区，比如上海的一些都市型产业园区，可包括游戏产业、文化产业和电子商务产业，还有新零售类直播电商基地。

第二要突出长三角地区的联动发展。在分类基础上突出长三角地区的高质量发展和一体化发展，即先进带动后进，如外高桥到启东建立联动，市北工业园区在南通也建立了产业园。我们可以对这些成功经验进行研究，分析产业园是如何联动的，有的是产业园之间自主连成关系，有的是靠政府引导，比如南通市政府、嘉兴市政府和上海园区建立合作，结合市场运作形式，充分发挥高水平产业园的引导作用。

第三是园区和企业的合作。长三角的浙江企业在上海园区里建立办事处，如在虹桥产业园区建立办事处。考虑到现阶段上海园区空间已经有限、上海企业到别地投资的新情况，对园区发展前景作出新规划；再者是产业园区和产品合作，上海有很多优质产品，通过产业园区集聚力、影响力优势，实现产品"走出去"。

上海市人民政府发展研究中心综合处处长王丹：

产业园区共建顺应落实长三角一体化国家战略，以半市场化方式推动区域一体化，破除区域合作障碍，具有很高的合作效率。从 2003 年开始，跨区域园区合作拉开序幕，即在长三角一体化上升为国家战略之前，园区已经起到了实质性作用。推动长三角产业链协同、产业转移红利分享，园区共建具有激发创新孵化、激发产业化规模化生产的意义，比如，上海在创新孵化中的作用，对于产业转移、现代制造产业链具有重大意义。满足新时代新需要体现在打造园区品牌，实现本地和外地品牌化发展相结合,促进园区共建。这一策略不仅有产业意义,对满足产业高端发展的现实需要和全球城市区域建设也具有重要意义,所以在本书写作过程中,需要凸显园区共建对产业发展的重要意义,并结合产业高端发展的现实进行分析。

要凸显园区建设在上海都市圈、全球城市区域建设方面的重要意义。园区共建从江苏开始,已经有 20 年的经验,应对发展 20 年来的经验进行总结和梳理,探究"走出去"的模式,比如省级政府推动、国有企业组建的开发模式,探索可以促进市场经济发展的经验,总结发展中的教训;又比如园区自己作为开发主体的战略合作模式,即园区主体和企业主体相结合的模式,比如外高桥启东园和城投集团在启东建的江海产业园;第三种模式是地方政府合力推动的,比如张江科技城。针对以上模式,结合实际探索哪一种模式能契合长三角地区园区共建需要,发挥市场的作用,对此进行梳理和总结。

对园区合作开发建设成效进行分析,对具有代表性的新园区招商引资情况作出分析总结。有些园区成效明显,比如外高桥的产业转移对于启东地区的发展成效显著,应当加以总结。对园区共建的未来作用进行分析。园区作为跨区域联动发展纽带、高密度经济联动走廊,分析园区超越了边界范畴的重要作用;园区共建作为促进上海大都市圈建设的纽带,园区更新在一定程度上代表了城区更新,科技园区的发展代表了城市发展,凸显园区的纽带作用。需要关注政策诉求,围绕新时代长三角"三省一市"促进园区新发展要求进行创新,比如在机制构建、统计核算、政策配套支持等方面。

上海市政协研究室主任沈立新:

园区合作需要各个地区贡献长板,不仅仅是科技长板,还有产业长板,园区之间需要合理分工,形成合作;需要解决产业同质化问题;突出产业化梯度,解决土地资源紧张问题。

对上海沿江沿海战略与长三角联动问题进行研究。沿江沿海联动的研究不仅仅局限于上海,还应包括与杭州湾联动,南通联通发展问题。对上海临港沿江地区、外高桥机场、宝山邮轮港甚至连接崇明岛地区的未来发展做研究。这一块有发展空间,有战略支持和产业优势,但是没有发挥制度优势,因此,对这一地区联动成片的未来趋势进行研究是非常有价值的。就上海东面地区联动长三角其他地区，东面产业形成的突出问题进行研究。比照绿色生态一体化方案，打造东部示范带，联动江浙自贸区，积极对外开放，引入国际化组织和产业。

联动东方新港，打造新兴产业基地，同时设立开放型经济基地，包括跨境金融、信息贸易、高端行业、免税经济、数字经济等，需要上海制定数字贸易规则。北面地区连通宝钢等央企，结合央企政策发展海洋经济，联动南通通州湾，建设沿海基地，整体考虑发展前景。积极布局新兴产业，将比较优势和制度红利相结合，打造长三角东部沿海新增长点。

上海社会科学院研究员刘亮：

报告应从"一市三省"的角度突出特色园区。比如张江生物医药园区和国际医学中心，还应包括江苏、浙江、安徽等地的特色园区。比较与展望还应强调国内其他地区的园区发展状况。从总报告角度，结构中要包括长三角产业园区发展概况、对趋势特征的概括和判断，包括长三角产业园区前瞻。突出三个要素：总体情况、总特征、总趋势。

分析园区发展情况，目前总体形势新特征下对长三角产业园区发展的新要求，结合国内国际双循环背景下园区发展新要求，体现园区角色变化。结合新背景下对园区功能上的新要求，长三角园区由外向关联转为内、外相关联，关注园区内企业向内循环转型的问题，处理园区和企业的关系，园区发挥好服务企业由外向型向内向型转换功能，推动区域园区里的企业转型；分析园区新功能的体现方式，关注园区新变化，园区地理边界、业务边界变化，比如苏州工业园区的制造业园区变化和由园区变化带来的政策变化，比如广东对于园区建设用地的规划实际上出台了新的政策性文件，以制造业为主的工业园区可以有30%的商业用地和20%的住宅用地。园区边界变化带来了园区之间的融合、园区之间的合作，随着产业融合，接下来对园区分类将成为问题，可以结合案例进行分析。

上海社会科学院城市与人口发展研究所区域发展研究室主任宗传宏：

要突出长三角一体化和园区之间的互动关系。结合国内国际形势和微观环境，探讨一体化情况下园区的促进作用。应对比创新要素，如专利集中数据，突出园区发展对长三角一体化的影响，突出长三角相比京津冀、珠三角一体化发展的特性；分析园区定位和地区定位，比如有的园区在某一个区里起到龙头作用，探讨园区之间的关系，可以结合苏州等国家级园区进行案例分析；关注园区国际化，结合国际化和本土化园区的转变趋势现状，比如法国索菲亚园区和成都、宁波之间的合作。一方面体现招商引资政策，如德国五六百家企业与国内的合作，大部分落在长三角地区，如何体现浦东新区作为对外开放的自贸区。一方面体现园区国际化，比如虹桥作为国际开放枢纽的国际化特征，关注长三角相比于其他地区的优势地位；结合案例分析园区的特色产业，优势资源，因地制宜发挥园区各自优势。对不同园区作出分类，引入区域性园区分析，比如苏州、宁波的园区，从中观层面进行梳理，完善体系。现阶段可从宏观的方面先进行比较，搭出框架，接下来可以更加细致拆分，对两个地区的园区进行对比，更有针对性。

针对园区发展中的人才要素问题，我们调研后发现园区面临人才短缺困难，比如大的企业可以组织培训，而中型企业和小企业只能挖别人的人才，有的园区提供人才输送，有的园区则没有，园区自身也在转型中，它们想要启动人才计划，但是产业和人才的无缝衔接要求比较高，一些园区达不到要求，我们调研摸底后大概了解了园区的人才结构、缺少的人才层次情况。现在面临如何导入人才的困境。

现在园区也缺少金融服务资源，专业化资本需要配置专业化服务机构，使得钱能用在合适的地方、发挥最大的效益。这一系列问题可以结合典型案例进行分析。

中共安徽省委党校决策咨询部主任吴凯之：

关注安徽产业园中的特色产业园，比如循环经济产业园、绿色经济产业园、创新孵化产业园；明确产业园层级定位，比如是什么等级的产业园，是省级的还是国家级产业园项目。从题目来讲，安徽省曾经研究在新格局下打造两个循环战略连接点的产业园，针对产业园转型问题，可以包括产业园的主体功能区域规划，产业园的用地、地理空间和资源配置等内容，突出政策需求。安徽现在有特色园区和战略信息产业园区，大部分园区是后者，比如铜陵、马鞍山和芜湖是战略性产业集聚发展集中地区。安徽是一个创新大省，现在安徽也有创新产业园区在作科技孵化，比如中科院的产业园区。

上海商学院酒店管理学院院长姜红：

针对长三角产业园发展所处的不同阶段，在政策设计上有所侧重；对长三角产业园进行区域界定，重点关注若干个区域，对其业务拓展、园区孵化、产业创新模式和多渠道融资成本控制进行针对性研究；针对产业园区 3.0 转型研究，对运营商开发进行案例研究。

结合国家第十四个五年规划和 2035 年远景目标纲要，深入实施区域协调发展战略，鼓励探索共建园区"飞地经济"等利益共享模式政策。江苏省作为最早探索园区共建模式的省份，持续推进南北共建园区高质量发展。可以选取其中有代表性的南北共建案例，介绍新形势下谋划南北共建园区新路径；结合苏州工业园管理模式创新，即在园区管理上采取园区协调联席会、园区管理机构和园区投资开发公司的三层管理架构；江苏省级层面为园区发展提供了具有指导性的配套措施，如 2019 年发布的关于推动南北工业园区高质量发展的若干政策措施中提到，高起点规划园区，做好园区编制规划；2021 年省发改委、商务厅联合印发江阴工业园区高质量发展的总体方案等。就合作现状来看，短板在于市场机制作用还没有得到充分的发挥和释放，部分园区营商环境还有待改善，需要结合园区发展阶段和发展特色，不断调整相关政策。

上海市发展和改革委员会党组副书记、副主任阮青：

长三角一体化研究可以梳理我们所做的一些工作。将不同层级、不同规模、不同类型的产业园区进行系统梳理和数据汇总，可以通过开发区协会对好的案例和做法作剖析。长三角之间的合作已有政府合作、企业家联盟、高校联盟、产业联盟等合作形式，如何在区域层面以产业园区形式开展合作值得探讨，其中包含了政府合作、企业合作、高校合作等，承载了长三角一体化诸多内容。长三角作为强劲增长极，世界级产业集群可以在产业园区上体现出来。长三角产业园区合作经验的挖掘，如苏滁产业园区、G60 科创走廊、城市之间产业园区的合作等，可以补链、固链、强链。可以在汇编时将长三角园区的分布用图表的形式具体标示，用数据点的大小表示量的多少，对国家级产业园区和产业社区工业区块在规模上作出区分，在数据基础上进行汇总，对好的案例和做法进行梳理。比如自贸试验区在"一市三省"都有，可以结合其原有的产业园功能进行梳理和汇总，将数据录入补齐。也可以结合开发区园区协会推动长三角产业园合作，对手头现有的案例进行梳理。

长三角一体化合作，除政府间合作，也应考虑企业间合作交流。比如已经成立的企业家联盟、高校联盟等一系列行业联盟,将这些联盟整合起来,并且以园区为存在形态,将这些区域资源组织整合起来。书是最后形式,在形成过程中应把政企合作、与大学的合作作为一个切面来整理分析,反映长三角地区经济强劲增长,反映世界级产业集群的良好经济运行现状。

园区研究不仅仅是各个园区数据的简单汇总,还应在此基础上进行分析,形成好的案例和经验总结。比如苏州工业园区已经发展到城市化了,发挥了上海城市功能的互补作用。联系产业园区、城市发展和长三角地区的功能分工,发掘长三角园区的制度创新基因。比如苏州和滁州的合作就非常成功,应该借鉴它们的成功经验,了解它们背后的利益机制和政策安排。对苏州来讲,滁州工业园区的配套设置和政府效率非常有吸引力,并且有税收利得和良好的产业前景,极大调动了苏州的积极性。G60 科创走廊由松江牵头,共有九个城市参与,应针对不同商务成本的开发区构建开发组合,降低商务成本,发挥比较优势,构建良好的营商环境和政策协同,释放低要素成本地区红利,实现城市共赢。第三个例子是临港集团,其在盐城大丰区的园区经验值得借鉴,在浙江海宁的园区规模不大但效应很好。再比如现在的一体化示范区,园区之间实现你中有我、我中有你的局面,上海青溪、浙江嘉善和苏州地区都引入了集成电路、生物医药等产业。

我们需要思考如何把长三角产业园区的成功合作经验作深入挖掘。响应国家政策,在不同园区层面加强产业链的补链,应该把宝山、芜湖的机器人产业园联系在一起,搭建园区平台,搞政策协同、服务对接、资源对接。还应进行制度创新,通过不同层面园区的合作破解财税分享问题。不论是不是由当地政府主导形成的产业园区合作,最后落脚点还是在于合理的利益共享机制,希望我们的智库专家能够结合与具有相关工作经验的人员的访谈,尽心尽力调研,破解政策、机制难题。

宁波市社会科学院院长傅晓:

针对园区开发的经验和教训总结,第一,坚持高水平规划,比如苏州工业园"一张蓝图绘到底",规划科学,先地下后地上,把产业园区、居住区和商业区划分明确,没有出现别的规划区成"夹心饼"的情况。规划后,关键还是执行,由于改变规划需要经过苏州市人大常委会批准,程序严谨，因此，规划确定后必须要坚决执行。第二，高水平配置，不能只注重园区初期的招商引资，还应注意基础设施的规划，包括市政、教育、医疗和交通的配套，初期没有做好规划，后期再补的成本会非常高昂。第三，做好产业链的招商，做得好的园区招商有明确的培育产业目标和政策目标。电子信息、高端装备和生命健康等高端产业如果没有提前的谋划，在培育产业方面就很难有成效，因此需要考虑园区的长远发展，上海漕河泾、临港和张江的招商都做得很好。第四是高水平的管理，引入专业化的开发公司，比如苏州工业园的中新公司、漕河泾的临港集团，处理好管委会和开发公司的关系，管委会作决策，开发公司的责任是开发建设，首先，公司有一个自我约束机制，激励公司盈利，其次公司比较有长远的眼光和计划，再者公司的员工队伍比较稳定，可以长期坚持培养一支专业化的开发团队。

（三）

中产集团执行总裁吕伟：

未来园区的质量更加重要：一是未来园区作为产业资源的连接点；二是作为产业生态的搭建者；三是作为产业信息平台的发起者；四是对产业进行赋能；五是作为产业源头、产业创业的天使投资人。产业园区对新型产业要起到孵化器的作用，承担细分产业赛道的职能。

上海社会科学院应用经济研究所特聘研究员冯登道：

（1）产业园区是什么？产业园区是中国现代经济重要的创新，总体来看，产业园区是从下向上的创造，在发展实践中产生。现在产业园都处在转型、升级、增效的档口，相较于珠三角、京津冀和成渝地区，长三角要形成以市场、资产为核心的上海经济圈。

（2）园区从哪里来？回顾园区历史，从无到有、从偏重开发到偏重开放、从追求数量到注重策略，普遍走过探索前行、迅猛壮大的过程。以上海为例，产业园区最早是在乡镇企业技术中心，20世纪90年代松江最早提出并践行了"三个集中"的发展思路和做法：工业向园区集中、农民向城镇集中、土地向重点人群集中。随着各种产业园区的培养和成长，郊区产业园区成了科技经济发展的主要载体和鲜明标志，从工业开发区到自由贸易区再到核心试验区，长三角始终走在全国前列。

（3）现状如何？可以从以下几个角度阐述：统计开发强度以及产能介

绍,这是评价产业研究的重要角度;重点考量生态与设计的可持续性,降低园区污染,保障人民生活环境;园区的知名度,以及无形资产和与外界的关联性,比如上海的漕河泾和金桥都有向外输送的趋势。截取代表性园区,比如苏州的新加坡产业园区,作为对外开放仓库令人印象深刻;浙江秀洲产业园区千亿元级"睡眠经济";安徽科技城,打造"政产学研用金"六位一体科技成果转化新机制。需要考虑产品生产是否有效率?市场风格如何?战略如何?产学研解决核心技术是否可控?

(4) 到哪里去?分析成绩数据,对瓶颈的基本问题作梳理,比如招商引资、物业管理等方面。明确长三角产业园区发展的新阶段的核心要求。产业园区要一体化,形成大园区,双向循环。长三角双循环,重视对外循环、科技产业。园区要讲数字思维,浦东张江产业园区的硬核技术值得学习,园区的管理和产业都要数字化。形成集群产业园,好的园区要有产业生态圈,形成平稳跨国、跨境供应链,千亿元级产业园、万亿元级产业园必须是结群矩阵。园区需要协同创新,提升制造业水平,比如苏州和滁州的合作、G60科创走廊的合作、临港集团在大丰的园区等。园区需要持股,公益开发虽然有很多好企业,但是开发需要讲经济投入,保证必要产出,所以园区需要企业化管理,用绿色的方式将原先均匀的资本存量逐渐消化,控制增量,实现园区自负盈亏。园区需要对接城市,保证园区的医疗、教育、建筑质量,保障园区生活功能,商务区、学校之间应该合理规划,减少交通拥堵,保证产城融合、人城融合。

(5) 如何达到新的目标?突破点应该放在:第一,换理念,过去主要是土地开发,现在应该强调土地的充分利用,提高土地利用效率。第二,换玩法,跨界融合、产业链系统化、建立数字制度、无人机空地海经济,实现换道超车。第三,换空间。因为经济学界有周期性及结构性之争,但实际上只要腾换了空间,两者是不矛盾的。目前我们面临的突出矛盾虽然有周期性、总量性的因素,但根源是重大结构性失衡。从结构性失衡出发,作结构性改革。要采取更加开放的解决思路,国内的过剩产能放到国际上不一定是过剩。需要综合调理,形成大中华经济圈,亚洲不少国家还在观望,这对我们有利。第四,换角度,优点越突出,缺点也会越明显,苏州现在转型压力最大,因为它工业规模大,传统企业转型压力大。长三角产业园区同质化严重,借助产业战略合作,产业链可以细分拉长,可以跨界。

中共上海市嘉定区委党校常务副校长赵俊明：

嘉定对产业经济的转型升级非常重视，嘉定园区有 34 个，就业人员 1 600 人，人才队伍平均年龄 30 岁，招商引资活力不足。嘉定工业园区发展到今天用了 30 年，比较有名的有蓝天经济城和希望经济城。最开始创业的一批人现在的知识结构、能力素质已跟不上时代要求，提质增效的痛点反映在人才队伍建设上，所以园区转型存在困难。嘉定经济发展跟汽车相关的产业占到近一半，整体来说，疫情结束以来，汽车行业的信心正在恢复，因为市场认为新能源电动汽车颇有前景，换新能源汽车赛道，上海大众一定能走在前列，蔚来、小鹏、理想之间存在竞争，目前难分伯仲，嘉定的沃尔沃、吉利的新能源汽车也在积极布局。嘉定园区现在在做的是智能传感、网联汽车、无人机驾驶。汽车产业虽然绝对量数字很大，但是距离目标中的千亿元规模，还有一段路要走。我们需要思考如何做好服务，如何帮助它们更好成长，吸引企业，让企业留下来。也需要对园区换血、换脑、换人，增加创新活力和内生动力，按照企业化方式经营，自负盈亏，按照市场规律，搞社会主义市场经济。需要闯出去，不能墨守成规，营造氛围和环境让闯的人得到重用。

上海需要有大格局，从企业社会责任的角度切入，结合联合国发表的 11 个方面的社会责任指标体系，我们可以从生产经营、员工权益保障责任、法律责任、党委领导、政府负责、社会协同、公共参与、技术支撑和法制保障等方面，建设法治体系和环保责任。企业发展要对环境友好，包括周边农村；企业需要关怀社区群众，体现人文关怀。所谓的社会责任包括就地消化劳动力，方便周围居民的出行，等等，形成长三角企业高质量发展的社会责任指标体系。中央提出的企业社会责任问题，在上海发展中要有所体现，以社会责任的价值引导来体现党的引领和价值追求。上海企业社会责任指数要作为长三角地区企业的引领，上海政府部门要做好企业服务工作，把企业当作自己的孩子。园区产业升级需要有内生动力，不能因噎废食，内生体制建设要有突破，发展新的模式，比如结合最近新兴的产业数字经济和元宇宙。园区要有内生动力，社会要有价值引领，资本要有合理的架构。

《文汇报》理论部主任杨逸淇：

从媒体角度，一方面可以就智库报告做一个企划，同时进行政策、建议的公开发表，包括转向元宇宙新赛道这样的热点议题，"政产学研用金"从媒体的角度来讲，可以延伸出新格局、长三角高质量发展等一系列角度，长三角作为一个载体，就是需要示范引领，起到开路先锋的作用，需要从现有园区总结经验，形成自己的自主知识体系，结合中国社会现实，不能一味使用西方方法。长三角园区从学术上、实践上都非常有价值，今天的专题也可以更聚焦一些，插入政府工作报告热点话题，宣传智库形象。

北京中凯（上海）律师事务所高级合伙人、律师张永奇：

我们围绕园区的投资、建设、管理和服务做了一些专项研究。一个是长三角知识产权研究，围绕这个主题在园区内开展了调研和服务工作；一个是我们团队联合上海大学及其他高校针对产业园区开展调研，比如东方美谷、西虹桥园区和闵行园区，我们服务的这些园区都比较有特色。结合园区高质量发展议题，我总结了一些看法，围绕产业园区软环境体系打造探索的主题，形成了三点意见：首先，园区的运营要去行政化，园区需要科学管理、市场化管理。其次，产研、知识产权、科技、人才、咨询、法律、财税金融等第三方机构能集中入驻、集中服务，和运营商形成长期协同关系。最后是园区信息化系统和应用技术应该进一步升级。

后　记

　　本书是继已出版的《智观天下：长三角区域一体化发展资政报告》和《智库视角：长三角区域一体化发展创新实践》之后的第三本研究报告，旨在聚焦长三角地区"一市三省"特色明显、发展成效良好的产业园区，客观分析其实践历程、现状特点与发展模式，归纳总结长三角产业园区发展的成功经验和面临的问题挑战，探讨新格局下长三角产业园区高质量发展的路径选择和对策举措。

　　全书按照总报告、分报告、专题研究、案例研究四大部分进行编撰，由上海社会科学院杨亚琴研究员策划选题、拟定框架提纲，组织长三角智库机构的相关专家学者撰写文稿，并最后统稿审定。张然宇、张安然、倪璇对全书进行了校对。

　　在本书写作过程中，得到了长三角地区许多智库机构的支持与帮助，它们是礼森（中国）产业园区智库、宁波市社会科学院、上海自然资源研究中心、西交利物浦大学、上海市经济和信息化发展研究中心、张江平台经济研究院、华略智库、上海商学院等，在此一并致以衷心感谢！

　　同时，要特别感谢上海市发展和改革委员会阮青副主任、上海市商务委员会张国华副主任、上海市人民政府发展研究中心王丹处长、上海市政协研究室沈立新主任、上海市经济和信息化发展研究中心熊世伟主任、上海市地质调查研究院国土资源经济研究所范华所长、长三角区域合作办公室经济发展组组长赵华处长、中共上海市嘉定区委党校常务副校长赵俊明、上海社会科学院应用经济研究所特聘研究员冯登道等领导专家对本书提出的诸多宝贵意见。

　　鉴于时间、经验有限，本次研究仍存在诸多不足之处，我们努力在后续研究和出版物中予以完善。

作　者
2024 年 5 月